감정 동물

세상을 꿰뚫는 이론 6

감정
동물

강준만 지음

인물과
사상사

왜 인간이 '감정 동물'임을
강조해야 하는가?

미국의 한 대형 금융회사의 최고투자책임자CIO는 어느 날 수천만 달러를 들여 포드자동차 주식을 사들였다. 이유는 단 하나. 최근 모터쇼를 갔다가 그곳에서 강한 인상을 받았기 때문이다. 포드 주식에 대한 분석이나 평가는 없었다. 그는 단지 자동차를 좋아했고, 포드를 좋아했으며, 포드의 주식을 보유한다는 생각을 좋아했기에, 자신의 직관에 따라 그런 결정을 내린 것이다.[1]

일반 투자자도 아닌 대형 금융회사의 최고투자책임자가 그런 투자 행태를 보이다니! 심리학자임에도 "심리학에서의 통찰을 경제학에 적용함으로써 연구 분야에 새로운 지평을 열었다"는 이유로 2002년 노벨경제학상을 받은 대니얼 카너먼Daniel Kahneman, 1934~이 『생각에 관한 생각Thinking Fast and Slow』(2011)에서 자신이 직접 겪은 일이라며 '감정 휴리스틱affect heuristic'의 사례로 소개한 것이다.

'휴리스틱heuristic'이란 무엇인가? 이는 '발견하다to find'는 뜻을 가진 그리스어 heutiskein에서 나온 말로, 문제의 답을 경험 법칙a rule of thumb, 경험에 의한 추측an educated guess, 직관적 판단an intuitive judgment, 정형화된 생각stereotyping, 상식common sense, 시행착오trial and error 등의 방법을 사용해 구하는 것을 말한다. 우리말로는 간편법, 간편 추론법, 추단법, 어림법, 어림셈, 어림짐작법, 주먹구구법, 편의법, 쉬운 발견법, 판단 효과, 발견법, 경험적 지식, 즉흥적 추론, 쉬운 방법, 지름길 등 다양하게 번역된다.[2]

휴리스틱은 행동경제학의 핵심 개념인데, 휴리스틱의 한 종류인 '감정 휴리스틱affect heuristic'은 미국 오리건대학의 심리학자 폴 슬로빅Paul Slovic, 1938~이 제안한 것으로, 사람들의 기분이나 감정이 세상에 대한 그들의 믿음을 결정하게 만들어버리는 것을 말한다. 예컨대, '암'이라는 단어를 들으면 보통 두려워하고 '엄마'라는 단어를 들으면 따뜻함이나 보살핌을 떠올리는데, 이런 감정 작용은 의사 결정에 큰 영향을 미친다.[3] 이와 관련, 대니얼 카너먼은 다음과 같이 말한다.

"감정이 개입되면 결론이 논거보다 영향력이 커지는 현상이 가장 두드러진다. 당신의 정치적 기호는 당신이 매력적이라고 생각하는 주장을 결정한다. 현재의 건강보험 정책이 마음에 들면 당신은 그것이 주는 혜택들이 충분하다고 믿으며, 그것에 드는 비용은 대안 정

책들에 드는 비용보다 관리 가능한 수준이라고 믿는다."⁴

이렇듯 인간은 감정에 의해 움직이는 '감정 동물'이다. 물론 감정에 의해서만 움직이는 건 아니지만, 영어식 표현을 써먹자면, 감정의 중요성은 아무리 강조해도 지나치지 않다. 아니 그걸 누가 모르나? 다 아는 사실 아닌가? 그러나 감정은 여전히 그 중요성에 상응하는 만큼의 대접을 받고 있지 못하다는 게 나의 생각이다. 감정은 흔히 부정적인 것으로 간주되기 때문에 사람들은 감정에 의한 행위를 감정과 무관한 것처럼 꾸미려고 애를 쓴다. 그래서 감정은 좀처럼 공론의 마당에 오르질 못하는 경향이 있다. 그래선 안 된다는 게 나의 생각이다.

미국 월스트리트에서 흔히 회자되는 속담 가운데 "시장은 두려움과 욕심이라는 두 가지 감정에 의해 움직인다"는 말이 있다.⁵ 이 속담이 시사하듯, 영어에서 감정을 나타내는 단어 558개를 분석한 결과, 부정적인 단어가 62퍼센트인 데 반해 긍정적인 단어는 38퍼센트에 불과했으며, 영어에서 감정을 나타낼 때 가장 흔하게 사용되는 단어 24개 중 긍정적인 단어는 6개뿐이었다.

이는 전반적으로 우리 인간이 부정적인 것에 집착하는 경향이 있다는 것을 말해준다. 이와 관련, 심리학자들이 내린 결론은 "나쁜 것은 좋은 것보다 강력하다Bad is stronger than good"는 것이다. 문학평론가 레슬리 피들러Leslie Fiedler, 1917~2003가 말했듯이, 결혼 문제를 다뤄 유명해진 소설가는 많지만 행복한 결혼 생활을 성공적으로 다룬 소설은 지금껏 없었다.⁶

학계 역시 마찬가지였다. 의학자 조지 베일런트George E. Vaillant는

"아주 최근까지도 감정은 학계에서 환영받지 못하는 손님이었다. 열정은 이성을 뒤흔들고, 감정은 계몽주의 과학을 위협하는 것처럼 보이기 때문이다"고 말한다.[7] 물론 최근까지 그랬다는 것일 뿐, 이제 세상은 좀 달라졌다.

감정이 없으면 결정을 내릴 수 없다는 사실은 고대 철학에 뿌리를 두고 있는 인간의 본성에 관한 기존의 생각과 충돌을 일으키는데, 오늘날의 신경과학은 사상계의 이단아로 이목을 끌었던 18세기 스코틀랜드 철학자 데이비드 흄David Hume, 1711~1776이 이성을 '감정의 노예'라고 선언한 것이 옳았다고 본다.[8]

심리학자 윌리엄 제임스William James, 1842~1910도 이미 1890년에 출간한 『심리학의 원리The Principle of Psychology』에서 인간을 순전히 이성적 동물로 이상화했던 과거의 견해는 잘못된 것이라고 단언하는 동시에 감정의 충동이 반드시 나쁜 영향을 미치는 것은 아니라는 사실을 발견했다. 뇌에서 차지하는 '습관, 본능, 감정의 우위'가 뇌를 효율적으로 만드는 데 중요한 역할을 한다는 것이다.[9]

신경학자 안토니오 다마시오Antonio Damasio는 감정이 합리적 사고에서 필수불가결한 역할을 한다고 주장한다. 감정과 논리는 불가분의 관계기 때문에 감정을 느낄 수 없을 정도로 뇌가 손상되어 감정 조절 능력이 훼손되면 합리적으로 사고하는 것도 불가능해진다는 것이다.[10] 같은 맥락에서 또다른 신경학자 조지프 르두Joseph LeDoux는 다음과 같이 말한다.

"감정에 대한 의식적 통제는 약한 반면 거꾸로 감정은 쉽게 의식을 장악한다. 진화의 역사를 살펴보면 현 시점에서는 두뇌의 연결구조가 그렇게 돼 있기 때문이다. 감정적 시스템에서 인지적 시스템으로 향하는 연결이 그 반대인 인지적 시스템에서 감정적 시스템으로 향하는 연결보다 강하다는 것이다."[11]

자, 그래서 어쩌자는 건가? 나는 그 누구건 자신의 사고와 행동이 감정의 영향을 받은 것임을 아는 것이 소통을 위해 절대적으로 중요하다고 본다. 그러나 사람들은 좀처럼 그걸 인정하지 않으려고 하고, 그래서 소통은 어려워진다. 감정의 문제임에도 감정 이외의 것에서 답이나 타협점을 찾으려는 시도가 성공할 리는 없지 않은가. 그러니 소통을 평생 작업으로 생각하고 있는 나로선 인간이 '감정 동물'임을 강조하는 일을 포기할 수 없다.

이 책은 『감정 독재: 세상을 꿰뚫는 50가지 이론 1』(2013), 『우리는 왜 이렇게 사는 걸까?: 세상을 꿰뚫는 50가지 이론 2』(2014), 『생각의 문법: 세상을 꿰뚫는 50가지 이론 3』(2015), 『독선 사회: 세상을 꿰뚫는 50가지 이론 4』(2015), 『생각과 착각: 세상을 꿰뚫는 50가지 이론 5』(2016)에 이어 '세상을 꿰뚫는 50가지 이론' 시리즈로 6번째다. 각 주제별로 좀더 많은 말을 하고 싶어 이번 책부터는 '40가지 이론'을 다루기로 했다.

각 이론의 끝엔 '더 읽어보면 좋을 논문들'을 소개했는데, 이는 내가 최근 큰 관심을 갖고 있는 '논문의 대중화' 또는 '논문의 저널리즘화' 작업의 일환이다. 논문이라고 하면 딱딱하고 어려울 것이라고 지레 겁부터 먹기 십상이지만, 그렇게 생각할 필요가 전혀 없다는 말씀을 드리고 싶다. 잘 몰라서 그렇지 의외로 비교적 쉽게 읽을 수 있고 재미있고 유익한 논문이 많다.

어려우면 어떤가. 논문은 읽을 만한 충분한 가치가 있다. 완전히 이해하진 못한다 해도 상당 부분은 이해할 수 있으며, 무슨 이야기를 하고자 했는지, 각 이론이 현실 문제에 어떻게 적용될 수 있는지, 최근 연구 동향이 어떠한지 등을 아는 것만으로도 큰 공부가 되기 때문이다. 이해 안 되는 부분은 건너뛰면서 읽어도 좋고, 최소한 논문 제목을 읽어보는 것만으로도 얻는 게 있다.

나는 우리 언론이 '논문의 저널리즘화' 작업에 무관심한 걸 안타깝게 생각한다. 기자들은 자신이 잘 아는 사람이 논문을 썼다거나 어떤 우연하거나 특별한 계기가 있을 때에만 논문을 기사화할 뿐 상시적으로 새로운 논문을 체크해서 기사화하려는 시도를 거의 하고 있지 않다.

책을 많이 읽는 분들은 늘 절감하겠지만, 국내에서 많이 읽히는 번역서의 저자들 중엔 기자가 많은 반면, 국내에서 베스트셀러 저자 목록에 오르는 기자들은 찾기 어려운 것도 바로 그런 언론 관행과 무관치 않은 것 같다. 그런 잘못된 문화를 바꾸기 위해서라도 나는 앞으로 '논문의 대중화' 작업을 왕성하게 추진할 생각이다.

이 책에 실린 모든 글들이 다 감정의 문제만을 다루고 있는 건 아니지만, 우리 인간이 우리가 생각하는 만큼 냉철한 논리와 이성에 따라 사고하고 행동하는 건 아니라는 점을 짚으면서 소통의 가능성을 모색한다는 점에선 같은 문제의식을 갖고 있다. 독자들께서 이 책을 통해 '감정 동물'로서의 자신에 대해 성찰하거나 다시 한 번 생각해보는 기회를 가지면서 소통에 충실한 삶을 살게 되길 바라마지 않는다. 심리학자 엘렌 랭어Ellen J. Langer의 말마따나 때로 '확신은 잔

인한 사고방식'일 수 있다는 점을 인정하면서,[12] 우리 모두 소통을 위해 좀더 겸허해지자는 뜻이다.

2017년 7월

강준만

제3장 자아와 자기통제

제4장 인간관계와 소통

제 **1** 장

착각과 환상 1

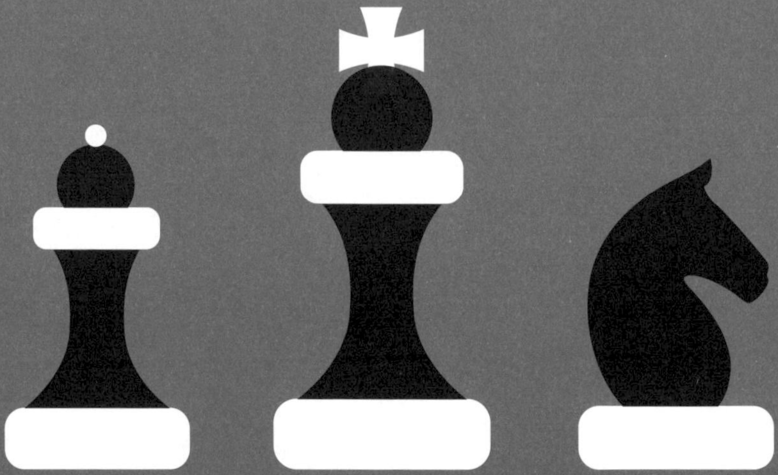

왜 '도덕적 우월감'을 갖는 사람들이
부도덕해지기 쉬울까?

▼
▲

도덕적 면허 효과

최근 '기업의 사회적 책임Corporate Social Responsibility, CSR'이란 말이 유행이다. 이는 친환경 경영, 윤리 경영, 사회 공헌 등처럼 노동자, 소비자, 지역사회 같이 기업을 둘러싼 다양한 이해관계자들의 이익을 함께 추구하는 의사 결정과 활동을 말한다. 좋은 일이긴 하지만, 학자들이 『포천』 500대 기업을 대상으로 연구한 결과는 전혀 다른 모습을 보여주었다. 놀랍게도 사회적 책임에 투자를 많이 했던 기업들이 나중에는 무책임한 행동을 한다는 것이다. 왜 그런 일이 벌어진 걸까? 학자들은 이른바 '도덕적 면허 효과moral licensing effect'라는 개념으로 설명한다. 과거 선행이나 도덕적 행동을 하면, 도덕성에 대한 자기 이미지self-image가 강해지는데, 이런 긍정적 자기 이미지는 자기

정당화의 방편으로 사용될 수 있다는 것이다. 즉, 이미 착한 일을 많이 했기 때문에, 이 정도 나쁜 일은 괜찮다고 생각하는 심리를 갖게 된다는 이야기다.[1]

moral licensing은 self-licensing, moral self-licensing, licensing effect, moral credentials 등 다양한 이름으로 불린다.[2] 국내에선 '도덕적 허가', '도덕적 정당화', '도덕적 면죄', '도덕적 하향 작용' 등으로 번역되기도 하는데, 특정한 일에 면허를 가진 사람들이 그렇지 않은 사람들에 대해 느끼는 우월감 같은 것을 감안해 '도덕적 면허'로 번역하는 게 가장 실감이 나는 것 같다. 우리가 즐겨 쓰는 표현인 '도덕적 우월감moral superiority'과 비슷한 개념으로 봐도 무방할 것이다.

'도덕적 면허'에 관한 연구들은 개인 차원에서 친환경 제품을 구매하는 것이 선한 첫걸음이 된다는 가정을 무너뜨리고 있다. 2009년의 한 연구에선 실제로 일반 제품 대신 친환경 제품을 구매한 참가자들은 그 후에 좀더 이기적으로 행동하는 것으로 나타났다.[3] 휴지의 재활용을 위한 장치가 사람들로 하여금 종이를 더 많이 사용하게 만드는 결과를 초래하기도 한다. 심리학자 로버트 치알디니Robert B. Cialdini는 그 이유를 다음과 같이 설명한다.

"한 가지 가능한 설명은 죄의식과 관련 있다. 사람들은 물건을 소비하고 버릴 때 죄의식을 느끼게 되는데, 재활용한다는 말에 과소비로 말미암은 부정적인 감정을 누그러뜨리게 된다. 부정적인 감정이 줄어들다보니 소비가 더 증대된 것이다. 과소비가 재활용을 통해 완화되기 때문이다."[4]

2013년의 한 연구에선 사람들 앞에서 긍정적인 이미지를 보여주기 위해 탄원서에 서명을 하거나 팔찌를 착용하거나 어떤 사회운동에 '좋아요'를 누르는 상징적인 제스처를 취한 사람들은 나중에 유의미한 방식으로 대의에 참여할 가능성이 낮은 것으로 나타났다.[5] 긍정적인 방향으로 자신을 남들과 차별화시킬 수 있는 제품이나 상징물을 '지위재positional good'라고 하는데, 이런 지위재로 자신의 도덕적 우월성을 직간접적으로 과시하는 걸 가리켜 '버추 시그널링virtue signalling'이라고 한다.[6]

이런 현상을 잘 보여주는 신조어가 바로 '슬랙티비즘slacktivism'이다. 슬랙티비즘은 '게으른 사람slacker'과 '행동주의activism'의 합성어로, 사람들이 사회의 여러 문제에 대해 분명한 의사를 갖고 있음에도 행동으로 옮기는 것은 주저하면서 최소한의 관여만으로 최소한의 영향을 끼치는 참여, 즉 소심하고 게으른 저항을 말한다. 이런 참여나 저항을 하는 사람들을 슬랙티비스트slacktivist라 한다. slacktivism은 1995년 드와이트 오자드Dwight Ozard와 프레드 클락Fred Clark이 만든 말로, 처음엔 긍정적 의미로 사용되었다.

슬랙티비즘은 시민 참여나 집단행동을 촉진시키기 위한 수단으로 인터넷과 소셜 미디어를 활용하는 사람들이 증가하면서 등장한 말로, 지식인들 사이에 열띤 쟁점이 되고 있다. 온라인 공간에서는 치열한 토론을 벌이면서도 막상 실질적인 정치·사회 운동에 참여하지 않는 네티즌을 비꼬는 말로도 쓰인다.[7]

직장 상사의 '갑질'도 '도덕적 면허'로 설명할 수 있다. 미시간주립대학 교수 러셀 존슨Russell Johnson은 판매업과 제조업, 복지·교육 관련 기업의 관리자 172명을 관찰 추적해 상사들이 갑질하는 이유를 분석한 논문에서 갑질하는 상사들은 대부분 '윤리적'이라는 특징이 있으며, 이들은 그동안의 선한 행위를 통해 도덕성에 대한 자기 이미지가 강해져 부하 직원들에게 갑질을 해도 당연한 것으로 여긴다는 답을 내놓았다.[8]

'도덕적 면허' 현상은 정치적 태도의 영역에서도 나타난다. 2008년 미국 대선에서 흑인 후보인 버락 오바마Barack Obama에 대한 투표 선호도를 보여주었던 실험 참가자들은 이후의 결정 과제(직종에 대한 적합성과 기부금 할당)에서 흑인보다는 백인을 훨씬 편애하는 경향을 보여주었다. 오바마를 지지한 참가자들은 그 지지를 자신이 인종 편견을 갖고 있지 않음을 표명한 것으로 간주함으로써 일종의 '도덕적 신임장'을 획득한 것으로 여긴 탓이다.[9]

'도덕적 면허' 현상은 사이버공간에서 두드러지게 나타난다. 도덕적 면허를 얻은 사람일수록 사이버공간에서 도덕적 이탈을 할 가능성이 높다.[10] 고려대학교 심리학과 교수 허태균은 "부적절한 언행을 하거나 자신과 의견이 다른 국회의원들에게 일부 사람이 후원금 18원을 보낸다는 보도를 종종 볼 수 있다. 이 보도를 처음 접했을 때, 설마 그 18원이 욕에 해당하는 그걸까라고 당연히 의심했다. 그래서 주변 사람들에게 물어봤다. 하필 18원을 보내는 이유가 뭐냐고. 내가 모르는 무슨 정치적 의미가 있느냐고. 그런데 모든 사람이 바로 그 욕이 맞다고 했다"며 다음과 같이 말한다.

"아니, 그냥 욕도 아닌 그런 쌍욕이 과연 공개적인 사회적 의사표현 수단이 되어도 괜찮은 걸까? 단지 그 국회의원의 언행이 얼마나 잘못됐는지, 자신이 그 국회의원의 의견에 얼마나 반대하는지를 알려주기 위해 강력한 의사표현 수단이 필요하면 그냥 1원만 보내도 될 것이다. 그 1원의 기부만으로도 반대 의사 표현의 상징을 얼마든지 만들 수 있다. 솔직히 그 국회의원을 골탕 먹이고 싶다면 후원금 영수증까지 요구하면 금상첨화일 것이다. 하지만 도대체 그런 쌍욕까지 해야 하는 이유가 무엇인지 진짜 궁금하다."

물론 허태균은 그 답을 알고 있다. 그는 '도덕적 면허' 개념으로 설명한다. 그는 "이런 심리적 기제는 자신이 옳은 일을 위해 뭔가를 하고 있다고 믿을 때, 역설적으로 옳지 않은 행동을 할 가능성이 높아질 수 있는 위험성을 보여준다"며 다음과 같이 말한다.

"현재 한국 사회는 헌법 정신을 위반하고 국정을 농단한 일련의 무리를 색출하고 단죄하는 데 온통 집중하고 있다. 물론 그것은 반드시 해야 하는 일이고 이런 과정을 통해 우리 사회는 소중한 교훈을 얻을 것이다. 하지만 그 과정이 또 다른 대를 위한 소의 희생을 통해서라면, 과연 우리 사회는 더 나아지고 미래의 한국 사회에 비슷한 일이 반복되지 않을 거라고 얘기할 수 있을까. 지금의 혼란 극복 과정은 먹고사는 것이 다른 어떠한 것보다 소중했던 과거, 경제 발전을 위해 수많은 가치가 희생되고 다수를 위해 다수에 의한 폭력을 허용하던 구시대적 관습과 한계를 극복하고 새로운 국민 의식을 완성하는 계기가 되어야 할 것이다. 자신이 옳다고 강하게 믿을 때, 바로 그때가 자신이 무엇을 하고 있는지 주의 깊게 살펴볼 때다."[11]

이렇듯 '도덕적 자신감'이나 '도덕적 우월감'을 갖는 사람들은 부도덕해지기 쉽다. 윌리엄 맥어스킬William MacAskill이 『냉정한 이타주의자Doing Good Better: How Effective Altruism Can Help You Make a Difference』(2015)에

서 잘 지적했듯이, "도덕적 면허 효과는 사람들이 실제로 착한 일을 하는 것보다 착해 보이는 것, 착한 행동을 했다고 인식하는 것을 더 중요하게 여긴다는 점을 보여준다".[12] 일종의 '인정투쟁'이나 '구별짓기' 투쟁을 하는 것으로 이해해도 무방하겠다.

정의감正義感도 크게 다르지 않다. 자신의 정의감을 내세우는 사람들은 실제로 정의로운 일을 하는 것보다 자신이 정의로워 보이는 것, 정의로운 행동을 했다고 인식하는 것을 중요하게 여긴다. 자신의 생각과 다른 생각을 갖고 있는 사람에게 온갖 욕설과 저주를 퍼붓는 것도 바로 그런 이유 때문이다. 특히 지지 대상을 숭배하는 팬덤형 정의파들은 정의의 기준을 자신의 숭배 대상에 맞추느라 자주 자의적인 기준으로 정의의 경계를 설정한다.

정의로운 사람들마저 권력을 갖게 되면 타락하는 이유도 바로 여기에 있다. 유감스럽게도 인류 역사를 살펴보면 그런 사례가 무수히 많다. 도덕적 면허 등급제나 유효기간제를 실시할 수도 없는 노릇이니, 그저 성찰하고 또 성찰하는 것 이외엔 답이 없을 것 같다. 언론이 '도덕적 면허 효과'를 자주 거론하고 다루는 것이 그런 성찰에 도움이 될 것이다. 정의를 이기적이고 불의한 방법으로 팔아먹는 '정의 마케팅'은 오히려 정의를 죽일 수 있다. 정의를 위해 분노하되 정의를 좀 더 조심스럽고 소중하게 다루어야 할 이유가 바로 여기에 있다.

▶ 더 읽어보면 좋을 논문들

김남호 · 정경미, 「이익 충돌 상황에서 공개가 사익 추구 행동에 미치는 영향: 자발 공개와 강제 공개의 비교」, 『한국심리학회지: 사회 및 성격』, 31권 1호(2017년 2월), 23~39쪽.

조병철, 「제3자 도덕적 면허 효과: 범법자의 사회경제적 지위를 지각하는 것이 관찰자의 처벌 판단에 미치는 영향」, 아주대학교 심리학과 석사학위논문, 2017년 2월.

김남호, 「이익 충돌 상황에서 공개가 사익 추구 행동에 미치는 영향: 자발 공개와 강제 공개의 비교」, 연세대학교 대학원 심리학과 석사학위논문, 2016년 8월.

오민정 · 김은비 · 박종철, 「연속적인 소비 상황에서의 비합리적 소비 패턴: 라이센싱 효과와 클린징 효과를 중심으로」, 『한국심리학회지: 소비자 · 광고』, 15권 4호(2014년 11월), 665~688쪽.

이병관, 「인출 용이성과 도덕적 정체감이 기부 의도에 미치는 효과」, 『한국광고홍보학보』, 16권 1호(2014년 1월), 29~54쪽.

정효진 · 구동모, 「도덕적 허가 효과: 자원봉사와 사치 제품 구매 정당화」, 『마케팅논집』, 22권 4호(2014년), 105~130쪽.

성영신 · 민승기 · 강정석, 「이타적 소비의 이면: 자기 이익과 타인 이익 추구의 균형 맞추기」, 『한국심리학회지: 소비자 · 광고』, 14권 4호(2013년 11월), 681~703쪽.

민승기, 「이기적 vs. 이타적 소비에서 도덕적 규제의 효과」, 고려대학교 대학원 심리학과 석사학위논문, 2013년 8월.

왜 우리는 영화나 드라마의
해피엔딩에 집착하는가?

공평한 세상 오류

스위스의 심리학자 장 피아제Jean Piaget, 1896~1980는 어린이에 대한 많은 연구를 함으로써 우리가 어린이를 이해하는 데 크게 기여했다. 몇 가지 살펴보자. 그는 어린이들이 이름을 현실의 일부로 여긴다며, 이를 '이름에 따른 실재nominal realism'라고 했다. 그런데 이런 현상은 성인들에게서도 많이 나타난다. 사람들이 자신과 이름이 같은 사람이나 첫 글자만이라도 같은 사람에게 끌리는 것도 바로 그런 경우로 볼 수 있다.[13]

피아제는 어린이들에게 살아 있지 않은 것을 살아 있는 것처럼 여기는 애니미즘animism이 있다는 사실에 주목했다. 애니미즘은, 인간이 아닌 것을 인간인 것처럼 여기는 의인화anthromorphism와 함께 거론되는데, 그건 애니미즘이 의인화에 반영되어 있기 때문이다. 물론 애니미즘과 의인화 역시 어린이들만 갖고 있는 건 아니다. 매슈 허트슨Matthew Hutson은 다음과 같이 말한다.

"인간은 나이를 먹어서도 아동기의 마술적 사고에서 벗어나지 못한다. 다만 자라면서 마술적 사고를 억누르는 법을 배울 뿐이다. 성인의 마음속에도 여전히 마법의 성이 존재한다. 주변 모든 것에 영혼이 깃들어 있고, 바람과 시냇물은 비밀스러운 말을 속삭이며, 하늘에서는 우리를 지켜주는 수호자가 내려다보고 있다.……의인화는 복잡하고도 강력한 인간의 본성으로 동물의 권리, 자녀 양육, 제품 디자인, 오락, 마케팅, 인간과 컴퓨터의 상호작용, 환경결정론environmentalism, 종교 등 여러 분야에 영향을 미친다."**14**

피아제는 어린이들이 "나쁜 짓을 하면 자동적으로 벌을 받는다"고 생각하는 것은 그들이 "자연이란 조화를 이루는 일체로 물리적 법칙과 마찬가지로 도덕적 법칙을 따른다"고 생각하기 때문이라고 했다. 이 또한 성인들에게도 나타난다. 피아제는 성인들이 불행한 사고를 당하면 그것을 자신이 받을 업보業報라고 생각하는 것을 가리켜 '내재적 정의immanent justice'라고 했는데,**15** 이 개념에 대해 집중적으로 살펴보기로 하자. 사실 우리 주변엔 이런 사례가 무수히 많기 때문이다.

교통사고를 당한 행인은 어딘가 부주의한 데가 있었으며, 가난한 사람들은 게으르며 노력을 충분히 하지 않는 구석이 있다고 여기며, 이승에서 불공평한 대접을 받았으면 저승에 가서 복을 받거나 다음 생에 부귀를 누릴 것이라고 생각한다.

이런 생각이나 믿음을 가리켜 '공평한 세상 오류just-world fallacy' 또는 '공평한 세상 가설just-world hypothesis'이라고 한다. 피아제가 말한 '내재적 정의'를 설명하는 가설인 셈인데, 1960년대부터 관련 실험을 해온 사회심리학자 멜빈 러너Melvin J. Lerner가 제시한 것이다. 그는 그런 연구 결과를 토대로 1980년에『공평한 세상에 대한 믿음: 근본적 망상The Belief in a Just World: A Fundamental Delusion』이라는 책을 출간했다. 이 오류는 사실상의 '피해자 탓하기victim blaming'로, "뿌린 대로 거둔다You reap what you sow"는 말이 그 슬로건이라고 할 수 있다. '자업자득自業自得', '인과응보因果應報', '업보業報'라는 말을 즐겨 쓰다보면 그런 오류에 빠질 가능성이 높아진다.[16]

러너가 관련 연구를 하게 된 것은 그가 젊은 시절 정신병자들을 치료하는 의사와 간호사 사이에서 일했을 때 이들이 환자의 등 뒤에서, 가끔은 그 환자의 면전에 대고 그들에 대한 농담을 하는 장면을 여러 번 목격하면서 느낀 충격 때문이었다. 그 불행한 사람들에게 어찌 그럴 수 있단 말인가? 그런 생각을 하긴 했지만, 러너는 의사와 간호사들을 무정한 사람들로 여기지 않았으며 오히려 그들이 환자를 치료하며 대면하는 불쾌한 현실에 대처하기 위해 그러한 행동을 하는 거라고 보았다. 연구 끝에 러너는 공평한 세상을 믿으려는 욕구가 그런 반응의 주된 동기라고 결론 내렸다. 이 환자들이 정신병에 걸린 것이 자업자득이라고 본다면, 그들에 대한 농담을 해도 꺼림칙하지 않았을 것이라고 해석한 것이다. 러너의 결론은 우리의 모든 삶의 영역에 광범위하게 적용될 수 있다.[17]

엘리엇 애런슨Elliot Aronson은 "모든 잘못을 희생자의 성격이나 장애 때문이라고 뒤집어씌우면서 피해를 입은 피해자를 비난하는 경향은 아이러니컬하게도 이 세상은 아주 공정한 곳이라고 보려는 욕구를 나타낸다"며 다음과 같이 말한다.

"똑같이 한 일에 대해 동등한 보수를 받는 문제, 살아가는 데 기본이 되는 생활필수품을 제공받는 문제, 나아가서 아무런 잘못이 없는데도 불구하고 마땅히 받아야 할 것 또는 꼭 필요한 것을 받지 못하는 세상에 살고 있다는 것은 상상만 해도 끔찍하다. 따라서 만약 6백만의 유대인들이 뚜렷한 이유 없이 학살당했다면, 유대인들이 학살당할 짓을 했음에 틀림없다고 믿어야만 사람들은 다소 마음이 편안해지는 것이다."[18]

닐 로즈Neal Roese는 "본질적으로 이것은 심리적 면역체계의 작용으로 일어나는 합리화의 한 형식이다. 즉 감정으로 상처받는 것으로부터 자신을 보호하기 위해 자기고양적(자기만족적) 방식으로 세상에 대한 인식을 왜곡하는 것이다"며 다음과 같이 말한다.

"끔찍한 일이 어떤 무고한 사람(아마도 우리 자신과 비슷한)에게 일어난다면 우리에게도 그 동일한 사고가 일어날 수 있다고 생각하게 되고, 그것은 위협적으로 느껴진다. 더구나 좋은 사람에게 나쁜 일이 일어난다는 것은 '세상은 일반적으로 정의롭고 대부분 공정하다'라는, 많은 사람들이 공유하고 있는 암묵적인 전제에 위반되는 것이다. 그래서 이런 '공정'이라는 느낌을 유지하기 위해서 사람들은 피해자를 비난한다. 다시 말해 희생자의 결점을 찾아내서 우리와 같은 평범한 사람들과 피해자를 구분 짓는 것이다. 그렇게 함으로써 우리와 같은 사람들에게는 그런 일이 일어나지 않을 것이라고 믿을 수 있다."[19]

박진영은 "사람들은 희망적인 삶을 만들기 위해 공정성을 요구하는 동시에, 일단 세상은 모두에게 공평하기 때문에 다 각자 노력한 만큼 얻게 되어 있다는 '믿음'을 가지고 싶어 한다. 현실은 시궁창일 지언정 이렇게 믿기라도 해야 마음이 편해지기 때문이다"며 다음과 같이 말한다.

"그래서 때로 희망이 절박한 사람들, 사회적 계층이 낮은 사람들이 유독 세상이 공정하다는 믿음을 잃지 않으려 애쓰는 모습을 보인다. 시스템에는 문제가 없고 나만 노력하면 된다고 믿음으로써 희망과 통제감을 어떻게든 가져보려고 발버둥치는 것이라고나 할까? 가혹한 현실을 있는 그대로 받아들이는 순간 모든 의지가 꺾일 수도 있으니 말이다. 그래서 가난한 사람들이 오히려 '가난은 게으름과 무능력의 결과'라는 식의, 사회보다 개인(자신)을 비난하는 메시지에 더 잘 수긍하기도 한다. 그리고 '다 자기가 하기 나름이지'라고 생각하며 희망을 가지려고 한다."[20]

이런 '공평한 세상 오류'를 경영학에 접목시킨 미국 스탠퍼드대학 경영대학원 교수 제프리 페퍼Jeffrey Pfeffer는 『권력의 기술: 조직에서 권력을 거머쥐기 위한 13가지 전략Power: Why Some People Have It and Others Don't』(2010)에서 "사람들은 자신이 조직에 적합하고 응당한 대우를 받을 만한 자격이 있다고 생각하기 때문에, 일을 잘하고 적절히 처신하면 만사가 다 잘될 것이라고 생각한다"며 다음과 같이 말한다.

"(그러나) 세상이 공정하다고 믿는 것은 권력 획득에 대해 2가지 부정적인 인식을 초래한다는 점에서 위험하다. 첫째, 그런 믿음을

공평한 세상 오류

가지면 모든 상황이나 모든 사람들, 특히 자신이 좋아하지 않는 사람들에게서 뭔가 배울 수 있는 기회를 얻지 못한다.……둘째, 세상이 공정하다고 믿으면 권력의 기반을 다지는 데 필요한 준비를 하지 못하게 된다. 그런 믿음은 여러 상황 곳곳에 지뢰처럼 산재한 위험을 간과하게 만든다."[21]

'세상이 공정하다는 믿음belief in a just-world'은 미디어, 특히 텔레비전 드라마에 의해 강화되기도 한다. 미국 심리학자 마르쿠스 아펠Markus Appel의 2008년 연구에선 드라마와 코미디를 즐겨 보는 사람들은 뉴스와 다큐멘터리를 즐겨 보는 사람에 비해 '세상은 정의롭다'고 믿는 비율이 높은 것으로 나타났다. 아펠은 픽션이 '시적 정의poetic justice'라는 주제를 끊임없이 우리 뇌에 주입함으로써 세상이 전반적으로 정의롭다는 과도한 낙관을 심는 데 일말의 책임이 있을지도 모른다고 결론 내렸다.[22]

'시적 정의'는 시나 소설 속에 나오는 권선징악과 인과응보의 사상으로, 17세기 후반 영국의 문학 비평가 토머스 라이머Thomas Rymer, 1643~1713가 만든 말이다. 그는 극의 행위가 개연성과 합리성을 갖고 도덕적 훈계와 예중으로 교훈을 주어야 하며 인물들은 이상형이거나 그들 계층의 일반적인 대변자로서 행동해야 한다고 주장했다.[23]

심리학자 웨인 다이어Wayne Dyer, 1940~는 "세상은 공평하다"고 믿는 사람들에게 이렇게 조언한다. "세계가 언제나 모든 게 공평하도록 지어졌다면, 어떤 생명체든 단 하루도 살아남을 수 없다. 새는 벌레를 잡아먹어서는 안 되며, 누구도 자신의 욕구를 충족할 수 없으리라." 폴커 키츠Volker Kitz와 마누엘 투쉬Manuel Tusch의 조언은 더욱 적극적이다.

"세상이 공평하다는 믿음을 단호히 떨쳐버려라. 때론 누군가 이유 없이 횡재하기도 하고, 누군가는 노력하고도 손해를 본다. 세상에는 우리 힘으로 어쩔 수 없는 일들이 너무도 많다. 그렇기 때문에 지금 당장 잘못한 것도 없이 피해를 보는 것 같아도 언젠가 이유 없이 득을 볼 수도 있다.……나에게도 언제든 예기치 않은 불행이 찾아올 수 있다고 생각하면, 타인의 불행을 지켜보면서 함부로 그 원인을 당사자에게 돌리지 않게 된다. 그럴 때에야 불공평한 세상의 민낯을 제대로 볼 수 있고, 우리가 바꿔나갈 수 있는 것을 하나씩 바꿔나가면서 인생의 많은 부분들을 조금 더 정의롭게 꾸려나갈 수 있다. 어쩌면 공평한 세상의 오류를 내려놓을 때에만 우리는 공평한 세상으로 한 걸음 나아가는지도 모른다."[24]

그렇게 하기 위해 우선 '자업자득', '인과응보', '업보' 등과 같은 말을 조심스럽게 사용할 필요가 있지 않을까? 영화나 드라마를 볼 때에도 권선징악과 인과응보로 대변되는 해피엔딩을 바라지 않는 게 필요할지도 모르겠다. 작가와 제작자들이 관객이나 시청자의 그런 암묵적 요구에 굴복해 '시적 정의'의 구현에 앞장설 수밖에 없다고 한다니 말이다.

▶ 더 읽어보면 좋을 논문들

김예리, 「법과 문학, 그리고 '위반'으로서의 시적 정의」, 『한국현대문학연구』, 43권(2014년 8월), 199~227쪽.

심보선, 「"시적 정의"에서 '시적 정치'로: 『시적 정의』(마사 누스바움 지음, 박용준 옮김, 궁리, 2013)」, 『안과밖』, 36권(2014년 5월), 261~268쪽.

노영숙, 「아쿠타가와의 『서방의 사람』론: 시적 정의와 투쟁」, 『동북아 문화연구』, 37권(2013년

12월), 381~399쪽.

김현성·박세영, 「조직 정치 지각이 조직 시민 행동에 미치는 영향: 조직 공정성의 매개 효과와 공정한 세상에 대한 믿음 및 리더 정치 기술의 조절 효과를 중심으로」, 『한국심리학회지: 산업 및 조직』, 25권 2호(2012년 5월), 397~420쪽.

최승혁·허태균, 「공정한 사회를 위한 형사처벌: 공정 세상 믿음 및 기대의 상호작용」, 『한국심리학회지: 사회 및 성격』, 25권 2호(2011년 5월), 113~125쪽.

김지경, 「차별 경험, 정의로운 세상에 대한 믿음과 개인 자부심, 집단 자부심 간의 관계에 대한 연구」, 『한국심리학회지: 여성』, 7권 1호(2002년 4월), 1~12쪽.

왜 남녀의 첫 만남에서
다음 약속을 잡지 않는 게 좋은가?

자이가르닉 효과

1920년대에 독일 베를린대학 심리학과에 유학 중이던 러시아(리투아니아)계 유대인 여성인 블루마 자이가르닉Bluma Zeigarnik, 1900~1988은 지도교수인 쿠르트 레빈Kurt Lewin, 1890~1947과 카페에서 자주 세미나를 했다. 그녀는 카페의 직원들이 계산을 하기 전에는 정확하게 주문 내역을 기억하는데, 계산한 후에는 전혀 기억을 하지 못하는 것을 이상하게 생각해 이를 심리학 연구의 주제로 삼았다.

자이가르닉은 실험 참가자들을 두 그룹으로 나누어 같은 과제를 수행시킨 후, 한쪽 그룹은 일을 완성하도록 하고 다른 그룹은 의도적으로 일의 완성 전에 중단을 시켰다. 그 후에 자신들이 수행하던 과제의 기억 수준을 조사했는데, 과제를 완성한 그룹에 비해 과제를 풀다가 중단당한 그룹에서 자신이 푼 문제를 기억해낼 가능성이 1.9배나 높은 것으로 나타났다. 이처럼 미완성 과제에 관한 기억이 완성 과제의 기억보다 강하게 남아 판단에 영향을 주는 심리적 현상을 가리켜 '자이가르닉 효과Zeigarnik effect'라고 한다.

왜 이런 현상이 일어날까? 사람은 임무를 부여받았을 때 일정한 긴장 상태를 느끼며, 그 임무를 완성한 후에야 긴장이 사라지는 데다 미완성 과제에 관한 정서적 애착이 강하게 남아 판단 결과를 좌우하기 때문이다.[25] 좀더 파고들자면, 우리 인간은 '인지적 구두쇠cognitive miser'기 때문이다. 인지적認知的으로 많은 에너지를 소비하면서 어떤 생각을 깊게 하는 것 자체를 싫어한다는 것이다.[26] 이에 대해 일본 심리학자 우에키 리에植木理惠는 다음과 같이 말한다.

"구두쇠라서 도중에 끝나버린 정보는 보통 '도움이 되지 않은 정보'로서 기억용량에서 밀어내려고 한다. 머리에 넣어두는 것은 낭비라고 판단하는 것이다. 그런데 '불필요한 것을 기억에서 몰아내자' 하는 강한 본능이 오히려 공허한 것이 되어버리기 쉽다. 사람은 '몰아내자, 잊어버리자' 하는 정보일수록 오히려 더 생각이 나기 때문이다."[27]

첫사랑에 대한 미련도 자이가르닉 효과로 설명할 수 있다. 최창호는 "시험 시간에 못 푼 문제가 더 오래 기억되고, 잘 모르는 노래 가사는 하루 종일 입에서 맴돈다. 이러한 현상들은 모두 인지적으로 불평형한 상태를 해소하려는 심리기제가 발휘되고 있기 때문이다"며 다음과 같이 말한다.

"이러한 자이가르닉 효과에 따라, 첫사랑을 이루지 못한 미련은 그것을 달성하고자 하는 동기로 작용해서 그 사랑을 이룰 때까지 계속되지만, 현실적으로 미완의 첫사랑을 완성하기란 쉽지 않다. 그러니 첫사랑은 미완의 작품으로 우리 기억 속에 오랫동안 생생하게 남을 수밖에 없는 것이다.……첫사랑은 추억 속에서 그 빛을 내는 것이지 현실에서 빛을 내는 것은 아니다. 추억은 추억이기 때문에 아름다운 것이다."[28]

연애에 능한 사람들은 자이가르닉 효과를 이용하기도 한다. 우에키 리에는 "미팅이나 맞선 같은 만남의 자리에서 상대의 연락처를 물은 후 '다음에는 언제 만날까요?' 하고 구체적인 약속까지 잡으려 하면 대개 실패로 끝난다"며 이렇게 말한다.

"끈질긴 태도는 그 사람의 가치를 떨어뜨리는 것이다. 능숙하게 상대의 마음을 끄는 사람은 연락처를 물은 후에 '그럼 잘 가요' 하고 미련 없이 그 자리를 떠난다. 그렇게 되면 오히려 상대의 머릿속에 오래 남게 된다. 아무리 세련된 메시지나 설득, 힘 있는 화술보다도 '아직 이야기가 끝나지 않았는데……' 하는 미완결 감동에 사람은 가장 강한 매력을 느낀다."[29]

사랑이 아닌 갈등의 경우엔 어떨까? 존 가트맨John Gottman의 『가트맨의 부부감정 치유』(2013)에 따르면, 커플 사이에서 말다툼을 하게 되었을 때, 한쪽이 용서를 구하거나 서로간의 대화를 통해 말다툼이 종료된 경우가, 어느 한쪽이 부정하거나 무반응을 보인 경우보다 훨씬 상처를 덜 주었다. 후자는 그 고통이 활동 기억 내에 계속 남아 있어서 지속적이고 위험한 자극제가 되었기 때문이라는 것이다.[30]

왕샹둥汪向東은 자이가르닉 효과는 현대 사무직 종사자들의 건강에 커다란 위협이 되고 있다고 말한다.

"지적인 활동을 주로 하는 사무직 종사자들은 업무를 위해 적극적인 사고를 하게 되는데 해결되지 않은 문제나 끝내지 못한 업무 때문에 퇴근을 한 후에도 사고가 끊이지 않고 계속 진행되면서 긴장 상태가 유지되는 것이다. 의사, 엔지니어, 변호사 등이 모두 이와 같은 자이가르닉 효과를 경험한다. 긴장감과 압박감이 오랫동안 지속될 경우 심각한 정신적·육체적 질병을 유발할 수 있다. 따라서 사무직 종사자들은 반드시 스트레스 대처법을 익혀두어야 한다."[31]

외상 후 스트레스 장애PTSD도 완결되지 않은 지난 기억에 의해 정신적 아픔을 겪는다는 면에서 일종의 자이가르닉 효과라고 할 수 있다. 정성훈은 "심리적 충격이 너무 크기 때문에 어떻게 해도 완전히 '종결'이 되지 않아 기억의 회로 속에서 계속 반복되고 또 반복되는 것"이라며 다음과 같이 말한다.

"사고를 당한 피해자를 부둥켜안고 가족들이 '괜찮아. 이제 다 끝났어. 다 끝났어'라고 위로하는 것도 빨리 '종결'을 지으라는 뜻에서입니다. 상담자들도 흔히 '스스로를 용서하고, 상대를 용서하고, 그리고 이제는 그 일을 떠나보내세요'라고 말합니다. 자이가르닉 효과의 마수에서 벗어나는 길, 그것은 마음에서나마 마무리를 짓고 '끝'을 보는 수밖에 없기 때문입니다."[32]

역으로 쉽게 잊어버리지 않게 하기 위해 자이가르닉 효과를 사용하는 경우도 있다. 티저 형식의 광고는 극적인 순간에 광고를 끝내 시청자로 하여금 지속적인 호기심을 갖게 함으로써 계속 광고를 기억하도록 유도한다. 드라마는 아주 극적인 장면에서 끝나는 경향이 있는데, 이는 미완결된 드라마를 완결시켜야 한다는 생각을 시청자의 머릿속에 주입해 다음 회차 시청률을 상승시키려는 의도임은 두말할 나위가 없다. 정성훈은 이 원리를 강의에 이용할 수도 있다고 말한다.

"여러 날에 걸쳐 특강을 하게 되는 세미나에서는 항상 오후 늦게 그날의 강의가 끝날 때 '생각해볼 문제'라는 식의 과제를 내줍니다. 그러면 학생들의 머릿속에서 전날의 강의 내용이 쉽게 소멸되지 않게 할 수 있습니다."[33]

강원국은 글쓰기도 자이가르닉 효과를 활용할 수 있다고 말한다. 그는 "쓰려는 글이 있으면 단 몇 줄이라도 먼저 써놓는 것이다. 그리하면 우리의 뇌는 스스로도 의식하지 못하는 가운데 글을 매듭짓기 위해 노력한다. 다른 일을 하다가도 글과 관련한 생각이 떠오르는 이유도 여기에 있다. 특히 나 같이 일이 끝날 때까지는 긴장의 끈을 놓지 못하는 소심남, 강박에 가까운 불안 증세를 보이는 사람에게 효과 만점이다"며 다음과 같이 말한다.

"자이가르닉 효과는 치유하는 글쓰기에도 적용할 수 있다. 자이가르닉이 미완성된 일에 대한 집착에서 나온 효과라면, 반대로 일이 완성되면 집착에서 벗어날 수 있다는 뜻도 된다. 어릴 적 겪은 트라우마나 털어내고 싶은 기억을 글로 표현하면, 일을 매듭지음으로써 고통스런 기억에서 자유로워질 수 있는 것이다. 마치 식당 종업원이 서빙을 마치면 주문 내용을 까마득히 잊어버리듯 말이다."[34]

자이가르닉 효과에도 예외는 있다. 미국 플로리다주립대학의 로이 바우마이스터Roy F. Baumeister와 그의 연구팀은 예외의 베일을 벗기는 데 성공했는데, 그건 바로 "과제를 끝마치지도 못하고, 일에 대한

진전이 없었음에도 계획을 세우는 단순한 행동 하나만으로 마음이 정리되고 자이가르닉 효과가 사라진 것이다".[35] 이 새로운 발견의 의미에 대해 롤프 도벨리Rolf Dobelli는 다음과 같이 말한다.

"자이가르닉은 사람들이 머릿속에서 과제를 지우려면 일단 그것을 끝내야만 한다고 생각했는데, 반드시 끝낼 필요가 없었다. 좋은 계획을 갖고 있다면 그것으로도 충분했다. 이것은 놀라운 결과였다. 왜냐하면 계획을 세우는 사람들이 문제를 해결한 사람들과 똑같은 정신상태가 된다는 것은 인간이 진화해온 측면에서 보면 증명이 안 되기 때문이다.……숙면을 위해서 당신의 침대 근처에 메모장을 하나 놓아 두어라. 작은 계획을 적어 넣는 단순한 행위가 당신 내면의 목소리가 내는 불협화음을 침묵하게 할 수 있다."[36]

바우마이스터 연구팀의 발견이 시사하는 것은 의미심장하다. 실천은 잘하지 않으면서도 계획을 세우는 걸 즐겨하는 사람들은 자신들도 모르는 사이에 계획의 그런 이점을 간파하고 있다는 게 아닌가. 영어에 국한시켜 말하자면, plan(계획)이 '평평하다'는 뜻의 plane에서 나온 게 바로 그런 비밀을 말해주고 있는 건지도 모르겠다. 평면도를 보고 상황을 이해하고 결정을 내린다는 뜻에서, '계획'으로 의미가 확장되었다는데,[37] '계획'은 이미 마음의 평정을 내장하고 있는 개념이 아니고 무엇이겠는가. 계획만 하고 실천은 하지 않는 사람은 자신의 정신 건강을 위해 그러는 것인지도 모르겠다.

▶ 더 읽어보면 좋을 논문들

권오균 외, 「서비스 대기 시간에서 사용자 경험의 의미와 서비스 디자인 원칙」, 『한국콘텐츠학회논문지』, 17권 1호(2017년 1월), 270~286쪽.

이동훈·신지영·김유진,「세월호 재난으로 친구를 잃은 청소년의 외상 경험에 관한 질적 연구: 상담자의 보고(report)를 중심으로」,『한국심리학회지: 일반』, 35권 1호(2016년 3월), 89~120쪽.

김명희,「세월호 이후의 치유: 제프리 알렉산더의 '외상 과정' 논의를 중심으로」,『문화와사회』, 19권(2015년 11월), 11~53쪽.

이미나·하은혜·배정근,「세월호 취재 기자의 심리적 외상의 지속 양상과 영향 요인에 관한 종단 연구」,『한국언론학보』, 59권 5호(2015년 10월), 7~31쪽.

최현정,「'PTSD 시대'의 고통 인식과 대응: 외상 회복의 대안 패러다임 모색」,『인지과학』, 26권 2호(2015년 6월), 167~207쪽.

박영주·최정기·정호기,「1960~80년대 민주화 운동 참여자의 외상 후 스트레스 장애: 광주광역시 거주자들을 중심으로」,『민주주의와 인권』, 14권 1호(2014년 4월), 73~108쪽.

이지혜·조혜진,「국내 이동통신사의 티저 광고(Teaser Advertising) 현황 분석 및 개선점에 관한 연구」,『한국디자인문화학회지』, 13권 2호(2007년 6월), 15~25쪽.

최신정,「TV 광고에서 티저 광고의 정보 기억 과정 분석: SKY 광고를 중심으로」,『디자인지식저널』, 3권(2006년 11월), 123~130쪽.

왜 사람들은
'공포 마케팅'에 취약한가?

제로리스크 편향

미국의 비행 모험가인 찰스 린드버그Charles A. Lindbergh, 1902~1974는 1927년
5월 대서양 횡단비행에 최초로 성공함으로써 미국인의 우상이 되었
다. 그런데 그가 우상이 된 이유를 살펴보면 좀 이상한 일이었다. 비
행거리는 린드버그보다 훨씬 짧았지만 이미 1919년 영국인 2명이
뉴펀들랜드Newfoundland(캐나다 동쪽 끝 래브라도 반도 남쪽에 있는 섬)에
서 아일랜드까지 비행한 적이 있었다. 다만 린드버그는 혼자 해냈고
정확한 목표에 도착했다는 것뿐 최초의 비행횡단도 아니었고 이런
탐험이 가져다주는 현실적인 이득이란 거의 없었다.[38]

　그럼에도 왜 린드버그는 우상화되었을까? 여러 설명이 가능하겠
지만, 위험에 대한 우리 인간의 이중적 태도로 설명할 수도 있다. 우

리는 평소 위험을 피하기 위해 애를 쓴다. 그렇기 때문에 나 아닌 다른 사람이 위험을 무릅쓰고 어떤 일을 해냈을 때 그걸 높게 평가하는 동시에 열광하기도 한다. 린드버그의 삶의 좌우명은 "위험 없는 삶은 살 가치가 없다Life without risk is not worth living"는 것이었다. 세상에! 남들은 다 위험을 피해가려고 애를 쓰는데, 그런 말씀을 하시다니! 그리고 그런 정신으로 목숨을 걸고 단독으로 대서양 횡단비행에 최초로 성공하다니! 이게 바로 미국인들이 린드버그에 열광한 주요 이유 중 하나였다.

'뿌리'를 뜻했던 그리스어 rizikon은 나중에 라틴어에서 '절벽'을 뜻하게 되었다. 이 단어에서 나온 말이 바로 risk(위험)다. 프랑스어 risque를 거쳐 영어에 편입되었는데, 1655년경부터 사용되었다.[39] 위험에는 여러 종류가 있다. 몇 가지 예를 들자면 이렇다.

downside risk는 예상보다 훨씬 더 악화될 위험 요인을 말한다.[40] systemic risk는 금융기관의 실패가 상호 연결된 다른 금융기관들에도 악영향을 끼치고 결과적으로 경제 전체를 위험에 빠트리게 된다는 뜻이다.[41] prudent risk(분별 있는 위험)는 잠재적으로 긍정적 결과가 그에 따르는 비용을 감당할 만한 가치가 있을 때 부정적인 결과에 의도적으로 자신을 노출시키는 것을 말한다.[42]

독일 사회학자 울리히 벡Ulrich Beck, 1944~2015은 1986년에 출간한 『위험사회Risk Society』라는 책에서 현대 서구사회를 문명의 화산 위에서 살아가는 '위험사회risk society'로 규정했다. 그가 말하는 '위험risk'은 'danger'나 'hazard'와 달리 우리 주위에서 예측할 수 없는 가운데 언제라도 발생할 수 있는 구조적이고 체계적인 위험을 가리키는 것이다.

벡이 책을 출간할 당시엔 생태계를 위협하는 산성비에 대한 공감대가 널리 퍼져 있었고, 북서 유럽 지방의 상당 부분을 방사능으로 오염시킨 체르노빌 원전 사고에 대한 공포가 유럽을 지배하고 있었다. 그게 바로 벡으로 하여금 '위험사회'라는 화두를 제기하게 된 이유가 된 동시에 많은 사람이 벡의 주장에 공감하게 된 배경이 되었다.

벡은 근대 산업사회는 그 발전 과정에서 과학기술의 과도한 도구적 활용으로 그에 따른 수많은 문명적 파행성을 낳아왔는데, 이제 그 파행성은 인간 생존 자체를 위협하는 '위험'의 논리로 변질되어 사회체제 전반에 침투해 있다고 말한다. 이는 대도시에서 두드러지게 나타나는데, 교통사고, 환경오염, 산업재해, 인간성 파괴 등이 바로 그것이다.

과학과 기술은 그간 현대의 환경적 위험과 그 밖의 다른 위험들에 대한 해결책으로 간주되어왔지만 오히려 정반대로 그런 위험들에 대한 원인이 되어가고 있다는 게 벡의 주장이다. 과학기술의 진보와 사회 진보가 마냥 화기애애하게 손잡고 가진 않는다는 것이다. 바로 이것이야말로 이전의 산업적 사회 발전 단계와 위험사회를 구분하는 요인이다.[43]

'위험사회'를 심리학적 관점에서 본 심리학자 게르트 기거렌처Gerd Gigerenzer는 『위험 숙달risk savvy』(2014)에서 '위험 숙달', 즉 위험의 속성과 정도를 이해하고 대처하는 능력에 대해 말한다. 그는 문제는 단순히 개인의 무지가 아니라 '위험맹risk-illiterate 사회'라는 현상이라고 역설한다.

"문자 해독력은 정보에 근거하는 민주 시민의 핵심 역량이다. 그러나 읽고 쓸 줄 아는 것만으로는 부족하다. '위험 해독력risk literacy'은 현대 기술 사회를 헤쳐나가는 데 반드시 필요한 기본 지식이다. 숨 가쁘게 변하는 21세기를 살아가는 현대인에게 위험 해독력은 과거의 일기와 쓰기처럼 없어서는 안 될 역량이다. 이 능력이 없다면 우리의 건강과 돈은 위험에 노출되거나 비현실적인 공포와 희망에 좌우될 수 있다. 위험 해독력의 기본은 배웠다고 생각하는 사람도 있을 것이다. 그러나 고등학교, 법학전문대학원, 의과대학 등의 교육 과정을 눈 씻고 봐도 이 과목은 없다. 결과적으로 우리는 대부분 위험맹이다."[44]

기거렌처는 "위험 숙달이라는 용어는 단순히 위험 해독력뿐만 아니라, 모든 위험이 알려지거나 계산이 가능하지 않은 상황을 인식하는 능력을 뜻한다"며 이렇게 말한다.

"위험 숙달은 위험 회피와 다르다. 위험을 감수하지 않으면 혁신이나 재미도 있을 수 없고, 용기는 과거의 일이 될 것이다. 그렇다고 해서 위험 숙달이 목숨 걸고 하늘에서 뛰어내리는 익스트림 스포츠를 하면서도 나는 괜찮을 거라는 믿음을 뜻하는 것은 아니다. 무모한 행동을 하지 않는 조심성이 없었다면 인간은 오래전에 멸종했을 것이다."[45]

그렇지만 과유불급過猶不及의 원리는 위험에도 적용된다. 위험에 너무 둔감한 것도 문제지만, 너무 민감한 것도 문제다. 후자의 경우를 잘 보여주는 것이 바로 'zero-risk bias(제로리스크 편향)'이다. 이는 위험 가능성을 완전히 제거하기 위해 너무 많은 돈과 에너지를 쓰는 편향을 말한다. 파트리크 베루나우Patrick Bernau는 "사람들은 사소한 잔존 위험에 노출되는 것을 견디지 못한다. 작은 리스크의 가치를 이해하지 못하고 지나치게 걱정하는 것이다. 그리고 리스크가 전혀 없는 경우를 훨씬 선호한다"며 다음과 같이 말한다.

"작은 잔존 위험을 제거하려고 너무 많은 돈을 쓴다. 예를 들어 투자할 때 단 한 푼도 새나가지 않게 하려고 상당한 수익을 포기한다. 이럴수록 위험은 더 커진다. '리스크가 없다'는 사기꾼의 말을 곧이 듣기 때문이다. 실생활에서 리스크가 없는 일은 거의 없다.……완벽한 안전이란 없다는 사실을 분명히 알아야 한다. 이 말을 가슴에 새기면 제로리스크를 위해 애쓰는 것은 무의미함을 알게 될 것이다. 아무튼 그런 것은 존재하지 않기 때문이다."[46]

폴커 키츠Volker Kitz와 마누엘 투쉬Manuel Tusch는 "제로리스크 편향은 하나의 위험을 떨쳐버렸다고 안심하고 기뻐하는 사이 다른 위험을 까맣게 잊게 만든다"며 이렇게 말한다.

"가장 좋은 방법은 조금 힘들고 시간이 걸려도 모든 위험 요소를 찬찬히 따져보는 것이다. 또 세상에 위험 확률이 제로인 상황은 절대 발생하지 않는다. 그러므로 완벽한 안전을 기대하는 마음을 접어라."[47]

롤프 도벨리Rolf Dobelli도 "우리가 배워야 할 교훈은 안전한 것이란 아무것도 없다는 점이다. 그러니 이제부터라도 제로리스크에 도달할 수 있을 거라는 환상에서 벗어나라. 저축예금도, 건강도, 결혼생활도, 우정도, 부동산도 안전하다고 확신할 수 없다"며 다음과 같이 말한다.

"세상에서 단 한 가지만 우리의 뜻대로 확고하다 말할 수 있다. 바로 우리 자신의 행복감이다. 심리학자들의 연구에 따르면, 수십억 원짜리 로또에 당첨되는 행운이나 하반신 마비의 불운 모두 장기적으로 삶의 만족감에 영향을 주지 못한다. 다시 말해 불행한 사람은 어떤 일이 일어나도 여전히 불행하고, 행복한 사람은 무슨 일이 일어나더라도 여전히 행복하다."[48]

2014년 1월 한국의 일부 은행들은 1억 건 이상에 달하는 사상 초유의 개인 신용정보 유출 대란 속에 고객센터 전화나 인터넷 홈페이지 모두 연결이 원활하지 않자 직접 지점으로 찾아온 고객들로 붐볐다. KB국민·롯데·NH농협 3개 카드사의 카드 해지와 재발급 신청 건수는 450만 건을 넘었으며, 이 밖에도 적지 않은 카드 고객들이 자신의 비밀번호를 바꾸었다.

사건을 수사한 창원지검은 비밀번호와 CVC(카드 뒷면의 세 자리 숫자)는 유출되지 않았으며 다른 개인 정보들 역시 유통되지 않았다고 밝혔지만 카드 고객들은 여전히 불안에 떨었다. 비밀번호는 전화번호, 주민등록번호상의 생일 등 다른 개인 정보를 토대로 유추가 가능하고 CVC는 단 세 자리 숫자의 조합일 뿐이라는 점 등 때문이었다. 또 이번 사건에서는 유출되지 않았더라도 기존에 이미 비밀번호나 CVC가 유출되었을 가능성도 완전히 배제할 수 없다는 것 등도 불안감의 이유였다.

그러나 이는 확률 자체만 놓고 보면 미미한 수준이었으며, 게다가 카드사들은 카드 복제나 부정 사용으로 인한 피해는 전액 보상하겠다고 천명한 상태였다. 그럼에도 사람들은 왜 이 작은 위험에도 불안해하며 마음을 졸인 걸까? 이상배는 그 답을 '제로리스크 편향'에서 찾았다. "발생 확률이 0%가 아니라면 확률이 지극히 낮든 높든 사람들은 똑같이 불안해한다. 이것이 카드사들이 고객으로 삼고 있는 '사람'의 심리다. 무조건 '걱정할 필요 없다'며 돌려보내는 것보다 고객의 심리부터 살피는 게 우선이다."⁴⁹

정반대로 사람들의 '제로리스크 편향'을 이용해 돈을 버는 기업들도 있는데, 이들이 즐겨 쓰는 마케팅 수법은 '공포 유발 광고'다. 이 분야의 선구자는 구강 청정제인 리스테린Listerine이었다. 1910년대까지만 해도 미국인에게는 '구취口臭'라는 단어가 낯설었지만, 리스테린의 공격적인 '공포 유발 광고'로 구취에 대해 두려움을 갖게 되었다.

"입 냄새 때문에 면사포는 못 쓰면서 들러리 노릇만 하다가 어느새 비참한 서른 번째 생일을 맞이한 아가씨 에드나"에서부터 "엄마의 입 냄새 때문에 얼굴을 찌푸린 채 엄마의 품을 벗어나려는 꼬마"에 이르기까지 다양한 모델을 등장시켜 미국인으로 하여금 리스테린을 사게끔 했고, 이는 대성공을 거두었다. 다른 청결 용품들도 그 뒤를 따라 각종 공포 조장에 공격적으로 나섰다.⁵⁰

1919년 'Odo-Ro-No'라는 탈취제deodorant를 만든 회사는 아예 광고용 선전술로 "체취, 암내"를 뜻하는 B.O.body odor라는 단어까지 만들어내 큰 성공을 거두었다. 너무도 당연해 문제될 게 없는 냄새를 심각한 문제인 양 공포감을 조장해 탈취제를 판매한 것이다.⁵¹

이제 이런 '공포 유발 마케팅'은 일본에서 가장 드라마틱하게 나타나고 있다. 선진국에선 일반적으로 항생물질, 소독제, 살균제를 남용하면서 '세균 박멸 100퍼센트'를 지향하는 태도가 있다지만, 1990년대 일본에서 시작된 '항균 붐'은 유별난 것이었다. 이에 대해

제로리스크 편향

생물학자 후지타 고이치로藤田紘一郎는 다음과 같이 말한다.

"가전제품, 가정 잡화, 문구, 합성섬유 제품에 이르기까지 온통 항균 제품들의 퍼레이드와 같다. 수도를 틀면 강력한 살균 성분인 염소가 고농도로 검출된다. 빨래를 할 때 쓰는 표백제 역시 강력한 살균제이다. 아기가 대변을 보면 곧 크레졸로 소독하고 항균 비누로 닦아준다. 이로써 피부에는 더이상 세균이 살지 않게 되고 우리의 몸은 외부 병원체의 공격에 무방비적 상태로 노출된다. 그래서 진드기 같은 항원이 쉽게 체내에 들어갈 수 있게 되어 아토피성 피부병 같은 것을 일으키고 있다."[52]

이런 무균無菌 강박증은 '냄새 강박증'으로까지 이어진다. 그래서 일부 젊은이들은 화장실에서 나올 때 증거를 남기는 냄새를 제거하기 위한 알약을 먹으며, 이 알약을 하루라도 거르면 하루 종일 볼 일도 못 보고 안절부절할 지경이 된다.[53] 문화인류학자 쓰지 신이치辻信一는 청결이나 불결은 신체와 관련된 위생적인 문제라기보다는 사회문화적인 문제고 인간관계에 밀접히 관련되어 있는 문제라며 다음과 같이 말한다.

"초등학교 남학생들 사이에는 다른 아이들에게 놀림을 받을까봐 학교에서 대변을 참는 것이 하나의 증후군처럼 문제가 되고 있다.……'늙은이'란 의미에는 '이상한 냄새가 나는'이라든가 '목덜미에 땀이 끈적끈적한', 또는 '입 냄새가 나는' 이미지가 떠오르는 것은 우연이 아니다. 이 모두 청결에 대한 강박관념이 만들어낸 사회의 편견이라고 해야 할 것이다. 하지만 피하고 싶은 '늙은이'는 누구보다 가까운 우리의 아버지일 수도 있다. 얼마 전 일본에서 자기 아버지의 속옷을 젓가락으로 집어 세탁기에 집어넣은 어느 딸의 이야기가 해외에 소개되어 충격을 준 적이 있다."[54]

일본 업체들은 일본 국민들 사이에 만연해 있는 집단 결벽증을 이용해 이른바 '멸균 제품'으로 연간 수십조 원대의 호황을 누리고 있다. 일본인들의 멸균 강박관념은 어린이들 사이에서 가장 심한 욕이 '사이킹(세균)'이라는 데에서도 잘 드러난다. 이런 결벽증은 일본 고유의 전통 종교인 신토神道의 정화의식에서 유래되었다는 설이 있다.[55]

'위험사회'와 '제로리스크 편향'의 공존은 기묘한 느낌을 준다. 정작 신경 써야 할 사회적 차원의 큰 위험은 외면하거나 방치하면서, 개인적 차원의 작은 위험은 발생 가능성마저 발본색원하고 멸균하기 위해 애를 쓰는 걸 어떻게 보아야 할까? 공적 영역을 방기하고 사적 영역으로만 파고드는 삶의 방식이 만연하면서 나타난 결과인지도 모르겠다.

▶ 더 읽어보면 좋을 논문들

전승우 · 박준우 · 김주현 · 박준호, 「공포 소구에서 공포와 위험, 효능감의 관계」, 『한국심리학회지 소비자 · 광고』, 17권 4호(2016년), 645~664쪽.

박현정, 「공포 소구 메시지 효과에 영향을 미치는 요인에 대한 연구: 위험 인식, 낙관적 편견, 효능감의 영향을 중심으로」, 중앙대학교 대학원 광고홍보학과 석사학위논문, 2015년 8월.

이병관 외, 「지난 40년 간 공포 소구 연구의 통합」, 『한국광고홍보학보』, 15권 3호(2013년), 126~155쪽.

정태석, 「광우병 반대 촛불 집회에서 사회구조적 변화 읽기: 불안의 연대, 위험사회, 시장의 정치」, 『경제와사회』, 81권(2009년 3월), 251~272쪽.

차동필, 「공포 소구 메시지에서 위협과 효능감의 역할」, 『한국광고홍보학보』, 9권 2호(2007년), 339~363쪽.

박종석, 「그린 광고의 공포적 소구 방법이 소비자 태도에 미치는 영향 연구」, 중앙대학교 대학원 경영학과 마케팅전공 석사학위논문, 2005년 6월.

왜 '볼보 운전자'는
운전 실력이 형편없다고 조롱받나?

펠츠먼 효과

미국의 소비자운동가 랠프 네이더Ralph Nader, 1934~는 1965년 세계 최대의 자동차 회사인 제너럴 모터스가 만든 자동차들의 안전성을 고발한 『어떤 속도에서도 안전하지 않다Unsafe at Any Speed』는 책을 출간해 미국 사회에 큰 충격을 안겨주었다. 이 책은 미국의 자동차업체들이 안전보다 이익과 디자인을 중시한다고 고발하면서 미국 승용차들의 성능과 구조적 결함을 지적한 것인데, "자동차 사고는 운전자의 잘못이지 차의 결함일 수 없다"는 고정관념을 깨트렸다는 점에서 소비자운동의 전환점이라 할 만한 것이었다.[56]

1966년 9월 9일 린든 존슨Lyndon Johnson 대통령은 새로 제조되는 차량의 안전 기준을 규정한 '고속도로 안전법과 교통안전법'에 서명을 했는데, 이 법은 바로 네이더가 벌인 운동의 결과였다. 이 법의 제정 이후 안전벨트, 충격방지 계기판, 충격흡수 운전대, 이중 브레이크 시스템, 안전유리 사용 의무화 등 광범위한 안전 조치가 취해졌다.

그런데 시카고대학 교수 샘 펠츠먼Sam Peltzman이 그 효과를 분석해 1975년 『정치경제학저널Journal of Political Economy』에 발표한 「자동차 안전 규제의 효과The Effects of Automobile Safety Regulation」라는 논문에 따르면, 운전자 사망은 감소했지만 보행자 사망이 증가한 것으로 드러났다. 사람들이 안전장치를 신뢰한 나머지 난폭 운전을 하게 되어 사고율이 높아진 가운데 운전자들은 안전장치의 보호를 받아 목숨을 구했지만 보행자는 아무런 보호를 받지 못했기 때문이다. 이렇듯 자동차의 안전장치 개발로 오히려 자동차 사고와 사망자 수는 더 늘어나는 현상을 가리켜 '펠츠먼 효과Peltzman effect'라고 한다.[57]

'펠츠먼 효과'는 이후 다른 연구자들의 연구를 통해서도 입증되었다. 독일 심리학자 K. 미하엘 아셴브레너K. Michael Aschenbrenner와 베른하르트 빌Bernhard Biehl은 독일에서 잠김 방지 제동시스템Anti-lock Braking System, ABS이 자동차에 한창 도입되던 1980년대 뮌헨의 택시기사들을 상대로 운전 습관의 변화를 관찰한 결과, 평소 난폭한 운전을 즐기던 사람들은 ABS가 정착되자 차를 더욱 위험하게 모는 것으로 나타났다. 실제로 3년 동안 ABS를 장착한 택시의 교통사고율이 더 높게 나왔으며, 이런 변화는 캐나다와 덴마크에서도 똑같이 나타났다.[58]

1990년대 중반 미국 몬태나주는 한적한 시골 동네라 속도 제한이 별 의미가 없다고 판단해 고속도로의 속도 제한 표지판을 없애버렸다. 많은 사람이 그로 인해 교통사고가 늘어날 것을 우려했지만, 몇

년 후 깜짝 놀랄 만한 결과가 나왔다. 오히려 사고율이 절반으로 줄어든 것이다. 운전자들이 큰 사고가 날까봐 지레 겁을 먹고 스스로 속도를 줄여 안전운전을 했기 때문에 일어난 일이었다. 이는 정반대의 방향으로 '펠츠먼 효과'를 입증해준 사례로 볼 수 있다.[59]

'펠츠먼 효과'의 이론적 근거는 '리스크 보상 이론risk compensation theory'이다. 인간은 자신이 더 안전하게 보호받는다고 느끼면 느낄수록 그만큼 위험을 더 즐기려는 태도를 보인다는 이론이다.[60] 경제학자들은 이를 '도덕적 해이moral hazard'라고 불렀다. 우리는 보통 신뢰는 좋은 것으로, 도덕적 해이는 나쁜 것으로 여기지만, 하버드대학 경제학자 래리 서머스Larry Summers는 신뢰와 도덕적 해이가 같은 동전의 양면이라고 말한다. 도덕적 해이는 사람들을 결과에서 보호해줌으로써 그들이 위험을 감수하도록 부추긴다는 의미에서다.[61]

같은 맥락에서 캐나다 퀸스대학의 심리학자 제럴드 와일드Gerald Wilde는 1982년 '위험 항상성risk homeostasis'이라는 개념을 제시했다. 그리스어의 비슷한Similar이라는 뜻의 'Homeo'와 상태Condition를 의미하는 'Stasis'의 합성어인 'Homeostasis'의 개념을 처음 소개한 사람은 1865년 프랑스 의사인 클로드 버나드Claude Bernard지만, 이 용어를 교통안전 연구에 처음 도입한 사람이 바로 와일드다.

'위험 항상성'은 인간은 한 분야에서 위험이 낮아지면 다른 분야에서 더 큰 위험을 감수하는 경향이 있기 때문에 특정 상황에서 시스템이나 조직을 더 안전하게 만드는 것으로 보이는 변화가 실은 그렇지 않다는 것을 설명하기 위한 개념이다. 횡단보도가 없는 도로보다 있는 도로에서 보행자 사망 사고가 많이 발생하는 것은 보행자가 횡단보도가 제공하는 안전한 환경을 믿고 조심성 없이 길을 건너기 때문이다. 유아들이 열기 힘든 약병이 개발된 이후 유아들의 약물 사고가 증가하는 것은 부모들이 이전보다 약병을 부주의하게 보관하기 때문이다. 따라서 세간의 상식과는 달리 "안전한 것이 위험한 것이다"는 역설이 성립된다고 볼 수 있다.[62]

이 역설은 미국 예일대학 사회학자 찰스 페로Charles Perrow, 1925~가 『정상 사고Normal Accidents: Living with High-Risk Technologies』(1984)에서 제시한 '정상 사고'의 근거가 되기도 한다. 페로가 내세운 3가지 전제는 다음과 같다. 첫째, 우리 인간은 실수하게 되어 있다. 둘째, 그 어떤 대형 사고라도 원인은 늘 매우 작은 것에서 시작된다. 셋째, 실패는 기술보다는 기술을 다루는 인간 조직에서 나타나며, 따라서 완벽한 기술이란 사실상 무의미하다. 사고는 원래 비정상적인 것이기 때문에 '정상 사고'라는 말은 사실 형용모순이지만, 페로는 사고가 비정상적인 상태의 결과가 아니라 정상적인 상태의 결과로 일어난다는 것을 강조하기 위해 '정상 사고'라는 말을 썼다.[63]

미국에서 '볼보 운전자'가 운전 실력이 형편없는 운전자를 빗대는 말이 된 것도 바로 그런 역설 때문이다. 『온라인도시사전urban dictionary』은 볼보 운전자를 이렇게 정의한다. "운전 실력이 형편없어 지나치다 싶을 정도로 안전한 차를 선호하는 사람. 속도를 내야 하는 차선에서는 천천히 달리고, 갑자기 끼어들어 다른 운전자들로 하여금 충돌을 피하기 위해 급하게 핸들을 꺾거나 브레이크를 밟게 만드는 사람." 어느 블로거는 "운전 실력이 뛰어난 사람들조차 일단 볼보 운전대만 잡으면 운전 실력이 형편없어진다"고 꼬집었다. 이와 관련, 폴 오이어Paul Oyer는 "볼보를 소유하는 데 따른 도덕적 해이나 역선택은, 일단 볼보를 타면 도로상에서 더 큰 위험을 감수해도 될 것 같은 기분이 든다는 사실에서도 기인한다"고 말한다.[64]

자기 자신이 좀더 안전해졌을 때뿐만 아니라 타인이 좀더 안전했다고 여길 때에도 리스크 보상 효과가 나타난다. 그래서 사람들은 자기 앞에 가는 차량에 ABS가 장착되었을 때 차를 더욱 빨리 몰아 앞 차 가까이에 붙이는 등 위험하게 운전하며, 자전거를 탄 사람이 헬멧을 쓰고 있으면 자동차는 평균 8.5센티미터 더 가깝게 자전거를 스쳐 지나간다. 자전거 운전자가 여자인 것처럼 가발을 쓰면 자동차 운전자는 더 간격을 두어 안전 운전을 하는 것으로 나타났는데, 이는 여자가 자전거를 덜 안전하게 탄다고 생각하기 때문인 것으로 보인다.[65] 초보 운전자가 '초보 운전'이라는 스티커를 붙이는 것도 바로 그런 효과를 겨냥한 것으로 볼 수 있겠다.

펠츠먼 효과는 열띤 논쟁을 불러일으켰고 여러 반론이 제시되었지만, 대체적으로 보아 타당하다는 결론이 내려졌다. 그런데 이 논쟁은 사실 철학적 논쟁이기도 했다. 그레그 입Greg Ip은 『안전 시스템은 어떻게 똑똑한 바보를 만들었나』(2015)에서 펠츠먼 효과를 둘러싼 논쟁의 근저에 흐르는 철학적 갈등에 대해 다음과 같이 말한다.

"기술과 계몽된 정책이 삶을 덜 위험하게 만들 수 있다는 데 더 강한 믿음을 가진 과학자, 역학자, 엔지니어들과 그들의 연구는 규제의 혜택을 지지하고 펠츠먼과 동료들이 틀렸다고 주장한다. 경제학자, 심리학자, 생태주의자들은 인간의 행동에 보다 중요한 것은 인센티브이고, 규제는 의도치 않은 결과를 부르며, 위험에 대한 선호도는 타고나고, 위험을 없애려는 시도는 실패할 것이라 믿는다."[66]

그런 철학적 논쟁은 여전히 계속되고 있지만, 펠츠먼 효과는 약물 사고, 풋볼이나 럭비처럼 격한 스포츠 경기의 사고율 등에서도 확인되었다. 미국프로풋볼리그NFL에 플라스틱 외피의 헬멧이 등장한 건 1939년이다. 헬멧은 치아, 턱이 부러지거나 코뼈가 내려앉는 등의 부상을 줄였지만 다른 종류의 부상은 증가시켰다. 1959~1963년과 1971~1975년 풋볼 사고로 인한 사망자는 10퍼센트 감소했지만 영구 사지마비 환자는 3배 이상, 목 골절 탈구를 유발하는 병변病變은 4배 늘었다. 코치들이 헬멧을 보호 장비로만 보지 않고 공격 도구로 삼게 한 결과였다.[67]

보험과 금융은 리스크를 분산시키는 역할을 하는데, 여기에서 나타나는 '구성의 오류fallacy of composition'는 오히려 리스크를 더 키운다. 구성의 오류는 개인적으로는 타당한 행동을 모두 다 같이 할 경우 전체적으로는 부정적인 결과가 초래되는 것을 말한다.[68] 그레그 입은 금융계에서 나타나는 '구성의 오류'에 대해 다음과 같이 말한다.

"주택저당증권이나 파생상품과 같은 금융 혁신은 개인이나 은행, 기업이 위험한 일을 할 수 있게 해준다. 더 안전해졌다는 믿음으로 투자자나 은행은 더 많은 리스트를 감수한다. 이렇게 해서 시스템 내 위험의 총합이 증가한다.……금융보험은 보험 가입자가 적을 때에만 효과가 있다. 모든 사람이 보험에 가입하는 상황은 재앙의 가능성을 키우고 더 나아가 시스템의 생존까지 위협한다."[69]

서화동은 "위기나 불황이 생기면 정부와 중앙은행이 어떻게든 막아줄 것이라는 대마불사大馬不死, too big to fail의 믿음도 더 큰 위험을 감수하게 만들었다"며 이렇게 말한다.

"세계가 겪은 두 차례의 금융위기도 안전 추구의 산물이었다. 리먼 브러더스를 파산하게 한 서브프라임 모기지 사태 역시 그랬다. 역사상 미국 전역에서 집값이 떨어진 적은 없었으므로 그에 연동된 주택저당증권MBS도 안전하다고 여겼다. 금융 혁신의 도움으로 리스크를 보다 감당하기 쉬워지자 빚을 내 집을 사는 일이 전보다 안전해졌다고 믿었다. 결국 더 많은 사람이 자산을 위험한 파생상품에 몰아넣었고, 안전을 위한 조치는 부메랑이 돼 재앙을 불렀다."[70]

남윤호는 2004년 '펠츠먼 효과'를 '표현의 자유'의 오남용과 연결시켰다. "독재정권 시절엔 하고 싶은 말을 그대로 하다간 크게 다쳤다. 말에 대한 안전장치, 즉 언론의 자유가 없었던 탓이다. 그러나 할 말을 제대로 할 수 있게 되자 이젠 하지 말아야 할 말도 마구 하게 됐다. 특히 함부로 지껄이는 막말 한마디에 정국이 경색되는가 하면 모두들 편을 갈라 싸움을 벌인다. 그런데 불행히도 이를 막을 수가 없다. 이를 억지로 틀어막으려는 것은 차에 에어백 대신 수류탄을 달자는 발상과 크게 다르지 않다. 책임과 방임의 균형은 그렇게도 어려운가 보다."[71]

좌윤철도 2013년 비슷한 주장을 했다. "과유불급過猶不及이라 했거늘, 입이 풀려도 너무 풀린 것은 아닌가? 자제를 모르는 운전자들이 결국 그 좋은 안전장치들을 사고율을 높이는 수단으로 이용한 꼴이 됐던 것처럼, 자율과 절제·자기통제를 할 줄 모르면 '자유'라는 편의·안전장치는 결국 오는 행복을 막는 '흉기'로 둔갑하게 되는지도 모른다.……절제도 자율도 모르는 민주주의는 또 다른 독재체제에 다름 아니다. 정치계·종교계·노동계 그리고 시민단체……지금은 모두가 브레이크 위에 발을 올려놓을 때다."[72]

급격한 기술 혁신을 현장에서 경험한 소프트웨어 개발자이자 성공한 실리콘밸리 사업가인 마틴 포드Martin Ford는 "반복적이고 예측 가능한 직업에 종사하는 사람은 블루칼라, 화이트칼라를 막론하고 10~20년 안에 기계에 일자리를 빼앗길 것"이라며 이런 충격을 흡수하려면 지금부터 '기본소득 보장' 등의 안전망을 준비해야 한다고 주장한다. 그런데 그가 이 주장의 근거로 '펠츠먼 효과'를 거론하는 게 흥미롭다. 그는 "자본주의 경제에서는 도입이 어려운 방안이라고 생각하지 않습니까"라는 기자의 질문에 다음과 같이 답한다.

"기본소득 보장으로 도태되는 사람이 늘어날 거란 이야기겠죠. 그렇지만 반대로 저는 더 많은 기업가가 나올 수 있다고 생각합니다. 기본소득이 보장되면 더 많은 사람이 중산층으로 올라서기 위해 새로운 사업을 벌이기 시작할 겁니다. 경제학에서 말하는 '펠츠먼 효과'를 노릴 수 있다는 겁니다. 안전망을 제대로 갖춰 줄수록 위험을 무릅쓰고 모험할 수 있는 사람이 늘어난다는 거죠."[73]

사람들은 단지 차가 안전하다는 이유로 부주의하게 운전한다는 사실을 믿지 않는 경향이 있지만, 반대로 자동차의 안전성이 떨어졌을 때 사람들이 더욱 주의해 운전한다는 점을 상기할 필요가 있다. 무모한 운전의 편익은 목적지에 빨리 도착할 수 있고, 가는 도중에 스피드와 스릴을 즐기는 등 많은 재미를 느낄 수도 있다. 이렇듯 사람들은 상대적으로 사소한 보상을 받기 위해 매일 죽음의 위험을 무릅쓴다.[74] 한심하지만, 우리 인간이 원래 그렇게 생겨먹은 걸 어쩌겠는가. 그렇다면 체념하거나 개탄만 할 일이 아니라 마틴 포드의 역발상처럼 인간의 그런 성향을 생산적이거나 바람직한 일에 이용하는 시도를 해보는 것도 좋을 것 같다.

▶더 읽어보면 좋을 논문들

이재승, 「원전의 윤리적 운용은 가능한가?」, 『철학논총』, 81권(2015년 7월), 197~217쪽.

이용우, 「자기 차량 담보 손해와 차량 가액의 분석을 통해 본 국내 자동차보험 시장의 도덕적 해이」, 『연세경영연구』, 49권 1호(2012년 7월), 75~93쪽.

강윤재, 「원전 사고와 민주적 위험 거버넌스의 필요성」, 『경제와사회』, 91권(2011년 9월), 12~39쪽.

김홍기, 「금융 위기 이후 주요국의 투자은행 업무 규제 동향과 우리나라에서의 시사점」, 『비교사법』, 1권 2호(2011년 6월), 577~606쪽.

윤순진·박효진, 「원유 유출 사고를 둘러싼 위험의 사회적 구성과 위험 정보 소통: 삼성중공업-허베이 스피리트호 원유 유출 사고 자원봉사에 대한 언론 보도를 중심으로」, 『환경사회학연구 ECO』, 15권 1호(2011년 6월), 7~51쪽.

이경락, 「글로벌 금융 위기에 나타난 '도덕적 해이 현상'에 관한 성경적 고찰」, 『로고스경영연구』, 8권 2호(2010년 8월), 215~232쪽.

노진철, 「국가 재난 관리 체제의 기능과 한계: 허베이 스피리트호 기름 유출 사고를 중심으로」, 『사회과학 담론과 정책』, 2권 1호(2009년 4월), 115~144쪽.

제 **2** 장

착각과 환상 2

왜 특권계층은 자신이 누리는 특권을
당연하다고 생각하나?

▼
▲

내성 착각

"나는 나 자신을 아주 잘 알아." 이렇게 말하는 사람이 많다. 이렇듯 사람들은 자신의 정신 상태에 대해 자신이 잘 아는 통찰력이 있다고 믿는 경향이 있는데, 이를 가리켜 "introspection illusion(내성 착각, 자기 관찰의 착각)"이라고 한다. 이런 내성 착각의 슬로건이 바로 "나는 나 자신을 아주 잘 알아"다. 즉, 자기 평가를 할 때 자기 관찰에 의한 통찰의 비중을 과다하게 높이는 현상을 말한다.[1] 이 용어의 작명자인 미국 프린스턴대학 심리학자 에밀리 프로닌Emily Pronin은 다음과 같이 말한다.

"사람들이 자신의 심리 상태에 대해서는 근원이 무엇인지 직접적인 통찰력을 갖고 있다고 잘못 생각하는 반면, 다른 사람들의 자기 성찰 능력은 믿을 수 없다는 식으로 취급한다. 특정 상황에서 이 같은 착각은 자신의 행동이나 앞으로의 심리 상태에 대해 매우 확신하지만 실은 잘못된 설명이나 예측을 하게 만든다."[2]

프로닌은 "자신에게 유리하게 사고하는 방식", 즉 '이기적 편향self-serving bias'은 내성 착각에서 비롯된다고 말한다. 사람들은 자기 자신을 신뢰하기 때문에 자기 관찰이라는 주관적인 과정을 통해 자신을 평가하는 반면, 다른 사람은 신뢰하지 못하기 때문에 자기 관찰이 아닌 그 사람의 행동 일반을 통해 평가한다는 것이다.[3]

탈리 샤롯Tali Sharot은 『설계된 망각: 살기 위해, 뇌는 낙관주의를 선택한다The Optimism Bias: A Tour of the Irrationally Positive Brain』(2011)에서 "내성 착각이란 스스로 자신의 정신 상태 근저의 과정에 직접 접근할 수 있다고 자신하는 데서 발생하는 착각이다"며 이렇게 말한다.

"그러나 대부분의 정신 과정은 대개 의식적으로 해석할 수 없다. 문제는 사람들이 자신의 무지를 모른다는 것이다. 따라서 스스로 내면의 의도를 관찰하고 있는 느낌이 든다 하더라도, 내성은 대개 우리 내면의 의도에 관한 진정한 반성이 아닌 추론에 가깝다."[4]

이남석은 이렇게 말한다. "사람은 자신의 심리적 요인을 자신이 직접 관찰하면 잘 알 수 있다고 생각하지만, 인지부조화 이론theory of cognitive dissonance에 의하면 사람은 자신의 행동을 일으킨 심리적 상태에 관해서 사실과 다른 결론을 내리는 경우가 더 많다.……일상생활에서도 상대방에게 심리 상태를 물어 답을 구했을 때, 그것에 너무 의지하지 않는 것이 좋다. 그 자신도 모르게 그럴듯한 이야기를 만들어낸 것일 수 있기 때문이다."[5]

내성 착각

그래서 이런 재미있는 일들이 벌어진다. 1997년 『US뉴스앤드월드리포트U.S. News & World Report』가 미국인들을 대상으로 "누가 천국에 갈 확률이 가장 높을 것으로 생각하는가"라는 설문을 던졌을 때, 빌 클린턴은 52퍼센트, 다이애나 황태자비는 60퍼센트, 오프라 윈프리는 66퍼센트, 마더 테레사는 79퍼센트였던 반면, 자기 자신이 천국에 갈 확률은 평균 87퍼센트라는 응답이 나왔다. 미국 대입시험위원회College Examination Board가 82만 9,000명의 고교 고학년 학생들을 대상으로 한 조사 결과에선, 학생들의 60퍼센트가 '다른 사람들과 어울리는 능력'이 상위 10퍼센트에 든다고 주장한 것으로 나타났다. 반면에 평균 이하라고 말한 학생은 단 한 명도 없었다.[6]

특권을 누리는 사람들이 자신의 특권에 무감각한 채 사회를 향해 엉뚱한 말을 해대는 것도 바로 내성 착각 때문이다. 엘리엇 애런슨 Elliot Aronson은 『거짓말의 진화: 자기정당화의 심리학』(2007)에서 "물고기가 헤엄치는 물을 의식하지 못하는 것처럼 우리 모두 자신의 맹점을 의식하지 못하지만, 특히 특권의 바다에서 헤엄치는 사람들은 이러한 맹점을 계속 인지하지 못할 확률이 더 높다"며 다음과 같이 말한다.

"풍족한 특권을 누리는 사람들은 대부분 자신이 지나치게 많은 특권을 누린다고 생각하거나 행운 덕분에 특권을 누린다고 생각하는 경우도 거의 없다. 특권은 그들의 맹점이다. 눈에 보이지 않으므로 그들은 그것에 대해 깊이 생각하지 않는다. 그들은 자신의 사회적 지위를 당연히 누려야 하는 것으로 정당화한다. 이런저런 방식으로 우리는 누구나 인생이 우리에게 제공하는 특권에는 맹목적이다."[7]

미국 하버드대학 심리학자 제롬 케이건Jerome Kagan은 『정서란 무엇인가?What Is Emotion?: History, Measures, and Meanings』(2007)에서 '사회계층에 따른 정서 차이'를 논하면서 특권 의식의 명암明暗에 대해 다음과 같이 말한다.

"부유하고 교양 있으며 사랑이 넘치는 가정에서 자라면 실제 능력이나 성취에 기반하지 않은 권리 의식과 비현실적인 자신감이 생길 수 있다. 이 둘이 합쳐져 찰스 다윈이나 프랭클린 루스벨트처럼 뛰어난 업적을 이룰 수도 있지만, 자신의 능력을 과대평가한 탓에 심각한 오류를 피하는 데 필요한 자기 비판적 태도가 무디어지기도 한다.……특권적인 어린 시절을 보내면 과장된 미덕과 능력에 대한 환상을 지니게 되는데, 이것은 좋은 목적에 쓰일 수도 있고 나쁜 목적에 쓰일 수도 있다."

케이건이 제시한 특권 의식의 비극적 사례를 감상해보자. "상류층 가정에서 자란 포르투갈 신경학자인 에곤 모니스Egon Moniz는 전두엽과 나머지 뇌의 연결을 끊으면 치료법이 없는 정신질환자를 고칠 수 있다는 예감이 들었다. 그는 1935년에 처음으로 63세 여자를 수술했으며 증거가 불충분했는데도 수술적 엽절개술surgical lobotomy로 그녀의 병을 고쳤다고 선언했다. 그 뒤로도 수술을 시행하고 이것이 성공적이었다는 논문을 발표했고, 이 '기적의 치료법'으로 노벨의학상을 받았다. 그 후 20년 동안 전 세계 신경외과의사들은 수백 명의 환자에게 이 기법을 적용했다. 하지만 모니스의 자기 확신은 터무니없는 것이었음이 입증되었다. 이 수술로는 정신병을 치료하지 못한다. 그가 조금만 더 회의적이었다면, 이 수술의 불운한 희생자들은 또 다른 고통을 겪지 않았을 것이다. 오만한 배우 존 윌크스 부스John Wilkes Booth가 유명한 배우 집안에서 자라지 않았다면, 자신이 지지하던 남부 연합군이 항복한 지 일주일 만인 1865년 성聖 금요일에 에이브러햄 링컨을 살해할 권리가 있다고 생각하지 않았으리라."[8]

입신양명立身揚名이 타락된 형식으로 건재하고 관존민비官尊民卑의 구습이 잔존하는 한국 사회에서 사회 각 분야 엘리트 계층의 특권의식은 징그럽다고 해야 할 정도로 끈질기다. 『한겨레』논설위원 박찬수는 「그놈의 특권」이라는 칼럼에서 "워싱턴에 근무했던 어느 외교관이 들려준 얘기다. 미국 하원의원과 점심을 먹고 서울에서 오는 지인을 마중하러 덜레스공항으로 차를 운전해 가려는데, 그 하원의원이 '괜찮으면 공항까지 좀 태워달라'고 했다. '운전기사가 휴가냐'고 묻자 그 의원은 '정책보좌관을 더 쓰려 운전기사를 고용하지 않았다'고 대답하더란다. 직접 차를 몰거나 필요하면 택시를 이용한다는 것이다"며 다음과 같이 말한다.

"한국에서도 대개 운전기사(수행비서)를 9급 또는 7급으로 채용하니, 국회의원이 직접 차를 몰면 같은 직급의 정책보좌관을 한 명 더 쓸 수가 있다. 이런 의원을 본 기억은 없다. 물론 저녁 약속이 잦고 지역구 행사가 빈번한 우리 현실을 미국과 단순 비교할 수는 없다. 하지만 사람이 모자라면 예산을 증액해서라도 보좌관을 늘리려고만 하지 스스로 고통을 분담하려는 노력은 하지 않는 게 우리 국회의 모습이다. 그렇게 늘어난 보좌관이 지금은 의원 한 사람당 인턴까지 포함해 9명이다. 의원실 공간이 부족해 몇 년 전엔 수천억 원을 들여

넓은 평수의 제2의원회관을 새로 지었다. 그런 모습을 보면서 국민들은 국회의원을 불신하고, 비아냥거리고, '그놈이 그놈'이란 생각을 버리질 않는다."[9]

어찌 국회의원뿐이랴. 2016년 10월 23일 서울대학교 대나무숲(학생들이 사연을 제보하면 익명으로 글을 게시해주는 페이스북 페이지)에 "오늘 진짜 짜증나고 어이없는 일이 있었어요"라고 운을 띄운 학생 A가 소개한 사건은 한국적 삶은 특권과 특권 의식의 쟁취를 위한 전쟁이 아닌가 하는 생각을 갖게 만든다. 사연인즉슨 이렇다.

경기도 일산에서 오랜 만에 만난 친구와의 외출에 흥분한 A는 닭꼬치를 먹으며 "니가 닭이냐", "내가 닭이다"라고 장난을 치면서 친구와 이야기를 하고 있었다. 그러던 중 그 모습을 본 한 행인이 "어우 지잡대 냄새!"라면서 곁에 있던 여자에게 "빨리 가자"고 말했다. A는 서울대생이었지만 A의 친구는 타 학교 학생이었다. 서울 지하철 6호선 소재의 한 대학교 '과잠'을 입고 있던 행인은 A의 친구가 입은 '과잠'을 보고 "지잡대 냄새나"라고 말한 것이다. 화가 난 A는 쫓아가 "무슨 말을 그렇게 하세요?"라고 항의했다. 그러자 적반하장으로 "무식한 티 내지 마라"는 대답이 돌아왔다. 억울했던 A는 자신의 지갑에서 학생증을 꺼내 보여주면서 "어우 지잡 냄새가 왜 이렇게 독하냐!"며 되갚아주었다. 당황한 행인은 "서울대면 다예요? 서울대면 딴 학교 무시해도 돼요"라며 쩌렁쩌렁 큰소리로 되레 화를 냈다. "저는 대학 가지고 제 친구 무시한 당신 같은 사람들만 무시합니다"라고 A는 맞받아쳤다. 결국 양측의 지인들이 말리면서 싸움은 무마되었지만, 집으로 돌아온 A는 이 사연을 서울대학교 대나무숲에 제

내성 착각

보하면서 이런 말을 남겼다. "호랑이 발톱은 당신 같은 사람 때문에 빠지는 법. 부디 앞으로는 함부로 말하지 말아주세요."[10]

지극히 예외적인 에피소드 아니냐고 생각할 수도 있겠지만, 사회학자 오찬호의 『우리는 차별에 찬성합니다: 괴물이 된 이십대의 자화상』(2013)이라는 책을 읽은 사람이라면 문제의 행인이 그렇게 '미친 놈'은 아니라는 데에 흔쾌히 동의할 것이다. 그런 유형의 인간이 많다는 뜻이다. 오찬호는 "이십대 대학생들은 야구잠바(과잠)를 '패션의 영역'에서가 아니라, 어떤 신분증의 개념으로 이해한다"며 다음과 같이 말한다.

"내가 연구대상으로 만난 대학생의 65%가 학교가 아닌 곳에서 학교 야구잠바를 볼 때 '일부러' 학교 이름을 확인한다고 답했다. 학교 야구잠바가 신분 과시용 소품이라는 방증이다. 실제로 야구잠바를 입는 비율도 이에 따라 차이가 나서, 이름이 알려진 대학일수록 착용 비율이 높았다. 낮은 서열의 대학 학생들이 학교 야구잠바를 입고 다니면 비웃음을 사기 십상이라 신촌으로 놀러오는 그쪽 대학생들은 자신의 야구잠바를 벗어서 가방에 넣기 바쁘단다. 심지어 편입생의 경우엔 '지가 저거 입고 다닌다고 여기 수능으로 들어온 줄 아나?'라는 비아냥을 듣기도 한다. 이처럼 학교 야구잠바는 대학 서열에 따라 누구는 입고, 누구는 안 입으며, 누구는 못 입는다."[11]

문제의 행인은 6호선과 '호랑이 발톱'으로 미루어 보아 고려대생인 것 같은데, 그의 불운이 안타깝다. 서울대생만 아니면 제대로 호랑이 노릇을 할 수 있었을 텐데, 어쩌다 그래 하필이면 서울대생을 만났을꼬? 그 행인이 그런 행패를 부린 심리는 '신호 이론'과 '정체성

이론'으로도 설명이 가능하겠지만,[12] 그가 자신의 행패에 아무런 문제의식을 느끼지 못하는 건 물론 자신이 옳다고 생각하는 건 '내성 착각'으로 설명할 수 있겠다. 물론 이건 최대로 선의 해석을 해주는 것이고, 한마디로 이야기하자면 '눈곱만 한 특권에 중독된 매우 찌질한 젊은이'라고 할 수 있겠다.

▶더 읽어보면 좋을 논문들

강준만, 「왜 부모를 잘 둔 것도 능력이 되었나?: '능력주의 커뮤니케이션'의 심리적 기제」, 『사회과학연구』, 55권 2호(2016년 12월), 319~355쪽.

정양운·양지연, 「심리적 특권 의식과 일탈 행동: 조직 공정성과 조직 지원 인식의 조절 효과를 중심으로」, 『기업경영연구』, 63권(2015년), 307~325쪽.

정선영·조한익, 「부모 양육 태도와 자기애적 성격의 관계: 불신/학대, 특권 의식/과대성 도식의 매개 효과」, 『청소년학연구』, 20권 10호(2013년 10월), 1~26쪽.

심상홍·이장한, 「자기애 성격장애 척도의 요인 구조: 외현적 자기애 및 내현적 자기애와의 관련성 검증」, 『한국심리학회지: 사회 및 성격』, 26권 2호(2012년 5월), 87~100쪽.

정양운·박혜원·문형구, 「심리적 특권 의식의 선행 요인과 결과 요인」, 『인사조직연구』, 20권 3호(2012년), 151~187쪽.

왜 우리는 "자연스러운 게 좋은 거야"라는 말을 즐겨하는가?

자연주의적 오류

"자연스러운 게 좋은 거야." 이렇게 말하는 사람이 많다. 그저 별 생각 없이 지나가는 말로 한 말이라면 모르겠지만, 정말 그렇게 믿는다면 문제다. 이를 '자연주의적 오류naturalistic fallacy'라고 한다. 자연주의적 오류는 '존재' 또는 '현상'에서 '당위'로 비약하는 것으로, 존재나 현상이 곧 당위인 셈이다. "사람들은 서로 유전적으로 다르고 각자 능력과 재능을 다르게 타고나기 때문에 각자 다른 대접을 받아야 한다"고 말하는 이가 있다면, 그는 자연주의적 오류에 빠진 사람이라고 할 수 있다.[13]

자연주의적 오류는 영국 철학자 조지 에드워드 무어George Edward Moore, 1873~1958가 1903년에 출간한 『윤리학 원리Principia Ethica』에서 창안한 개념이지만, 수십 년 전 존 스튜어트 밀John Stuart Mill, 1806~1873이 같은 문제를 제기했다. 이와 관련, 로버트 라이트Robert Wright는 이렇게 말한다.

"이 점에 대한 밀의 입장은 무어의 입장보다 전문성과 논리성이 좀더 떨어졌지만 호소력은 더 컸다. 이를 위한 방법은, 올바른 행위에 대한 길잡이로서 자연을 이용하려는 시도, 곧 자연은 신에 의해 창조되었으므로 신의 가치가 구현되어 있다는 주장을 밑에 깔고 있는, 대개는 언표되지 않은 가정을 명료하게 밝히는 것이었다."[14]

한상기는 "『윤리학 원리』에서 무어의 기획은 도덕적 평가 개념 '좋은good'을 분석하는 것이었다. 그의 분석의 결과는 '좋은'이 단순하고, 정의 불가능하고, 분석 불가능하다는 것이었다. 그래서 무어는 도덕적인 평가적 개념을 자연적 개념들로 정의하는 것은 오류, 즉 자연주의적 오류를 범하는 것이라고 주장했다. 그에 따르면, 도덕적 평가 개념 '좋은'을 정의하는 일은 '노란yellow'을 정의하는 것만큼이나 불가능하다"며 다음과 같이 말한다.

"이렇게 볼 때 무어의 자연주의적 오류는 일차적으로 정의상의 오류라고 할 수 있다. 우리가 정의 불가능한 용어 '좋은'을 다른 기술적 용어들로 정의하려 할 때 범하는 오류인 것이다. 그러나 그의 자연주의적 오류는 단순히 정의적 오류에 그치지 않고 또 다른 중요한 함의를 갖는다. '좋은'을 기술적 용어들로 정의할 수 없다고 할 때, 기술적 용어만을 포함하는 전제들로부터 평가적 용어를 가진 결론을 연역하려는 것 역시 오류일 것이다. 다시 말해서 '이다-진술is-statement'로부터 '해야 한다-진술ought-statement'을 연역하려는 것 또한

자연주의적 오류

오류일 것이다."[15]

"좋은 게 자연스러운 거야." 이렇게 말하는 사람도 많다. 그저 별 생각 없이 지나가는 말로 한 말이라면 모르겠지만, 정말 그렇게 믿는다면 이 또한 문제다. 이를 '도덕주의적 오류moralistic fallacy'라고 한다. 1970년대 미국 하버드대학 미생물학과 교수 버나드 데이비스 Bernard D. Davis, 1916~1994가 창안한 개념이다. 맷 리들리Matt Ridely는 이를 '역逆자연주의적 오류'라고 불렀다.

도덕주의적 오류는 '당위'에서 '현상'으로 비약하는 것으로, 당위가 곧 현상인 셈이다. "모든 사람은 동등하게 대접받아야 하기 때문에, 사람들 간에 타고난 유전적 차이점이란 있을 수 없다"고 말하는 이가 있다면, 그는 도덕주의적 오류에 빠진 사람이라고 할 수 있다.

정치적 보수에 속하는 사람들은 자연주의적 오류를 저지를 가능성이 더 크다. 예컨대, 이런 주장을 함으로써 말이다. "남자가 경쟁심이 강하고 여자가 아이를 잘 돌보는 것은 자연의 섭리다. 그러니 여자는 집에 있으면서 애들이나 보고 정치 같은 것은 남자에게 맡겨야 한다."

정치적 진보에 속하는 사람들은 도덕주의적 오류를 저지를 가능성이 더 크다. 예컨대, 이런 주장을 함으로써 말이다. "서구사회의 자유민주주의 원칙에 따르면 남자와 여자는 동등하게 대우받아야 한다. 따라서 남자와 여자는 생물학적으로 동일하며, 그와 다른 주장을 펴는 연구는 '추측건대' 그릇된 것이다."[16]

프란츠 부케티츠Franz Wuketits는 『왜 우리는 악에 끌리는가: 선악의 본질에 대한 진화론적 고찰』(1999)에서 "우리는 자연계에 갖가지 사물들이 단순히 존재한다는 것이 어떤 도덕적 의무로 이어지지는 않음을 쉽게 깨달을 것이다. 그러므로 '존재'가 우리를 직접 '당위'로 연결 짓지 않는다는 사실은 절대적으로 옳다"며 다음과 같이 말한다.

"하지만 인간의 존재와 당위를 살필 때는 상황이 약간 복잡해진다. 자연주의의 오류를 피하기 위해서는, 인간이 단지 존재한다는 이유만으로 도덕적으로 행동해야 한다고 주장해서는 안 된다. 그런데 우리는 인간이 선악을 구별하는 능력이 있다는 이유만으로 이미 도덕적으로 행동할 의미가 있다고 논증하는 경향이 있다. 왜냐하면 생물의 진화에 있어 인간이 등장하기 전에는 존재하지 않았던 의도, 목적, 목표가 자기 자신의 존재와 주변 세계를 의식하는 인간과 더불어 갑자기 중요성을 얻기 때문이다."[17]

롭 브룩스Rob Brooks는 『매일매일의 진화생물학Sex, Genes & Rock 'n' Roll: How Evolution Has Shaped the Modern World』(2015)에서 "나는 자연주의적 오류를 주의하라고 경고했다. 왜냐하면 매일같이 누군가는 '어떤 행동은 본능적이다'라는 주장으로 그들이 선택한 삶의 방식을 그럴듯하게 합리화하곤 하기 때문이다"며 다음과 같이 말한다.

"교회의 수장과 보수주의 정치가들은 이성애자로서 평생 일부일처로 사는 게 가장 자연스러운 것이라고 주장한다. 이에 반해 어떤 사람들은 인간의 가장 자연스러운 모습은 성적으로 문란한 것이라며 맹렬히 항의한다. 어떤 이들은 동성애가 자연스러운 모습이 아니라고 주장하는 반면, 다른 이들은 동성애도 이성애와 똑같이 자연스럽다고 주장한다. 진화는 우리가 이러한 행동을 이해하는 데 도움을 줄 수 있지만, 진화적 역사가 성적 문란함이나 성 정체성 같은 복잡하고 까다로운 문제들이 어떤 도덕적 서품을 부여하는 것은 아니다. 우선 우리는 우리가 어떻게 현재 모습이 되어왔는지 이해하고, 인간 행동이 표현되는 범주의 폭을 이해하는 데 초점을 맞추어야 한다. 우리는 이러한 아이디어를 우리 사회 속에서 그릇된 것들을 바로잡는 더 넓은 과정에 지혜롭게, 또 조심스럽게 반영해야만 한다."[18]

최훈은 『불편하면 따져봐: 논리로 배우는 인권 이야기』(2014)에서 동성애 혐오론자들이 자연주의의 오류에 빠져 있다고 주장한다. 그는 "동성애가 자연의 섭리에 반대된다는 근거의 구체적인 내용은 '동성애는 생식을 못한다'라는 것이었습니다. 동성애는 생식을 못한다는 것은 부인할 수 없는 사실이라고 했습니다. 어떤 동성애자도 자신들이 생식을 할 수 있다고 우기지 않습니다. 그런데 이 사실 판단으로부터 동성애는 비도덕적이라는 주장이 따라 나온다고 생각하면 그것은 자연주의의 오류입니다"라면서 다음과 같이 말한다.

"자연주의의 오류를 저지르는 주장은 '자연스럽다'라는 말이 갖는 애매한 특성을 이용하고 있습니다. '자연스럽다'라는 말은 사실 판단에 쓰이기도 하고 가치 판단에 쓰이기도 하기 때문입니다. 자연스럽다고 하면 자연법칙에 들어맞는다는 뜻도 되고 긍정적이고 바람직하다는 가치 평가도 들어 있습니다. 자연의 순리에 맞는다고 말하면서 '자연스레' 이상하지 않고 정상적이라는 평가로 넘어가는 것입니다. 그러나 자연법칙에 맞는다고 해서 모두 바람직한 것은 아닙니다. 자연스럽지만 나쁜 것도 얼마든지 있고 부자연스럽지만 좋은 것도 얼마든지 있습니다. 태풍이나 지진은 자연스러운 현상이지만 좋다고 말할 수 없습니다. 늙는 것도 자연법칙이지만 좋은가요? 나이들어 노안이 오는 것은 자연 현상이지만 그 자연 현상을 극복하기 위해서 돋보기를 쓰는 것은 바람직하지 않나요?"[19]

공리주의 철학자 피터 싱어Peter Singer, 1946~는 『동물 해방Animal Liberation: A New Ethics for our Treatment of Animals』(1975)에서 육식은 인간이 아닌 종들을 차별하는 '종차별주의Speciesism'에서 비롯된 것으로 비윤리적이라고 주장한다. 이 책을 번역해 국내에 알린 전주교대 교수 김성한은 '공리주의와 동물의 도덕적 지위'라는 제목의 강연에서 "인간이 동물을 먹는 것은 약육강식이며 자연스럽다"며 종차별을 옹호하는 입장에 대해 강자가 약자를 괴롭히는 것이 '옳은 것'이냐고 반문하면서, 이러한 종차별 옹호는 '자연주의적 오류'라고 주장했다.[20]

자연주의적 오류는 원래 심오한 철학적 개념이지만, 좀 느슨한 형태로 다른 분야에서도 많이 활용되고 있는 개념이다. 예컨대, 허태균은 사회심리학에서 쓰이는 자연주의적 오류의 사례를 이렇게 제시한다.

"본인이 춥거나 덥지 않은 한, 아니 심지어 본인이 더운 걸 원하거나 추운 걸 원하면, 여름에 겨울옷을 입거나 겨울에 여름옷을 입어서 안 될 이유는 없다. 그런데도 사람들은 그런 행동으로 정상과 비정상을 구분한다. 더 나아가 옳고 그름으로 나누려 한다. 이렇게 우리는 대부분의 사람이 그냥 그런다는 것과 모든 사람이 반드시 그래야만 하는 것을 혼동한다."[21]

사실 우리는 일상적 삶에서 너나 할 것 없이 "자연스러운 게 좋은 거야"라는 말을 입에 달고 살지만, 이때의 자연스러움이란 '다수결의 횡포'일 경우가 많다. 남들 하는 대로 따라하는 게 자연스럽다는

이야기다. 자연스러운 게 좋은 건지, 좋은 게 자연스러운 건지는 전
문가들의 논쟁에 맡긴다 하더라도, 우리 모두 부지불식간에 저지르
는 '자연스럽다'는 말의 오남용은 경계할 필요가 있겠다.

▶ 더 읽어보면 좋을 논문들

한상기, 「자연주의적 오류와 자연화된 인식론」, 『범한철학』, 79권(2015년 12월), 493~516쪽.

류지한, 「윤리의 생물학화: 자연주의적 오류와 반자연주의적 오류를 넘어서」, 『윤리연구』, 103권(2015년), 1~30쪽.

이시윤, 「하버마스 대화 이론의 자연주의적 오류와 동기부여 문제」, 서강대학교 대학원 사회학과 석사학위논문, 2012년 2월.

안용규·김홍식, 「체육의 가치 담론과 자연주의 오류」, 『움직임의 철학: 한국체육철학회지』, 17권 4호(2009년), 173~188쪽.

임일환, 「자연주의적 오류와 내포성」, 『미학』, 57권(2009년), 101~157쪽.

정해창, 「자연주의적 오류」, 『정신문화연구』, 15권 3호(1992년 9월), 117~138쪽.

왜 샤이니 멤버 종현은 성시경의 '잘 자요' 때문에 힘들었을까?

의사사회적 상호작용

1986년 4월 일본에서 인기 절정의 소녀 가수 오카다 유키코佐藤佳代, 1967~1986가 아버지 또래의 남자 배우와의 이루지 못할 사랑을 비관해 7층 건물에서 투신자살을 했다. 그녀의 자살에 충격을 받은 청소년들이 연쇄 자살을 했는데, 그 수는 34명에 이르렀다. 이들은 다양한 자살 방법을 쓰긴 했지만, 유키코처럼 투신자살을 택한 이가 22명으로 가장 많았다. 이 사건은 이른바 '유키코 신드롬Yukiko Syndrome'으로 불리며 일본은 물론 전 세계적으로 큰 충격을 안겨주었다.

1998년 5월 일본의 유명 록그룹 X-재팬의 기타리스트 히데Hide, 1964~1998가 자살을 하자 여학생 3명이 동반 자살을 하고 5만여 명의 팬들이 참석한 장례식장에서 120여 명의 팬이 실신을 했고 60여 명의 팬이 입원 치료를 받았다(나중에 '기도폐쇄로 인한 사고사'라는 설이 나오기도 했지만, 당시엔 의심할 나위 없는 자살로 알려졌다). 자살 소동이 확산될 조짐을 보이자 X-재팬의 나머지 멤버들은 긴급 기자회견을 갖고 "팬들이 자살하면 가장 슬퍼할 사람은 히데"라며 자살하지 말라고 호소했으며, 도쿄에서는 중고교 교사들에게 학생들을 타일러 달라고 요청하는 공문이 내려가기도 했다. 어느 사회학자는 이러한 현상을 일컬어 '인간 비애의 새로운 장르'라고 명명했다.[22]

이런 자살을 가리켜 '모방 자살copycat suicide'이라고 하며, 모방 자살에 이르는 과정과 결과를 '베르테르 효과Werther effect' 또는 '모방(전염) 효과copycat effect'라고 한다.[23] 자신이 좋아하는 스타를 따라 죽는 팬의 자살은 자살자가 받는 충격이 더 강하고 원래의 자살자와의 관계가 비교적 더 직접적이라는 점에서 일반적인 모방 자살과는 좀 다르다.

팬은 스타의 죽음을 사랑하는 가족을 잃은 듯한 충격으로 받아들인다. 팬은 스타에 대해 '친근의 환상illusion of intimacy'을 갖기 때문이다. 즉, 일상적으로 얼굴을 마주보는 커뮤니케이션 상황에서 좋아하는 사람들에게 친밀감을 느끼듯이 미디어 속 등장인물과 특별한 관계를 맺는다고 느끼며 강한 정서적 반응을 보이는 것이다.

이를 가리켜 parasocial interaction이라고 하는데, 국내에선 '의사사회적 상호작용' 또는 '준사회적 상호작용'으로 번역해 쓰고 있다. 의사사회적 상호작용은 'parasocial relationship(의사사회적 관계, 의사인간관계)'으로 이어지며, 사람에 따라 의사사회적 애착parasocial attachment으로 발전하기도 한다. '컴퓨터 매개 커뮤니케이션computer-mediated communication'에서는 의사사회적 상호작용과 비슷한 개념으로

'사회적 실재감social presence'을 쓰는데, 이는 매개된 커뮤니케이션에서 사람을 '실제 사람real person'으로 느끼는 정도를 말한다.[24]

도널드 호턴Donald Horton과 R. 리처드 월R. Richard Wohl이 1956년 『정신의학Psychiatry』에 발표한 논문에서 처음 '의사사회적 상호작용'이라는 개념을 썼을 땐 비정상적이거나 일탈적인 경우를 가리키는 것이었지만, 이후 다른 학자들의 연구들에서 '의사사회적 상호작용'은 정도의 차이만 있을 뿐 보통 사람들에게도 나타나는 자연스러운 현상으로 간주되었다.[25] 그뿐만 아니라, 실제 사회생활에서 인간관계에 문제가 있는 사람들이 일종의 보상 심리로 의사사회적 관계에 매달리는 게 아니냐는 일반적인 짐작과는 달리, 일부 연구에선 의사사회적 관계는 오히려 실제 인간관계의 연장선상에서 그걸 보완해주는 것으로 나타났다.[26]

팬들은 미디어를 통해 자신이 좋아하는 스타를 보면서 그들과 얼굴을 마주 대하고 있다는 착각을 갖게 된다. 물론 텔레비전 제작자들과 스타들도 그런 느낌을 주려고 애를 쓴다. 의사사회적 상호작용은 진행자와 접촉하고 싶은 시청자의 욕구를 증가시켜 시청률을 상승시키기 때문이다. 호턴과 월이 지적한 것처럼, 텔레비전은 "수용자를 직접 대면하고 직접적인 표현양식을 사용하며, 마치 개인적으로 혹은 사적으로 이야기하는 것처럼 말한다".[27]

텔레비전의 연예오락 프로그램을 유심히 보라. 스타들은 카메라의 정면을 응시하는 시선 관리가 뛰어나다는 것을 알 수 있다. 그러한 '친근의 환상'은 사람들이 텔레비전을 보는 공간적 환경(거실, 침실 등)에 의해 더욱 강화된다. 텔레비전 드라마에 의사로 고정 출연했던 로버트 영Robert Young, 1907~1998이란 미국 배우는 의학적 조언을 요구하는 시청자들의 편지를 일주일에 5,000통이나 받았었는데, 이와 같은 일은 자주 일어난다.

의사사회적 상호작용의 수준은 시청 동기에 따라 달라진다. 시간을 보내기 위한 의례적 시청보다는 특정한 목적을 갖고 미디어를 이용할 때, 그리고 시청 과정에서 프로그램에 대한 관여 수준과 몰입 수준이 높을수록 의사사회적 상호작용의 수준도 높아진다.[28]

미디어 이용에 대한 특별한 관심만 있다면, 의사사회적 상호작용은 텔레비전의 모든 장르의 프로그램에서 일어날 수 있다. 홈쇼핑의 호스트에서 EBS 수능 방송의 강의자에 이르기까지 거의 모든 미디어 인물들이 의사사회적 상호작용을 하려고 애쓴다고 해도 과언이 아니다.[29] 의사사회적 상호작용은 텔레비전이 아닌 다른 미디어에서도 일어난다. 다음 기사는 라디오에서 일어나는 의사사회적 상호작용의 좋은 예라고 할 수 있겠다.

"'잘 자요'라는 말 한마디가 주는 파급력은 상당했다. 뭇 여성들을 새벽 2시까지 잠들지 못하게 한 성시경의 '잘 자요'는 매일 자정 진행된 MBC 라디오 〈푸른 밤, 그리고 성시경입니다〉(이하 '푸른밤')의 클로징 멘트였다. 성시경은 2005년 10월 25일부터 2008년 5월 12일까지, 6집 활동 및 군 입대 전까지 약 2년 7개월 동안 '푸른밤'을 통해 여성들의 새벽 감성을 일깨웠다. 이후 성시경은 2011년 6월 1일에 라디오에 컴백해 또 한 번 밤잠을 설치게 했다."[30]

'친근의 환상'을 주는 대표적 멘트라 할 '잘 자요'는 성시경의 트레이드마크가 되었다. 성시경은 그 덕분에 한 제약회사의 수면유도제

CF 모델로 발탁되기도 했다. 성시경은 CF에서 라디오 DJ로 등장, 불면증으로 잠 못 들던 청취자의 사연을 읽어주며 이렇게 말한다. "아무리 잠을 못 자도 '수면제는 무슨' 하던 지숙 씨, 약국에 가네요. ㅇㅇㅇ, 생약 성분 수면유도제가 나왔군요. 잘 자요, ㅇㅇㅇ으로 잘 자요."[31]

성시경에 이어 '푸른밤'의 DJ를 맡은 샤이니 멤버 종현은 "성시경 선배님의 '잘 자요~'처럼 뭔가 달콤한 말을 해야 한다는 강박관념에 시달리고 있다"라며 끝인사에 대한 부담감을 드러내더니, 결국 1년 동안 끝인사를 정하지 못한 채 고전하는 어려움을 겪어야 했다. 그가 마지못해 택한 끝인사는 "내일도 쉬러 와요"였는데, '친근의 환상'을 주기엔 '잘 자요'보다는 약한 느낌을 준다 하겠다.[32]

이젠 소셜 미디어도 의사사회적 상호작용이 일어나는 주요 공간이 되었다. 트위터리안이 트위터를 통해 느끼는 실재감을 증명한 연구에 따르면 "유명 영화배우의 트위터 화면을 본 집단은 이 내용을 그대로 보도한 인터넷 기사를 읽은 집단에 비해 해당 인물과 직접 대화를 나눈 것 같은 느낌(사회적 실재감)을 더 강하게 느꼈고, 해당 인물에 보다 높은 수준의 호감을 표현했을 뿐 아니라, 당해 인물이 현재 촬영 중이라고 언급한 영화를 보고자 하는 의향"을 더 강하게 나타낸다고 한다.[33] 이와 관련, 노명우는 다음과 같이 말한다.

"팔로워 수 14위에 속하는 JYP의 가수 김재중이 트위터에 남긴 '안녕히 주무세요'라는 메시지와 아이돌 그룹 카라의 멤버 니콜(팔로워 수 42위)이 '제 생일 축하해주신 모든 넘 감사해요'라는 메시지는 트위터리안에게 실재감을 느끼기에 충분한 것이다. 텔레비전을 통해서 느낄 수 없는 이러한 실재감은 평범한 사람들이 셀러브리티의 트위터를 팔로잉하도록 유인하는 가장 강력한 요인인 것이다. 트위터는 셀러브리티를 팔로잉하는 평범한 사람들에게 파라-소시얼(의사사회적) 상호작용을 통해 실재감-친밀성을 제공하는 환경으로 작용하고 있다. 이 환경은 셀러브리티의 트위터가 '인기 트위터'이자 '영향력 있는 트위터'로 트위터에서 기능하도록 하는 요인이다."[34]

의사사회적 상호작용으로 인한 '친근의 환상'은 정도의 차이만 있을 뿐 미디어를 이용하는 모든 사람에게 다 일어나는 현상이다. 미디어를 통해 잘 알던 사람을 어쩌다 우연히 실제로 마주치게 된 경험을 갖고 있는 사람이라면, 그런 느낌이 무엇인지 이해할 것이다. 특히 특정 미디어 스타를 좋아하는 팬들에겐 두말할 나위가 없다.

어떤 이유로 의사사회적 관계가 깨졌을 때에 느끼는 고통은 실제 인간관계가 깨졌을 때의 고통보다는 덜할망정 그런 고통과 매우 유사한 양상을 보인다. 만사 제쳐 놓고 열심히 보던 드라마가 종영된다면 의사사회적 관계를 맺은 스타와 이별breakup을 해야 하는 게 아닌가. 허탈감을 느끼는 시청자들이 적잖을 텐데, 실제로 이걸 연구한 논문이 많이 나와 있다.[35] 각자의 시청 동기와 애착attachment 성향에 따라 극심한 고통을 느끼는 시청자들도 있다고 하니, 의사사회적 관계에 대한 과도한 집착은 하지 않는 게 좋을 것 같다. 물론 그게 뜻대로 되는 건 아니겠지만 말이다.

▶더 읽어보면 좋을 논문들

박지선·하세진, 「SNS 브랜드 페이지에서 소비자-브랜드 관계 형성에 미치는 영향 요인 분석: 준사회적 상호작용 역할을 중심으로」, 『복식문화연구』, 25권 1호(2017년), 88~103쪽.

장윤재, 「정서적 허기인가 정보와 오락의 추구인가?: 먹방·쿡방 시청 동기와 시청 경험, 만족도의 관계」, 『한국방송학보』, 30권 4호(2016년 7월), 152~185쪽.

홍자경·백영민, 「시청자의 가구 형태는 음식 프로그램 시청 효과 발생 과정에 어떤 영향을 미치는가?: 조절된 매개 과정 모형 검증을 중심으로」, 『한국언론학보』, 60권 2호(2016년 4월), 127~153쪽.

최성인·김정기, 「EBS 인터넷 수능 방송의 시청 동기 및 커뮤니케이션 요인이 학습 효과에 미치는 영향」, 『한국방송학보』, 30권 2호(2016년 3월), 54~85쪽.

이동연·이수영, 「실시간 스포츠 스트리밍 비디오 시청자의 미디어 경험에 관한 연구: 의사사회적 상호작용과 사회적 실재감을 중심으로」, 『한국언론학보』, 58권 1호(2014년 2월), 148~177쪽.

박웅기, 「가수 '싸이'를 대상으로 한 트위터상에서 대학생 트위터리안의 의사사회 현상에 관한 탐색적 연구」, 『스피치와 커뮤니케이션』, 24권(2014년), 49~75쪽.

조준상·은혜정, 「리얼리티 예능 프로그램 연구: 의사사회 상호작용 요인, 플로우 그리고 시청 만족도를 중심으로」, 『언론과학연구』, 13권 3호(2013년 9월), 556~590쪽.

신나송·여인성·원도연, 「골프 TV 오락 프로그램 진행자 특성이 의사인간관계와 시청 만족에 미치는 영향」, 『한국체육과학회지』, 22권 4호(2013년 8월), 695~705쪽.

노명우, 「유명인의 '인기 트위터'와 셀레브리티 문화: 한국의 인기 트위터리안 100명의 트위터에 대한 탐색적 연구」, 『사이버커뮤니케이션학보』, 29권 4호(2012년 12월), 95~143쪽.

진보래·지혜원, 「드라마 시청은 낭만적 환상을 조장하는가?: 의사사회적 상호작용의 매개 효과」, 『한국언론학보』, 56권 5호(2012년 10월), 141~162쪽.

이수영·현대원·좌영녀, 「UCC 이용 행태에 따른 차별적 미디어 경험: 드라마 관련 UCC 생산자 집단과 UCC 참여자 집단 간의 의사사회적 상호작용이 플로우 경험에 미치는 영향력 비교를 중심으로」, 『한국방송학보』, 26권 2호(2012년 3월), 122~166쪽.

양문희, 「리얼 버라이어티 프로그램의 의사상호작용과 만족도 연구: 동일화 갈망과 몰입성의 영향을 중심으로」, 『커뮤니케이션학 연구』, 19권 2호(2011년), 61~85쪽.

최양호·김주완·김정현, 「지역방송 채널 브랜드 자산과 준사회적 상호작용: 광주전남지역 방송 채널을 중심으로」, 『언론과학연구』, 9권 2호(2009년 6월), 531~568쪽.

최양호·구향미·김봉철, 「한류 스타 광고 모델에 대한 중국 대학생들의 준사회적 상호작용과 광고 효과에 관한 연구」, 『한국광고홍보학보』, 11권 2호(2009년 4월), 100~126쪽.

이호준·최명일·박성복·황하성, 「시사 토크 라디오의 청취 효과: 라디오 청취 동기, 의사인간관계, 이슈 태도의 관계」, 『방송과 커뮤니케이션』, 9권 1호(2008년 6월), 159~184쪽.

권호천, 「TV 프로그램 시청자 게시판에서의 수용자 의사사회적 상호작용 비교 분석: 퓨전 판타지 역사 드라마 〈태왕사신기〉를 중심으로」, 『스피치와 커뮤니케이션』, 10권(2008년), 121~163쪽.

최명일·김재범, 「대학생의 스포츠 중계 진행자 특성 인식이 시청 의도에 미치는 영향에 관한 탐색적 연구: 의사(擬似)인간관계의 매개 효과를 중심으로」, 『한국언론학보』, 51권 6호(2007년 12월), 91~110쪽.

황하성·박성복, 「텔레비전 시청 만족도 형성에 관한 재고찰: 시청 동기, 의사인간관계, 실재감의 상호작용을 중심으로」, 『한국방송학보』, 21권 5호(2007년 9월), 339~379쪽.

최양호 · 김봉철, 「TV 광고에서의 유명인 모델과 준사회적 상호작용(Parasocial interaction)에 관한 탐색적 고찰」, 『한국광고홍보학보』, 8권 4호(2006년 10월), 7~28쪽.

권연진, 「인터넷 수용자의 유사사회적 상호작용과 정보처리 전략에 관한 연구: EBS 인터넷 교육 방송을 중심으로」, 『교육정보미디어연구』, 12권 1호(2006년), 131~154쪽.

김정기, 「텔레비전 등장인물과 청소년 시청자의 의사(擬似)인간관계」, 『한국방송학보』, 19권 1호(2005년 3월), 255~285쪽.

김웅숙, 「증언과 고백의 세계: 텔레비전의 사사화와 치료 윤리」, 『언론과학연구』, 4권 2호(2004년 4월), 5~34쪽.

박웅기, 「CATV 홈쇼핑 프로그램 쇼(핑) 호스트에 대한 의사사회적 현상, 전문성, 그리고 동질성에 관한 연구」, 『광고학연구』, 15권 5호(2004년), 241~256쪽.

박웅기, 「인터넷 쇼핑몰에서의 상호작용과 재방문 의도: 의사사회 현상의 적용」, 『광고학연구』, 14권 1호(2003년), 31~49쪽.

최양호, 「TV 뉴스 앵커의 준사회적 상호작용과 전문성 비교 분석」, 『한국언론학보』, 44권 1호(1999년 12월), 468~488쪽.

09

왜 우리는 '홀로 그러나 함께하기'를
좋아하는 걸까?

사회적 실재감

"8개월 동안 〈와우〉 플레이어 15만여 명을 연구한 결과, 플레이어가 다른 플레이어와 교류하지 않고 개인의 목표를 위해 움직이는 시간이 평균적으로 전체 플레이 시간의 70퍼센트로 드러났다. 연구를 수행한 스탠퍼드대학과 팰로앨토연구소 소속 연구원들은 뒤통수를 맞은 기분이었다. 어차피 다른 사람들한테 눈길도 주지 않을 텐데 뭐하러 월 사용료를 내고 대규모 멀티 플레이 게임 세상에 들어간단 말인가? 플레이어들과의 면담으로 그 현상을 더욱 깊이 파고드니 그들은 직접적인 교류가 없을지라도 가상 환경을 '공유'한다는 사실 자체를 좋아하는 것으로 드러났다. 그들은 강한 '사회적 실재감'을 느꼈다."

사회적 실재감

제인 맥고니걸Jane McGonigal의 『누구나 게임을 한다: 그동안 우리가 몰랐던 게임에 대한 심층적 고찰』(2011)에 나오는 말이다. 연구진은 그런 현상을 '홀로 함께 플레이하기playing alone together'라고 이름 붙였는데, 한 〈와우〉 플레이어는 홀로 함께 플레이하기를 좋아하는 이유를 다음과 같이 설명했다고 한다.

"세상에 나 혼자만 있는 게 아니라는 기분이 들기 때문이다. 게임 속에서 주위에 실제 플레이어들이 있다는 게 참 좋다. 그 사람들이 무엇을 하고, 무엇을 이루는지 보는 것도 재미있고, 서로 자기 할 일 하다가 우연히 마주치는 것도 재미있다."[36]

'사회적 실재감'이란 무엇인가? 쉽게 말하자면, 매개된 커뮤니케이션에서 사람을 '실제 사람real person'으로 느끼는 정도,[37] 또는 타인과 같은 공간을 공유할 때 느끼는 기분이라고 보아도 무방하겠다. 사회적 실재감은 social presence를 우리말로 번역한 것인데, '사회적 현존감'으로 번역해 쓰기도 한다. 사회적 실재감 이론social presence theory은 존 쇼트John Short, 에더린 윌리엄스Ederyn Williams, 브루스 크리스티Bruce Christie가 1976년에 출간한 『텔레커뮤니케이션의 사회심리학The Social Psychology of Telecommunications』에서 처음 제시한 개념이다.

이들은 당시 새로운 유형의 커뮤니케이션으로 주목받기 시작한 원격통신의 사회심리학적 측면을 연구하면서 이런 의문을 가졌다. "원격통신이 실제로 만나 얼굴을 마주 보고 하는 면대면face to face 커뮤니케이션을 대체할 수 있는가?" 면대면 커뮤니케이션을 가장 이상적인 방식으로 놓고 각 미디어가 지닌 속성을 비교한 이들은 사회적 실재감을 "다른 상대방이 커뮤니케이션 상호작용에 서로 함께 관여

involve한다는 느낌" 혹은 "커뮤니케이션하는 상대방에 느끼는 현저성 정도"로 정의하면서, 사회적 실재감 수준은 커뮤니케이션 미디어의 특질에 따라 달라진다고 주장했다.[38]

이두황은 "사회적 실재감 이론의 핵심은 개별 미디어가 얼굴 표정, 시선, 몸짓, 외관, 목소리 같은 비언어적 단서를 전송하는 채널 용량에서 기본적으로 차이가 있기 때문에 상대방의 사회적 실재감을 경험하고 느끼는 데 차이가 발생할 것이고, 최종적으로는 교환되는 메시지에 대해 인간적으로 느끼는 정도의 차이에까지 영향을 끼칠 수 있다는 것이다"며 다음과 같이 말한다.

"예컨대, 만약 사람들이 문자 중심의 이메일 같은 낮은 수준의 사회적 실재감을 제공하는 커뮤니케이션 채널을 통해 메시지를 제공받는다면, 면대면 커뮤니케이션 같이 높은 수준의 사회적 실재감을 제공하는 채널을 통해 메시지를 제공받을 때보다 상대방을 훨씬 덜 따뜻하고warm, 덜 인간적이고personal, 덜 민감하고sensitive, 덜 사교적으로sociable 경험하고 느꼈을 가능성이 높다는 것이다."[39]

일부 연구자들은 고화질, 고음질을 비롯한 와이드 화면을 제공하고 있는 HDTV와 상호작용성의 증대를 제공하고 있는 인터랙티브 TV의 새로운 시청 환경이 높은 사회적 실재감을 유발시킬 것으로 예측했다. 실제로 스크린의 크기, 음질과 화질의 생생함이 실재감에 영향을 주는 것으로 나타났다. 그러나 사회적 실재감은 커뮤니케이션 매체의 특성과 더불어 수용자가 갖고 있는 이용 동기의 영향을 받기 때문에, 그런 변화는 이용 동기가 같다고 전제할 때에 설득력을 갖는다고 볼 수 있겠다.[40]

사회적 실재감

최근 확산되고 있는 소셜 TVsocial TV 혹은 소셜 시청social viewing이라는 새로운 TV 시청 방식은 TV를 보면서 동시에 소셜 미디어 등 커뮤니케이션이 가능한 온라인 기반의 다양한 플랫폼에서 실시간으로 시청 소감을 나누는 시청 방식과 경험을 일컫는데, 이런 동반 시청의 즐거움을 얻는 주요 이유도 사회적 실재감으로 설명할 수 있다.[41]

이동연과 이수영의 연구에 따르면, 인터넷 실시간 스트리밍 서비스를 통해 스포츠 경기를 시청하면서 동시에 채팅창이나 소셜 미디어로 대화를 나누는 이용자들이 스포츠 선수들과는 의사사회적para-social 상호작용을, 다른 공간에 있는 채팅 참여자들에 대해서는 사회적 실재감을 느끼는 것으로 나타났다.[42]

사회적 실재감은 좋은 것인가? 부정적 견해와 긍정적 견해가 있다. 사회 억제 이론social inhibition theory에 따르면 다른 사람의 존재는, 타인의 존재에 주목하는 것과 업무를 수행하는 것 사이에 갈등을 일으킴으로써 주의를 산만하게 할 수 있다. 즉, 사회적 실재감은 가상 환경 내 커뮤니케이션이나 업무 수행에 집중하는 것을 방해할 수 있다는 것이다. 반면 사회 촉진 이론social facilitation theory에 따르면, 다른 사람과 같이 업무를 수행하거나, 다른 사람이 지켜보고 있는 상황에서는 다른 사람이 부재한 상황에서보다 업무 수행 능력이 증가하며, 업무의 성격이 쉬운 것이거나 숙달된 것일 때 이러한 효과가 높은 것으로 나타났다. 즉, 사회적 실재감이 가상공간 내 업무 수행이나 상호작용 등에 긍정적 영향을 미칠 수 있다는 것이다.[43]

민정식의 「청소년들의 인터넷 중독이 공동체 의식 및 사회참여에 미치는 영향: 사회적 실재감과 상호작용을 중심으로」라는 논문에 따르면, 네트워크에 몰입하고 중독될수록 가상공간에서 타인에 대한 현저감, 타인에 대한 접근감, 함께 있다는 느낌, 공존감, 상호작용성 등 사회적 실재감을 더 크게 느끼고 있는 것으로 나타났다. 또 인터넷에 몰입하고 중독에 이를 정도로 매몰되면 온라인에서 공동체 의식은 강한 반면, 현실 세계에서 공동체 의식은 약해지는 것으로 나타났다.[44]

결국 가장 바람직한 것은 그 어느 한쪽에 크게 치우치지 않는 과유불급의 균형이 아닌가 싶다. 그런 점에서 앞서 언급한 '홀로 함께 플레이하기'라는 개념이 인상적이다. '홀로 그러나 함께하기'라는 모순어법이야말로 늘 홀로 있을 수만도 없고 늘 함께 있을 수만도 없는 이른바 '고슴도치의 딜레마Hedgehog's dilemma'에 대한 해법으로 나온 게 아닌가 하는 생각이 들어서다. 추위를 피하기 위해선 같이 붙어 있어야 하지만 그렇게 되면 서로 찌르는 고슴도치의 딜레마는 우리 인간의 사회생활에도 나타나고 있는 게 아닐까?

시야가 탁 트인 도서관이나 카페에서 공부를 하면 집에서 혼자 공부를 하는 것보다 덜 지루하거나 좋은 자극을 받는 것도 '홀로 그러나 함께하기'의 묘미라고 볼 수 있겠다. 최근 10~20대 사이에서 '공부'와 사진을 공유하는 SNS인 '인스타그램'을 합성한 '공스타그램', 오프라인이 아닌 온라인 영상으로 스터디 모임을 갖는 '캠스터디'가 유행하는 것도 그런 관점에서 볼 수 있지 않을까? 공스타그램을 하는 학생은 "사람들의 시선이 자극이 된다"고 했고, 공스타그램을 통해 캠스터디를 시작한 학생은 "누군가 보고 있다는 생각에 딴짓 안 하고 집중하게 된다"고 말했다.[45] 서로 뜨거운 사랑을 나누면서도 결

혼은 하지 않는 사람들이 늘어나는 것도 '홀로 그러나 함께하기'가 주는 이점과 매력 때문일 게다.

▶더 읽어보면 좋을 논문들

민정식, 「청소년들의 인터넷 중독이 공동체 의식 및 사회참여에 미치는 영향: 사회적 실재감과 상호작용을 중심으로」, 『한국엔터테인먼트산업학회논문지』, 11권 1호(2017년 2월), 153~164쪽.

나은영 · 나은경, 「미디어 공간 인식과 프레즌스: 심리적 공간 이동의 단계 모델」, 『한국언론학보』, 59권 6호(2015년 12월), 507~534쪽.

최윤정 · 권상희, 「소셜 시청에서 경험하는 사회적 현존감 형성 요인과 사회적 현존감이 시청 만족도에 미치는 영향」, 『한국방송학보』, 29권 5호(2015년 9월), 242~276쪽.

정지연 · 박노일, 「소셜 미디어를 통한 공중의 최고경영자에 대한 사회적 실재감 인식이 공중 관계성과 조직체 평판에 미치는 영향」, 『한국언론학보』, 58권 6호(2014년 12월), 393~418쪽.

한동욱 · 강민채, 「SNS를 활용한 학습에서 학습자 간 상호작용, 사회적 실재감, 학업 만족도, 학업 성취도의 차이에 대한 탐색적 연구」, 『한국콘텐츠학회논문지』, 14권 12호(2014년 12월), 494~503쪽.

김광모 · 최희원 · 권성일, 「사회적 실재감이 온라인 커뮤니티 지속 사용 의도에 미치는 영향」, 『한국콘텐츠학회논문지』, 14권 2호(2014년 2월), 131~145쪽.

이동연 · 이수영, 「실시간 스포츠 스트리밍 비디오 시청자의 미디어 경험에 관한 연구: 의사사회적 상호작용과 사회적 실재감을 중심으로」, 『학국언론학보』, 58권 1호(2014년 2월), 148~177쪽.

이해경 · 이혜정 · 이정우, 「문자 기반 매체에서 느끼는 사회적 현존감: 모바일 커뮤니케이션의 사례」, 『한국콘텐츠학회논문지』, 13권 1호(2013년 1월), 164~174쪽.

권성연, 「온라인 학습에서 사회적 실재감과 학습자 특성, 토론 효과 및 학습효과 인식, 만족도와의 관계 연구」, 『교육과학연구』, 42권 3호(2011년 12월), 55~82쪽.

최부기 · 전주성, 「사이버대학 학습자들의 사회적 실재감, 수업 만족도, 학업 성취도 간의 구조적 관계 분석」, 『아시아교육연구』, 12권 4호(2011년 12월), 315~334쪽.

최윤정 · 황하성 · 손승혜, 「마이크로 블로그 이용, 네트워크 크기, 현존감, 사회자본 간의 영향 관계 분석: 결속형, 교량형, 혼합형 이용자 집단 간 비교」, 『사이버커뮤니케이션학보』, 28권 3호(2011년 9월), 77~115쪽.

최승영 · 장우진, 「로커티브 미디어의 증강현실과 사회적 현존감에 대한 고찰」, 『한국콘텐츠학회논문지』, 11권 8호(2011년 8월), 88~101쪽.

진창현 · 여현철, 「소셜 미디어의 수용 결정 요인에 대한 연구: 자기효능감, 자기 표현, 사회문화적 영향을 중심으로」, 『산업경제연구』, 24권 3호(2011년 6월), 1295~1321쪽.

박선희, 「인터페이스 감각 양식이 사회적 현존감 및 온라인 상호작용에 미치는 영향」, 『한국언론학보』, 54권 4호(2010년 8월), 398~419쪽.

박노일, 「인스턴트 메신저 이용과 사회적 실재감에 관한 연구: 대인 커뮤니케이션 능력의 매
    개 효과 및 남녀 집단 차이를 중심으로」, 『미디어 경제와 문화』, 6권 3호(2008년 8월),
    51~78쪽.

황하성 · 박성복, 「텔레비전 시청 만족도 형성에 관한 재고찰: 시청 동기, 의사인간관계, 실재
    감의 상호작용을 중심으로」, 『한국방송학보』, 21권 5호(2007년 9월), 339~379쪽.

10

왜 어떤 사람들은 박근혜의 몰락을
자신의 몰락으로 여길까?

동일시

(1) "새누리당 경선 후보인 박근혜 전 비대위원장이 어머니 육영수 여사의 이미지를 본격적으로 앞에 내세웠다. 육영수여사기념사업회는 (2012년 8월) 15일 오전 서울 동작구 현충원에서 육영수 여사 38주기 추도식을 열었다. 박근혜 후보는 그동안 헤어스타일을 어머니 머리 모양을 그대로 하는 등 과거의 향수를 자극하는 전략을 추구했지만 이번 추도식에서 본격적으로 '어머니의 뜻이 자신의 뜻이 됐다'며 **동일시**하는 발언을 했다."⁴⁶

(2) "유아독존, 아전인수, 교언영색, 당동벌이, 객반위주……. 지난 (2014년 9월) 16일 박근혜 대통령의 국무회의 발언을 듣고 '도대체 이걸 어떻게 이해해야 하나' 고심하며 떠올려본 사자성어들이다. 유

아독존唯我獨尊. 세상에서 자기만 존귀하다고 생각하는 태도다. 왕조 시대 군왕의 태도인데, 민주주의 시대 지도자라면 가져서는 안 될 기질이다. 잘난 체하기로 제일 유명한 왕은 루이 14세쯤 될 것이다. '짐은 곧 국가'라고도 했다. 박근혜 대통령도 비슷한 말을 했다. '대통령에 대한 모독적인 발언은 국민에 대한 모독이다.'……대통령이 자신을 국민과 **동일시**하는 전근대적 사고방식에 젖어 있는 것을 알고 기분 나빠진 국민도 있을 것이다."[47]

(3) "(2016년 3월) 박근혜 대통령과 새누리당 친박 세력이 이처럼 비박 세력을 당에서 몰아내려는 진짜 이유가 뭘까요?……박근혜 대통령은 자신이 싫어하는 사람과 절대로 화해하지 않는 묘한 특징을 가지고 있습니다. 정치인으로서 치명적 결함입니다. 이런 태도는 10대와 20대 최고 권력자의 곁에 있을 때 형성된 인격 때문인 것으로 보입니다. 권력과 자신을 **동일시**하고 있는 것입니다. 이런 분석은 새누리당의 친박 인사들도 인정하는 대목입니다."[48]

(4) "어제(2017년 1월 9일) 청문회에서 어떤 국회의원이 박사모는 김기춘 박근혜를 대한민국이라 **동일시**한다, 박근혜를 욕하는 건 대한민국 욕하는 패륜이다, 이런 말이 나왔죠. 이건……가끔 개신교의 잘못된 목사나 사이비 종교인들이 내가 예수다, 내가 신이다, 이런 식으로 해서 여성 신도들 성 농락하고 신도들한테 돈을 뜯어낼 때 쓰는 방식이죠. 박사모들한데는 박근혜는 지금 살아 있는 예수이지 신입니다.……이건 옆에서 아무리 뭐라고 해도 들리지가 않죠. 박근혜 탄핵이든 뭐든 암튼 그 이후에 잘하면 종교인이 될 수도 있겠는데요. 새로운 종파 하나 만들 수 있을 듯하네요. 충분히, 신도만 있

으면 가능합니다."[49]

(5) "박사모 등은 태극기를 촛불에 맞선 자신들의 상징으로 삼았다. 촛불과 탄핵에 반대하는 것, 부정을 저지른 대통령을 지키는 일을 국가를 수호하는 일과 **동일시**한다.……박사모들에게 박근혜는 국가 위의 존재다. 한 개인이 국가 위에 군림하는 나라를 바라고 꿈꾸는 이들이 '공화국' 대한민국의 국기를 상징으로 쓰고 있다."[50]

(6) "탄핵과 박 전 대통령 수사에 대한 여론조사를 보면, 50대 아래와 60대 이상에서 차이가 확연합니다. 40대 아래는 대다수가, 50대만 해도 약 70퍼센트 이상이 대통령 탄핵과 구속 수사에 찬성하는 반면, 60대로 세대가 넘어가면 그 수치가 절반을 조금 웃도는 수준으로 떨어집니다. 반대도 그만큼 많다는 겁니다. (60대 이상이 불복하는 이유는) 세대의 특수성으로 이해할 수도 있을 것 같습니다. 한국전쟁을 겪고, 전쟁의 폐허 속에서 한강의 기적이라는 산업화를 일궈낸 세대입니다. 즉 박정희 정권, 산업화, 전후 경험을 한 고리로 엮어 이를 박근혜 정권과 **동일시**한다는 분석입니다. 이 구조에서 박근혜 정권을 부패 정권으로 점찍고 부정한다는 건 자신이 살아온 삶 자체를 부정하는 것과 같아서 쉽게 변하지 않다는 겁니다."[51]('동일시' 강조는 필자)

이상 인용한 6개의 글은 박근혜와 관련된 '동일시'에 관한 다양한 용법을 보여주고 있다. 간단하게 요약 정리해보자면, 박근혜는 자신을 부모와 동일시하는 건 물론 국민·국가와 동일시하고, 박사모는 박근혜를 대한민국과 동일시하고, 60대 이상 친박은 자신의 모든 삶을 박근혜 정권과 동일시한다는 것이다.

동일시identification란 무엇인가? 동일시는 다양한 분야에서 다양한 방식으로 논의되어온 개념으로 개인이 다른 대상과 같이 되고 싶은 욕구 때문에 그 대상에 대해 몰입하거나 그 대상의 행위를 따르는 심리적 메커니즘이다. 특정인과 동일시를 하는 사람들은 그 특정인의 관점을 통해 세상을 바라보며, 그 정도가 강해지면 순간적으로 자기 자신의 정체성을 잊어버리고 자신이 그 사람인 것처럼 인식한다.[52]

미디어 산업은 '동일시'를 판매하는 산업이라고 해도 과언이 아닐 정도로, 미디어는 수용자를 끌어들이기 위해 수용자가 동일시할 수 있는 것을 제공하기 위해 무진 애를 쓴다. 예컨대, 뉴스엔 '의인화 personification'와 '개인화personalization'가 철철 흘러넘친다. 뉴스의 의인화와 개인화란 한마디로 이야기해서 사람 중심으로 보도하는 것을 의미한다. '의인화'는 생명이 없는 사물 또는 추상적 관념에 인간적 성질 또는 특성을 부여하는 것이다. '개인화'는, 스튜어트 홀Stuart Hall, 1932~2014의 정의를 빌리자면, "사람을 그의 사회적·제도적 맥락으로부터 고립시키거나 한 개인 주체를 유일한 역사의 원동력으로 구성하는 것"을 의미한다.[53]

뉴스 제작상 의인화와 개인화는 어느 정도 불가피하다. 사회 구조나 집단 전체의 문제를 있는 그대로 보도한다는 건 그리 쉬운 일은 아니기 때문이다. 따라서 조직적 생존을 뉴스 제작의 근거로 삼는 언론사로선 의인화와 개인화 기법에 의존하지 않을 수 없다. 그런 취재상의 한계와 더불어 의인화와 개인화 기법이 뉴스를 더 많은 사람이 시청할 수 있게끔 하는 유인책이 된다는 점이 중요하다. 이와 관련, 영국 커뮤니케이션 학자 제러미 툰스탈Jeremy Tunstall은 다음과 같이 말한다.

"사람들의 이야깃거리를 제공하기 위해 언론인들은 개인화의 기법을 사용한다. 퍼스낼리티를 통해 제시되는 사건들은 뉴스가 될 가능성이 높다. 특히 수용자가 문제의 퍼스낼리티와 동일시될 수 있을 것으로 기대될 때 그러하다."[54]

그렇다고 해서 '동일시' 효과를 낳는 뉴스 보도의 개인화 기법에 그 어떤 음모가 개입되어 있는 건 아니다. 사실 그건 전문적인 주제를 보통 사람들도 이해할 수 있게끔 뉴스를 보도하고자 하는 선의와 이왕이면 사람들의 관심을 끌어 경쟁에서 유리한 고지를 점령코자 하는 계산이 복합적으로 작용한 결과다. 또 뉴스 취재의 편의를 위한 고려와 그것이 하나의 관행으로 굳어지면서 언론인들 사이에서 맹목적으로 실천되는 면이 있다는 것도 무시할 수 없다.

언론 보도의 현실적인 방법론적 측면에서 의인화와 개인화 기법이 어느 정도 불가피한 측면이 있다는 건 분명하다. 특히 국제 뉴스에서 수용자가 어떤 사건에 대해 아무런 사전 지식을 갖고 있지 않을 때 '즉각적인 의미'의 창출을 위해 의인화와 개인화 기법을 동원하게 된다. 특히 텔레비전 뉴스와 관련해 에드워드 엡스타인Edward Epstein은 다음과 같이 말한다.

"뉴스 스토리들은 감정적 어필과 함께 쉽게 식별할 수 있는 이미지들로 점철되어 있다. 예컨대, 반쯤 벗은 아이는 비천한 빈곤을 상징하기 위해 흔히 사용된다. 또 제복을 입은 경찰은 권위를 상징하기 위해 사용된다. 어린이의 벌거벗은 모습이나 제복으로 인해, 어린이나 경찰관은 보다 더 큰 그룹을 대표하게 되며 그렇게 해서 생

동일시

성되는 감정은 수용자들에게 기본적인 반응을 유발할 것으로 기대된다."[55]

비슷한 맥락에서 영국 문화연구의 선구자인 리처드 호가트Richard Hoggart, 1918~2014는 언론 보도의 지나칠 정도의 개인화가 특별히 노동계급의 독자들과 밀접한 관련이 있다고 보았다. 그는 "개인화는 사람들이 다른 사람들의 인생의 세부적인 것들에 대해 느끼는 공통적인 관심뿐만 아니라 노동계급이 구체적이고, 감정적으로 솔직하고 이해할 수 있는, 지역적이고 특정한 것들을 강하게 선호하는 데에서 연유된다"며 다음과 같이 말했다.

"노동계급은 그들이 이해하긴 어렵지만 분명히 한몫을 갖고 있는 삶의 후광을 인식한다. 그들은 당연히 바깥세상의 삶을 개인적이고 지역적인 삶-그 안에서 그들은 알고 행동하고 고통받고 숭배한다-에 연결시킴으로써 바깥세상의 삶을 더 잘 이해하고자 애쓴다.……그들은 그 거대한 바깥세상으로부터 나오는 한 목소리가 그들의 억양을 사용할 때에 기쁨을 느낀다. 많은 정치인들이 이것을 잘 알고 있으며, 대부분의 언론인들 또한 예외는 아니다."[56]

그런 관점에서 보자면 텔레비전은 '의인화의 매체'라고 해도 지나치지 않다. 그래도 신문은 사회구조가 어떻다는 글을 쓸 수는 있지만 텔레비전은 무언가 보여주지 않고선 아무런 말도 할 수 없기 때문이다. 그런 맥락에서 미국 커뮤니케이션 학자 로버트 스탬Robert Stam은 다음과 같이 말한다.

"텔레비전은 스크린 위에 나타나는 지각된 인물과의 '동일시'를 제공하는 금광이다. 텔레비전 뉴스는 동일시를 위해 앵커맨들, 기자들, 정치인들, 유명인사들, 광고 속의 인물들, 뉴스 속에 나오는 보통 사람들 등등 이루 헤아릴 수 없이 많은 후보들을 우리 앞에 펼쳐 보인다."[57]

'동일시' 효과는 환상에 의해 많은 것이 더해지는 사고의 틀을 제공하는 이른바 '의사사회적 관계para-social relations'를 낳게 된다.[58] 즉, 텔레비전 화면에 등장하는 인물과 아무런 관련이 없으면서도 시청자들로선 그 인물과 가깝다고 느끼면서, 그 인물 또는 그 인물과 관련된 문제들을 판단할 때 자신과 그 인물 사이의 가공의 '친분관계'에 의존하는 현상이 나타나게 된다. 물론 이 현상은 현실 인식과 판단을 크게 왜곡시킬 수밖에 없다.

모든 팬이 다 그렇다고 볼 순 없다 해도 대부분 팬들은 동일시의 포로가 된다. 미디어 콘텐츠가 제공하는 가상 세계의 일부인 것처럼 느끼면서 자신이 등장인물이 된 것과 같은 느낌을 경험한다거나 등장인물에 대한 친밀도가 매우 강렬해서 허구의 이야기에 빠져들고 마침내 등장인물의 입장에서 극을 이해하게 되는 것이다. 동일시가 강해질 때 시청자는 자신을 잊어버리고 극중에 빠져들면서 시청 경험을 극대화시킨다.[59]

동일시의 가장 필수적인 조건은 몰입인데, 일부 학자들은 가정에서 주로 이루어지는 텔레비전 시청은 다른 일들에 의해 방해받을 가능성이 많기 때문에 극장 영화 관람보다 등장인물에 대한 동일시 현상이 적을 것이라고 주장한다. 사실감이 높고 몰입을 극대화하는 3D 입체 영상은 관객이 주인공과 자신을 동일시하도록 부추길 가능성이 높다고 볼 수 있다.[60]

동일시

동일시가 미디어 세계에만 국한되지 않고 실제 세계에서까지 적 잖은 사람들의 삶을 지배하는 '박근혜 현상'은 안타깝고 딱하기 그지 없는 일이지만, 그게 우리 인간인 걸 어쩌겠는가. 자신이 존경하거 나 숭배해온 누군가가 비난받고 몰락하는 것을 곧 자신의 삶이 부정 당하는 것으로 여기는 심리의 근저엔 독재정권이 억압적 체제에 순 응하게끔 하기 위해 일반 시민의 자존감을 박탈하고자 했던 역사의 상흔이 자리 잡고 있는 게 아닐까?

그러나 완전히 민주화된 오늘날에도 민주적 가치를 추구해온 지 도자와의 동일시를 하는 사람들이 많은 걸 보면 동일시는 우리 인간 의 나약함을 말해주는 증거로 보는 게 옳을 것 같다. 미디어 세계 속 의 누군가를 대상으로 동일시를 하는 팬덤이 정치 영역에까지 진출 하는 위험이 바로 여기에 있다고 하겠지만, 그 또한 두려워할 일은 아닌지 모른다. 그게 바로 우리 인간이니까 말이다.

▶더 읽어보면 좋을 논문들

김미덕, 「공감, 정체성, 탈동일시(Disidentification)」, 『사회와철학』, 26권(2013년 10월), 317~354쪽.

이정교·우린, 「뉴스 앵커의 카리스마가 수용자의 뉴스 신뢰도, 뉴스 시청 의도, 프로그램 충 성도에 미치는 영향: 앵커의 동일시와 공신력을 중심으로」, 『한국방송학보』, 26권 4호 (2012년 7월), 173~214쪽.

정용국·신주정, 「텔레비전 만화영화의 친사회적 효과: 보상과 동일시가 친사회적 사고와 행 동 의도에 미치는 영향」, 『한국언론학보』, 54권 6호(2010년 12월), 261~286쪽.

금희조, 「3D 입체 영상의 효과: 영화 '아바타'의 실재감, 동일시 그리고 즐거움」, 『한국언론학 보』, 54권 4호(2010년 8월), 27~48쪽.

강태희·차희원, 「기업 문화의 유형이 기업 명성에 미치는 영향: 기업의 사회적 책임 및 동일 시의 매개 효과」, 『한국언론학보』, 54권 1호(2010년 2월), 205~227쪽.

정용국, 「초등학생이 좋아하는 만화영화 캐릭터의 특성 및 동일화 갈망에 영향을 미치는 요인 에 관한 연구」, 『한국언론학보』, 53권 6호(2009년), 262~286쪽.

황인성·정문열·장민선, 「인터랙티브 TV 드라마와 수용자 간의 상호작용성에 관한 연구: 의

사사회적 상호작용, 동일시, 프레젠스, 그리고 시청 만족도를 중심으로」,『한국방송학보』, 18권 4호(2004년), 44~87쪽.

박웅기,「좋아하는 텔레비전 등장인물들의 특성에 대한 시청자들의 반응: 의사사회와 동일화 현상을 통한 연구」,『한국언론학보』, 47권1호(2003년), 166~190쪽.

동일시

제**3**장

자아와 자기통제

11

왜 히틀러는 주로 늦은 저녁에 군중연설을 했을까?

자아 고갈

"아침과 한낮에는 사람들의 의지력은 다른 사람들의 의지와 의견에 의해 강요되는 어떤 기도에도 최상의 에너지를 발휘하여 반항하는 것 같다. 그러나 저녁에는 더 강한 의지의 지배적인 힘에 쉽게 굴복한다. 왜냐하면 그런 회합은 모두 2가지 상호 대립하는 힘 사이에 벌어지는 하나의 씨름 시합과 같기 때문이다. 위세 당당한 사도적司徒的인 성격을 띤 우월한 웅변술은, 자기의 정신력과 의지의 힘을 완전히 지배하고 있을 다른 사람들보다는 오히려 가장 자연적으로 저항력이 약화된 사람들을 더욱 쉽게 새로운 의지에로 이끌어가는 데 성공할 것이다."[1]

아돌프 히틀러Adolf Hitler, 1889~1945의 『나의 투쟁Mein Kampf』(1924)에

나오는 말이다. 히틀러가 가진 최대의 정치적 무기는 바로 연설이었는데, 그는 연설에 대해 훗날 심리학자들이 정교하게 입증할 이론을 제시한 셈이다. 히틀러의 목소리는 불쾌감을 유발할 정도로 좋지 않았으며, 그의 연설은 대개 지독히 길었고 구성도 좋지 않았으며 명확하게 알아듣기도 힘들었다. 그럼에도 그의 연설은 청중을 사로잡았다. 그 이유는 무엇이었을까?

미국 정신분석가 월터 랭어Walter C. Langer, 1899~1981는 "연설에서 그의 힘과 매력은 청중들이 무엇을 듣고 싶어 하는지 분별하는 능력과 그러고 나서 군중의 감정이 고조되도록 주제를 어떻게 끌고 나가느냐 하는 능력에 전적으로 달려 있다고 해도 과언이 아니다"며 다음과 같이 말한다.

"처음부터 히틀러는 극적인 것에 대한 감각을 지닌 흥행사였다. 그는 청중들이 지치고, 그 당연한 결과로 저항력이 가장 느슨해지는 늦은 저녁에 연설 순서를 잡았을 뿐만 아니라, 자신의 순서 앞에 보조를 내세워 짧은 연설을 하게 하고 청중들의 분위기를 달구도록 했다. 이 집회에서 나치 돌격대원들이 항상 중요한 역할을 했다. 그들은 그가 지나는 통로 가에 줄지어 서 있곤 했다.……가능하면 언제나 밴드를 동원하여 복도를 따라 내려오는 동안 생생한 군대 행진곡을 연주하게 했다."2

사람들이 저녁에 저항력이 약해지는 현상과 관련, 미국 심리학자 로이 바우마이스터Roy Baumeister는 1998년 '자아 고갈ego depletion'이라는 개념을 제시했다. 자아 고갈은 지속적으로 자신과 자신의 행동에 집중하지 못하고 자신을 지속해서 조절하는 힘을 상실하는 현상을 말

자아 고갈

한다. 그는 포도당glucose이 자아 고갈로 인해 초래된 뇌의 변화를 회복시킨다며, 포도당이 의지력의 핵심이라고 했다. 그런 의미에서 자기통제는 '도덕적 근육moral muscle'이라고 할 수 있다는 것이다.[3]

바우마이스터와 같이 연구를 한 마크 무레이븐Mark Muraven도 의지력은 단순한 스킬이 아니라 팔이나 다리에 있는 근육과 비슷하다고 말한다.

"많이 쓰면 피로해집니다. 그래서 다른 일에는 그만큼 의지력을 발휘할 수 없는 겁니다. 의지력이 필요한 일, 이를테면 퇴근 후에 달리기를 하고 싶다면 낮에 의지력 근육을 아껴둬야 합니다. 이메일을 쓴다거나 복잡하고 따분한 지출결의서를 작성하면서 일찌감치 의지력을 소진해버리면 퇴근할 쯤에는 의지력이 완전히 사라지고 말 겁니다."[4]

실제로 이스라엘 가석방 전담 판사 8명을 대상으로 한 연구에서 가석방 승인율은 평균 35퍼센트였지만 식사 후엔 65퍼센트로 크게 상승했다가 식사 시간 직전에는 0퍼센트까지 떨어진 것으로 나타났다. 피곤하고 배고픈 판사들이 가석방 요청을 무작정 쉽게 거부해버리는 경향을 보인 것이다. 피실험자들에게 웃기는 비디오를 보여주면서 절대 웃지 말라고 당부한 뒤 집중을 요하는 일을 부여한 실험에선 이들의 집중력이 떨어지는 현상이 나타났다. 웃음을 자제하느라 비축해놓은 에너지를 다 써버려 그런 현상이 나타난 것이다.[5]

미국 행동경제학자 댄 애리얼리Dan Ariely는 『거짓말하는 착한 사람들: 우리는 왜 부정행위에 끌리는가The Honest Truth About Dishonesty: How We Lie to Everyone-Especially Ourselves』(2012)에서 "자아 고갈이라는 발상의 기

본 개념은 유혹에 저항하는 과정에는 노력과 에너지가 소모된다는 것이다"며 다음과 같이 말한다.

"우리는 하루하루 끊임없이 닥치는 유혹과 싸우고 그에 대해 어떤 식으로든 결정을 내리게 마련이다. 만약 유혹에 맞서 스스로 자제하기 위한 노력을 반복한 뒤 그런 힘이 모두 소진되고 나면 결국 우리는 쉽게 무너지고 만다. 그러니 사람들이 너무도 자주 그리고 쉽게 유혹에 굴복하는 것도 그리 놀라운 일은 아니다. 자아 고갈의 이런 특성 때문에 사람들은 하루가 끝나가는 저녁에 특히 자제력을 잃기 쉽다. 하루 종일 이성적으로 행동하려 애쓰다가 저녁이 되면 뇌가 지친 나머지 욕망에 쉽게 굴복하고 마는 것이다. 하루 종일 유혹에 저항하다가 밤늦은 시각에 허겁지겁 야식을 먹는 사람의 모습을 떠올려보라."[6]

거짓말도 포도당의 문제라는 게 끔찍하게 여겨지지만, 2010년까지 나온 자아 고갈 관련 논문 80여 편은 모두 그걸 뒷받침해주고 있으니 어이하랴.[7] 2013년 10월 미국 하버드대학 매리엄 쿠차키 박사 연구팀이 『심리과학Psychological Science』에 발표한 실험 결과를 보자.

연구팀은 남녀 대학생을 대상으로 컴퓨터 화면에서 점이 좌우 어느 쪽에 더 많은지를 물으면서 금전적 보상은 정답 여부와 상관없이 답을 할 때마다 주었다. 다만 학생들에게 거짓말을 하고 싶은 충동을 불러일으키기 위해 오른쪽 화면에 점이 많다고 답하면 왼쪽에 더 점이 많다고 답한 경우보다 10배의 금전적 보상을 했다. 실험 결과 명백히 화면 왼쪽에 점이 많았음에도 오른쪽 화면에 점이 더 많다고 답을 하는 학생들이 나왔다. 그 수는 오전 8시에서 12시 사이에 게

자아 고갈

임을 한 학생들보다 오후 12시부터 6시 사이에 게임을 한 학생들이 많았다. 오전보다 오후에 거짓말을 더 많이 한다는 이야기다.

두 번째 실험에서는 빈칸을 채워 단어를 완성하도록 했다. 연구진이 'E_ _ _ C _ _'와 '_ _ RAL'을 제시하자 오전에는 'ethical(윤리적인)'과 'moral(도덕적인)'을 제시하는 사람이 많았는데, 오후에는 'effects(효과)'와 'coral(산호)'이라는 답이 많이 나왔다. 역시 오후보다 오전에 양심적인 생각을 많이 한다는 것을 알 수 있다. 연구팀은 인터넷 사용자를 대상으로 한 실험에서도 오전보다 오후에 가상의 상대에게 거짓 메시지를 보내는 경우가 많았다고 밝혔다.

특히 윤리 의식이 강한 사람일수록 오전에는 정직하다가 오후가 되면 거짓말을 하는 경우가 많은 것으로 분석되었다. 비윤리적인 행동을 하면서 그다지 죄책감을 느끼지 않는 사람은 오전이나 오후나 차이가 없었다. 연구팀은 "양심적인 사람이라도 피로로 인해 자기 절제력이 약해질 수 있음을 의미한다"고 설명했다.[8]

우리 인간의 의지력이 겨우 그 정도란 말인가? 그렇다. 그러나 그렇다고 해서 의지력이 중요하지 않다는 것은 아니다. 샘 해리스Sam Harris는 『자유의지는 없다Free Will』(2012)에서 의지력은 그 자체가 생물학적 현상이라며 이렇게 말한다.

"당신은 노력과 통제를 통해 자기 삶을, 자기 자신을 바꿀 수 있다. 그렇지만 당신은 바로 이 순간 노력과 자제력 등을 발휘할 수 있는 역량을 딱 그만큼만 갖고 있다. 당신은 자신이 속한 분야에서 운이 좋을 수도 나쁠 수도 있다. 하지만 스스로 운을 만들어내지는 못한다."[9]

실망하기보다는 오히려 인간의 그런 한계를 깨닫는 것이 우리가 피로, 즉 포도당으로 인해 저지를 수 있는 과오를 줄이는 데에 도움이 될 것이다. 이를 무시하고 한꺼번에 너무 많은 것을 결심하고 집중하면 실패할 뿐만 아니라 정반대의 상황에 빠지는 어처구니없는 결과를 초래할 수도 있다.[10] 하긴 우리는 어떤 분야에선 이런 이치를 이미 너무 잘 알고 있다. 청춘 남녀 간의 사랑 고백이 주로 저녁에 많이 이루어지는 게 그걸 말해주는 게 아닐까? 아침에 사랑을 고백한다는 것은 생각만 해도 좀 이상하지 않은가?

▶더 읽어보면 좋을 논문들

김민지, 「자아 고갈이 처벌 판단에 미치는 영향」, 경기대학교 대학원 범죄심리학과 석사학위논문, 2017년 2월.

이현숙, 「과제 순서 선택권이 과제 수행과 자기 고갈에 미치는 효과」, 한국교원대학교 대학원 교육학과 석사학위논문, 2017년 2월.

이승진, 「자아 고갈, 심리적 부담감 및 심리적 피로 간 관계: 자기애적 성격을 중심으로」, 고려대학교 대학원 심리학과 석사학위논문, 2016년 2월.

엄지윤, 「제품 컬러의 비전형성이 소비자의 구매 의도에 미치는 영향: 해석 수준과 자아 고갈을 중심으로」, 홍익대학교 대학원 경영학과 마케팅전공 박사학위논문, 2015년 8월.

이현진, 「자아 고갈과 성취 관련 점화에 따른 작업 기억 수행의 차이: 부호화와 인출 과정을 중심으로」, 충남대학교 대학원 심리학과 석사학위논문, 2015년 2월.

김현주, 「자기통제력 수준에 따른 자아-고갈 회복 요인」, 가톨릭대학교 대학원 심리학과 석사학위논문, 2012년 2월.

송시연, 「자아 조절 자원의 고갈과 소비자 선택에 관한 연구」, 고려대학교 대학원 경영학과 박사학위논문, 2010년 8월.

현보라, 「자기-고갈(Ego-Depletion) 상황에서 본보기 점화와 범주 점화가 자기-조절 수행에 미치는 영향」, 성균관대학교 일반대학원 심리학과 석사학위논문, 2010년 2월.

김진아, 「자존감과 기분 통제가 자기 조절의 실패에 미치는 영향: 자아-고갈(ego-depletion) 모형을 중심으로」, 연세대학교 대학원 심리학과 석사학위논문, 2002년 8월.

자아 고갈

12

왜 어떤 사람들은 스스로 자신을
감시하면서 살아가는가?

자기감시

자신의 감정을 겉으로 드러내는 이른바 '행동 누출bahavioral leakage'의 정도는 사람에 따라 다르다. 자신의 감정을 얼굴에 그대로 드러내거나 개그맨 신동엽처럼 얼굴이 아니라 귀가 빨개진다거나 하는 식으로 다른 신체 부위를 통해 드러내는 사람이 있는가 하면 거의 드러내지 않는 사람도 있다. 우리는 전자 유형의 사람을 순진하다고 평가하지만, 사회적으론 그다지 높은 점수를 주지 않는 것 같다. 특히 인간관계에서 많은 사람을 상대해야 하는 리더에겐 '포커페이스'를 유지하는 것이 꼭 필요하다고 말한다.

자신의 감정을 겉으로 드러내지 않는 수준을 넘어 신체적으로 드러나는 외적 표현을 자신이 원하는 대로 조정하는 능력을 가진 사람들도 있다. 그런 사람을 가리켜 self-monitoring이 뛰어나다고 말한다. self-monitoring은 우리말로 쉽게 말하자면 '눈치'라고 볼 수 있지만, 그것보다는 좀더 넓은 개념이어서 '자기감시', '자기감찰', '자기감독', '자기점검', '자기모니터링' 등으로 번역하는데, 문맥에 따라 같은 취지로 달리 번역해도 무방하다. self-monitoring behavior(자기모니터링 행동)를 줄인 말로 볼 수 있다.

자기감시는 다른 사람들의 감정 상태와 다른 사람에게 자신이 어떤 모습으로 비치는지를 정확하게 파악하고, 상대나 상황에 맞게 자신의 행동을 적절하게 조절하는 것으로, 한마디로 말하자면 대인관계에서 자신에게 가장 유리한 인상을 상대편에게 주기 위해 자신의 이미지를 조작하는 것이라고 정의할 수 있겠다.[11]

자기감시는 사회학자 어빙 고프먼Erving Goffman, 1922~1982이 말하는 '인상 관리impression management'보다는 적극적인 개념이다. 고프먼에게 "커뮤니케이션이란 곧 상황 조작에 의한 인상 관리impression management 행위"를 의미하는 것이었는데,[12] 그가 말하는 인상 관리는 인간이라면 누구나 하고 있는 수준의 것을 의미한다.[13]

자기감시를 많이 하는 사람이 있는가 하면 적게 하거나 거의 하지 않는 사람도 있다. 자기감시를 많이 하는 정도가 심한 사람은 먼저 상황을 파악한 뒤에 적합한 자세를 취한다.[14] self-monitoring이란 개념을 만든 미국 심리학자 마크 스나이더Mark Snyder는 1974년 자기감시의 정도를 판별하기 위해 25개 항목의 체크 리스트를 만들었으며, 나중에 18개로 줄였다.[15] 몇 개만 살펴보자. 아래 ①~⑧의 질문들에 '그렇다'고 답한 숫자가 많을수록, ⑨~⑬의 질문에 '그렇지 않다'고 답한 숫자가 많을수록 자기감시가 강한 사람이다.

① 사교 장소에서 어떻게 행동해야 좋을지 불확실할 때, 다른 사람들의 행동을 보고 단서를 얻는가?

② 영화나 책이나 음악을 고를 때 친구들의 조언을 자주 구하는 편인가?

③ 서로 다른 상황과 서로 다른 사람들 앞에서, 아주 다른 사람처럼 행동할 때가 많은가?

④ 다른 사람들을 흉내내기가 쉬운가?

⑤ 옳은 목적을 위해서라면, 누군가의 눈을 똑바로 마주하고 무표정하게 거짓말을 할 수 있는가?

⑥ 실제로는 누군가를 싫어하면서 그들에게 친근하게 대하여 그들을 속이는 일이 있는가?

⑦ 사람들을 즐겁게 하거나 사람들에게 좋은 인상을 주려고 연기를 하기도 하는가?

⑧ 자기가 실제로 느끼는 것보다 감정을 깊이 느끼는 것처럼 보일 때가 종종 있는가?

⑨ 당신의 행동은 대개 진정한 자신의 느낌이나 태도나 신념을 표현하는 것인가?

⑩ 이미 믿고 있는 생각이 아니면 그것을 옹호해서는 안 된다고 생각하는가?

⑪ 누군가를 즐겁게 하거나 그들의 호감을 사기 위해 자신의 의견을 바꾸거나 행동방식을 바꾸는 것을 거부하겠는가?

⑫ 누군가의 몸짓을 보고 그 의미를 알아맞히는 게임이나 즉석 연기와 같은 게임을 싫어하는가?

⑬ 서로 다른 사람과 서로 다른 상황에 맞게 자신의 행동을 바꾸는 데 어려움을 느끼는가?[16]

이 13개 항목 중 상당 부분은 자신을 드러내는 '자기노출self-disclosure'과 관련된 것들이다. 사람마다 '자기노출'의 정도가 다른데, 이는 자기감시와 관련이 있다. 이에 대해 나은영은 이렇게 말한다.

"자기감시란 마음속의 내용을 밖으로 표출할 때 그대로 표출해도 되는지를 스스로 점검하는 과정이다. 따라서, 자기감시가 높은 사람들은 마음을 표출하기 전에 스스로 많은 감시를 하여 속마음을 그대로 내보이지 않는 경향이 많고, 자기감시가 낮은 사람들은 그다지 많은 점검을 거치지 않고 바로 속마음을 그대로 표출하는 경향이 있다. 따라서, 자기감시가 낮은 사람들이 자기노출의 정도도 더 많고 솔직하다고 볼 수 있다."[17]

자기감시를 많이 하는 사람high self-monitor은 HSM, 자기감시를 적게 하는 사람low self-monitor은 LSM으로 부르기로 하자. 스나이더는 LSM은 일상적 행동을 할 때 성격에 영향을 받는 반면, HSM은 상황에 영향을 받는다고 했다. 일반적으로 HSM은 LSM보다 사회에서 성공할 확률이 훨씬 높다. 여러 사람과 함께 일할 때 HSM은 지도자가 될 확률이 높고, 조직 내 다양한 역할과 신호에 주목해야 하는 관리 분야에서도 높은 점수를 받는다. 왜 그럴까? 브라이언 리틀Brian R. Little은 『성격이란 무엇인가Me, Myself, and Us』(2014)에서 다음과 같이 말한다.

"HSM이 승진 기회를 더 많이 얻는 이유 하나는 자신이 원하는 '다음' 관리직에 자기가 적임자라고 스스로 드러내 보인다는 점이다.

이와 대조적으로 LSM은 HSM보다 조직에 더 충실하지만, 승진으로 이어질 수 있는 이미지 관리에는 소홀하다.……LSM은 조직 안에서 일부 사람들과 끈끈한 유대를 맺고, HSM은 조직 전반에 걸쳐 넓은 인맥을 맺는 경우가 많다. HSM은 그 인맥에서 중심점을 맡아, 서로 알고 지내지 않았을 사람들을 연결하는 역할을 한다."[18]

영국 케임브리지대학 경영학 교수 마틴 킬더프Martin Kilduff는 HSM을 '인간 카멜레온'으로 부르면서, 이런 사람은 다양한 집단들 사이에 다리를 놓는 능력이 뛰어나다고 말한다. 카멜레온이 위장술로 주변 환경에 녹아드는 능력을 갖고 있는 것처럼 인간 카멜레온은 자신이 처한 상황과 맥락에 따라 변하며, 카멜레온이 자신의 위치를 들키지 않기 위해 몸의 색을 바꾸는 것처럼 인간 카멜레온은 화법이나 언어를 바꾸고 전면에 내세우는 신념이나 옷차림까지 달리함으로써 그런 능력을 발휘할 수 있다는 것이다.[19]

하지만 자기감시 특성이 높은 개인은 그렇지 않은 개인에 비해 더 많은 역할 갈등을 경험하고, 이러한 역할 갈등은 직무 스트레스와 직무 탈진을 높이며, 심각한 건강상의 문제를 일으킬 수 있다는 연구 결과도 많이 나와 있다. 어떤 성격의 일에 종사하느냐에 따라 차이가 나는 것 같다. 백승근·신강현·이종현·허창구는 「감정노동, 피할 수 없을 때 누가 즐길 수 있는가: 자기감시의 조절 효과를 중심으로」(2014)라는 논문에서 "이러한 결과는 일반직 사무 종사자가 둘 이상의 상급자로부터 발생하는 상충하는 요구들을 충족시켜야 할 때, 자기감시 특성이 높은 개인으로 하여금 역할 갈등을 통해 높은 스트레스를 경험하게 만드는 것으로 서비스 직무에서 종업원에게 요구되는 정서적 표현과는 명확히 구분이 필요하다"며 다음과 같이 말한다.

"정서 노동은 첫째, 종업원이 자신의 정서를 무시하고 기업이 요구하는 정서 요구를 일방으로 따르는 표면 행위가 있다. 두 번째는 표현해야 하는 정서를 진정으로 느끼고자 의식 노력을 하는 내면 행위가 있다. 표면 행위는 진짜 정서와 표면 정서의 격차로 인한 불일치를 경험하고, 내면 행위는 의식적인 노력 과정에서 지속적으로 정서 자원을 소모하기 때문에 정서 노동으로 인한 피로와 스트레스가 발생한다. 하지만 이 과정에서 자기감시 특성은 두 전략의 구사에 소모되는 에너지를 줄여주기 때문에 정서 노동으로 인해 발생하는 스트레스를 적게 경험하고 더 쉽게 직무 활동에 몰입하는 경험을 가져올 수 있다."[20]

일반적으로 자기감시가 강한 사람은 약한 사람과 어울리는 걸 선호한다. 상대방이 자신의 모니터링을 감지하지 못하기 때문이다. 그렇게 함으로써 그 사람에게 권력이나 영향력을 행사할 수 있다.[21] 자기감시는 '정체성 관리identity management'라고도 하는데, 일부 사람들은 이걸 비윤리적인 걸로 생각하기도 한다.[22]

이렇듯 자기감시엔 명암이 있다. 자기감시를 많이 하는 사람이 성공할 가능성이 높기도 하지만, 이른바 '가면 증후군imposter syndrome'으로 인해 많이 나타나는 자기감시는 매우 피곤할 뿐만 아니라 고통스러운 것이다. 가면 증후군은 성공한 사람들이 "능력보다는 요행으로 이 자리에 오른 건데"라는 자기 회의로 괴로워하는 현상을 뜻하는데, 2014년 할리우드 여배우 엠마 왓슨Emma Watson, 1990~은 한 인터뷰에서 자신이 가면 증후군을 앓고 있다며 다음과 같이 말했다.

"내가 무언가를 더 잘해낼수록 내가 무능력하다는 느낌이 더 커진다. 시간이 지나면 사람들이 나의 무능력함을 알게 될 것 같고 내가 이뤄낸 것들을 인정받지 못하게 될 것 같다. 나는 사람들이 나에게 기대하는 것처럼 살 수 없을 것 같다."[23]

자기감시를 잘해서 성공하는 것도 좋겠지만, 그렇게 살면 삶이 너무 피곤하지 않을까? 어쩌면 성공한 사람들의 휴가란 그런 자기감시의 굴레에서 벗어나 자기 혼자만의 공간을 갖기 위한 시간으로 보는 게 옳을지도 모르겠다. 자기감시, 하더라도 적당히 하자. 물론 정서노동자들처럼 직업상 자기감시가 꼭 필요한 사람들에겐 이마저 사치스러운 이야기로 들리겠지만 말이다.

▶더 읽어보면 좋을 논문들

임지은·유은아, 「광고 모델의 긍정·부정적 행동이 소비자 반응에 미치는 영향: 사회적 연결감과 자기 감시성을 중심으로」, 『한국광고홍보학보』, 18권 4호(2016년 10월), 206~238쪽.

김보명·김현영·김진욱·신현식·김진우, 「소셜 비디오 플랫폼상에서 '나'의 개성과 '다른 사람'의 개성이 사용자의 긍정성과 소속감에 미치는 영향: 사회적 영향 이론과 자기 점검 이론 관점」, 『한국콘텐츠학회논문지』, 16권 2호(2016년 2월), 480~493쪽.

백승근·신강현·이종현·허창구, 「감정노동, 피할 수 없을 때 누가 즐길 수 있는가: 자기감시의 조절 효과를 중심으로」, 『한국심리학회지: 산업 및 조직』, 27권 4호(2014년 11월), 719~745쪽.

양윤·김하예, 「쿠폰 사용과 인상 관리: 성차, 사회적 맥락, 자기감시, 쿠폰 가치를 중심으로」, 『한국심리학회지: 소비자·광고』, 12권 3호(2011년 8월), 477~497쪽.

김민정·오홍석·김민수, 「자기감시 성향(self-monitoring personality)과 네트워크 특성이 멘토링 네트워크 인지 정확성에 미치는 영향에 대한 연구」, 『한국심리학회지: 산업 및 조직』, 21권 1호(2008년 2월), 105~126쪽.

장해순·한주리·허경호, 「갈등 관리 스타일에 영향을 미치는 퍼스낼리티 요인: 성격 5요인(Big Five Factors), 자아 존중감, 자기감시를 중심으로」, 『한국언론정보학보』, 37권(2007년 2월), 418~451쪽.

13

왜 사람들은 기회만 생기면
남을 속이려 드는가?

그럴듯한 부인

언어적 유희에 탁월한 재능을 보인 미국 작가 마크 트웨인Mark Twain, 1835~1910은 언젠가 너무나 뻔한 사실을 상대가 부인하자 이렇게 말했다. "Denial ain't just a river in Egypt." 직역하면 "부인否認은 단순히 이집트의 강 이름이 아니다"라는 뜻이지만, 이게 도대체 무슨 뜻일까? 임귀열은 이 말은 "The Nile의 언어적 유희"라며 이렇게 말한다.

"나일강은 이집트에 있는 강인데 그가 한 말을 'The Nile is not just a river in Egypt'로 해석해보면 메시지가 보인다. 직역하면 '나일강은 이집트의 강만을 의미하는 것이 아니다'가 된다. The Nile을 발음이 비슷한 Denial~로 바꾸면 어떨까. '부인한다고 진실이 바뀌는 것은 아니다', '왜 뻔한 것을 자꾸 부정하고 거짓말하는가'라는 의미가 된다."[24]

트웨인은 점잖게 언어적 유희로 대처했지만, 뻔한 것을 자꾸 부정하고 거짓말하는 사람으로 인해 분통을 터뜨린 경험이 누구에게나 한 번쯤은 있었을 게다. 인간관계에서 사실에 관한 부인을 하는 것보다 널리 퍼져 있는 것은 일상적 삶에서 인정해야 마땅한 것조차 부정하는 것이다. 그 점에선 사실 우리 인간은 '부정하는 동물'이라고 해도 과언이 아닐 정도로 부정에 능하다.

아지트 바르키Ajit Varki와 대니 브라워Danny Brower는 『부정 본능Denial』(2014)에서 "부정이란 의식하게 되면 참을 수 없는 사고, 감정 또는 사실들을 인정하지 않음으로써 불안을 누그러뜨리려는 무의식적인 방어기제다"고 말한다. 예컨대 사람은 반드시 죽게 되리라는 걸 알면서도 그걸 잊고 영원히 살 것처럼 행동하며, 위험하다는 걸 알면서도 자동차 안전띠를 매지 않고 오토바이 헬멧도 착용하지 않으며, 술을 마시고 육식을 하며 음주운전이나 운전 중 문자 보내기를 한다는 것이다.[25]

psychological denial(심리적 부정)이라는 개념도 있다. 이것은 참을 수 없는 고통을 회피하기 위해 객관적인 지각을 거부하는 현상을 가리킨다. 미국의 투자 전문가 찰스 멍거Charles Thomas Munger, 1924~는 투자 관리자의 필요 덕목과 관련, "여러분이 인생을 뜻있게 살아가려면 심리적 부정은 이용하지 말기를 권합니다"라고 말한다.[26]

plausible deniability(그럴듯한 부인)라는 개념도 있는데, 이는 1960년대 초 미국 CIA가 만든 용어로, 조직을 보호하기 위한 기법이다. 어떤 문제가 생겼을 때 최상급자는 몰랐다고 연관성을 부인하면서 실무자에게 책임을 돌림으로써 국가나 조직의 책임을 모면하는, 조직 보호의 철칙이다. 전前 미국 중앙정보국장 리처드 헬름스Richard Helms, 1913~2002는 이를 활용하는 것은 '비밀공작의 절대적인 필수 요건'이라고 했다.[27]

이런 일이 있었다. 1985년 7월 10일 뉴질랜드 오클랜드 연해에서 프랑스의 핵실험을 모니터링하던 국제환경기구인 그린피스 소속 레인보 워리어호가 침몰했다. 누가 봐도 명백한 격침이었다. 국제 여론은 책임자로 프랑스를 지목했지만 프랑스는 침묵했다. 뉴질랜드 경찰이 현장에서 검거한 2명이 프랑스 해외정보기구인 대외안보총국 정보요원으로 밝혀지면서 프랑스의 관여가 명백해졌다. 세계의 여론은 프랑스 대통령 프랑수아 미테랑François Mitterrand, 1916~1996을 직접 지목했지만, 프랑스 정부는 대외안보총국의 해당 부서가 독자적으로 수행한 작업이었다며 국가 책임을 부인했다. 레인보 워리어호 침몰 20주년인 2005년에 이르러서야, 당시 미테랑 대통령이 폭파 공작을 직접 승인했음이 밝혀졌다. 동국대학교 법과대학 교수 한희원은 이 사건을 소개하면서 다음과 같이 말한다.

"최악의 위기에 몰렸던 프랑스가 정보 공작 ABC에 입각해 슬기롭게 대처했던 것이다. 정보학에서 말하는 소위 '그럴듯한 부인' 또는 '위장부인'의 법리다. 위장부인은 상급자들의 연관성을 부인하면서 실무 책임자의 그것으로 회피하는 법 기술적인 수단이다. 최고책임자의 인식은 부인함으로써 조직 자체의 책임을 면하려는 것이다. 정보 공작에서 어느 수준의 책임자까지 관여했는지는 외교적 파장에 커다란 차이가 있다. 그 때문에 도마뱀 꼬리 자르듯이 단계별로

그럴듯한 부인

은폐할 수 있는 장치가 중요하다."[28]

그러나 '그럴듯한 부인'을 도저히 들이댈 수 없는 경우가 있다. 1960년 5월 1일 미국의 U-2 정찰기가 소련 영공에서 S-75 지대공 미사일에 격추되었다. 조종사는 CIA 소속이었다. 미국은 조종사가 죽었을 것으로 보고 "기상 관측 중이던 항공우주국NASA 항공기가 실종됐다"고 짐짓 발표했지만, 이틀 뒤 소련 공산당 서기장 니키타 흐루쇼프Nikita Khrushchev, 1894~1971가 조종사를 체포했다고 발표하면서 바로 뒤집혔다. 5월 7일 미 국무부는 대통령 드와이트 아이젠하워 Dwight D. Eisenhower, 1890~1969의 재가를 거친 성명이라며 "비무장 민간기 한 대가 아마도 정보 수집 목적으로 소련 영공을 비행했을 것"이라고 사실을 인정했다. 흐루쇼프는 나중에 자서전에서 "그해 5월 20일로 예정된 정상회담 취소는 정찰비행 그 자체보다 아이젠하워가 책임을 인정한 것 때문이었다"고 술회했다.

해외 비밀공작의 온갖 더러운 수법을 미국 내에까지 들여온 연방수사국FBI의 '파괴분자 대응 정보활동counter intelligence program(코인텔프로)'이 1971년 연방수사국 지부 사무실을 턴 8명의 젊은이들과 언론에 의해 시행 15년 만에 폭로되었을 때도 미국 정부는 끈질기게 축소와 은폐를 시도했다. 3년 뒤 구성된 상원의 처치 위원회는 보고서를 통해 "대외관계에서 미국의 책임을 피하려는 '그럴듯한 부인'을 국내 정책 결정 과정에까지 적용해 헌법상의 책임을 면할 수는 없다"고 밝혔다.

『한겨레』 논설위원 여현호는 2015년 7월 「그럴듯한 부인」이라는 칼럼에서 이 사례를 소개하면서 "국가정보원이 해킹 의혹과 관련해 스스로 목숨을 끊은 실무자가 한 일만 부각하려는 듯하다. 이런 일의 승인권자인 대통령은 아예 아는 체도 하지 않는다. 증거가 없다고 생각한 때문일까"라고 의문을 표했다.[29]

'박근혜 · 최순실 게이트'의 와중에서 언론에 자주 등장한 단어 중의 하나가 바로 '모르쇠'였다. 박근혜를 비롯한 대부분의 피의자들이 앞다투어 '모르쇠 왕'이 되기로 작정한 것처럼 보였다. 그런 행태가 '그럴듯한 부인'의 수준이라도 된다고 생각한 걸까? 아니면 속된 말로 '미친 척'의 끝장을 보여주기로 작정했던 걸까?

특히 박근혜는 2017년 1월 1일 청와대 출입기자단과의 간담회에서 "진정성 있는 반성은커녕 모든 의혹에 변명과 모르쇠로 일관"함으로써 "탄핵안 가결 이후 누그러질 조짐을 보여온 국민의 분노에 새해 벽두부터 기름을 부은 것이나 다름없"는 행태를 보였다.[30]

서강대학교 교수 강정인은 "수사망을 좁혀오는 검찰에 맞서 국정 농단 세력은 '모른다', '몰랐다', '만난 적 없다', '기억이 없다', '사실이 아니다' 등 모르쇠로 일관하면서 자신들의 핵심적 범죄(피의) 사실을 시종일관 부인하고 있다. 나아가 어느 정도 사실이 파악된 혐의에 대해서도 교묘한 논변을 통해 그 범죄성을 부정하느라 노심초사하고 있다"며 다음과 같이 말했다.

"필자는 최순실 일당은 말할 것도 없고 주요 정치인 · 관료 · 기업인 등 한국 사회의 지도급 인사들이 범죄(혐의) 사실에 대해 '모르쇠'로 일관하는 윤리 의식 실종에 참담한 마음뿐이다. 나아가 그들의 파렴치한 행태가 선량한 일반 국민의 법의식은 물론 도덕의식마저 오염시키고 있지 않나 우려하지 않을 수 없다.……우리 사회에서 힘 있고 돈 있고 배운 자라고 할 수 있는 이들이 법치를 악용하면서 처벌만 피하면 만사법통萬事法通이고, 자신들의 도덕적 타락과 양심의 마비에 대해서는 전혀 아랑곳하지 않는 도덕 불감증이 두렵다. 그것이 장기적으로 사회의 윤리적 기강에 미칠 해악이 무섭다. 평소 그들이 사회의 존경을 받는 지도급 엘리트로 알려져 있었다면 디더욱 가공可恐스럽다."[31]

그런데 국정 농단 범죄와는 차원이 다른 대중의 일상적 삶에선 '그럴듯한 부인'이 꽤 만연되어 있다. 이 개념에 깊은 관심을 보인 심리학자들은 이런 실험을 했다. 피험자에게 과제를 수행하게 한 후 쪽지를 한 장 주며 실험 참가비로 얼마를 줄 것임을 구두로 전달했다. 피험자들은 쪽지를 들고 다른 방으로 참가비를 받으러 갔다. 그런데 그곳의 경리가 금액을 한 자리 잘못 읽고 훨씬 더 많은 금액을 피험자에게 건네주었다. 이때 그 사실을 경리에게 밝히고 실수를 정정한 피험자는 전체의 20퍼센트에 불과했다. 그러나 경리가 지불금이 맞는지 묻자 이야기가 달라졌다. 그때에는 피험자의 60퍼센트가 지불이 잘못되었다고 말하고 나머지 금액을 돌려주었다. 직접적으로 질문을 하자 발뺌의 여지가 제거된 셈인데, 그 상황에서도 돈을 계속 챙기려면 자기 입으로 거짓말을 해야 하기 때문이다.[32]

조너선 하이트Jonathan Haidt는 『바른 마음: 나의 옳음과 그들의 옳음은 왜 다른가』(2012)에서 이 실험의 종합적 의미에 대해 이렇게 말한다.

"결국 사람들은 남의 눈에 띄지 않고 또 발뺌의 여지만 있으면 대부분이 남을 속인다는 것이다.……그래서 이 실험에 참가한 사람들도 대부분은 남을 속인 후 실험실을 나가면서 애초 실험실에 발을 들일 때와 똑같이 자신이 선한 사람이라 믿고 있었다."[33]

댄 애리얼리Dan Ariely의 결론도 비슷하다.

"정직한 사람들도 기회만 주어지면 상당수가 남을 속이려 든다. 우리의 연구 결과를 보면, 나쁜 놈 몇이 보통 사람들에게 피해를 주는 것이 아니었다. 그보다는 사람들 대다수가 남을 속이는 것으로 나타났고, 남을 속이는 것은 소소한 수준이었다."[34]

미국에서 이루어진 이 실험을 한국에서도 해보았더니 비슷한 결과가 나왔다. 서울대학교 심리학과와 EBS가 공동 제작한 '도덕성 실험' 프로그램에선 이런 실험이 이루어졌다. 방송사에서 인터뷰하는 사람을 뽑는다고 광고하고 자신이 모두 어느 정도 도덕적이라고 생각하는 대학생 11명을 뽑았다. 전화 통화에서 인터뷰에 응하면 10만 원의 사례금을 준다고 이야기한 뒤 다음 날 방송사에서 전화 통화한 사람이 아닌 다른 사람이 "어제 사례금 액수 들으셨죠? 15만 원 맞으시죠?"라고 물었다. 그러자 11명 중 7명의 학생이 "네"라고 대답하고 사례금 10만 원이 아닌 15만 원을 받았다. 나중에 실험 결과에 대한 설명을 하자 그제서야 후회를 하며 사과의 말을 했다.[35]

차라리 기만을 인간의 본능으로 믿는 게 우리의 정신 건강에 좋을지도 모르겠다. 최근의 국정 농단 사태에서 국정 농단 주범들의 새빨간 거짓말과 천연덕스러운 부인에 화가 치밀어 '화병'에 걸릴 지경이라고 말하는 사람이 적지 않았으니 말이다.

그럴듯한 부인

▶ 더 읽어보면 좋을 논문들

이재정, 「정치와 거짓말: 현대 정치의 심미성과 자유주의」, 『철학논집』, 45권(2016년), 143~171쪽.

이상욱, 「언어학적 관점에서 본 거짓말: 정치인들의 거짓말을 중심으로」, 『독일언어문학』, 67권(2015년), 135~156쪽.

김충식, 「거짓말 및 자백의 심리 분석에 관한 고찰」, 『한남법학연구』, 2권 1호(2014년), 43~74쪽.

문용린·김민강·이지혜, 「한국인의 거짓말 유형과 정당화 양식 연구」, 『인간발달연구』, 15권 3호(2008년), 191~205쪽.

송재범, 「기만과 거짓말에 대한 윤리학적 소고: 국회 청문회 증인들의 거짓말에 대한 윤리학적 분석」, 『윤리연구』, 42권 1호(1999년), 479~494쪽.

14

왜 인간은 '새로운 것에 대한 중독'에 빠져드는가?

▼
▲

쿨리지 효과

미국 제30대 대통령 캘빈 쿨리지Calvin Coolidge, 1872~1933는 엉겁결에 대통령이 되었다. 부통령이었던 쿨리지는 대통령 워런 하딩Warren G. Harding, 1865~1923의 갑작스러운 사망 소식을 고향인 버몬트주의 플리머스노치라고 하는 작은 마을에 내려갔을 때 들었기 때문에 미국 역사상 최초의 희한한 대통령 선서 풍경이 벌어졌다. 새벽 2시에 그의 아버지 존 쿨리지John Coolidge가 공증인 역할을 맡아 아들에게 대통령 선서를 하게 한 것이다.[36]

쿨리지는 워낙 과묵해 이와 관련된 농담이 많이 쏟아져나왔다. 그의 아내는 청각 장애인 교사로 일하던 그레이스 굿휘Grace Goodhue, 1879~1957였는데, 그녀가 "청각 장애인들에게 듣는 법을 가르쳤는데,

이제는 벙어리를 말하도록 해야 할 것 같다"는 농담까지 나왔다. "움직일 때만 가구와 구별된다"는 농담도 있었다. 1933년 1월 5일 그가 죽었다는 소식을 접하고 독설가인 도로시 파커Dorothy Parker, 1893~1967는 "어떻게 알아?"라고 말했다나. 입을 꾹 다물고 있었으니 살아 있으나 죽었으나 무슨 차이가 있느냐는 말이었다.[37]

그런데 학자들이 만든 '쿨리지 효과Coolidge Effect'라는 개념은 좀 생뚱맞다. 이는 진화론적 관점에서 여성은 남성의 헌신을 원하는 반면 남성은 유전적으로 많은 씨를 퍼트리고 싶어 하는 불균형을 설명하기 위해 만든 개념이라는데, 왜 여기에 쿨리지가 동원되어야 한단 말인가? 농담을 만들어내기에 만만한 대상이었기 때문이었을까? 다음과 같은 일화 때문이라고 하는데, 이것도 재미있으라고 지어낸 말 같다.

어느 날 쿨리지 대통령 부부가 농장을 방문했는데, 따로 떨어져서 농장 안을 둘러보고 있었다. 영부인이 닭장을 지나가다가 한 수탉이 열정적으로 암탉과 교미하는 것을 어쩔 수 없이 보게 되었다. 그녀는 "저런 일이 하루에 한 번 이상 있나요?"라고 물어보았다. 농부는 "물론이지요. 수십 번씩 되지요"라고 대답했다. 영부인은 "그 이야기를 대통령에게 좀 해주세요"라고 부탁했다. 나중에 대통령이 닭장 옆을 지나갈 때 농부는 바로 그렇게 했다. "매번 똑같은 암탉하고?" 대통령이 물었다. "아니요, 매번 다른 닭이죠." 농부는 대답했다. 대통령을 고개를 끄덕거리면서 "그 이야기를 영부인에게 좀 해주시오"라고 말했다.[38]

1955년 행동생물학자 프랭크 비치Frank A. Beach, 1911~1988가 제자가 말한 쿨리지 대통령에 관한 농담을 듣고 '쿨리지 효과'란 이름을 붙였다는데, 이는 성性과 관련된 농담 소재로 써먹기 좋은 이야기인 데다 이런저런 변주와 응용이 가능해 널리 퍼진 에피소드가 되었다. 쿨리지 효과는 한마디로 인간과 동물을 막론하고 수컷의 바람기, 즉 성적으로 반응이 없던 남성이 새 파트너를 만나게 될 때 반응이 되살아나는 현상을 가리키는 말이 되었다. 실제 수컷 동물들이 자주 상대한 암컷보다도 새로운 암컷을 만났을 때 성적으로 빨리 반응하는 현상은 생쥐나 젖소, 물소, 고양이 등에서 증명되었다.[39]

물론 인간도 마찬가지라는 건 두말할 나위가 없다. 2002년 조사에서 미국 여성 중 혼외정사婚外情事를 가진 비율은 45~55퍼센트, 남성은 50~60퍼센트인 것으로 나타났다. 2007년 미국 전국을 대상으로 한 조사에서 여성의 전 생애에 걸친 평균 섹스 파트너는 4명, 남성은 7명인 것으로 나타났다. 남성의 29퍼센트, 여성의 9퍼센트는 15명 이상이었다. 부유한 나라들의 평생 섹스 파트너 수는 평균 10명인 데 반해 가난한 나라들의 평균치는 6명에 불과했다. 2008년 조사에서 섹스 파트너가 많은 순위에서 세계 1위는 핀란드가 차지했지만, 인구 1,000만 명 이상 되는 OECD 국가 '톱 10'은 영국, 독일, 네덜란드, 체코, 호주, 미국, 프랑스, 터키, 멕시코, 캐나다 순이었다. 세계적인 콘돔업체 듀렉스Durex의 2007년 'Global Sex Survey'에선 오스트리아 남성이 평균 29.3명으로 세계 1위를 차지했고, 여성은 뉴질랜드가 20.4명으로 세계 1위를 차지했다. 뉴질랜드를 제외하고, 모든 나라에서 여성보다는 남성의 섹스 파트너 수가 많은 것으로 조사되었다.[40]

그런데 예상과는 달리 쿨리지 효과가 극적으로 나타나는 것은 남성이 아니라 여성이라는 주장도 있다. 독일 심리학자 디트리히 클루스만Dietrich Klusmann이 2002년 19세에서 32세까지의 성인 남녀 1,865명을 대상으로 조사를 했더니, 남성은 시간이 지나도 파트너와 잠자리를 하고 싶다는 욕구가 별로 줄지 않는 반면, 여성은 급격히 감소해 8년이 지나면 20퍼센트의 여성만이 남편과 자고 싶다고 대답한 것으로 나타났다.[41] 슈테판 클라인Stefan Klein은『행복의 공식: 인생을 변화시키는 긍정의 심리학』(2002)에서 남녀를 막론하고 새로운 성적 모험에 대한 성향은 우리에게 남겨진 진화론적 유산의 일부라며 다음과 같이 말한다.

"여성도 새로운 연인을 찾아 수많은 모험을 감행하며, 암컷 침팬지들은 우두머리 수컷에게 들키지 않은 채 그보다 서열이 아래인 수컷들과 교미하기 위해 갖은 묘략을 다 생각해낸다. 그리고 최근의 유전자 검사에 따르면, 모든 아버지의 15퍼센트는 친자식이라고 믿었던 자기 아이들이 친자식이 아니라는 사실에 절망해야 한다."[42]

부부가 서로 속이지 않고 쿨리지 효과를 인정하면서 실천할 수 있는 방법은 없을까? 그래서 나온 것이 서구사회에서 1950년대부터 등장한 부부 맞교환 성행위, 즉 스와핑swapping이다. wife swapping 또는 partner swapping을 줄인 말인 스와핑은 원래는 일정 기간 배우자를 바꾸어 사는 것을 의미하는데, 엄밀하게 말하자면 지금 문제가 되는 건 스윙잉swinging이다. 스윙잉은 원숭이들이 이 나뭇가지에서 저 나뭇가지로 옮겨다니듯, 이 침대에서 저 침대로 돌아다니는 별난 사람들을 야유하는 뜻으로 쓰이기 시작했다.

스윙잉은 오랜 역사를 자랑하지만, 미국에서 20세기 스윙잉은 제2차 세계대전 기간에 강한 인적 결속력을 가진 공군 조종사 가족들 사이에서 시작되었다. 전사했거나 해외 주둔을 하는 조종사의 아내를 미국에 있는 조종사들이 돌보는 가운데 그런 문화가 생겨났다는 것이다. 스윙윙은 한국전쟁 후엔 군을 넘어 교외 지역으로 파급되었으며, 1960년대에 피임약과 성병 치료제의 발달과 더불어 만개한 '성 혁명sexual revolution'을 거치면서 널리 확산되었다.

미국에선 스윙잉을 하는 사람을 swinger라고 하며, swinger들이 모이는 swinger club이 많이 있다. 킨제이연구소의 2005년 조사에 따르면, swinger는 북미 지역 부부의 2~4퍼센트로 총 400만 명에 이르는 것으로 밝혀졌다. 2011년 기준으로 약 1,500만 명의 미국인이 정기적으로 스윙잉을 한다는 주장도 있다. 스윙잉을 혐오하는 사람들은 '말세'라며 개탄하지만, swinger들은 스윙이을 '라이프스타일' 또는 '대안적 라이프스타일alternative lifestyle'일 뿐이라고 주장하며, 스윙잉의 가장 좋은 점으로 성적 만족과 더불어 배우자를 속일 필요가 없다는 점을 든다.[43]

한국에선 스와핑이라는 말이 쓰이고 있는데, 2000년대 들어 스와핑이 유행하면서 텔레비전 아침 프로그램에서까지 상세히 다룰 정도가 되었다. 2003년 10월 16일 MBC의 〈아주 특별한 아침〉은 방송 서두에 남성 진행자가 "오늘은 신선한 뉴스를 전달하게 되었다"고 밝힌 가운데 스와핑 관련 보도를 3개 코너에 걸쳐 30여 분간 방송하기도 했다.[44]

스와핑을 촉진한 건 단연 인터넷이다. 2005년 3월 부산 강서경찰

쿨리지 효과

서는 인터넷에 음란 사이트를 개설해 스와핑을 주선한 유 모씨를 정보통신망 이용 촉진 및 정보보호 등에 관한 법률 위반 혐의로 구속했는데, 유 모씨는 경찰에서 "광고도 하지 않았는데 입소문을 통해 가입한 회원이 5,000명을 넘었고 회원들이 자발적으로 1,000여건의 나체 사진과 스와핑 동영상을 올렸습니다"라고 진술했다. 1년간 이루어진 성관계만 400여 건이었으며, 3년 전에도 6,000명의 '스와핑' 행위가 적발된 바 있었다.

이와 관련, 『세계일보』 사설은 "스와핑이 성매매와는 다르고 부부간 합의하에 이뤄진 행위라는 이유로 아무런 법적 제재도 받지 않는다고 하니 이게 도대체 무슨 소린가"라면서 다음과 같이 주장했다.

"가정의 화목이 배우자에 대한 순결 의무 이행에서 출발함은 삼척동자도 알 일인데, 미풍양속을 해치고 전통적인 가족관마저 무너뜨리는 성도착증을 개인의 사생활로 치부해 보호할 수는 없는 일이다. 따라서 법률체계가 미비하다면 이를 정비해 처벌함으로써 '스와핑'이 독버섯처럼 번지는 것을 막아야 한다. 특히 여성들은 남편의 강요에 의해 끌려가는 경우가 많다고 하는데, 그렇다면 이는 인권 차원에서도 방치할 수는 없지 않은가."

반면 네티즌들은 "나는 스와핑한 사람들에게 돌을 던지고 싶지만 그들이 스와핑했다는 이유만으로 형사처벌된다면 사법당국을 향해 또다시 돌을 던지겠다"는 의견이 우세했다. 도덕의 문제일 뿐 법의 문제는 아니라는 것이다.[45]

이제 스와핑은 스마트폰 채팅 애플리케이션을 통해 손쉽게 이루어지는 지경에 이르렀다. 2015년 5월 서울지방경찰청 광역수사대는

신 모씨와 김 모 부부 등 9명을 구속하고 18명을 불구속 입건했는데, 이들 중 신 씨 부부 등 21명은 채팅앱 '즐톡' 등을 통해 만나 적게는 4명, 많게는 8명이 서울 강남 등지의 모텔에 모여 필로폰을 투약하고 상대를 바꿔가며 성관계를 한 혐의였다.[46]

인류 역사상 새로운 매체가 출현할 때마다 그 매체의 성장에 결정적인 역할을 한 것은 늘 '섹스'와 '음란'이었다. 인간의 억누르기 어려운 본능과 호기심 때문이다. 인터넷·모바일 음란도 그런 관점에서 볼 수도 있겠지만, 인터넷·모바일은 이전의 모든 매체와는 다르다는 주장도 있다. "원래 그런 법이야" 하고 가볍게 넘어가선 안 될 정도로 그 접근성·영향력·파괴력이 이전의 매체들과는 차원을 달리한다는 것이다. 심각하게 토론해볼 주제라 하겠다.

슈테판 클라인은 바람둥이의 대명사로 불리는 카사노바의 비밀은 '새로운 것에 대한 중독'에 있으며 카사노바는 호기심에 내몰리는 인간의 극단적인 유형을 보여주지만, 새로운 것에 대한 갈망은 우리 모두에게 내재해 있다고 말한다.

"변화가 없는 곳에는 권태가 똬리를 튼다. 그리고 권태야말로 가장 견디기 힘든 고통 중 하나이다. 독일의 작가 에른스트 윙거Ernst Jünger도 '권태는 옅어진 고통이다'라고 말하지 않았던가. 절망에 빠져 우리는 권태에서 벗어나려고 노력한다. 사람들을 만나 수다를 떨거나 TV를 보거나 유행을 좇는다. 여기서도 우선시되는 것은 일이나 물건의 유용성이 아니라 뭔가 새로운 것을 경험하고 느낄 수 있는가 없는가이다. 새로움을 소화해내는 것, 이것은 뇌가 수행하는 가장 중요한 과제 중 하나이다. 신경세포는 충전되길 기다리는 것이다."[47]

쿨리지 효과를 경제학적 관점에서 분석한 토드 부크홀츠Todd G. Buchholz는 『러쉬!: 우리는 왜 도전과 경쟁을 즐기는가』(2011)에서 "쿨리지 효과는 반복의 규칙과 상충되는 듯 보인다. 그 둘이 우리 뇌 안에서 내분이라도 일으킨 듯 말이다. 반복의 규칙에 따르면 우리는 같은 사람만 상대해야 한다. 하지만 쿨리지 효과를 보면 얘기가 다르다"며 다음과 같이 말한다.

"경제학과 관련하여 이 둘을 양립시킬 간단한 방법이 하나 있다. 우리는 신뢰할 만하다는 것을 알게 된 사람과만 거래를 하고 싶어 하지만, 그렇다고 해서 그를 볼 때마다 같은 계약 조건으로 같은 거래를 매번 그와 하고 싶어 하지는 않는다. 어떤 상인이 믿을 만하다는 것을 알았다면, 다음번에 만날 때는 그가 우리에게 새로운 제품을 보여주기를 바란다. 내가 대형 할인매장 코스트코에 들어갈 때마다 느끼는 감정이 딱 그렇다."[48]

행동과학 전문 칼럼니스트인 위니프레드 갤러거Winifred Gallagher는 『NEW: 돌도끼에서 스마트폰까지 새로움을 향한 인류 본능의 탐구』(2011)에서 쿨리지 효과는 사실상 '호기심 효과novelty effect'라면서 이것이야말로 혁신의 원동력이라고 주장한다.

"사무실에 최신형 전자제품 같은 새로운 무언가를 도입하는 것만으로도 직원들의 성과는 개선될 수 있다. 단, 그것이 주는 흥분이 가라앉을 때까지는 그렇다. 이와 마찬가지로 수많은 창조적 돌파구들은 신선한 자극이 주는 흥분이 빚어낸 결과이다."[49]

미국 캘리포니아대학의 심리학자 딘 사이먼턴Dean Simonton은 새로운 환경 신호가 자극원의 역할을 한다고 강조하면서, 아르키메데스가 자신의 책상을 떠나 욕조에 몸을 담그고 물이 넘치는 모습을 목격하지 않았다면 그 어떤 발견도 없었을 것이라고 말한다.

"부력과 관련된 그의 연구들은 물이 넘치는 욕조가 해낸 일을 할 수 없다. 그러면 그가 고대의 가장 위대한 수학자가 될 수도 없었을 것이다. 때로 퍼즐의 잃어버린 한 조각이 필요할 때, 그것과 상관없어 보이는 어떤 일이 중대한 발견을 이끌 수도 있다. 산책을 하거나 잠시 음식을 먹으며 쉬는 등 장소를 바꾸는 일은 문제의 해결책을 알려줄 새로운 자극이 될 수도 있다."[50]

호기심curiosity에 관한 두 명언이 있다. 영국의 보수 사상가이자 정치가인 에드먼드 버크Edmund Burke, 1729~1797는 "우리가 인간의 마음에서 발견하는 첫 번째이자 가장 단순한 감정은 호기심이다"고 했고, 프랑스 사상가 블레즈 파스칼Blaise Pascal, 1623~1662은 "호기심은 허영심일 뿐이다. 우리는 알려고 하는 게 아니라 말하고 싶어 한다. 우리는 남에게 이야기하겠다는 희망 없이 오직 보는 기쁨만으로 항해를 하려고 하진 않는다"고 했다.

호기심은 누구에게나 있는 것이지만, 그것이 과연 알기 위한 호기심인지 말하고 싶어 하는 호기심인지가 중요하다. 쿨리지 효과는 본능에 가까운 것이라지만, 쿨리지 효과의 사회적 버전이라 할 호기심 효과는 남들에게 떠들고 싶어 하는 허영심을 극복할 때에 비로소 혁신과 진보의 동력이 될 수 있지 않을까?

▶더 읽어보면 좋을 논문들

김정훈·장미향·김대철, 「음식 관여도 및 신기성 추구가 음식 관광 행동과 전주 비빔밥 축제 재방문 의도에 미치는 영향」, 『관광연구저널』, 30권 6호(2016년 6월), 71~84쪽.

최준영, 「스캔들, 경제적 성과, 그리고 대통령 지지율: 미국의 경우」, 『한국정당학회보』, 13권 3호(2014년 11월), 157~183쪽.

윤영근, 「정책의 난제(Wicked problem)화에 관한 연구: 성매매 문제를 중심으로」, 『한국사회와 행정연구』, 23권 4호(2013년 2월), 143~165쪽.

정은경 · 손영우, 「진보와 보수의 도덕적 가치 판단의 차이: 간통죄를 중심으로」, 『한국심리학회지: 일반』, 30권 3호(2011년 9월), 727~741쪽.

황형구, 「노블티(novelty) 특성이 여가 만족도에 미치는 영향: 관광 농원 방문자를 중심으로」, 『농어촌관광연구』, 16권 2호(2009년 6월), 1~24쪽.

윤가현, 「성욕의 이해: 남성과 여성」, 『The World Journal of Men's Health』, 26권 3호(2008년 9월), 105~110쪽.

성영신 외, 「지적 호기심의 심리적 메커니즘: 호기심 충족 방식에 따른 차이 비교」, 『한국심리학회지: 소비자 · 광고』, 9권 2호(2008년 7월), 305~331쪽.

범경철, 「현행법상 스와핑에 대한 법적 고찰: 스와핑 처벌에 관한 규제 논의를 중심으로」, 『법학연구』, 18권 4호(2008년), 199~223쪽.

한승옥, 「현대소설의 성윤리: 〈일부일처제〉와 성윤리를 중심으로」, 『현대소설연구』, 6권(1997년 6월), 25~34쪽.

쿨리지 효과

15

왜 어떤 사람들은 직장에서
심리적 압박감에 덜 시달리나?

자기결정성 이론

"만족감을 느끼면서 잠자리에 들려면 매일 아침 결의를 다지면서 일어나야 한다You've got to get up every morning with determination, if you're going to go to bed with satisfaction." 미국 저널리스트 조지 호러스 로리머George Horace Lorimer, 1869~1937의 말이다. determination(결정, 결의)의 가치를 예찬하는 명언은 무수히 많다. 심리학자들이 그런 현상을 외면했을 리 만무하다.

self-determination theory(자기결정 이론, 자기결정성 이론, 자력결정 이론)는 인간의 가장 기본적인 욕구는 자율성이며, 따라서 외적 동기extrinsic motivation보다는 내적 동기intrinsic motivation, 즉 스스로 결정한 자발적 선택이 더 큰 힘을 발휘한다는 이론이다. 즉, 스스로 동기가 유발된 사람이 주어진 업무에 더 만족하고 있고 당연히 그 업무를 더 잘 수행할 가능성이 높다는 것이다. 미국 로체스터대학의 심리학자 에드워드 데시Edward L. Deci, 1942~와 리처드 라이언Richard M. Ryan, 1953~이 1970년대에 제시한 이론이다.[51]

자기결정성 이론의 핵심은 '행동에 필요한 에너지'인 동기를 뒷받침하는 3가지 중요한 욕구가 있다는 것인데, 그것은 자율성autonomy, 유능감competence, 관계성relatedness에 대한 욕구다.

"자기결정성 이론이 우리에게 전해주는 가장 중요한 메시지는 심리적 유능감에 목표를 부여하려는 욕구를 제대로 파악하지 못하면 목적 지향적 행동은 물론이고 행복과 심리적 발달과 같은 보다 근본적 주제들에 대한 완전한 이해가 불가능하다는 것이다."[52]

대니얼 핑크Daniel H. Pink는 『드라이브Drive: The Surprising Truth About What Motivates Us』(2009)에서 "지난 30년 동안 데시와 라이언은 연구와 교육을 통해 미국과 캐나다, 이스라엘, 싱가포르, 서유럽 전역에서 수십 명의 자기결정성 이론 학자들의 네트워크를 조성했다"며 다음과 같이 말한다.

"이들은 실험실은 물론이고 거의 모든 영역(사업, 교육, 의학, 스포츠, 운동, 개인 생산성, 환경주의, 관계, 육체적 건강, 정신적 건강)을 아우르는 임상연구를 통해 자기결정성 이론과 내재 동기에 대해 탐구해왔다. 이들은 수백 편에 달하는 연구 논문을 발표했으며, 그중 대다수가 동일한 결론을 내리고 있다. 인간은 자율성과 자기결정성, 관계성에 대해 타고난 내재 욕구를 갖고 있다. 이 욕구가 발산될 때 인간은 더 많은 것을 성취하고 풍요로운 삶을 살 수 있다."[53]

물론 한국에서 연구와 교육도 매우 활발하다. 자기결정성 이론은 커뮤니케이션학에서 커뮤니케이션 능력, 온라인 게임 중독과 관련해 연구된 것을 비롯해,[54] 심리학, 교육학, 경영학 등 여러 분야에서 많이 연구되고 있다. 최근엔 자기계발과 관련해 많이 활용되고 있다.[55]

에드워드 데시와 리처드 플래스트Richard Flaste는 『마음의 작동법: 무엇이 당신을 움직이는가Why We Do What We Do: Understanding Self-Motivation』(1995)에서 수많은 자기계발서가 외치는 것과는 달리 "동기부여 기법이나 자율성 확보 기법 따위는 없다"고 단언한다. 동기부여는 기법이 아니라 내면에서 와야 하며, 자신을 책임지고 관리하겠다는 결심에서 동기가 부여된다는 것이다.

"개인적인 변화의 이유를 찾았을 때, 그리고 부적응 행동의 바탕에 숨은 불만과 무능력, 분노, 고독 등 다양한 감정과 대면하고 해결할 마음을 먹었을 때 그때서야 비로소 변화의 동기가 마련된다. 그 상태가 되었다면 여러 기법이 유용하게 쓰일 수 있다. 하지만 결단이 없다면, 그리고 개인적으로 의미를 부여할 수 있는 변화의 계기가 없다면 기법은 아무런 쓸모가 없다. 기법이 자신을 바꿔줄 거라고 믿는 사람은 내면의 인과관계가 아니라 외부의 인과관계에 의지하며, 자율적이기보다는 통제를 받음으로써 의미 있는 개인적 변화를 이루려는 것이나 다름없다."[56]

결국 중요한 것은 스스로 선택을 할 수 있는 자기통제력이라는 것인데, 이 점에서 자기결정성 이론은 사람들에게 자신이 통제할 수 있다는 환상을 주어 불쾌하거나 지루한 상황을 더 잘 견뎌내게 만드는 효과를 발휘한다는 이른바 '통제의 환상illusion of control'과도 통한다.[57] 김민태는 '통제의 환상'과 관련된 자기결정성 이론을 아이 교육에 활용한 경험에 대해 다음과 같이 말한다.

"네 살 된 딸아이가 떼를 쓴다. 저녁 먹을 시간인데 TV에서 하는 만화를 보겠다고 울며 바닥에 눕는다. 나는 한 가지 꾀를 냈다. '지금 목욕할래? 밥 먹고 목욕할래?' 아이의 고민은 오래 가지 않는다. '밥 먹고 목욕할래요.' 밥 먹기보다 목욕하기가 더 싫은 거다. 아이는 아빠의 꾀에 낚였다. 이 선택 전략은 내가 아이에게 자주 쓰던 수법이다. 자기 의사를 표현할 수 있게 된 유아들은 끊임없이 '싫어'를 외친다. 뭐든 자기가 하려 들고 엄마 아빠의 말은 들으려고 하지 않는다. 이때 지시를 하는 것보다 선택해야 할 대상을 만들어주면 다툼의 이슈가 의외로 쉽게 해결된다는 것이 발달 전문가들의 조언이다. 인간은 스스로 선택할 수 있을 때 유능감을 느끼기 때문이다."[58]

캐나다 퀘벡대학 경영학부 교수인 클로드 퍼네Claud Fernet는 '직무 긴장'에 관한 연구를 통해 "자율적 동기를 가진 직원들은 그렇지 않은 동료들보다 직무에서 심리적 압박감에 덜 시달린다"는 사실을 발견했다. 데이비드 즈와이그David Zweig는 『인비저블: 자기 홍보의 시대, 과시적 성공 문화를 거스르는 조용한 영웅들Invisibles: The Power of Anonymous Work in an Age of Relentless Self-Promotion』(2014)에서 겉으로 드러나지 않으면서 자율적 동기에 의해 높은 성취도를 올리는 사람들을 가리켜 '인비저블'이라고 했는데, 퍼네는 즈와이그에게 보낸 이메일에서 다음과 같이 말했다.

"자율적 동기를 지닌 인비저블은 특별히, 혹은 의도적으로 '인비저블'이 된 것이 아닙니다. 그저 일을 통해 완전한 충족감을 얻고자 하는 욕구(와 능력) 때문에 아침에 일어나 일에 전념했을 따름이죠. 만약 성공해서 명성과 인기(남의 눈에 띄는 것)를 누린다고 해도 그걸 궁극적 보상으로 여기지 않고 그보다는 개인적 발전이나 성장 추구, 또는 그들의 핵심 가치와 일치하는 당연한 귀결로 여길 겁니다."[59]

기업의 인사관리에 적용되는 자기결정성 이론의 핵심은 승진이나 연봉 인상과 같은 외재적인 동기부여보다는 내재적인 본질적 동기부여가 중요하다는 것이다. 이 방식을 도입한 구글의 인사 분석과 보상 담당 부사장인 프라사드 세티Prasad Setty는 다음과 같이 말한다.

"전통적인 제도는 성과 평가와 인재 개발이라는 완전히 다른 두 가지 일을 하나로 합치는 중대한 오류를 발생시켰다. 평가는 연봉 인상이나 성과급 지급과 같은 유한한 자원을 분배하기 위해 필요한 것이다. 그러나 인재 개발은 직원이 성장하고 직원이 하는 업무가 개선되기 위해 필요한 것이다."[60]

그렇다고 해서 자기결정성 이론이 항상 보상에 반대하는 것은 아니다. 데시는 이렇게 말한다. "물론 일터와 그 외 환경에서 당근과 채찍은 필요하다. 그러나 눈에 띄지 않을수록 좋은 법이다. 동기를 유발시키려고 보상을 이용하면 동기는 가장 급격히 하락한다."[61] 이는 내적 동기로 인해 하던 일에 보상이 주어지면 내적 동기가 약화되면서 흥미를 잃고, 자기 행동의 원인을 보상이라고 하는 외적 동기로 정당화하는 이른바 '과잉정당화 효과overjustification effect'와 통하는 주장이다.[62]

같은 맥락에서 심리학자들은 레고의 인기 비결을 "규칙과 상상력을 동시에 구현하고, 자체적으로는 의미를 갖지 않는 재료들을 모아 의미와 스토리를 만드는 것"에서 찾는다. 이에 대해 문요한은 이렇게 말한다.

"인간은 자신의 운명을 스스로 주조하려는 속성을 지니고 있다. 자신의 인생을 스스로 만들어가고 싶고 자신의 이야기를 스스로 써 내려가고 싶어 한다. 그러므로 낱개의 부품들에 형태를 부여하고 더 나아가 새로운 의미를 담아 새로운 형태를 만드는 레고 놀이야말로 우리 안의 자율 추구와 창조 본능을 충족시켜준다."[63]

그런 이야기가 새로운 건 아니다. 이미 오래전 독일 시인 요한 볼프강 괴테Johann Wolfgang von Goethe, 1749~1832는 우리에게 인생을 하나의 작품으로 여기고 그 창작자가 되라고 말했다.

"조각가가 조각품으로 탄생시킬 원재료를 갖고 있듯 우리는 누구나 자신의 운명을 손에 쥐고 있다. 예술 활동뿐 아니라 다른 모든 것에서도 마찬가지다. 우리는 운명을 주조할 수 있는 능력을 가지고 태어난다. 자신이 원하는 모양으로 재료를 빚어내는 기술을 공들여 배우고 계발해야 한다."[64]

다 아름다운 말이지만, 입시 전쟁이라는 과정을 거쳐야 하는 한국의 젊은이들에겐 꿈같은 이야기일 수밖에 없다. 상담심리사 선안남은 자기결정성을 '스스로 결정하고 밀고 나가는 주체성'으로 정의하면서 어렸을 때부터 부모의 뜻에 따라 움직이면서 공부만 하던 학생들이 이후에 겪는 고통에 대해 한 사례를 들어 다음과 같이 말한다.

"어린 시절부터 부모님이나 선생님, 그리고 사회라는 외부의 기대에 맞춰 움직여왔던 그는 내적 동기보다 외적 동기에 마음의 주파

수를 맞춰 살아왔다. 공부도 해야 한다고 하니 했고, 인맥을 쌓을 필요가 있다고 하니 친구를 만났고, 취직도 대기업이 좋다고 하니 그렇게 했다. 그렇기 때문에 지금 그는 아침에 일어나 회사에 가서 하루를 시작하는 것이 재미가 없고 귀찮다. 일상의 많은 일들이 억지로 굴러가는 것 같다는 생각이 든 것이다."[65]

대부분의 한국인들이 그런 식으로 성장했기 때문일까? 최근 한국 사회를 강타한 최순실 게이트가 자기결정성을 잃고 스스로 알아서 기는 고위 공직자들과 각계의 지도자·전문가들의 추태를 유감없이 보여준 것은 우연이 아닌 것 같다. 각자 맡은바 최소한의 임무만 수행했더라도 일어날 수 없는 일이 일어난 것이다. 미르 전 사무총장 이성한이 했다는 다음과 같은 말은 무엇을 의미하는가?

"대통령보다 더 높은 사람이 있다. 최순실이다.……나는 예전에는 정부 쪽 사람들이 대단하다고 생각했다. 하지만 이제 보니 전혀 그렇지 않다. 문화체육관광부나 청와대, 박근혜 대통령까지……이제 존경하지 않는다."[66]

『한겨레』는 사설을 통해 "박 대통령의 몰락을 방조한 간신들이 청와대와 정부 여당에 그득하다"고 했다.[67] 최순실 게이트는 민주주의는 법의 문제인 동시에 문화의 문제라는 걸 재확인케 해준 사건이라 할 수 있겠다. 자기결정성을 스스로 박탈해야만 성공을 하는 데에 유리한 지금과 같은 풍토는 과연 언제쯤 바뀔 수 있는 걸까?

▶더 읽어보면 좋을 논문들

양윤직·유종숙, 「자기결정성이 SNS의 인게이지먼트와 구전 효과에 미치는 영향 연구」, 『한국광고홍보학보』, 16권 4호(2014년 10월), 44~76쪽.

김효정·안현숙·이동만,「자기결정성 요인이 인터넷 중독 및 정보 윤리에 미치는 영향에 관한 연구: 게임형과 정보검색형 중심으로」,『인터넷전자상거래연구』, 13권 3호(2013년 9월), 207~228쪽.

최수형·한상필,「온라인 브랜드 커뮤니티 특성과 자기결정성이 브랜드 자산에 미치는 영향에 관한 연구」,『한국심리학회지: 소비자·광고』, 13권 1호(2012년 2월), 41~62쪽.

김한주·옥정원·허갑수,「스포츠팬 관람 동기의 다차원적 구조가 팀 애착 및 스폰서십 효과에 미치는 영향에 관한 연구: 자기결정성 이론을 중심으로」,『한국광고홍보학보』, 13권 1호(2011년 1월), 36~64쪽.

권두순·이상철·서영호,「자기결정성 요인이 온라인 게임 몰입에 미치는 영향」,『경영과학』, 27권 3호(2010년 11월), 71~86쪽.

최민아·신우열·박민아·김주환,「커뮤니케이션 능력은 우리를 강하고 행복하게 만든다: 회복탄력성과 자기결정성을 통해본 커뮤니케이션 능력의 역할」,『한국언론학보』, 53권 5호(2009년 10월), 199~220쪽.

김주환·이윤미·김민규·김은주,「온라인 게임 중독의 유형과 원인에 관한 연구: 자기결정성 이론을 중심으로」,『한국언론학보』, 50권 5호(2006년 10월), 79~107쪽.

제**4**장

인간관계와 소통

16

왜 매장의 종업원이 너무 친절하게 굴면 역효과가 나는가?

▼
▲

근접공간학

미국의 문화인류학자 에드워드 홀Edward T. Hall, 1914~2009은 "인간의 역사는 주로 타인으로부터 공간을 탈취하고 외부인으로부터 그것을 방어하려는 노력의 기록이다"고 했다.[1] 그래서 프로세믹스proxemics와 키니식스kinesics라는 새로운 분야를 개척했다. 프로세믹스는 사람들이 공간을 이용하는 방식과 인간의 공간적 행동에 관한 연구, 키니식스는 커뮤니케이션 수단으로서 몸짓과 표정에 관한 연구인데, 각각 '근접공간학'과 '동작학'으로 번역되어 쓰인다.

이와 관련된 홀의 대표적인 연구는 미국의 중류층을 대상으로 한 개인 간의 거리 의식 조사다. 사람들이 만나서 대화를 나눌 때 어느 정도의 거리에서 편안함을 느낄까? 그는 1966년에 출간한 『숨겨진 차원The Hidden Dimension』이란 책에서 4가지 유형을 제시했다.

첫째, 친근거리intimate distance는 아주 친한 사람과의 거리로 15~46센티미터 정도다. 둘째, 개인거리personal distance는 사람을 만나 대화를 나누는 거리로 46~120센티미터 정도다. 셋째, 사회적 거리social distance는 공식적인 회의석상의 거리로 1.2~3.7미터 정도다. 넷째, 공공적 거리public distance는 강의나 연설을 들을 때의 거리로 4미터 이상이다.[2]

홀은 대부분의 공간적 해석spatial interpretation이 우리의 인식 밖에서 이루어진다고 믿었기 때문에 그의 책 제목을 '숨겨진 차원'이라고 했다. 물론 그 '숨겨진 차원'은 문화권별로 다르다. 미국에서 배우자와 애인의 거리는 0~46센티미터, 친한 친구는 45~122센티미터였다지만 이는 미국에서만 통할 뿐이다. 처음 만나는 사람끼리 앉는 거리를 비교해 보았을 때 중남미 사람들이 가장 가까이 앉는 경향이 있고, 그다음으로 미국인, 가장 멀리 앉는 경향을 보인 사람들은 일본인이다. 지중해 나라들과 동유럽 국가들의 거리가 북부 서부 유럽 국가들의 거리보다 가깝다.[3]

심리학자 엘리엇 애런슨Elliot Aronson, 1932~은 미국인과 그리스인의 거리 감각 차이에 대해 이렇게 말한다.

"미국의 해안에 세 사람이 도착하면 가능한 서로 멀리 떨어집니다. 더 많은 사람이 도착하면 중간 중간에 자리를 잡지만 모르는 사람들 간에 어느 정도 공간을 확보해두지요. 그리스의 해변에 세 사람이 도착하면 서로 붙어 있습니다. 그리스인 가족이 바로 옆에 자리를 펴면 미국인들이 얼마나 짜증스러워하는지 볼 수 있을 겁니다. '빈 공간'이 저렇게 많은데 말이에요!"[4]

근접공간학

특히 중동인들은 비즈니스를 할 때도 매우 가까운 거리를 취하는데, 미국인들이 매우 친한 사람과 유지하는 거리의 수준까지 치고 들어와 미국인들을 당황시키기도 한다. 그렇다고 해서 뒤로 물러서면 무례나 모욕으로 간주되니, 괴롭더라도 그대로 있는 게 좋다.[5]

홀은 1979년 미국인들이 아랍인들을 너무 몰라 불필요한 갈등을 증폭시키는 일이 벌어지고 있다고 개탄했다. 그는 한 가지 사례로 이집트 대통령 안와르 사다트Anwar Sadat, 1918~1981를 들었다. 그는 양복을 입었다는 이유만으로 미국인과 비슷하게 보이지만, 그가 앉아서 이야기할 때에 상대편의 무릎 위에 손을 얹는 걸 미국인들이 이해할 수 있겠느냐고 반문했다. 이런 작은 차이 하나에 대한 이해 부족이 외교 문제를 뒤틀리게 할 수도 있다는 것이다.[6]

홀은 주거 구조에도 깊은 관심을 보였다. 그는 『생명의 춤』(1983)에서 "오늘날 일본에서는 아메리칸 스타일의 주택이 상당히 밀착된 일본의 가족 구조를 약화시킴으로써 젊은이들의 폭력성을 조장한다고 비난받고 있다"며 "미국의 가정은 가족을 구획화시키기 때문에 아이들은 '분리된 생활'을 하며 성장하고 그 결과 다른 사람을 배려하는 훈련을 받지 못하게 된다"고 말한다.[7]

홀은 카이로, 베이루트, 다마스쿠스와 같은 아랍 도시들의 높은 인구밀도를 거론하면서 "아랍인들에게는 신체 외부에 사적인 영역이 있다는 개념 자체가 없다"며 "신체의 껍질 안 깊숙이 자아를 챙겨넣으면 높은 인구밀도를 견딜 수 있을" 것이라고 추론한다.

이어 홀은 "아랍인들의 꿈은 공간이 넓은 집인데 불행히도 많은 아랍인들이 그만한 여유를 가질 수 없다. 그렇지만 공간이 주어지면

대부분의 미국 가정에서 보는 것과는 매우 다르다. 중상층 아랍인의 집 안 공간은 미국 기준으로 보면 엄청나게 넓은데 아랍인들은 혼자 있기를 꺼리기 때문에 칸막이를 하지 않는다"며 다음과 같이 말한다.

"집의 형태는 하나의 보호막 안에 가족이 모두 모이도록 되어 있는데 그것은 아랍인들이 서로 깊숙이 관여하기 때문이다.……아랍 가정에는 우리가 아는 신체적 프라이버시, 심지어 프라이버시라는 말 자체가 없기 때문에 우리는 아랍인들이 혼자 있기 위해 어떤 다른 수단을 이용할 것이라는 짐작을 해볼 수 있다. 혼자 있을 수 있는 길은 바로 입을 다무는 것이다."[8]

레바논 태생의 인류학자 사니아 하마디Sania Hamady는 아랍권에선 가족이 원한다 해도 이웃관계 때문에 프라이버시를 지킬 수 없다고 말한다.

"그들은 미리 예고하지 않고 자기들이 내키는 시간에 멋대로 찾아와서는 오래도록 머문다. 더구나 방문자는 상대방의 집안을 자유로이 돌아다니며, 침실이나 부엌과 같은 사생활 구역에도 자유로이 드나들 수 있다. 그리고 방문한 집의 주부에게 살림살이, 육아 방식, 옷차림에 이르기까지 자유로이 참견할 수 있다."[9]

개인 간의 거리 감각에서 한국인과 일본인은 어떻게 다를까? 세키가와 나쓰오關川夏央는 "일본인의 안정적 대화 거리의 3분의 2 정도가 한국인의 안정적 대화 거리가 아닐까 생각한다. 커피숍에서 관찰한 바에 따르면 일본에서는 두 대화자의 거리가 90센티미터인 데 반해 한국에서는 60센티미터다"고 주장한다.[10]

대화하는 거리가 가까워지다 보면 신체 접촉도 생겨나기 마련이

근접공간학

다. 이런 걸 연구하는 게 바로 앞서 말한 '동작학'이다. 비교문화적 관점에서 보면, 남부 유럽인들이 다른 유럽인들보다 공공장소에서 훨씬 더 많이 실체적 접촉을 하는데, 특히 이탈리아인들이 가장 심하다. 남성들끼리 신체 접촉을 해도 동성애자로 의심받지 않을 정도다.[11] 한때 한국도 그런 문화였지만, 지금은 많이 달라지고 있는 것 같다.

근접공간학은 마케팅 분야에서도 적극 활용되고 있는데, 그 핵심은 과유불급이다. 매장을 찾은 손님을 환대하는 건 좋은데 과도한 밀착 서비스를 제공했다간 오히려 역효과가 난다는 것이다. 미시시피주립대학 교수 캐럴 에스마크Carol Esmark의 실험에 따르면, 잡화점에서 특별히 도움을 요청하지 않은 손님에게 판매원이 눈 맞춤을 시도하자 계획했던 물품을 구입하지 않은 비중이 37퍼센트에 달했다. 또 질문을 받은 판매원이 매우 가까운 거리에서 응대했더니 25퍼센트가 구매하지 않고 매장을 나섰다.

이렇듯 과도한 접근이 판매에 부정적 영향을 미치는 건 온라인에서도 나타났다. 미국 보스턴대학 교수 수전 푸르니어Susan Fournier가 온라인 식품 유통업체 피포드Peapod의 단골 고객이었다가 갑자기 관계를 끊은 30대 여성과 대화를 나누며 들은 내용은 이랬다.

"주문을 뜸하게 하면 '우리가 만난 지 꽤 된 것 같은데, 여기 25달러 쿠폰을 드려요'라고 발송되는 메시지가 섬뜩하게 느껴졌어요. 주문한 물건을 배달원이 아는 척하는 것도 불쾌했고요. 넘지 말아야 할 선을 넘은 거죠."[12]

어찌 마케팅뿐이랴. 인간관계도 마찬가지다. 엄밀한 정답은 존재하지 않지만 문화적 규범으로 통하는 선은 있기 마련인바, 친밀감을 보이려고 넘어선 안 될 선을 넘는 것은 역효과를 내기 마련이다. 권력자들은 다른 사람을 설득할 때에 두 사람 사이의 적정 거리를 침범함으로써 상대편의 저항 의지를 무력화시키는 수법을 쓰며, 이는 수사관의 취조술 중의 하나기도 하다.[13] 이는 적정 거리 유지가 상대에 대한 존중의 표현이라는 것을 말해주는 것이기도 하다.

▶더 읽어보면 좋을 논문들

강준만, 「한국의 '고밀도 커뮤니케이션'에 관한 연구: 인구 밀도와 사회적 커뮤니케이션을 중심으로」, 『정치·정보연구』, 제16권 1호(2013년 6월), 163~194쪽.

김경숙·사영재, 「인간 행태 영역성의 지역적 특성 및 적용에 관한 연구」, 『한국디자인문화학회지』, 14권 3호(2008년 9월), 52~60쪽.

이희명·변상태, 「공공 영역에서의 개인 공간 보호를 위한 행동 연구와 디자인 가이드 제안」, 『한국디자인문화학회지』, 14권 3호(2008년 9월), 382~390쪽.

문성민·문귀남, 「조우 규범과 개인 공간 유지 성향이 혼잡 지각에 미치는 영향: 청계천 방문객을 대상으로」, 『관광연구』, 22권 3호(2007년 11월), 41~63쪽.

김경숙·사영재, 「공간에서의 인간 형태에 의한 영역성의 발생학적 특성에 관한 연구」, 『한국디자인문화학회지』, 11권 2s호(2005년 12월), 11~20쪽.

김경숙·사영재, 「고속 좌석버스 공간에서의 인간 행태에 따른 영역성에 관한 연구」, 『한국디자인문화학회지』, 11권 3호(2005년 9월), 1~9쪽.

최윤희, 「이문화 관리와 문화적 가변성의 차원에 관한 일고찰」, 『국제지역연구』, 7권 4호(2004년 1월), 209~234쪽.

17

왜 우리는 '위험'보다 '불확실성'을
두려워하는가?

꿈

불확실성 감소 이론

미국 템플대학 역사학과 교수 베스 베일리Beth L. Bailey의 『데이트의 탄생: 자본주의적 연애제도』(1989)에 따르면, 데이트는 자본주의가 발달하면서 도시화·산업화가 진행된 19세기 말, 20세기 초 생겨난 신생 문화다. 원래 남녀 간의 연애는 남자가 여자의 집에 찾아가는 중산층 사교계 문화에서 시작되었지만, 도시 빈민가 열악한 주택에 살던 가난한 청춘 남녀 노동자들은 초대와 방문이 용이하지 않자 집 바깥의 댄스홀, 극장, 레스토랑, 영화관 같은 오락장에서 만남을 시작했다.[14]

오늘날 데이트 제도는 '스피드 데이트speed date'의 시대로까지 발전했다. 스피드 데이트는 늘어가는 독신자 문제를 해결하기 위해 등장한 새로운 맞선 방식으로, hurrydate라고도 한다. 2000년 미국의 유대인 커뮤니티에서 시작되었지만, 오늘날엔 전 세계적으로 유행한다.

미국에서는 참가자가 일정 비용을 지불한 다음 하루 저녁에 여러 명의 이성을 만나볼 수 있다. 미팅 커플은 3분 동안 대화를 해보고 첫 만남 이상을 원하는지 탐색해 보는데, 하루 저녁에 보통 30명의 이성을 만날 수 있다. 미국엔 100여 개의 전문업체가 있으며, 온라인 스피드 데이트도 성업 중이다.[15] 한국에서도 스피드 데이트는 다양한 방식으로 이루어지고 있다. 2015년에 나온 다음과 같은 기사는 스피드 데이트의 발전상을 잘 보여준다고 하겠다.

"강남의 새로운 핫플레이스인 하버스게이트에서 싱글 남녀 12쌍을 위한 미팅 파티가 매주 연령대별로 마련된다. 스피드 데이트 참가자들은 다양한 스타일의 10~12명 이성들과 1:1 로테이션 대화를 나눠본 후 마음에 드는 '짝'을 찾아볼 수 있도록 진행되며, 참가를 희망하는 싱글남녀는 소울메이팅 홈페이지www.soulmating.co.kr에서 신청할 수 있다. 송재준 소울메이팅 홍보 팀장은 '바쁜 현대사회에서 이성을 만나기 힘든 직장인 미혼 남녀들에게 특별한 만남의 자리를 마련하고자 했다'며, '한 번의 소개팅 비용으로 다양한 스타일의 이성을 만나볼 수 있는 합리적인 서비스를 지속적으로 제공할 것'이라고 전했다."[16]

당신이 그런 스피드 데이트에 참가했다고 가정해보자. 상대에 대해 천천히 알아볼 수 있는 시간은 없다. 불과 몇 분 내에 상대에 대해 가급적 많은 것을 알아야 한다. 1975년 '불확실성 감소 이론 uncertainty reduction theory'을 내놓은 미국 커뮤니케이션 학자 찰스 버거

불확실성 감소 이론

Charles Berger는 "인간관계의 시작은 불확실성으로 가득하다"고 했지만, 상대를 알고자 하는 욕구는 큰 반면 알아볼 시간이 충분치 않다는 점에서 이보다 불확실성으로 가득한 첫 만남이 또 있을까.

그런데 사실 따지고 보면 우리의 삶 자체가 매일 그런 불확실성과의 투쟁이라고 해도 과언이 아니다. 집 안에 틀어박혀 지내지만 않는다면 우리는 매일 새로운 사람을 만나기 때문이다. 길거리에서 스쳐 지나가는 게 대부분이겠지만, 말이라도 한두 마디 건네야 할 상황이라면 우리는 상대에 대해 조금이라도 더 알고자 애를 쓴다. 버거가 불확실성 감소 이론을 제시한 이유도 바로 여기에 있다. 그는 "불확실성 감소 이론의 핵심은 이방인과의 만남이나 상호작용에서 둘 사이의 행동에 대한 불확실성을 감소시키거나 그러한 행동에 대한 예측력을 높이는 데 있다"고 말한다.[17]

왜 그래야 하나? 우문愚問이긴 하나, 버거는 친절하게도 3가지 이유를 제시한다. 첫째, 미래의 상호작용에 대한 기대anticipation of future interaction 때문이다. 한 번 보고 영영 안 볼 사람이라면 모를까 앞으로 만남이 계속 이어진다면 상대에 대해 알아야 하지 않겠는가. 둘째, 보상의 가치incentive value 때문이다. 상대에게서 얻을 게 전혀 없고 오직 불쾌할 뿐이라면 우리는 상대에 대해 알 필요도 없고 만날 필요도 없겠지만, 도움이 될 만한 말 한마디라도 얻고자 하기 때문에 상대에 대한 불확실성을 감소시키려고 애쓰는 게 아니겠는가. 셋째, 상대방의 기묘한 행동deviance에 대한 이해를 위해서다. 자신이 갖고 있는 사회적 통념이나 상식과는 다른 행위에 대한 이해의 폭을 넓히고자 하는 동기가 작동한다는 것인데, 사실 우리는 무엇이건 좀 유

별난 행동을 하는 사람을 보면 그 사람이 왜 그러는지 알고 싶어 하는 호기심이 의외로 강하다.[18]

버거는 상대에 대한 불확실성을 줄이기 위한 일을 하는 데에 관계되는 7개 변수를 다음과 같이 공리公理, axiom의 형식으로 제시했다. 다른 학자들이 추가한 2개의 공리(8번과 9번)를 더해 모두 9개의 공리를 살펴보기로 하자.

첫째, 언어적 커뮤니케이션verbal communication: 불확실성이 높은 초기 국면에서, 이방인 사이의 언어적 커뮤니케이션의 양이 증가할수록 그러한 관계에 포함된 상호작용 당사자 사이의 불확실성 수준은 감소할 것이다. 불확실성이 감소했을 때, 언어적 커뮤니케이션의 양은 증가한다.

둘째, 비언어적 온정nonverbal warmth: 초기 상호작용 국면에서 비언어적 친밀감이 증가할 때, 불확실성 수준은 감소한다. 불확실성 수준의 감소는 비언어적 친밀감 표현의 증가를 초래한다.

셋째, 정보 추구information seeking: 높은 수준의 불확실성은 정보 추구 행동을 증가시킨다. 불확실성 수준이 감소했을 때, 정보 추구 행동도 감소한다. 그러나 이 공리에 대해 정반대의 경우도 있다며 이의를 제기하는 학자들도 있다.

넷째, 자기노출self-disclosure: 관계에서 높은 수준의 불확실성은 커뮤니케이션 내용의 친밀성을 감소시키는 원인이 된다. 낮은 수준의 불확실성은 높은 수준의 친밀성을 양산한다. 커뮤니케이션의 친밀도는 자신에 관한 것을 스스로 밝히는 자기 노출 정도와 관련이 있다.

다섯째, 호혜성reciprocity: 높은 수준의 불확실성은 높은 수준의 호

혜성을 양산한다. 낮은 수준의 불확실성은 낮은 수준의 호혜성을 양
산한다. 여기서 호혜성이란 상대에게 "고향이 어디냐?"고 묻고자 한
다면 자신의 고향도 어디라는 걸 밝히면서 정보를 주고받는 걸 의미
한다.

여섯째, 유사성similarity: 상호작용 당사자의 유사성은 불확실성을
감소시키는 반면, 비유사성은 불확실성을 증가시킨다. 서로 비슷한
점이 많을수록 상대에 대한 이해의 정도가 높아진다는 것이다.

일곱째, 호감liking: 불확실성 수준의 증가는 호감을 감소시키며,
불확실성 수준의 감소는 호감을 증가시킨다. 상대에 대해 많이 알수
록 호감이 커진다는 이야긴데, 꼭 그렇지 않은 경우도 얼마든지 있
을 수 있다.

여덟째, 공유된 네트워크shared networks: 공유된 커뮤니케이션 네트
워크는 불확실성을 감소시키는 반면, 공유된 네트워크의 결핍은 불
확실성을 증가시킨다.

아홉째, 커뮤니케이션 만족communication satisfaction: 커뮤니케이션의
만족도가 높을수록 불확실성은 감소되는 반면, 만족도가 낮을수록
불확실성은 증가된다.[19]

이와 같은 공리들을 역설하는 불확실성 감소 이론의 타당성에 대
해 다른 학자들의 이의 제기가 잇따르자, 버거는 다음과 같은 말로
자기 이론의 타당성을 역설했다. "커뮤니케이션 연구에서 (1) 적응
은 생존에 필수적이다, (2) 적응은 불확실성 감소를 통해서만 가능하
다, (3) 불확실성은 커뮤니케이션 활동으로 감소할 수도 있고 생겨날
수도 있다. 이 세 가지 명제보다 기본적인 것이 과연 있는가?"[20]

사람들은 상대방에 대한 불확실성을 줄이기 위해 어떤 정보 추구 전략을 취할까? 버거는 (1) 눈에 띄지 않게 거리를 두고 다른 사람을 관찰하는 '수동적 전략passive strategy', (2) 제3자에게 물어보는 '능동적 전략active strategy', (3) 얼굴을 마주한 채 이야기를 나누며 구체적인 질문을 던지는 '상호작용적 전략interactive strategy' 등 3가지를 제시했다.

나중에 이에 더하여 '컴퓨터 매개 커뮤니케이션computer-mediated communication'에서 사용되는 독특한 전략으로 '엑스트라액티브extractive'라고 알려진 유형이 등장했다. 이 전략은 상대방에 의해 작성된 말이나 글들을 찾는 것인데, 상대방의 의도와 상관없이 오랫동안 인터넷 공간에서 저장되어 있고, 통상 상대방 몰래 모을 수 있는 정보기 때문에 정보 추구자는 특별히 가치 있는 정보를 얻을 수 있다.[21]

강재원의 「소셜 네트워크 데이팅SND의 정보 추구 전략들에 관한 연구」라는 논문에 따르면, SND 이용자들은 불확실성을 감소하기 위한 정보 추구 전략들 중 소개 정보(프로파일)와 사진을 비교하는 등의 수동적passive 유형의 전략을 상대적으로 높게 선택하고 있었고, 다음으로 SNS를 통해 상대방이 올린 소개 정보를 확인하거나 상대방의 이름과 이메일 주소로 온라인 검색을 하는 엑스트라액티브extractive 유형의 전략을 높게 선택하고 있는 것으로 나타났다.[22]

불확실성 감소 이론은 일반적인 인간관계가 처음 이루어지는 단계에서 상대방에 대한 불확실성을 해소하기 위해 커뮤니케이션 행위가 이루어진다고 보는 이론이지만,[23] 거시적으로 보자면 우리 인간의 삶은 기본적으로 '불확실성과의 투쟁'이라고 해도 과언이 아니다. 늘 그런 건 아닐망정 불확실성은 우리에게 위험보다 큰 두려움을 안겨준다.

미국 뉴욕대학 경제학자 누리엘 루비니Nouriel Roubini, 1959~는 '위험'과 '불확실성'의 차이를 러시안룰렛 게임에 빗대어 설명한다. 6연발 권총에 총알을 한 발 장전하면 총에 맞을 확률은 16.7퍼센트다. 이처럼 사건 발생의 확률 분포를 알 수 있는 경우는 위험이지만, 상태를 알 수 없는 권총에 몇 발이 장전되어 있는지 알 수 없는 경우에는 불확실성이다. 그래서 경제에는 불확실성이 더 나쁘고 경제 주체들을 더 두렵게 한다는 게 루비니의 주장이다.[24]

경제학자 로버트 헤이브먼Robert Haveman은 "복지국가가 복지를 실제로 증가시키는가?"라는 질문을 던진 후 이렇게 답했다. "내 생각에 복지국가가 주는 가장 중요한 경제적 혜택은 개인들이 직면하는 불확실성을 전반적으로 감소시킨다는 데 있다. 시장경제를 살아간다는 것은 예측할 수 없는 모험이다."[25]

불교와 도교에선 불확실성을 피하려 하지 말고 껴안으라고 하지만, 그게 어디 말처럼 쉬운 일이겠는가. 전 세계적으로 불확실성을 감소시키기 위한 투쟁이 치열하게 전개되고 있는 걸 보면 불확실성의 회피는 아무래도 우리 인간의 본능이 아닌가 싶다.

▶더 읽어보면 좋을 논문들

박차라·임성택·차상윤·이인성·김진우, 「소셜 미디어에서 약한 유대 관계의 형성」, 『한국콘텐츠학회논문지』, 14권 4호(2014년 4월), 97~109쪽.

조준상·은혜정, 「리얼리티 예능 프로그램 연구: 의사사회 상호작용 요인, 플로우 그리고 시청 만족도를 중심으로」, 『언론과학연구』, 13권 3호(2013년 9월), 556~590쪽.

강재원, 「소셜 네트워크 데이팅(SND)의 정보 추구 전략들에 관한 연구: 커뮤니케이터 관련 변인들과의 관계를 중심으로」, 『한국언론학보』, 56권 5호(2012년 10월), 65~87쪽.

반육홍, 「중국인 유학생의 한국 문화에 대한 불확실성 감소와 문화 적응에 영향을 미치는 요인에 관한 연구」, 경희대학교 대학원 언론정보학과 석사학위논문, 2011년 8월.

서원재 · 이승환 · 정규수 · B. Christine Green, 「미국 내 한국 이민자의 스포츠 미디어 이용과 문화 적응」, 『한국스포츠사회학회지』, 23권 3호(2010년 8월), 99~129쪽.

전선규 · 박재수, 「해외 주재원의 문화 적응 과정에서 불확실성 감소와 해외 체류에 대한 만족」, 『경영학연구』, 29권 2호(2000년 5월), 197~212쪽.

18

왜 타인의 기대를 위반하는 것도
좋은 소통 전략이 될 수 있는가?

기대 위반 이론

미국 여성 커뮤니케이션 학자인 주디 버군Judee Burgoon, 1948~은 개인 간의 거리 의식에 관한 '근접공간학proxemics'을 커뮤니케이션 연구의 주제로 삼아 '기대 위반 이론expectancy violations theory'을 제시했다. 사람들은 보통 허용된 규범에 따라서 행동하지만, 항상 그런 것만은 아니기에 이런 문제가 제기된다. "다른 사람이 나(또는 우리)의 기대(또는 예상)를 위반했을 때 어떻게 반응하는가?" 이 물음에 답하기 위한 것이 바로 기대 위반 이론이다. 인간관계에서 처음 만나는 상대에 대한 불확실성을 감소하기 위한 노력과 관련된 '불확실성 감소 이론uncertainty reduction theory'에서 비롯된 이론이라고 볼 수 있다.[26]

기대 위반 이론은 버군이 1970년대에 신임 교수로 재직할 당시 강의실에서 겪은 약간 당혹스러운 개인적 경험에 근거한 것이다. 어느 날 버군은 강의실에서 휴식 시간에 4명의 학생들에게서 서로 다른 부탁을 받게 되었는데, 이 중에서 두 학생의 부탁은 수용했으나, 나머지 두 학생의 부탁은 거절했다. 구체적으로, 안드레라는 학생은 장학금 추천서를 써달라고 부탁했고, 여학생인 던은 점심 식사에 초대하고 싶다는 부탁을 했다. 버군은 이들의 부탁은 수락했다. 그러나 다른 수업의 기말 보고서 작성에 도움을 청하는 벨린다의 부탁과 친구들과 함께하는 수구 게임에 참석해달라는 찰리의 부탁은 거절했다.

왜 그랬을까? 버군은 유사한 성격의 제안에 대한 자신의 서로 다른 반응에 스스로 의아해했다. 강의를 마친 후 연구실로 돌아와 고민에 빠진 버군이 내린 결론은 학생들이 제안한 대화상의 거리가 중요한 변수였다. 벨린다와 찰리는 버군이 기대한 상호작용의 범위, 즉 개인의 공간 거리를 적당하게 위반한 상태에서 부탁을 해온 데 비해, 안드레와 던은 자신의 기대를 확연하게 벗어난, 그래서 '위협의 경계선threat threshold'을 넘어선 상태에서 부탁을 해왔다는 것이다.[27]

버군은 이 경험을 이론화하기 위해 처음엔 '공간 위반'이라는 다소 협소한 문제에 매달리다가 1980년대 중반 공간 행동이 비언어적 단서 체계의 일부임을 깨닫고 연구의 지평을 넓혀나갔다. 버군이 초기엔 사람들이 공간 기대가 위반당했을 때 생리적으로 자극을 느낀다는 의미에서 '각성arousal' 개념을 썼지만, 나중엔 이 개념을 '경계alertness'라는 개념으로 완화시킨 것도 바로 그런 변화에 따른 것이었다. 이에 대해 엠 그리핀Em Griffin은 "고립된 상태에서 대인 간 거리

기대 위반 이론

연구는 더이상 의미가 없었다. 버군은 얼굴 표정, 시선 맞추기, 접촉, 몸으로 기대기와 같은 다른 비언어적 변수를 모델에 적용하기 시작했다"며 다음과 같이 말한다.

"버군은 기대 위반의 범위와 폭을 계속해서 넓혀나갔다. 그는 비언어적 커뮤니케이션에 대한 관심을 유지하는 동시에 이 이론을 감정적 커뮤니케이션, 부부관계에서의 커뮤니케이션, 이질적 문화 간 커뮤니케이션에도 적용했다. 이처럼 버군의 진전된 연구는 초기 이론의 핵심적 개념의 일부였던 '비언어적'이라는 개념을 포기하도록 만들었으며, 이후부터 자신의 이론을 '기대 위반 이론'으로 명명했다."[28]

버군은 기대 위반 이론의 핵심 개념으로 '기대expectancy', '위반가 violation valence', '커뮤니케이터 보상가communicator reward valence'를 제시했다. 여기서, 기대란 '바람직한 것what is desired'이 아니라 '어떤 일이 일어날 것으로 예측하는 것what is predicted to occur'이며, 위반가는 기대를 위반한 행동에 내려지는 긍정적 혹은 부정적 가치를 일컫는 것이고, 커뮤니케이터 보상가는 위반에 따른 긍정적 혹은 부정적 가치의 합에서 이러한 위반을 용인함으로써 그 커뮤니케이터에게서 미래에 받을 수 있는 보상을 더하거나 뺀 값을 말한다.

김동윤은 "따라서 (위반 행동을 한) 커뮤니케이터 보상가가 높을수록 이러한 위반은 긍정적인 가치를 가질 것이고, 따라서 위반은 오히려 상대방의 긍정적인 반응을 초래할 개연성이 높다는 것이다. 이를테면, 평소에 성실하고 모범적인 학생이 교사와 제자 사이에서는 좀처럼 기대될 수 없는 위반 행동을 했을 때, 이러한 위반가는 긍정적인 가치로 전환된다"며 다음과 같이 말한다.

"따라서 이 학생의 위반으로부터 얻게 될 교사의 커뮤니케이터 보상가는 높아지게 될 것이므로, 이러한 위반 행동을 병행한 학생의 제안이나 부탁은 교사에게 받아들여지게 될 것으로 예측해볼 수 있다는 것이다. 그렇다면 기대 위반을 일상에서 어떻게 접목시켜야 하는가? 이를 위해서는 위반 행위자와 그러한 위반을 받아들이게 될 행위자 사이의 기대 형식과 내용에 대한 정확한 진단이 우선해야 한다. 그래야 행위자의 기대 위반이 위반에 따른 부정적인 가치를 줄이는 대신 위반에 대한 보상가를 높이는, 한마디로 즐겁고 유쾌한 기대 위반이 될 수 있다. 또한 그래야만 기대 위반에 따른 커뮤니케이션 효과가 높아질 수 있을 것이기 때문이다."[29]

기대 위반 이론은 인터넷과 소셜 미디어에서 일어나는 일들을 분석하는 데에도 적용되고 있으며, 설득커뮤니케이션에 활용되기도 한다. 예컨대, 기대하지 않았던 메시지가 기대한 메시지보다 효과가 크기 때문에 다른 사람의 상식과 기대를 위반하는 것이 때로는 좋은 커뮤니케이션 전략이 될 수 있다는 것이다.

"상거래에서 고객의 기대에 맞는 말로 설득하는 것보다 오히려 기대를 위배하는 것이 고객 만족감을 극대화한다는 연구 결과가 있다. 한마디로 사람들은 기대한 '너무 뻔한' 메시지에는 식상한다는 것이다. 그래서 기대 위배가 효과적인데 여기에는 조건이 하나 붙는다. 즉 기대를 긍정적인 방향으로 위배해야 한다는 것이다."[30]

고객이 제품과 서비스를 구매하기 전에 갖는 기대보다 성과가 좋으면 만족이지만 기대보다 성과가 좋지 못하면 불만을 갖게 된다는

'기대 불일치 이론expectancy disconfirmation theory'을 비롯하여 기대와 관련된 여러 이론이 다양한 분야에서 제시되었지만, 아무래도 인간관계에 치중하는 기대 위반 이론이 가장 복잡하고 어려운 이론인 것 같다.

하지만 상식 수준에서 "기대가 큰 만큼 실망도 크다"는 속설을 가리키는 수준에서 기대 위반 이론이 거론되기도 한다.[31] 고든 패처 Gordon L. Patzer는『룩스: 외모 상상 이상의 힘』(2008)에서 기대 위반 이론을 외모의 문제와 연결시켰다.

"많은 혜택을 누린 사람에게는 기대 또한 큰 법이다. 외모로 인해 생기는 특혜는 더 높은 기준을 동반하므로 이런 기준을 어기거나 충족시키지 못할 때 더욱 가혹한 추궁이 뒤따른다."[32]

장정빈은『고객의 마음을 훔쳐라: 행동경제학을 활용한 매혹의 마케팅 & 서비스』(2013)에서 "우리는 의식하든 그렇지 않든 상대방의 행동에 일정한 기대와 예상을 하게 된다. 상대방이 이러한 기대와 예상을 긍정적으로 위반하면 호감이 상승하지만 부정적으로 위반하면 호감이 줄어든다"며 다음과 같이 말한다.

"물론 이와 다른 생각이 들 때도 있다. 이기적이라고 생각했던 사람이 갑자기 상대방에게 호의를 보이면 주변 사람들이 그의 태도를 의심하게 된다. 본래 이기적이라고 생각했기 때문에 나중에 들어온 정보, 즉 호의를 베푸는 태도를 가볍게 여기는 것이다. 이러한 현상을 '할인 효과Discounting Effect'라고 한다. 이기적인 사람의 호의에는 '저 사람이 요즘 뭐 꿍꿍이속이 있군', '저 사람, 무슨 일 저지르겠네' 하고 생각하는 것이다. 남편이 갑자기 잘해주면 왠지 모르게 불안한 아내의 심정과 비슷하다고 할 수 있다."[33]

기대 위반 이론에 대해 이런 의문이 하나 떠오른다. 우리는 늘 어떤 상황에서건 우리의 기대에 대한 위반을 정확히 판별해낼 수 있는가? 기대가 추상적이거나 막연한 것일 경우, 위반의 여부와 정도를 판단하는 건 의외로 어려운 일이 아닐까? 사실상 이미지나 상징을 파는 제품의 마케팅은 "'기대'가 '경험'을 좌우한다!"는 원칙에 따라 이루어지고 있는데,[34] 그런 경우 '위반' 여부와 정도는 내가 판단하는 것이 아니라 세상의 평판이 결정하는 게 아닐까? 많은 경우 인간관계도 그런 원리에 따라 이루어지고 있는 건 아닐까?

▶더 읽어보면 좋을 논문들

정희경·한희섭,「저비용 항공사의 서비스 품질과 기대 감정, 열망, 충성도 간의 관계 연구」,『호텔경영학연구』, 25권 1호(2016년 2월), 125~144쪽.

윤설민,「기대 불일치 이론과 계획 행동 이론에 따른 관광 이벤트에 대한 지역주민의 행동 의도 및 지지도 이해」,『호텔경영학연구』, 24권 1호(2015년 2월), 127~145쪽.

방영근,「전시회 참가 기대, 성과, 만족 및 행동 의도 관계에 대한 참가 업체와 방문객의 차이 분석: 기대 불일치 이론 적용」,『관광연구』, 28권 1호(2013년 4월), 19~43쪽.

제갈돈,「지방정부 공공서비스에 대한 시민들의 기대, 성과 및 만족도의 관계: 기대 불일치 이론을 중심으로」,『한국행정학보』, 47권 1호(2013년 3월), 69~94쪽.

이유석·김상훈,「시장 수준에서 영화에 대한 기대 불일치가 흥행에 미치는 영향」,『마케팅연구』, 28권 1호(2013년 2월), 45~71쪽.

신동희·김성중,「기대 충족 모델을 이용한 스마트폰의 지속 사용에 대한 연구」,『한국언론학보』, 56권 2호(2012년 4월), 331~356쪽.

신동식,「기대 불일치 이론을 적용한 테마파크 이용자의 이용 만족과 전환 의도에 관한 연구: 대안 매력도의 조절 효과 검정」,『관광연구』, 24권 2호(2009년 6월), 177~197쪽.

19

왜 '자폭'의 위험을 무릅쓰고
자기폭로를 하는 연예인이 많은가?

사회적 침투 이론

"자고 일어나면 최순실 문제가 양파 껍질 까듯 계속 나오고 있다. 대통령의 대국민 사과로는 부족하다. 먼저 청와대의 대대적인 인적 쇄신이 필요하다."[35]

"매일 극비 문서를 포함해 청와대 부속실의 보고를 따로 받았던 최씨의 실상이 언론에 하나씩 하나씩 양파 껍질 벗겨지듯이 터져나오자, 사람들은 '대한민국 대통령은 박근혜가 아니라 최순실'이라며 수군거렸다."[36]

"양파 껍질처럼 벗기면 벗길수록 드러나는 국정 농단 의혹에 이들은 충격을 넘어 분노로 전율했다. 분노는 대통령 지지율 0%로 표출됐다. 한국갤럽이 지난 8~10일 한 여론조사에서 19~29세 가운데 박근혜 대통령의 국정 수행을 긍정적으로 평가한 응답자는 0%였다."[37]

"대통령의 어리석은 행위가 세계적인 사건이 되어버렸다. 국정 농단을 둘러싼 참혹한 진실이 양파 껍질처럼 벗겨지면서 나라는 국제 망신이고 국민들의 분노는 하늘을 찌른다."[38]

"박 대통령이 이 시점에서 뜬금없이 인터뷰를 하고 나선 이유는 자명하다. 양파 껍질 벗기듯이 하나하나 드러나는 자신의 헌법 유린, 비선 실세들의 국정 농단 실상에 분노한 민심을 달래보려는 안간힘이다."[39]

희대의 국정 농단 사태의 와중에서 나온 이 5개 기사의 용법처럼, 우리는 '양파 껍질'을 부정적인 의미로 자주 쓴다. 하지만 다음의 용법처럼 긍정적 의미로 사용하는 경우도 있다. "너란 사람 양파 같은 사람……봐도 봐도 새로운 모습인 너란 사람."[40] "양파 같은 사람이에요. 까면 깔수록 더 까고 싶어요."[41]

이렇듯 우리말에서 여러 겹의 양파 껍질은 비유적인 의미로 자주 쓰이는데, 이는 미국인들도 마찬가지다. 미국 하버드대학 발달심리학자 캐럴 길리건Carol Gilligan은 『다른 목소리로In a Differnet Voice』(1993)에서 한 대학 3학년생이 "자신에 대해 말해달라"는 질문에 대답한 것을 다음과 같이 소개하고 있다.

"난 양파 껍질 이론onion-skin theory에 대해 들은 적이 있어요. 나 자신을 여러 층의 껍질을 가진 양파로 보는 거지요. 가장 겉 표피는 내가 잘 모르는 사람들에게 보여주기 위한 것이에요. 그것은 쾌활하고 사교적이에요. 그리고 속으로 들어갈수록, 내가 잘 아는 사람들에

사회적 침투 이론

게 보여주는 껍질들이 있어요. 가장 가운데에는 어떤 핵이 있는지, 아니면 내가 자라면서 여러 가지 영향을 받아 축적된 층들의 집합이 있는지 잘 모르겠어요."[42]

아주 좋은 설명이다. 성격personality의 '양파 이론onion theory'에서 성격은 다층적인 양파의 구조와 같은 구조로 간주되는데, 이 구조에선 공적 자아public self가 외부 표면에 있으며, 사적 자아private self는 핵심에 존재하고 있다. 공적 자아는 그 사람의 고유한 속성이 아닌, 공동체 구성원이라면 누구에게나 공개되어 있는 일반적인 사실인 반면, 사적 자아는 그 사람의 가치관, 자아상, 상충된 모순, 정서와 감정의 구조 등과 같이 눈으로는 잘 보이지 않는 세계다.

인간관계 시 시간이 흐름에 따라 친밀감이 증가하면서 개인의 성격 층layer은 점차 풀려 개인의 핵심적인 부분들을 드러내게 되는데, 이런 과정과 의미를 다루는 이론을 가리켜 '사회적 침투 이론social penetration theory'이라고 한다. 인간관계가 발전함에 따라 대인 간 커뮤니케이션interpersonal communication이 상대적으로 얕고 덜 친밀한 수준에서 더 깊고 친밀한 수준으로 이동해간다는 의미에서 '침투'라는 말을 쓴 것이다.[43]

1973년 어윈 올트먼Irwin Altman과 달마스 테일러Dalmas Taylor에 의해 제안된 사회적 침투 이론은 그런 이동의 과정이 상대에게 자신에 관한 사실적 정보나 감정을 털어놓는 '자기노출self-disclosure'을 통해 발생한다고 본다(self-disclosure는 '자기폭로'나 '자기개방'으로 번역해 쓰기도 한다). 이 이론의 기본적인 가정은 다음 4가지다. 첫째, 관계는 친밀하지 않은 수준에서 더 친밀한 수준으로 나아간다. 둘째, 관계의 발전은 대개 체계적이며 예측 가능하다. 셋째, 관계의 발전은 역침투depenetration와 소멸dissolution의 과정을 포함한다. 넷째, 자기노출은 관계 발전의 핵심이다.[44]

자기노출의 범위가 넓고 깊이가 깊을수록 관계의 친밀도는 높아지지만, 어느 일방의 자기노출이 상대방에게는 그에 상응하는 정보를 제공해야 한다는 불편함을 야기할 수도 있다. 그런 이유로 인해 또는 다른 이유로 인해 어느 한쪽이 한동안 보이던 열린 자세를 봉쇄해버린다면 두 사람의 관계는 악화되는데, 이런 과정을 가리켜 역침투depenetration라고 한다. 만나자마자 곧장 친밀감을 형성하는 일은 거의 없으며, 빠른 속도로 발전한 관계는 약간의 내분이나 오해만 있어도 쉽게 사라지는데, 이를 소멸dissolution이라고 한다.[45]

김동윤은 "사회적 침투 과정은 이른바 관계 형성에 따른 보상과 비용이라는 경제적 손익 계산에 달려 있다. 합리적 경제 동물로서 인간은 어떤 행위를 수행할 때 그러한 행위를 수행하는 데 소요되는 비용과 그로 인한 효용을 따지게 된다. 사회적 침투 이론은 효용이 비용을 초과할 때 사회적 관계가 형성될 수 있다고 본다"며 다음과 같이 말한다.

"이러한 사회적 상호작용의 경제적 분석이 윤리적으로 온당한 것인가 하는 문제와 관계없이 사람들은 누구나 처음 만났을 때, 일정 부분 이 사람과 만남이나 접촉이 자신에게 가져다줄 잠재적인 보상과 비용을 평가하게 된다. 사람들은 오랜 기간의 관계 경험을 통해서 상대방이 눈치를 채지 못하는 방식으로 이런 평가를 내릴 수 있는 능력을 갖추고 있다. 문제는 이러한 평가와 경제적 분석은 개인 행위자에 따라 매우 복잡한 변수를 필요로 한다는 것이다. 함께 시간을 보내거나 취미 활동 공유를 필요로 하는 관계와 자신의 사회적 네트워크를 다른 사람에게 과시하고자 하는 관계, 나아가 어떤 공동의 목적이나 뜻을 함께 이루고자 하는 관계에 동원하는 경제적, 합리적 잣대나 기준은 매 순간 달라진다."[46]

엠 그리핀Em Griffin은 "사회적 침투는 친밀함의 발전 방식에 대한 정교하면서도 익숙한 설명 방식이다. 그러나 이후에 이어진 300개를 능가하는 후속 연구는, 사회적 침투 이론에서 말하는 관계의 발전 과정과 경로가 정확하지 않다는 사실을 말해주고 있다"며 이런 총평을 내린다.

"사회적 침투 이론이 최초에 제안한 이론을 수정하지 않을 수 없다는 사실에 봉착했음에도 불구하고, 관계의 발달 과정을 다층의 양파 속을 깊이 침투하는 쐐기라는 이미지로 이해할 수 있도록 도움을 주는 흥미로운 모델이라는 사실은 분명하다."[47]

자기노출을 하더라도 어떤 내용의 자기노출을 하느냐에 따라 상대방의 반응은 달라질 텐데, 이는 특히 동서양 간에 큰 차이가 있다. "벼는 익을수록 고개를 숙인다"는 한국 속담이 시사하듯이, 동양권은 자신에 관한 긍정적 자기노출은 '잘난 척'하는 걸로 여겨 그리 좋게 보지 않는 반면, 서양에선 부정적 자기노출보다는 긍정적 자기노출을 하는 사람에게 큰 관심을 보이고 매력을 느끼는 경향이 있다.[48]

사실 사회적 침투 이론이 아니더라도, 두 사람이 서로 각자의 비밀을 이야기하면 친밀도가 높아진다는 건 누구나 다 알고 있는 상식이다. 이를 '폭로의 상호작용disclosure reciprocity'이라고 하는데, 예능 프로그램에서 연예인들이 '자폭'의 위험을 무릅쓰고 자기폭로를 하는 게 유행인 것도 바로 그런 이유와 무관치 않다. 이에 대해 하지현은 다음과 같이 말한다.

"고백을 통해 이전보다 대중과 더 친밀한 관계가 되기를 원한다. 대중이 자신에게 보다 친밀함을 느끼기를 바란다. 인기를 급유 받아 살아가는 연예인들은 대중의 긍정적 감정을 발생시킬 수 있는 자기폭로에 유혹을 느낄 수밖에 없는 것이다.……대중은 고백의 순간을 함께했다는 동질감과 동일시를 경험하며 노출이 쉽지 않은 이야기를 들려준 데 대해 고마움을 느끼고, 호감과 함께 그 연예인에게 언젠가는 보답을 하고 싶은 마음을 갖는다. 그래서 그가 위기에 빠졌을 때, 그를 응원하고 지지하는 방식으로 보답하기도 한다."[49]

자기노출은 상담자의 상담 기법으로 활용되기도 한다. 상담자의 개인적 경험이나 생각을 털어놓음으로써 내담자와 '친밀한 관계rapport'를 형성해 속마음을 털어놓게 하는 것을 '자기노출 기법self-disclosure technique'이라고 한다.[50] 프로파일러도 좀처럼 입을 열지 않으려는 범죄 피의자에게 비슷한 기법을 사용하는데, 이를 '프라이버시 이펙트privacy effect'라고 한다.[51]

영국 작가이자 정치가인 필립 체스터필드Philip Chesterfield, 1694~1773는 이미 200여 년 전 그런 이치를 깨달았던 것 같다. 그는 "만약 당신이 여성들의 환심을 사고 싶다면 비밀 얘기를 고백하는 것만으로 충분하다"고 했다.[52] 그만큼 여성의 호기심이 강하다는 뜻으로 한 말이지만, 이는 늘 통용되는 법칙은 아니다. 오히려 상대에게 큰 부담을 주어 관계를 망칠 수도 있다. 고백이나 자기노출을 하더라도 적당히 하는 게 좋다는 건 두말할 나위가 없다 하겠다.

▶더 읽어보면 좋을 논문들

노미진·이경탁, 「사회적 외로움이 SNS 사용자의 자기노출에 미치는 영향: 페이스북 사용자를 대상으로」, 『인터넷전자상거래연구』, 15권 6호(2015년 12월), 191~211쪽.

진보래·노현주, 「페이스북 친구들의 반응과 관계적 유용성: 자기노출 성향의 영향력과 성별의 조절 효과」, 『한국콘텐츠학회논문지』, 15권 7호(2015년 7월), 449~459쪽.

우성범·권정혜·양은주, 「청소년의 온라인, 오프라인 공간의 친밀감 형성: 자기 개방과 반응성 친밀감을 중심으로」, 『한국심리학회지: 사회 및 성격』, 28권 3호(2014년 8월), 111~125쪽.

김소정·양은주·권정혜, 「온라인-오프라인 자기 개방이 공동체 소속감과 행복감에 미치는 영향: 수평적 집단주의와 수직적 집단주의의 비교」, 『사이버커뮤니케이션학보』, 30권 4호(2013년 12월), 5~42쪽.

장미수·이지연·이지연, 「마음쓰기(minding)의 이해와 청소년 이성 교제에의 적용」, 『한국심리학회지: 학교』, 10권 3호(2013년 12월), 367~388쪽.

이지은·성동규, 「페이스북 이용과 대인 네트워크 변화에 대한 한·미 문화 간 비교 연구: 자아 개념과 자기노출, 대인 불안을 중심으로」, 『사회과학연구』(충남대학교 사회과학연구소), 24권 1호(2013년 1월), 257~281쪽.

류춘렬, 「현실과 가상공간에서 청소년의 교우 관계 인식의 차이: 변증법적 대립 개념을 중심으로」, 『사이버커뮤니케이션학보』, 25권 2호(2008년 6월), 35~70쪽.

Susan Joe, 「Self-disclosure in Computer-Mediated Communication: An Application of Social Penetration Theory」, 『동서언론』, 10권(2006년 12월), 109~129쪽.

한덕웅, 「우정의 형성과 발전에 관한 종단적 연구」, 『한국심리학회지: 사회 및 성격』, 2권 2호(1985년 11월), 169~191쪽.

20

왜 대통령의 대면 보고 기피가
문제가 되는가?

▼
▲

매체 풍요도 이론

(1) "청와대에 토론과 대면 보고가 없다는 것은 누가 봐도 비정상이
다. 대통령과 비서실장, 수석들은 매일 만나 토론을 해야 한다. 공식
회의 때 말고는 수석이나 장관들이 대통령 얼굴 볼 일이 없다는 게
말이 되나."[53]

(2) "대면의 진짜 힘은 따로 있다. 청와대가 대면 보고에 취약한
구조라는 게 문제가 되는 것도 이 때문이다. 다름 아닌 토론이다. 보
고받고 지시하는 걸로 끝나는 게 아니라 머리와 머리 또는 머리들을
맞대 더 나은 아이디어를 찾아내는 것이다."[54]

(3) "박근혜 대통령은 왜 대면 보고를 그토록 꺼리는가. 올해 신년
기자회견을 떠올리면 답이 나온다. 대면 보고 관련 질문을 받은 박

대통령은 답했다. '옛날에는 전화도 없고, e메일도 없고……지금은 그런 것이 있어서 전화 한 통으로 빨리빨리 해야 될 때가 더 편리할 때가 있어요.' 그러곤 장관들을 돌아보며 쐐기를 박았다. '대면 보고, 그게 필요하다고 생각하세요?' 대통령이 생각하는 보고란 머리를 맞대고 문제를 함께 해결해가는 과정이 아니다. 자신의 지시를 '빨리빨리' 전달하는 도구일 뿐이다. 박 대통령은 소통 능력이 부족한 게 아니라, 소통의 필요성 자체를 모르는 것이다."[55]

이 세 진술이 잘 말해주듯이, 박근혜 대통령은 대면 보고를 기피하고 서면 보고를 좋아하는 것으로 널리 알려져 있다. 그런데 왜 대면 보고를 기피하는 게 문제가 되는 걸까? 이 세 진술에 이미 충분한 답이 제시되었지만, 30여 년 전 이 문제를 학술적 이론으로 만든 사람들이 있다.

리처드 대프트Richard L. Daft와 로버트 랭겔Robert H. Lengel은 1986년 『경영과학Management Science』에 발표한 「조직적 정보 요건, 매체 풍요도와 구조적 디자인Organizational Information Requirement, Media Richness and Structural Design」이란 논문에서 이른바 '매체 풍요도 이론Media Richness Theory을 제시했다. 이 이론은 '컴퓨터 매개 커뮤니케이션computer-mediated communication' 상황에서 이용자들의 인지적·정서적 반응을 설명하는 이론이지만, 왜 어떤 경우에 대면 보고를 서면 보고로 대체해선 안 되는지에 대해서도 훌륭한 설명을 제공해준다.

매체 풍요도Media Richness란 매체가 매개된 커뮤니케이션 상황에서 다양한 정보 단서multiple information cues를 제공할 수 있는 매체의 정보 전달 능력을 말한다. 달리 말하자면, 커뮤니케이션 매체는 사람들

간에 의미를 공유하게 하는 능력에 따라 "풍부한rich" 미디어와 "풍부하지 못한lean" 미디어로 나눌 수 있다고 보는 것인데, 매체 풍요도가 높다는 것은 정보 전달이 즉각적이며 상호 피드백이 가능하고 다양한 채널로 동시에 정보 교환이 이루어지고 표현이 자유로운 언어로 대화하고 개인적인 감정을 실어 보낼 수 있다는 것을 의미한다.

이런 관점에서 보자면 상대편의 얼굴을 직접 마주 보고 하는 면대면 커뮤니케이션이 가장 풍요도가 뛰어난 미디어라고 볼 수 있다. 신속한 피드백을 보내고 신체언어, 표정, 음색, 목소리 톤 등을 동시에 사용할 수 있고, 감정을 이입할 수 있기 때문이다. 매체 풍요도 이론에 따르면, 매체를 이용하는 이용자들이 효과적으로 과업을 수행하기 위해서는 과업 수행을 뒷받침할 수 있을 정도의 충분한 매체 풍요도가 뒷받침되어야 한다.[56]

대프트와 랭겔은 매체 풍요도에 영향을 주는 4가지 요소를 제시했다. 첫째, 숫자, 단어, 음성, 몸짓, 그래픽 등 다양한 정보 단서를 동시에 전달할 수 있는 미디어의 역량이다. 둘째, 상대방에게서 전송된 정보에 얼마나 신속한 피드백rapid feedback을 줄 수 있는가 하는 미디어의 역량이다. 셋째, 커뮤니케이션에서 의미를 다양하게 전달할 수 있는 언어의 다양성language variety이 확보되어 얼마나 자연스러운 일상 언어를 활용할 수 있는가 하는 미디어의 역량이다. 넷째, 개인적 정서가 표현될 수 있을 정도로 개인적 상황에 얼마나 적합하게 집중되어 있는가, 즉 메시지를 얼마나 개인화할 수 있는가 하는 미디어의 역량이다.[57]

대프트와 랭겔이 이 4가지 요소를 기준으로 제시한 '매체 풍요도

위계media richness hierarchy'에 따라 매체 풍요도가 높은 순서대로 열거해보자면 다음과 같다. 면대면 대화, 전화, 편지와 메모 등 수신자가 정해진 개인 문서, 게시판이나 보고서 같이 수신자가 정해지지 않은 문서.[58]

이처럼 매체 풍요도 이론의 기본 가정은 매체는 고정적이며 풍요도 등과 같은 고유한 속성을 갖고 있으며, 사용자는 과업에 따라 합리적인 선택을 할 수 있다는 것이다. 따라서 복잡하고 비구조적인 업무를 위해서는 대면 회의와 같이 풍요한 매체가, 그리고 구조적이고 반복되는 업무에서는 메모와 같이 풍요도가 낮은 매체가 적합하다고 볼 수 있다.

후속 연구들은 그런 기본 가정에 의문을 제기하면서 매체의 속성은 동료들의 행동이나 태도와 같은 사회적 환경에 의해 영향을 받는 주관적인 것이며, 매체의 선택 또한 과거의 경험을 비롯한 사회적 표준과 관습에 의해 영향을 받는다고 주장한다.[59] 하지만 양자택일할 성격의 논쟁은 아니며, 2가지 주장이 상호 보완하면서 양립할 수 있다고 보면 될 것 같다.

황하성·이옥기는 「수용자 특성에 따른 모바일의 매체 풍요도 인식 및 이용의 차이: 음성, 문자, 영상 통화의 비교를 중심으로」라는 논문에서 설문조사를 통해 20세 이상 모바일 기기 사용자는 영상 통화, 음성 통화를 문자 메시지보다 풍요도가 높은 미디어로 인식하는 것을 밝혀냈다. 반면 김은미는 「휴대전화 문자 메시지의 이용에 관한 연구: 청소년의 인간관계 유지 행동을 중심으로」라는 논문에서 휴대전화를 사용할 때 음성 통화가 문자 메시지보다 풍요도가 높기 때문에 사용자의 관계적 커뮤니케이션에 더 효과가 있을 것이라고 예측했지만, 연구 결과 이미 관계가 형성된 친구 사이에서는 문자 메시지가 음성 통화보다 풍요도가 높은 것으로 나타났다. 김민정·한동섭도 「친밀성에 따른 대인 매체 이용 행태 및 심리적 경험과의 관계 연구: 매개된 대인 커뮤니케이션Mediated Interpersonal Communication을 중심으로」라는 논문에서 같은 미디어(예컨대, 문자 메시지)를 이용해도 매체 풍요도가 사용자의 상대방에 대한 친밀성의 정도에 따라 다르게 지각된다는 결과를 제시했다.[60]

국가적 위기 상황 시 대통령의 커뮤니케이션에서 가장 중요한 것은 '신속한 피드백'일 것이기에 매체 풍요도가 높은 대면 보고가 서면 보고에 비해 훨씬 우월하다는 것은 두말할 나위가 없다. 그럼에도 박근혜가 서면 보고만을 고집한 것은 무슨 이유 때문일까? 앞서 "박 대통령은 소통 능력이 부족한 게 아니라, 소통의 필요성 자체를 모르는 것이다"는 주장이 제시되긴 했지만, '콘텐츠 부족' 때문이라는 주장도 있다.

새누리당의 한 인사는 "박 대통령은 콘텐츠가 없는 사람이다. (오랜 정치 생활을 했다는 점을 감안하면) 깜짝 놀랄 정도다. 대면 보고를 받으면 그 자리에서 결정을 내려줘야 하는데 그게 불가능하다"고 지적했다.[61] 전 노동부 장관 남재희도 비슷한 견해를 제시했다. "기본적으로 박 대통령이 직접 얘기하면 실력 없는 게 드러나니까 서면 보고 받고, 아는지 모르는지 사인만 하는 거다. 옛날에 해보면, 대면 보고는 (대통령도) 어지간히 알아야 되는데, 실력 차가 너무 나고 모르면 보고를 받을 수가 없다. 사회적인 지식이나 지적 수준이 대등

한 대화가 불가능한 게 아니냐고 보는 거고."⁶²

이게 사실이라면, 박근혜는 매체 풍요도가 높지 않은 방식의 커뮤니케이션을 원했다는 이야기니, 이런 매체 풍요도 타령을 하는 게 부질없는 일인지도 모르겠다. 아니면 매체 풍요도와 관련된 희귀 사례로 국제학계에 알리는 논문을 써야 하는 걸까? 지금 이 순간에도 수많은 조직과 집단에서 의사소통의 불확실성과 모호함을 감소시키기 위한 치열한 노력이 전개되고 있는바, 매체 풍요도와 관련된 논의는 앞으로도 왕성하게 이루어질 것이다.

▶더 읽어보면 좋을 논문들

서갑열, 「매체 풍요도 이론에 입각한 디지털 기술 기반 교육의 방향성 연구」, 『애니메이션연구』, 11권 5호(2015년 12월), 125~141쪽.

최유미·유현정·이혜선·김은정·장하리, 「모바일 기기의 사용 행태 변화에 대한 탐색 연구: 20대 전반 여대생을 중심으로」, 『한국콘텐츠학회논문지』, 13권 10호(2013년 10월), 92~102쪽.

이은곤·김경규·이정렬, 「커뮤니티 요소와 매체 풍요도 요소가 소셜 네트워크 게임 이용자의 이용 경험에 미치는 영향: '애니팡'을 중심으로」, 『한국전자거래학회지』, 18권 1호(2013년 2월), 191~211쪽.

박승준·김재전·장희영, 「소셜 네트워크 서비스(SNS)의 정치 분야 과업: 매체 적합과 업무성과에 관한 연구」, 『정치정보연구』, 15권 2호(2012년 12월), 233~267쪽.

이은주, 「컴퓨터 매개 커뮤니케이션으로서의 트위터: 향후 연구의 방향과 과제」, 『언론정보연구』, 48권 1호(2011년 2월), 29~58쪽.

황하성·이옥기, 「수용자 특성에 따른 모바일의 매체 풍요도 인식 및 이용의 차이: 음성, 문자, 영상 통화의 비교를 중심으로」, 『한국언론학보』, 53권 2호(2009년 4월), 300~324쪽.

김민정·한동섭, 「친밀성에 따른 대인 매체 이용 행태 및 심리적 경험과의 관계 연구: 매개된 대인 커뮤니케이션(Mediated Interpersonal Communication)을 중심으로」, 『한국언론학보』, 50권 3호(2006년 6월), 94~121쪽.

김은미, 「휴대전화 문자 메시지의 이용에 관한 연구: 청소년의 인간관계 유지 행동을 중심으로」, 『한국언론학보』, 50권 2호(2006년 4월), 90~115쪽.

김영걸·오승엽, 「업무 특성과 전자 결재 시스템 활용 간의 관계에 대한 탐색적 연구: 매체 풍부성 이론 관점」, 『경영과학』, 17권 1호(2000년 5월), 31~40쪽.

서길수, 「매체 풍요도 이론의 가정에 대한 재검토: 매체 풍요도는 매체에 내재된 속성인가」,
『연세경영연구』, 34권 4호(1997년 12월), 219~232쪽.

매체 풍요도 이론

제5장

조직 · 집단에서의 소통

21

왜 회사 정수기 앞에서
잡담하는 게 중요한가?

▼
▲

워터쿨러 효과

"어느 날 나는 아내에게 사무실에 정수기가 있는지 물어봤다. '자판기가 있어요'라는 대답이 돌아왔다. 아내는 내 질문의 의도를 꿰뚫고 있었다. 나는 사람들이 모이는 장소, 소문이 시작되어 퍼져나가는 장소가 궁금했던 것이다. 사람들이 사는 곳, 일하는 곳 혹은 몰려 쉬는 곳 어디든지 정수기 효과watercooler effect는 일어나기 마련이다. 커피 자판기 주변, 커피 전문점 근처, 술집, 식당, 휴게실, 길거리, 이발소, 인터넷 블로그, 담배를 피우는 뒷길에서도 이 효과가 나타난다. 정수기 효과는 소문이 흘러나오는 곳에서 비롯된다."[1]

미국 심리학자 니컬러스 디폰조Nicholas DiFonzo는 『루머사회: 솔깃해서 위태로운 소문의 심리학』의 서문을 이와 같이 시작하고 있다.

이 책의 원제는 『The Watercooler Effect: A Psychologist Explores the Extraordinary Power of Rumors』다. 소문이 퍼져나가는 과정을 '정수기 효과'로 본 것이다. 과거 우리나라에서 우물가가 소문의 진원지였음을 감안하자면, 우리식으론 '우물가 효과'라고도 할 수 있겠지만, 번역하지 않고 그냥 '워터쿨러 효과'로 많이 쓰이고 있다.

권력자들은 소문을 좋아하지 않는다. 컨설팅업체 데일 카네기 트레이닝Dale Carnegie Training의 대표는 경영자들이 생산성을 높이려면 "정수기 주변에 모여 동료나 상사에 대해 소문이나 잡담을 나누도록 하지 마라"고 조언한다. 하지만 유정식은 이 말은 명백히 옳지 않다고 말한다. 커뮤니케이션의 왕도는 유대감을 형성할 수 있는 '재래식' 의사소통을 활성화하는 데 있기 때문이라는 것이다.[2]

그렇다. 오늘날 '워터쿨러 효과'는 '소문의 전파'보다는 '의사소통의 활성화'라는 관점에서 더 많이 쓰이고 있다. 즉, 정수기 근처에 사람들이 모여 편안하게 대화를 나누면서 사내 의사소통이 활발해지는 효과를 '워터쿨러 효과'로 부르는 것이다.

야후Yahoo의 최고경영자인 머리사 메이어Marissa Mayer가 2012년 취임 직후에 야후의 좋은 근무 환경으로 꼽히던 재택근무를 철회한 것도 '워터쿨러 효과'와 무관치 않았다. 빌 게이츠 등은 시대를 역행하는 판단이라고 비판했으나 머리사 메이어는 직원들에게 보내는 이메일에서 다음과 같은 글을 남겼다.

"우리가 다시 최고의 기업이 되기 위해서는 소통과 협력이 가장 중요합니다. 따라서, 직원들끼리 얼굴을 서로 마주보고 일을 해야만 합니다. 최고의 의사 결정이나 혁신은 때때로 회사 복도나 식당에서 나올 수도 있기 때문입니다. 이것이 우리가 모두 사무실에 나와서 일을 해야 하는 이유입니다."[3]

이어 뱅크오브아메리카와 건강보험회사인 애트나Aetna도 같은 결정을 내렸으며, 재택근무를 1993년 도입해 전 세계적으로 재택근무의 원조元祖 격인 IBM도 2017년 5월 재택근무를 전격 폐지했다. IBM은 전체 직원 38만 명 가운데 40퍼센트 정도가 사무실 밖에서 원격근무 형태로 일해왔는데, 최근 20분기 연속 실적 부진에 시달리자 업무 효율성을 높이고, 시장 변화에 빠르게 대응하기 위해 재택근무 폐지를 선언한 것이다.[4]

재택근무 폐지의 주요 이유는 각기 다를망정, '워터쿨러 효과'에 대한 인식이 재택근무에 대한 재평가에 영향을 준 것으로 보인다. 이와 관련, 김교태는 "비공식적 자리에서 발생하는 자유로운 소통과 다양한 생각들이 여러 문제들을 해결하는 데 있어서 적절한 실마리를 제공할 수 있다"며 다음과 같이 말한다.

"조직의 경쟁력은 소통에 있다. 소통은 사람과 사람 사이의 교류에서 비롯된다. 현재 모든 조직의 구성원은 동료, 고객, 공급업체와 서로 교류하면서 개인의 지식과 판단력에 의존해 복잡한 의사 결정이 필요한 업무를 수행하고 있다. 이들의 효율성을 개선하면 더 좋은 성과로 이어질 것이다. 그렇다면 지금 우리 조직에는 워터쿨러 효과가 어디에 있는지 확인해볼 필요가 있다."[5]

2013년 이종만은 「업무 중 비공식적 커뮤니케이션의 워터쿨러 효과: 스마트폰 사용자의 카카오톡을 중심으로」라는 논문에서 업무 중 비공식적 커뮤니케이션의 역할을 '워터쿨러 효과'의 관점에서 분

석한 결과 업무 중 비공식적인 커뮤니케이션이 해악이라는 기존의
속설을 일부 뒤집을 만한 사실을 도출했다. 그는 업무 중 비공식적인
온라인 커뮤니케이션 중에서 조직 외부인과의 카카오톡은 성과에 부
정적인 영향을 미치는 것으로 분석되어, 기존에 우려되었던 해악을
일부 확인했지만 다른 긍정적인 면이 있다고 결론 내렸다.

"업무 중 비공식적인 오프라인 커뮤니케이션인 티타임은 상호 의
존도가 높은 업무에서, 업무 중 비공식적인 온라인 커뮤니케이션 중
조직 내부인과의 카카오톡은 상호 의존도가 낮은 업무에서 성과에
긍정적인 영향을 미친다는 것을 밝혀냈다. 이것은 조직 구성원이 고
유 업무 이외에 자신이 관심 있는 분야에 업무 시간의 15%를 쓸 수
있도록 하는 3M의 원칙이나, 구글의 20% 타임제 등에서 유발되는
효과와 유사하게 업무 중 비공식적인 커뮤니케이션의 일부 유형도
조직 구성원들의 재충전을 통한 공고화 또는 유대감 형성을 통해 성
과에 긍정적인 영향을 미칠 수도 있다는 것을 의미하는 것이다."[6]

워터쿨러 효과는 육체노동자들과는 무관한가? 벤 웨이버Ben Waber
는 결코 그렇지 않다고 주장한다. 그는 "구글은 직원들이 서로 협력
하고 적극적으로 아이디어를 내놓을 수 있는 기업 문화를 만들기 위
해 수백만 달러를 투자한다. 그러나 생산직 노동자가 많은 산업 분
야에서는 이야기가 전혀 다르다. 생산직 분야의 경영자들은 사실 산
업혁명 이후로 경영에 대한 태도가 별반 달라지지 않았다. 그들은
아직도 효율성과 시간 관리에만 집중한다"며 다음과 같이 말한다.

"효율성은 생산성과는 아주 다른 개념이다. 이론적으로 생산성이
5퍼센트 증가하면 전체 이윤이 5퍼센트 증가한다. 반면 효율성이 5퍼

센트 향상되면, 전체 이윤은 그대로인 상태에서 임금에 지출되는 비용이 5퍼센트 줄어든다. 보통 효율성의 향상은 전체 이윤의 증가보다 그 가치가 훨씬 떨어진다. 경영자들이 효율성에 집중하는 이유는 특정 직종에서 일하는 노동자들은 생산성이 향상될 여지가 없다고 보는 편견 때문이다. 제품 포장을 담당하는 직원이 아주 좋은 예다. 예를 들어 최대한 빨리 일을 하면 하루 평균 박스 100개를 포장하는 평범한 직원이 있다고 하고, 갑자기 새로운 포장 기술을 개발했다고 가정하자. 그 평범한 직원은 이제 하루에 박스 105개를 포장할 수 있다. 이 회사의 하루 박스 생산량이 10만 5,000개라고 하면, 회사는 이제 1,050명이 아니라 1,000명만으로도 포장 작업을 끝낼 수 있다."[7]

2010년 2월 『뉴욕타임스』는 "워터쿨러 효과로 인터넷이 TV의 친구가 될 수 있다"고 했는데, 이는 2010년 슈퍼볼Super Bowl TV 중계가 미국 방송 사상 최고의 시청률을 기록했으며, 그래미상 시상식 중계도 역대 최고의 시청률을 기록한 것과 관련해서 나온 말이다. 이 두 대형 이벤트를 중계한 CBS의 CEO 레슬리 문베스Leslie Moonves는 "사람들은 서로 연결되기를 원한다"며 "인터넷은 우리의 적이 아니라 친구"라고 했다. 이는 많은 사람이 인터넷과 TV를 동시에 사용하면서 인터넷을 통해 TV 프로그램에 관한 이야기를 함께 나누는 습관을 갖게 된 것을 지적한 것이었다. 소셜네트워크서비스SNS는 TV 화면과 컴퓨터 화면을 오가며 프로그램에 대해 대화해나갈 수 있는 '온라인 워터쿨러 공간'이라고 할 수 있다.[8]

이 기사 이후 국내에서도 SNS의 워터쿨러 효과에 대한 논의가 활발해졌다. 2010년 9월 30일 『매일경제신문』·MBN 주최로 열린 "모바일 창업 코리아 콘퍼런스 및 오픈IR" 행사에선 '워터쿨러 효과'가 효과적인 모바일 비즈니스 방법으로 제시되었다. 사막에 물을 뿌리면 사람들이 모여들 듯이 트위터 등 소셜네트워크서비스를 통해 모여서 이야기하도록 만들면 사업의 효과가 실제로 '증폭'된다는 것이다.[9]

2010년 10월 8일 기업은행 본사 회의실에서 열린 코트윗(기업 트위터 모임) SNS 세미나에서 MBC@withMBC 트위터 계정을 운영하고 있는 기형준 대리는 트위터라는 커뮤니케이션 툴이 '워터쿨러 효과'를 가지고 있다고 설명했다. "트위터라는 정수기에서 사람들이 모여 MBC 프로그램에 대한 얘기를 시작하면 자연스럽게 홍보가 된다. 결국 TV를 보지 않는 사람들까지 트위터를 통해 TV 앞으로 앉힐 수 있는 효과를 목격했다."[10]

이와 관련, IT 전문가 정지훈은 "트위터의 유행어를 보여주는 트렌딩 토픽Trending Topic을 보고 있으면, 특정 프로그램이나 이벤트에 대해 사람들의 대화가 집중되는 현상을 쉽게 관찰할 수 있다"며 이렇게 말했다.

"트위터의 경우 실시간으로 많은 사람들에게 이와 같은 유행이나 정서가 쉽게 번져나갈 수 있으며, 트위터 참여자들의 인간관계인 소셜 그래프를 통해 해당 이벤트나 프로그램에 대해서 잘 모르던 사람들도 해당 이벤트나 프로그램으로 끌어들일 수 있다. 원래 해당 프로그램에 관심이 없었던 사람도, 사람들이 떠들어대면 왠지 괜히 봐야만 할 것 같은 느낌이 드는데, 이런 심리가 시청률을 끌어올린다는 것이다."[11]

출판계마저 "SNS가 TV의 친구가 될 수 있다"는 원리를 활용하겠다고 나섰다. 2015년 1월 윤한주는 "도서 소비와 독서 체험에 대한 정보는 줄어들었으나, 오히려 정보의 영향력과 공유 효과가 증가하는 선순환 비즈니스의 가능성을 활용해야 한다"며 이렇게 말했다. "'워터쿨러 효과'를 도서 커뮤니티 공동체에 적용하는 수요 창출이 필요하다. 다독자의 경우, 소셜 리딩 커뮤니티 공간을 활발하게 이용하면서lead-in 트위터 버즈 증가와 입소문에 의한 유사 마케팅 효과를 보이고 있다. 실제 베스트셀러 콘텐츠와 스테디셀러 영역에서 이러한 현상은 더욱 두드러지고 있다."[12]

비공식적인 커뮤니케이션의 중요성은 박근혜 전 대통령의 실패 이유와도 관련이 있다. 박근혜는 비공식적인 커뮤니케이션의 요소가 수반되기 마련인 대면 보고를 극도로 싫어했다. 집권 초부터 조찬 만찬 행사가 사라졌다, 대통령이 밤새 보고서를 읽는다, 대통령이 본관으로 출근할 때 하던 등청·퇴청 행사가 사라졌다는 소문이 흘러나왔다거나 조윤선 전 장관이 정무수석 시절 "한 번도 독대를 못 했다"고 한 것도 박근혜의 그런 묘한 성향을 잘 말해준다.[13] 이른바 '원조 친박'이었으나 탈박 후 박근혜 대통령의 비판자로 돌아선 전 새누리당 의원 전여옥은 『월간중앙』(2016년 12월호) 인터뷰에서 다음과 같이 말했다.

(문) "2년 동안 '박근혜의 입' 역할을 하면서 특별한 경험도 적지 않았을 것 같다."

(답) "지금 다 말하기는 어렵다. 중요한 점은 가까이서 (박근혜 대통령을) 보면 떠날 수밖에 없다는 것이다. 의원들과도 원천적

으로 접촉과 대화가 없었다. 오죽하면 박근혜 대표가 물을 잘 마신다고 해서 (국회 본청 내) 정수기 앞에서 기다리는 의원들이 있었을까?"[14]

만나기 어려운 사람을 만나기 위해 정수기 앞에서 기다린다는 건 '워터쿨러 효과'의 새로운 버전으로 국제학계에 보고할 만한 것인지도 모르겠다. 미국에선 '워터쿨러 효과'의 공간화 시도도 이루어지고 있다. 일부 IT 기업들은 아예 회사 건물을 지을 때부터 가급적 부서가 다른 사원들이 서로 접촉할 수 있게끔 광장형 통로를 거쳐야만 자기 사무실로 갈 수 있게 한다거나 하는 식의 고려를 한다는 것이다.[15] 대통령 탄핵 이후 구중궁궐九重宮闕형의 청와대 폐기론 또는 공간 개조론이 활발하게 제기된 것도 바로 그런 이유 때문이라고 할 수 있다.

▶더 읽어보면 좋을 논문들

유수지, 「비공식적 커뮤니케이션을 위한 코워킹 공간 특성: 서울시 내 코워킹 공간을 중심으로」, 『한국실내디자인학회 학술대회논문집』, 2016년 5월, 69~74쪽.

송다혜·김연정, 「커뮤니케이션 강화를 위한 오피스 공용 공간 디자인 사례 연구」, 『한국디자인문화학회지』, 22권 1호(2016년 3월), 175~185쪽.

고경훈·김건위, 「지방자치단체 칸막이 현상의 개선 방안에 관한 연구」, 『서울행정학회 학술대회 발표논문집』, 2015년 2월, 73~92쪽.

김윤권, 「조직 칸막이 형성 요인과 극복 방안에 관한 연구」, 『한국행정학회 학술발표논문집』, 2014년 12월, 1884~1907쪽.

이종만, 「업무 중 비공식적 커뮤니케이션의 워터쿨러 효과: 스마트폰 사용자의 카카오톡을 중심으로」, 『한국콘텐츠학회논문지』, 13권 3호(2013년 3월), 362~369쪽.

이호규·곽정래, 「북한 커뮤니케이션 네트워크 구조와 정보 이용 행태에 관한 연구: 북한의 비공식 커뮤니케이션 네트워크와 정보 이용의 사사화(私事化)」, 『언론과학연구』, 13권 4호(2013년), 482~514쪽.

이종만, 「커피 브레이크는 성과에 도움이 되는가?: 업무 외적인 활동 관점」, 『한국컴퓨터정보학회논문지』, 17권 10호(2012년 10월), 167~173쪽.

김지영·류호창, 「업무 환경에서 비공식적 커뮤니케이션 활성화를 위한 공간적 요소에 관한 연구」, 『한국실내디자인학회 학술대회논문집』, 11권 1호(2009년 5월), 48~53쪽.

왜 회사 정수기 앞에서 잡담하는 게 중요한가?

22

왜 페이스북은 '사일로 소탕 작전'에 매달리는가?

사일로 효과

고대 그리스어 '시로스siros'에서 파생해 '옥수수 보관용 구덩이corn pit'를 뜻하는 단어가 있다. 오늘날엔 "농장에서 곡물을 저장하는 높은 탑이나 구덩이"를 뜻하지만, 주로 "큰 탑 모양의 곡식 저장고, 가축 사료silage 지하 저장고, 핵무기 등 위험 물질의 지하 저장고"를 가리킨다. 바로 '사일로silo'다. 이 단어는 비유적인 의미로 쓰이기 시작하더니, 경영 컨설팅 분야로 넘어가선 "다른 곳과 고립된 채로 운영되는 집단, 과정, 부서" 등을 묘사하는 개념으로 사용되었다. 예컨대, silo organization(사일로 조직)은 곡식을 저장하는 굴뚝 모양 창고인 사일로처럼 CEO를 정점으로 해서 굴뚝 모양으로 늘어선 부서들이 다른 부서와 담을 쌓고 내부 이익만 추구하는 조직을 일컫는 말이

다. 줄여서 그냥 silo라고도 한다.[16]

이제 '사일로'는 명사뿐만 아니라 동사to silo와 형용사silo-ized로도 활용되며, 부서 등과 같은 물리적 구조나 집단만을 가리키지 않고 심리 상태를 뜻하기도 한다. 즉, 사일로는 실질적인 구조 안에도 존재하고 우리의 마음과 사회집단 안에도 존재하는 것이 되었으며, 파벌주의나 패거리주의, 이른바 '터널 비전tunnel vision'과 밀접히 관련된 개념이 되었다. 그런 사일로로 인해 나타나는 결과를 가리켜 '사일로 효과silo effect'라고 한다.[17]

사일로는 분업과 전문화의 결과로 나타난 것이기에 불가피하며 좋은 점도 있지만, 그에 못지않은 위험을 낳기도 한다. 예컨대, 2008년에 금융위기가 발생한 것은 금융 시스템이 지나치게 세분화되고 거대 금융기업은 무수히 많은 부서나 사일로로 분화되어 시장과 금융계의 리스크 발생 가능성을 통합적으로 분석하지 못한 탓이 크다. 2010년 브리티시 페트롤륨이 멕시코만에서 석유 시추 장치 하나가 폭발해 끔찍한 환경오염이 발생했을 때 제대로 대처하지 못한 것도 이 회사에 관료주의적 사일로가 만연해 있었기 때문이다. 사고 발생 후 새로 임명된 브리티시 페트롤륨 CEO 메리 바라Mary Barra는 책임을 모면하기 힘든 보고서가 발표되자 직원들에게 "우리는 이 사일로를 무너뜨릴 방법을 찾아야 합니다"라고 외쳤다.[18]

왜 사일로가 그런 끔찍한 결과들을 낳는 걸까? 마크 고울스톤Mark Goulston은 『뱀의 뇌에게 말을 걸지 마라: 이제껏 밝혀지지 않았던 설득의 논리』(2009)에서 "팀원들이 사일로 안에 머물러 있는 한, 일이 잘 될 턱이 없다"며 다음과 같이 말한다.

"결국 정보를 공유하지 못해 실수를 저지르거나 누군가가 공든 탑을 무너뜨리기 십상이다. 전문지식을 나누길 거부하고 서로의 일을 더 어렵게 만든다. 일이 꼬이면 서로 비난하거나 노골적으로 방해하는 지경에까지 이를 수도 있다. 따라서 당신이 처음 해야 할 일은 이 사일로를 허무는 일이다. 그러기 위해서는 모든 사일로가 공유하고 있는 것을 건드려야 한다. 즉 하늘(비전)과 땅(가치) 말이다."[19]

잭 웰치Jack Welch, 1935~는 『잭 웰치의 마지막 강의』(2015)에서 "사일로는 악취를 풍긴다. 나는 사일로를 증오한다. 자신의 회사가 번창하고 상장하기를 원하는 조직원이라면 당연히 사일로를 증오해야 한다"며 다음과 같이 열변을 토한다.

"배타성은 비즈니스에서 독약이다. 당연히 마케팅에서도 배타성은 독약이다. 이 말은 과거에도 진리였지만, 지금처럼 테크놀로지 역할이 커지고 모든 것을 신속하게 처리해야 하는 디지털 마케팅 시대에는 더더욱 거역할 수 없는 진리다. 사일로는 속도를 죽인다. 사일로는 아이디어를 죽인다. 사일로는 강력한 효과를 죽인다.……당신만의 사일로에서 벗어나려는 용기와 자제력이 필요하다. 대화의 형식을 띠든 질문의 형식을 띠든 조직 내의 모든 부서를 당신 부서에 초대할 수 있어야 한다. 요즘에는 마케팅이 모두의 비즈니스이기 때문이다."[20]

'사일로의 저주'로 인해 몰락한 대표적인 기업으로 일본의 소니를 빼놓을 수 없다. '소니 구하기'라는 특명을 띠고 새로운 소니 CEO로 임명된 하워드 스트링어Howard Stringer, 1942~는 "사일로를 무너뜨려야 합니다"라고 외치면서 사일로 소탕령을 내렸지만, 그는 사원들의 뿌리 깊은 저항에 부딪혔다. 이에 대해 질리언 테트Gillian Tett는 『사일로 이펙트: 무엇이 우리를 눈멀게 하는가』(2015)에서 다음과 같이 말했다.

"사일로의 저주를 분석하는 것과 그 해결책을 찾아내는 것은 전혀 다른 차원의 문제였다. 스트링어는 이렇게 생각했다. 기업이 사일로의 위험을 줄일 수 있는 문화를 만들어내는 게 가능할까? 사일로가 일단 발생하고 나면 해체하는 게 가능할까? 혹은 기업의 규모가 커질수록 사일로 때문에 기업이 쇠약해지는 것은 불가피한 현상일까? 시간이 흘러가면서 그 사일로들은 언제나 더 견고해졌을까? 스트링어는 해답을 알지 못했다."21

질리언 테트는 그 해답을 제시하겠다는 듯, 페이스북에서 비교적 성공적으로 이루어진 '사일로 소탕 작전'을 소개한다. 크게 보아 4가지다. 첫째, 신입사원 훈련 프로그램 때 상호 친밀감과 유대감을 갖게 만든다. 둘째, 효과적인 인사이동 프로그램으로 부서 간 이해와 친밀감을 높인다. 셋째, 회사의 사무실 배치 구조에 신경을 써 사원들이 자주 만날 수 있게 한다. 넷째, 직원들 간 의사소통을 촉진하고 친밀감과 유대감을 높이기 위해 페이스북을 활용한다.22

그러나 어떤 기업들은 여전히 사일로를 긍정하거니와 심지어 신성시한다. 그 대표적 기업이 바로 애플이다. 애플에는 '궁극적으로 꼭 알아야 할 것만 공유하는 문화the ultimate need-to-know culture'가 존재한다. 애플의 하드웨어 담당 임원이었던 존 루빈스타인Jon Rubinstein은 2000년 『비즈니스위크』에 "우리는 테러 단체 같은 점조직을 갖고 있다. 꼭 알아야 할 것 이외의 정보는 절대 공유하지 않는다"고 말했다. 애플에선 사일로 안에도 사일로가 존재한다. "입을 열었다가는 큰일 난다"는 애플 직원들의 강박관념은 일반인도 물건을 살 수 있는 사내 매점에서 판매하는 티셔츠에도 유머러스하게 드러나 있다. 이 티셔츠에는 "난 애플 캠퍼스를 방문했다. 하지만 내가 말할 수 있는 건 그게 전부다I visited the Apple campus. But that's all I'm allowed to say"라고 쓰여 있다.[23]

그렇게 하면서도 잘나가니 애플은 특별한 조직인가 보다. 하지만 전혀 다른 견해도 있다. 질리언 테트는 애플의 CEO였던 스티브 잡스Steve Jobs, 1955~2011는 엔지니어들이 사업 부문별 혹은 부서별로 실험을 진행하게 내버려두지 않았다며, 다음과 같이 말한다.

"애플을 독재적으로 운영했고 사내에 사일로를 만들자는 생각에 반대했다. 사일로가 형성되면 관리자들이 미래로 도약하려고 노력하기보다는 기존의 제품 아이디어를 보호하고 과거의 성공을 지키고 싶은 마음이 생길까봐 두려웠기 때문이다. 그는 애플이 소수의 핵심 제품군을 생산해야 한다고 믿었다. 말하자면, 시대에 뒤처지는 제품들은 제거하고 새로운 아이디어를 위한 공간을 마련해야 한다는 뜻이었다."[24]

이는 기업 내에 사일로가 있다 하더라도 리더가 어떤 리더십을 발휘하느냐에 따라 달라질 수 있다는 것으로 이해하면 될 것 같다. 한국 기업의 대표 선수인 삼성전자의 조직 문화는 어떤가? 한국에선 '사일로 효과'를 가리켜 '칸막이 현상'이라고 부르는데, 삼성전자는 칸막이 현상이 심한 기업임에도 좋은 성과를 거두고 있는 건 어찌 보아야 할까?

2015년 3월 '조선경제i' 취재본부장 우병현은 "삼성전자는 하드웨어에서 소프트웨어로 무게 중심을 옮기려는 시도가 실패했음을 스스로 인정했다. 아울러 탈脫구글 전략을 수정함으로써 삼성전자의 미래 운명을 구글의 손에 다시 맡겼다. 또 다른 아쉬움은 삼성전자가 디지털 시대에 맞는 기업 문화를 만들 수 있는 계기를 잃어버린 것이다"며 다음과 같이 말했다.

"삼성전자의 경쟁력은 칸막이와 층계로 이뤄진 제조업 문화에 뿌리를 두고 있다. 여기에 철저한 비밀주의와 협력업체를 치밀하게 쥐어짜는 '갑甲' 문화가 제조 경쟁력의 핵심 요소를 구성한다. 삼성전자 리더들이 하드웨어를 제대로 만들겠다고 독하게 마음먹을수록 부서 간 칸막이는 더 높아지고, 임직원의 일과 삶의 균형은 더 일그러질 것이다. 아울러 삼성전자의 눈높이에 맞춰야 하는 협력업체의 원성도 함께 높아질 것이다. 더 큰 문제는 삼성전자식 하드웨어 개발 방식의 수명이 3~5년밖에 남지 않은 것이다."[25]

한국 행정부의 칸막이 현상도 심각하다는 비판의 목소리가 높다. 각 부처 간, 또는 한 부처 내의 부서 간 영역 다툼을 하거나 책임을 떠넘기는 일이 잦아 그로 인한 피해가 고스란히 국민에게 돌아간다. 예컨대, 『조선일보』는 2017년 2월 「한국 해운 산업 몰락 '최순실'보다 더 큰 죄」라는 사설에서 다음과 같이 주장했다.

"해운업의 몰락은 막을 수 없었던 것이 아니다. 일차적 책임은 경영 실패다. 하지만 정부는 한진해운의 유동성 위기를 넉 달이나 방치했다. 그 사이에 양대 해운사를 합쳐서 구조를 개혁하는 등으로 활로를 얼마든지 모색할 수 있었다. 정부가 뒤늦게 대책 마련에 들어간 뒤에도 금융위원회·해양수산부 등 관련 부처는 칸막이를 친

채 서로 떠넘기기에 몰두했다. 컨트롤타워 기능은 아예 없었다. 모든 공직자가 국익 대신 자기 앞만 보았다.”[26]

이른바 '4차 산업혁명'에 대한 대처도 마찬가지다. 미국 정부는 “미국인 10명 중 4명은 인공지능AI 때문에 생계의 위협에 처할 것”이라는 보고서를 낸 반면, 한국 정부는 “2030년까지 AI와 같은 지능정보기술 분야에서 80만 개의 일자리가 생길 것”이라는 보고서를 냈다. 미국 정부는 기술 발전의 명과 암을 객관적으로 분석·진단하며 대비책을 세우고 있는 반면, 한국 정부는 낙관 일변도의 전망을 수치 위주로 내놓는 데에 몰두해온 것이다. 이와 관련, 김진형 지능정보기술원AIRI 원장은 “우리나라도 4차 산업혁명을 대비해 각 부처가 대책을 마련 중이지만 부처끼리 경쟁한다는 인상이 강하다”며 “부처별 정책 전반을 아우르고 그와 관련한 철학을 제시하는 범정부적 컨트롤타워가 필요하다”고 지적했다.[27]

이런 칸막이 현상은 국민의 일상적 삶의 영역에까지 만연해 있다. 연고 중심의 패거리 만들기를 '칸막이 현상'이라고 부르는 최재현은 “칸막이 현상이 보편화되다 보니 사람들이 제각기 자기 칸을 넓히려고 혈안이 되게 마련이다. 조그만 하나의 칸막이로는 신분이 위태로우니까 동시에 여러 가지 칸을 만들어가려고 애쓴다”며 다음과 같이 말한다.

“그러다 보니까 온갖 종류의 단체, 또 무슨 회들이 생겨나고, 그런 모임을 유지하느라고 비합리적인 지출이 늘어난다. 우리 사회에 요식업이 지나칠 정도로 발달해서 전반적인 근로 의욕 감퇴로 연결되는 일도 잦은데 이 또한 칸막이를 구축하고 칸을 키우려는 사회심리와 무관한 것이 아니다. 칸 안에 든 사람끼리 함께 먹고 마시는 일이 잦으니까 요식업도 쓸데없이 팽창하는 것이다."[28]

사일로를 없애겠다고 사무실 공간을 개방형으로 바꾸는 기업들도 있는데, 이게 꼭 좋은 것만은 아니라는 연구 결과가 있다. 컴퓨터 과학자 솔 그린버그Saul Greenberg는 과거 개방된 공간에서 일했던 적이 있는 사람들에게 개별 사무실을 무작위로 배정했을 때 어떤 효과가 나타나는지 살펴보았다. 리처드 왓슨Richard Watson은『퓨처 마인드: 디지털 문화와 함께 진화하는 생각의 미래』(2010)에서 그 연구 결과에 대해 다음과 같이 말한다.

"사람들은 폐쇄된 사무실에서 일하게 됐다는 것을 자신이 더 높은 지위를 얻게 됐다는 의미로 간주했고, 생산성과 성과는 이런 보상을 정당화할 정도로 늘어나는 경향을 보였다. 또 다른 연구원들은 개방형 사무실은 사람들이 더 천천히 일하게 만들며, 눈에 보이는 범위 내에 있는 다른 사람들의 행동을 잠재적으로 모방하게 한다는 점을 발견했다. 개방형 사무실은 또한 사람들의 스트레스 지수를 높이고, 높은 소음 때문에 사람들 사이에서 갈등과 불안감을 조성하고 혈압을 상승시킨다는 연구 결과도 나왔다. 이런 문제를 해결하기 위한 획기적인 해결책 중 하나는 몇몇 프랑스의 유명한 디자이너들이 설계한 폐쇄형 의자다. 이 의자는 옆면이 둥그렇게 막혀 있어 앉아 있는 사람을 소리와 시각적 산만함으로부터 보호해준다."[29]

2015년 스웨덴의 스톡홀름대학 연구팀이 7개의 서로 다른 디자인 구조로 된 사무실에서 일하는 2,000명을 대상으로 관찰한 결과도 놀랍다. 칸막이 없이 사방이 트여 있는 사무실에서 일하는 직장인들은 병가로 쉬는 날이 더 많은 것으로 나타났다. 사방으로 개방된 사무실 구조는 아파도 쉬지 않는 등 상사나 고용주에게 잘 보이려고 하는 무리한 근무 행태를 낳기 때문에 결국은 근로자의 건강을 더 해칠 수 있다는 것이다.[30]

사무실 형태를 개방형으로 할 것인지 폐쇄형으로 할 것인지는 업무의 성격을 고려해 결정할 일이지만, 페이스북의 '사일로 소탕 작전' 방식을 벤치마킹해보는 것도 좋을 것 같다. 페이스북의 방식은 사실상 '넛지Nudge'라고 할 수 있다.[31] 파벌주의 성향은 사실상 인간의 본능에 가까운 것이기에,[32] 그런 우회적이고 간접적인 수단이 더 큰 효과를 발휘할 수 있지 않을까?

▶더 읽어보면 좋을 논문들

김소현, 「대학원 협동 과정의 칸막이 현상 연구: 서울대학교 사례를 중심으로」, 서울대학교 대학원 교육학과 교육행정 석사학위논문, 2017년 2월.

강준만, 「'넛지 커뮤니케이션'의 방법론적 유형 분류: 공익적 설득을 위한 넛지의 활용 방안」, 『한국언론학보』, 60권 6호(2016년 12월), 7~35쪽.

금인숙, 「한국의 지식인과 좌파 이데올로기」, 『아시아연구』, 19권 3호(2016년 8월), 147~176쪽.

김광기, 「광복(光復) 70주년, 교육의 광복(匡復)을 꿈꾸며」, 『현상과인식』, 39권 3호(2015년 9월), 49~75쪽.

고경훈·김건위, 「지방자치단체 칸막이 현상의 개선 방안에 관한 연구」, 『서울행정학회 학술대회 발표논문집』, 2015년 2월, 73~92쪽.

권일권·정태린·김지태, 「우리나라 스포츠 파벌주의에 대한 사회문화적 함의」, 『한국체육과학회지』, 24권 1호(2015년 2월), 633~649쪽.

김윤권, 「조직 칸막이 형성 요인과 극복 방안에 관한 연구」, 『한국행정학회 학술발표논문집』, 2014년 12월, 1884~1907쪽.

박정신, 「칸막이를 허무는 교회: 역사학에 기댄 한국 교회 개혁을 위한 제안」, 『현상과인식』, 37권 4호(2013년 12월), 63~83쪽.

23

왜 아이디어는 터무니없는 것일수록 더 좋은가?

▼
▲

브레인스토밍

"한 사람의 마음에 번뜩인 생각의 불꽃은 다른 사람의 마음에 비슷한 것을 일으킨다." 영국 역사학자 토머스 칼라일Thomas Carlyle, 1795~1881의 말이다. 이 말이야말로 훗날 탄생하게 될 브레인스토밍brainstorming의 기본 원리를 잘 말해주고 있다.[33]

브레인스토밍은 미국 광고회사 경영자 알렉스 오스본Alex Faickney Osborn, 1888~1966이 1939년에 처음 만들고 1953년 베스트셀러 『상상력의 응용Applied Imagination』을 통해 유행시킨 말이다. 브레인스토밍은 상상력을 키우는 좋은 방법으로 환영을 받았다. 오스본이 제시한 브레인스토밍의 기본적인 규칙은 ① 비판은 배제한다, ② 자유로운 의견 개진을 환영한다(아이디어는 터무니없는 것일수록 더 좋다. 더 좋은 것을 생각해내는 것보다 터무니없는 것을 다듬어내는 것이 쉽기 때문이다), ③ 아이디어의 질보다는 양이 중요하다, ④ 여러 아이디어를 조합해서 더 좋은 아이디어를 만들어내야 한다 등이었다.[34]

브레인스토밍은 응집력 높은 집단이 외부 정보와 차단된 채 만장일치의 압력 속에서 비합리적 의사 결정을 내리는 것을 가리키는 '집단사고groupthink'의 대안으로 제시된다. 이와 관련, 나은영은 다음과 같이 말한다.

"집단사고를 줄이려면 지도자가 먼저 자기 의견을 이야기하지 말고 무비판적 브레인스토밍brainstorming으로 시작해야 한다. 즉, 아이디어를 내는 초기 단계에는 어떤 아이디어라도 절대 비판하지 않는다는 조건으로 모든 가능한 대안들을 다 내놓도록 한다. 이때 의견과 사람을 분리시키는 것이 좋다. 즉, 누가 어떤 아이디어를 냈는지 모르도록 한 상태에서 모든 가능한 아이디어의 풀pool을 만드는 것이다. 이렇게 하면 좋은 아이디어라도 마음에 들지 않는 사람이 냈기 때문에 거절하고 싶은 마음을 줄일 수 있다."[35]

세계 최고의 디자인 기업으로 평가받는 IDEO의 설립자이자 회장인 톰 켈리Tom Kelly는 "브레인스토밍은 우리 IDEO에서는 종교나 다름없다. 거의 날마다 실천하다시피 한다. 브레인스토밍의 분위기는 보통 장난스럽지만 도구로써 그리고 기술로써 브레인스토밍은 아주 진지하게 받아들여야 한다"며 다음과 같이 말한다.

"브레인스토밍은 정기적인 모임이 아니다. 메모를 착실히 하면서 복창하는 방식도 아니다. 순서에 따라 돌아가며 발언하는 것도 아니다. 오전이든 오후든 하루의 반나절을 보내서도 안 된다. 우리 경험에 비추어 가장 알맞은 시간은 60분이다. 물론 형편에 따라 생산적으로 90분 정도까지 연장될 수 있기는 하지만, 브레인스토밍이 요구하는 육체적·정신적 에너지의 수준은 그보다 더 오랜 시간을 감당하지 못한다. 또한 브레인스토밍 모임은 프레젠테이션이 아니다. 일이라는 느낌을 주어서는 안 된다. 브레인스토밍은 일부러 사무실에서 멀리 떨어진 그럴싸한 장소를 빌려 수천 달러의 돈을 쓰면서 하는 것이 절대 아니라는 이야기다."[36]

켈리가 제시한 '유쾌한 브레인스토밍의 7가지 비결'은 ① 문제를 명확하게 묘사하는 식으로 초점을 명확히 한다, ② "어떤 아이디어를 비판하거나 반박하면서 시작하지 마라" 등과 같은 규칙을 만든다, ③ "방을 떠나기 전에 100가지 아이디어를 냅시다" 등과 같이 자극을 주기 위해 아이디어에 번호를 매긴다, ④ 회의 분위기가 가라앉을 때 "좋아요. 화제를 잠깐 바꾸어서……" 등과 같이 때로는 단숨에 뛰어넘는다, ⑤ 모임이 시작되기 전에 모든 벽과 평평한 표면을 종이로 덮고 아이디어를 사방에 기록한다, ⑥ 팀이 이전에 함께 일한 적이 없거나 팀원 대부분이 브레인스토밍을 자주 하지 않았을 때 워밍업 시간을 가진다, ⑦ 자동판매기에서부터 카시트에 이르기까지 실물을 회의에 동원해 만져보고 느껴보고 살펴보는 '바디스토밍 bodystorming'을 실시한다 등이다.[37]

또 켈리가 제시한 '불쾌한 브레인스토밍이 되는 6가지 이유'는 ① 반드시 사장이 먼저 말한다, ② 모두에게 차례가 돌아간다, ③ 전문가만 발언한다, ④ 스키장과 바닷가 리조트 등과 같은 특별한 장소를 잡아서 한다, ⑤ 진지한 말만 한다, ⑥ 메모를 위한 메모에 집착한

다 등이다.[38]

세계적인 애니메이션 기업인 픽사Pixar에는 "그렇습니다. 그리고 Yes, and"란 원칙이 있다. 대부분의 조직에서 창의적인 아이디어는 사람들이 그 아이디어의 약점을 지적하며 '왜 먹히지 않을지'를 설명하면 금세 무력해지는 경향이 있는데, 이걸 막기 위해 픽사의 직원들은 참신한 아이디어에 "그렇습니다. 그리고"라는 대답을 하도록 배운다는 것이다.[39]

벨기에 루뱅가톨릭대학 교수며, 보스턴컨설팅그룹BCG 파리사무소 수석 고문인 뤼크 드 브라방데르Luc de Brabandere는 성공적인 브레인스토밍을 위해선 평소 사고방식에서 완전히 벗어나는 것이 필요하다고 역설한다. 예컨대, 그는 프랑스의 상파뉴 드 카스텔란이라는 샴페인 제조 회사의 임원 브레인스토밍 회의 때 '샴페인', '술', '음료수' 같은 단어를 쓰지 않고 회사를 묘사해보라고 요청했다. 생각지 못한 다양한 묘사가 등장했고, 임원들은 자기네 회사가 단순히 술을 공급하는 데 그치지 않고, 각종 파티나 축하 행사에 큰 역할을 하는 회사임을 깨달았다. 이 훈련을 통해 임원들이 생각해낸 마케팅 아이디어 중 하나는 샴페인 병을 운반하는 나무 상자를 주사위 놀이판 모양으로 바꾸는 것이었다. 사람들이 파티에서 여러 가지 게임을 즐긴다는 사실에 착안한 것이다. 그는 평소의 사고방식에서 완전히 벗어나기를 원한다면 서로 양립할 수 없을 것 같은 단어를 함께 사용하는 '모순어법'을 활용해보는 것도 도움이 된다며 다음과 같이 말한다.

"(한 주요 화장품 회사의) 임원들에게 '일상'이란 단어와 나란히 쓰였을 때 모순되는 단어들을 생각해볼 것을 요청했다. 임원들은 '예상할 수 없는 일상', '특이한 일상' 그리고 '일생에 한 번 있는 일상' 같은 문구들을 제안했다. 이어 어떻게 이런 모순어법을 실제로 신제품 개발 아이디어와 연결시킬 수 있을지를 논의했다. 놀랍게도 '예상할 수 없는 일상'과 관련된 아이디어는 실제로 회사가 소비자의 기분과 소비자가 특정한 날에 하고 싶은 일과 기분에 따라 용도가 다른 화장품 제품군의 개발로 이어졌다."[40]

이른바 "상자(틀) 밖에서 생각하라Outside the box"는 브레인스토밍의 슬로건처럼 자주 사용되고 있지만, 미국 오럴로버츠대학 경영학과 교수 데이비드 버커스David Burkus는 "그런데 상자 안의 상황도 제대로 모르면서 상자 밖의 상황을 생각한다고 창의적인 생각을 할 수 있나요?"라고 반문한다. 그는 기업에서 브레인스토밍을 하는 것을 보면 상당수가 어제 본 야구 경기 같은 잡담을 하느라 시간을 보내는 경우가 많다며 브레인스토밍이 잘못 사용되고 있다고 비판한다.

"그런다고 창조적인 아이디어가 하늘에서 뚝 떨어지지 않습니다. 브레인스토밍을 위해 가장 중요한 것은 팀원 각자가 충분한 사전 조사를 하고, 그 조사를 통해 많은 아이디어를 축적한 다음 그 아이디어들을 가지고 서로 비판하고 평가하면서 생각을 발전시켜나가는 것입니다. 사전 준비가 안 돼 있다면 차라리 밖에서 사람 한 명 더 만나는 것이 더 효과적이에요. 미국 수제 맥주 '새뮤얼 애덤스'를 창업한 짐 코크는 '내 아이디어는 현실 세계의 자극에서 비롯되었다'고 말합니다. 노벨상을 두 번이나 받은 라이너스 폴링은 '훌륭한 아이디어를 떠올리는 가장 좋은 방법은 많은 아이디어를 떠올리는 것이다'고 했지요."[41]

미래학자 롤프 옌센Rolf Jensen, 1942~은 '머리'로 아이디어를 짜내는 브레인스토밍보다 '마음'으로 생각과 정서를 나누는 하트스토밍heartstorming이 중요하다고 역설한다. 그가 말하는 하트스토밍은 조직원들의 정서를 효과적으로 이끌어내 하나로 모으는 과정을 의미한다. 조직원들이 생각과 마음을 나눔으로써 공감을 형성한다는 점에서 조직원들의 이성적인 사고를 자극해 창의적인 아이디어를 내도록 유도하는 브레인스토밍과 대비된다. 하트스토밍은 창의력이 생각보다는 느낌에서 나온다는 가설에 근거한 것이다.[42]

blamestorming은 brainstorming을 원용한 신조어로, 조직 내에서 사고나 좋지 않을 일이 발생했을 때 서로 남의 탓을 하면서 책임을 떠넘기기 위해 애를 쓰는 것을 비꼬는 말이다. 물론 겉으로야 '진상규명위원회' 같은 그럴듯한 그룹을 만들어 자못 진지한 자세로 임하겠지만, 조사의 과정이 책임 전가로 끝나기 십상이라는 것이다. 그런 책임 전가를 가리켜 blame shift라고 한다.[43]

heartstorming이나 blamestorming이라는 신조어가 시사하듯이, 브레인스토밍의 효과에 대해 의문을 제기하는 목소리도 높다. '온라인 브레인스토밍'을 제외하고 효과가 없다고 밝힌 연구 결과들이 적잖이 제시되었다. 조직 심리학자 에이드리언 퍼넘Adrian Furnham은 이렇게 결론 내린다. "과학적 근거를 보면 기업 사람들이 집단으로 브레인스토밍을 하는 것은 정신 나간 짓이다. 재능 있고 의욕적인 사람들이 있다면, 창의성이나 효율이 가장 중요한 상황에서는 혼자서 일하도록 장려해야 한다."[44]

심리학자들은 브레인스토밍의 실패 이유로 3가지를 든다. 첫째,

'사회적 태만social loafing'이다. 집단 속에 있으면, 어떤 사람들은 뒤로 몸을 기댄 채 다른 사람들에게만 시킨다. 둘째, '생산 봉쇄'다. 한 번에 한 사람만 아이디어를 내거나 말할 수 있고, 나머지는 수동적으로 앉아 있을 수밖에 없다. 셋째, '평가 불안'이다. 동료들 앞에서 멍청해 보이면 어쩌나 하는 두려움을 말한다.[45]

미국의 협상 전문 변호사인 수전 케인Susan Cain은 『콰이어트: 시끄러운 세상에서 조용히 세상을 움직이는 힘』(2012)에서 이와 같은 문제들을 지적하면서 '브레인스토밍 무용론'을 제기하지만, 그가 정작 던지고자 하는 메시지는 '동조同調, conformity의 위력'과 '독립의 고통'인 것 같다. 즉, 집단의 사회적 압력은 개인의 판단 능력도 마비시킨다는 것이다.[46] 그래서 같은 문제에 대해 각자의 아이디어를 종이 위에 적어 놓고 그 종이를 돌려가면서 말없이 그 아이디어를 보완하는 '브레인라이팅brainwriting'과 같이 브레인스토밍의 문제들을 극복하려는 시도도 이루어지고 있다.[47]

브레인스토밍 비판론은 브레인스토밍을 할 때에 꼭 유념해야 할 점을 상기시키는 경고로 이해해도 무방할 것 같다. 설사 브레인스토밍으로 이렇다 할 성과를 거두지 못한다 하더라도, 그것이 조직 내의 '워터쿨러 효과'는 강화하고 '사일로 효과'는 약화시키는 데에 일조할 수 있다면, 그것만으로도 족하지 않을까?

▶ 더 읽어보면 좋을 논문들

이민영, 「브레인스토밍 운영 방법 및 아이디어 창출 기법 활용이 창의성에 미치는 영향: 아이디어 양과 질을 중심으로」, 숭실대학교 대학원 경영학과 석사학위논문, 2015년 8월.
김현숙, 「브레인스토밍을 통한 창조적인 그룹 아이디어 창출: 신제품 아이디어 도출을 위한 적용」, 한양사이버대학교 경영대학원 석사학위논문, 2014년 8월.

홍기칠, 「브레인스토밍 유형이 초등학생과 대학생의 집단 창의성에 미치는 효과」, 『사고개발』, 9권 2호(2013년 8월), 175~193쪽.

한경돈·박대우, 「브레인스토밍과 WebStorming의 아이디어 발상량(發想量) 비교 연구」, 『한국컴퓨터정보학회논문지』, 16권 8호(2011년 8월), 189~196쪽.

정세영·김민제·박권생, 「과제 특성과 집단 유형에 따른 브레인스토밍의 효율성」, 『대한사고개발학회 학술발표대회 발표논문집』, 2006년 11월, 117~126쪽.

강미영, 「브레인스토밍을 통한 쓰기 능력 신장 방안 연구」, 인하대학교 교육대학원 국어교육전공 석사학위논문, 2001년.

김형민·유봉현, 「브레인스토밍 기법 훈련이 창의적 사고력에 미치는 영향에 관한 연구」, 『한국언어문화』, 19권(2001년), 25~44쪽.

왜 아이디어는 터무니없는 것일수록 더 좋은가?

24

왜 소속감에 대한 열망이
세상을 치유할 수 있는가?

▼
▲

또래 압력

teenager(틴에이저)는 thirteen에서 nineteen, 즉 13~19세를 가리키는 용어다. 틴에이저teenager라는 말은 소비사회가 본격적으로 정착되고 10대들이 소비대중문화에 미치는 영향력이 커지기 시작한 1940년대에 미국에서 처음으로 만들어진 말이다.[48] 그러나 1920년대에 등장한 말이라는 주장도 있다. 『타임』은 1980~2000년 사이에 태어난 밀레니얼스Millennials에 관한 기사에서 다음과 같이 말했다.

"틴에이저란 말은 10대라는 생물학적 연령을 뜻하지 않는다. 틴에이저란 개념은 1920년대에 비로소 시작된 사회학적인 개념이다. 왜냐하면 이 개념은 또래peer나 동료가 없다면, 즉 동질성을 형성하는 또래가 없다면 무의미한데 1920년대 이전까지 중학교 이상을 다니는 10대는 극히 적었기 때문이다. 즉, 이전까지의 10대는 실제로 친구가 아닌 가족, 어른들과의 관계만을 맺어왔다. 특히 스마트폰과 컴퓨터의 영향으로 현재의 10대와 20대는 역사상 어떤 세대와도 비교할 수 없을 정도로 압도적으로, 완벽하게 또래의 영향을 받고 또래와의 관계를 중시한다."[49]

또래는 '나이나 수준이 서로 비슷한 무리'인데, peer는 나이 차이가 좀 나더라도 같이 일하거나 어울리는 동료를 가리키기도 하는 단어인바, 이후 peer를 번역할 때에 '또래' 또는 '동료'로 혼용해 쓰겠다는 걸 밝혀둔다.

매우 세속적인 관점에서 또래를 중시하는 경우도 있는데, 그게 바로 경제학에서 말하는 '동료 효과peer effect'라는 개념이다. 명문대에 들어가려고 애쓰는 이유가 무엇일까? 여러 이유가 있겠지만, 가장 중요한 게 바로 '동료 효과'다. 제임스 트위첼James B. Twitchel은 다음과 같이 말한다.

"고등교육 시장을 다른 산업들과 다른 고유한 것으로 만들어주는 것은 그것의 소비적 가치가 거의 전적으로 누가 그 제품을 소비하는가에 달려 있다는 것이다.……목표는 누가 들어오는지 알리는 것이다. 그것이 바로 제품이다.……당신 옆에 누가 앉는가가 가치를 만들어낸다. 어떤 의미에서 볼 때 이것은 광고에서 '유명인 효과celebrity value'라 부르는 것의 연장일 뿐이다."[50]

달리 말하자면, 명문대는 '인맥 장사'를 하는 기업이라고 해도 과언이 아니다. 미국 클린턴 행정부에서 노동부 장관을 지낸 경제학자 로버트 라이시Robert B. Reich, 1946~는 "진실을 말하자면, 직장을 구하는 데에 있어 대학 교육이 갖는 진정한 가치는 대학에서 배운 것보다는 대학에서 만난 사람과 더 큰 관계가 있다"며 다음과 같이 말한다.

"재학 중에 여름방학 아르바이트를 구할 때나 첫 직장을 얻을 때, 그리고 나중에 사업상 고객을 만들 때 친구의 부모는 그 부모의 친구들이 필요한 사람을 소개해줄 것이다. 동창회가 잘 조직된 학교를 다니면 더 앞서나갈 수 있다. 명문대학이라면 인맥의 가치는 더 높을 것이다. 아이비리그 대학의 교육이 다른 곳보다 뛰어난 점이 있다면, 웅장한 도서관이나 교수들의 능력보다는 대학에서 얻게 되는 인맥 쪽일 것이다."[51]

또래 또는 동료의 중요성은 '본성 대 양육nature vs. nurture', 즉 "인간은 태어나는가 만들어지는가"라는 의문을 둘러싼 학계의 오랜 논쟁에서도 중요한 몫을 했다. 주디스 리치 해리스Judith Rich Harris, 1938~는 1998년에 출간한 『양육가설The Nurture Assumption: Why Children Turn Out the Way They Do』에서 '유전이냐 양육이냐'는 질문은 '유전이냐 환경이냐'로 바뀌어야 한다며, 집 안에서 행해지는 부모의 양육 방식보다는 집 밖에서 경험하는 또래 집단과의 관계에 의해 더 많이 결정된다고 주장했다.[52]

이와 관련, 맷 리들리Matt Ridley는 『본성과 양육』(2003)에서 "아이들은 아이들 수준에서 잘 살아가려고 노력하는데, 이것은 또래 집단 내에서 적절한 지위를 찾는다는 것을 의미한다. 이를 위해 아이들은 순응하면서 차별화하고, 경쟁하면서 협력한다. 아이들은 주로 또래들에게서 언어와 억양을 습득한다"며 다음과 같이 말한다.

"대부분의 사람들은 또래 집단의 압력이 아이들의 순응성을 높여주는 작용을 한다고 생각한다. 중년의 발코니에서 내려다보면 10대들은 획일적인 따라하기에 집착하는 것처럼 보인다. 그것이 헐렁헐렁한 바지건, 주머니가 많이 달린 바지건, 커다란 작업복이건, 배꼽이 훤히 드러나 보이는 티셔츠건, 야구 모자를 뒤로 쓰는 것이건, 10대들은 비굴하기 짝이 없는 자세로 유행이라는 독재자 앞에 납작 엎드린다. 괴짜는 조롱감이고 독불장군은 추방감이다. 무조건 코드에 복종해야 한다."[53]

아이들만 그러는가? 아니다. 성인들도 크게 다르지 않다. 동료 압력peer pressure은 참전 군인들을 움직이는 동력이다. 데이브 그로스먼Dave Grossman은 『살인의 심리학On Killing: The Psychological Cost of Learning to Kill in War and Society』(2009)에서 "수없이 많은 연구 결과에 따르면, 온전한 인간이라면 하고 싶지 않아야 할 일, 즉 전투에서 죽고 죽이는 일을 하도록 군인을 동기화하는 주요 요인은 자기 보존의 힘이 아니라 전장의 동료들에 대해 느끼는 강한 책임감이다"며 다음과 같이 말한다.

"서로 강력하게 결속되어 있는 병사들 사이에서, 동료들에 대한 염려와 동료들의 눈에 비친 자신의 평판에 대한 깊은 염려는 동료를 배신하느니 차라리 죽음을 선택하게 되는 동료 압력으로 작용한다.……그윈 다이어는 이를 '섹스나 이상주의와는 아무런 상관이 없는 특별한 유형의 사랑'이라고 지칭하고, 아르당 듀피크는 '상호 감시'라고 부르며 전장에서 지배적인 영향력을 미치는 심리적 요인으로 생각했다."[54]

동료 압력이 발휘될 수 있는 동료 집단의 크기는 어느 정도일까? 영국 인류학자 로빈 던바Robin Dunbar, 1947~는 인류학적인 문헌을 통해

면밀하게 조사한 결과 조직에서 집단을 관리할 때 150명이 최적이며, 그 이상이 되면 2개로 나누는 것이 더 낫다고 했는데, 이 150이라는 수를 가리켜 '던바의 수Dunbar's number'라고 한다.

사실 대부분의 인간 집단이 150명 정도로 구성되었다는 수많은 증거가 있다. 대부분의 군대도 약 150명의 병사를 기본 단위로 편성한다. 16세기 이후로는 로마 군대가 그랬고 오늘날의 군대도 그렇다. 제2차 세계대전 당시 미국 육군의 전투 중대의 규모는 150명에 근접했다.[55] 그런데 왜 하필 150인가? 150명 미만인 집단에서는 다들 서로를 알기 때문에 동료 압력만으로도 질서를 유지할 수 있기 때문이다.[56]

동료 압력은 질서유지에 기여할 뿐만 아니라 구성원들의 사고와 행동에도 큰 영향을 미친다. 심리학자 로버트 치알디니Robert Cialdini, 1945~는, 어떻게 행동해야 할지 확실하지 않을 때 사람들은 보통 주위의 또래 친구들의 행동을 본다며 다음과 같이 주장했다.

"새로운 것이든 유동적인 것이든 변화에 직면했을 때, 사람들은 자기 내면을 보고 해답을 찾으려 하지 않습니다. 애매모호한 상태이기 때문이죠. 그들은 외부로, 합법적으로 선출된 전문가나 또래 친구들에게 눈을 돌립니다. 그것이 문제를 파악할 필요 없이 그 상황에서 무엇을 해야 할지 결정할 수 있는 지름길이니까요."[57]

그런 또래 집단의 영향 또는 압력은 부정적으로 작용할 수도 있고 긍정적으로 작용할 수도 있다. 우리는 또래 집단의 압력이라고 하면 주로 부정적인 것들을 연상하지만, 또래 압력은 세상을 치유하는 놀라운 힘을 발휘하기도 한다.

티나 로젠버그Tina Rosenberg는 『또래 압력은 어떻게 세상을 치유하는가: 소속감에 대한 열망이 만들어낸 사회 치유의 역사Join the Club: How Peer Pressure Can Transform the World』(2011)에서 "정말로 놀라운 것은 또래 친구가 중요하다는 사실 자체가 아니다. 이토록 중대한 사실을 우리들 대부분이 활용하지 않는다는 점이다"며 다음과 같이 말한다.

"내가 또래 압력에 대한 책을 집필하고 있다고 말하면, 누구도 예외 없이 내가 부정적인 행동에 대해 쓰고 있다고 추정할 것이다. 또래 압력이라는 용어는 통상 부정적인 의미를 내포한다. 사람들은 또래 압력 하면 10대들이 마약을 하는 모습이나, 다 자란 어느 가족이 남들 하는 대로 살려고 하다가 빚더미에 앉은 모습을 연상한다. 하지만 이 책의 목적은 또래 압력이 좋은 목적으로 활용되어도 강력한 효과를 발휘할 수 있다는 사실과, 어떻게 그렇게 되는지를 밝히는 데 있다."[58]

방글라데시의 극빈층 대상 대출 기관인 그라민 은행Grameen Bank을 만든 무하마드 유누스Muhammad Yunus, 1940~에 대해선 말이 많지만, 로젠버그는 이 사업의 긍정적인 면을 거론하면서 그 이면에 존재한 또래 압력의 힘에 주목한다. 그는 "유누스는 은행과는 다른 눈으로 그들을 바라봤다. 그들은 돈도 없고 담보도 없었지만 다른 종류의 담보를 가지고 있었다. 또래 친구들 사이에서의 평판이었다"며 다음과 같이 말한다.

"그라민 은행은 그것을 활용해 소액 대출을 적당한 이자율로 제공했다. 그라민 은행의 대출자들은 각각 다섯 명의 여성으로 묶인 그룹을 형성케 했고, 그들끼리 연대책임을 공유하도록 했다. 동료 대출자들이 대출금 상환을 연체하지 않아야 본인이 추가 대출을 받을 수 있었다. 한 명의 연체자로 인해 전체 그룹이 인질로 집힐 수 있다는 점은 매우 효과적으로 작용했다."[59]

더 나아가 로젠버그는 "귀중한 사회적 자본의 하나인 또래 압력의 이점은, 그 자체로 하나의 자원이다"고 말한다. "금전적 자본인 자금과 인적 자본인 능력만 자원이라고 말하는 경우가 많다. 그러나 종종 간과되는 자원이 있다. 바로 사람들과의 유대 관계다.……10대들은 강력한 사회적 유대 관계로 맺어진 집단이다. 청소년기는 동료들의 찬성이 물과 공기만큼이나 중요한 시기로, 사회적 치유책이 자라날 수 있는 가장 확실한 환경을 제공한다."[60]

또래 압력이 세상을 치유하는 놀라운 힘을 발휘할 수도 있는 가능성에 어느 정도나마 공감한다면, 기성세대가 영 마땅치 않게 보는 10대 팬덤을 그런 관점에서 보는 건 어떨까? 즉, 10대 팬덤에 대해 한번 뒤집어서 생각해보는 발상의 전환이 필요하다는 것이다. 취향 공동체, 특히 팬덤은 점차 상실되어가는 사회성 회복을 위한 공공적 정책의 대상이 될 수 없는가?

이와 관련, 김성윤은 팬클럽의 기부 활동이 스타라는 상징을 통해서만 나타난다는 점, 그리고 이런 활동이 관료사회나 사회구조에 대한 문제 제기와 동떨어져 있다는 점 등에서 기부 문화의 한계를 지적할 수도 있지만 가장 중요한 사실은 이들이 사회 지향적 활동을 통해 절멸되어가는 사회성을 지켜낸다는 점에 있다고 주장한다.

"신자유주의가 됐든 아니면 다시 고개를 쳐든 권위주의가 됐든 어떤 이유로 인해 우리 주변에서 사회적인 것들the social은 무참히 소실되고 있다. 그런 와중에 팬덤은 확실히 우리에게 어떤 에너지가 아직 남아 있음을 보여준다. 이들이 복원하고 있는 공동체적 관계성과 상호부조 같은 것 말이다. 그렇다면 약자를 돌보면서 세상의 부조리에 대응하고자 하는 이들의 실천은 사실상 더 많은 사회적인 것을 요구하는 일종의 상징적 언어가 아닐까."[61]

그렇다. 10대들은 유행하는 독재자 앞에 납작 엎드리기도 하지만, 적절한 기회와 상황만 생기면 전혀 다른 모습을 보일 수도 있다. 기성세대는 일부 10대들의 마음에 들지 않는 행태에 눈살만 찌푸릴 게 아니라 그들의 소속감에 대한 열망이 세상을 치유할 수 있는 가능성에도 눈을 돌려보는 게 좋겠다.

▶더 읽어보면 좋을 논문들

이혜미·양소은·김은미, 「청소년의 온라인 유해 정보 노출과 온라인 일탈 행동에 미치는 요인: 부모의 중재와 또래의 책동 사이」, 『한국언론학보』, 60권 3호(2016년 6월), 209~236쪽.

김연화, 「청소년의 개인 요인, 가족 요인 및 또래 요인이 내면화, 외현화 문제 행동에 미치는 영향」, 『Family and Environment Research』, 52권 4호(2014년 8월), 371~382쪽.

김경준·김지혜·김영지, 「청소년 또래 멘토링의 효과에 대한 질적 연구」, 『한국청소년연구』, 24권 3호(2013년 8월), 287~321쪽.

곽송연, 「정치적 학살(politicide) 이론의 관점에서 본 가해자의 학살 동기 분석: 5·18 광주의 사례를 중심으로」, 『민주주의와 인권』, 13권 1호(2013년 4월), 13~48쪽.

심홍진, 「소셜 미디어의 정치 참여 효과에 관한 연구: 주관적 규범과 동류 집단 압력을 중심으로」, 『커뮤니케이션 이론』, 8권 3호(2012년 12월), 6~52쪽.

한세영, 「아동과 청소년의 수치심과 부모와의 의사소통이 또래 압력에 미치는 영향」, 『Family and Environment Research』, 47권 8호(2009년 9월), 119~130쪽.

김은정, 「한국 청소년들의 '학생으로서의 정체성' 수용 과정: 또래 관계를 비롯한 '의미 있는 타자'들과의 상호작용을 중심으로」, 『한국사회학』, 43권 2호(2009년 4월), 85~129쪽.

이혜영, 「조직 내 동료 압력에 관한 연구: 경상남도 공무원 조직, 사기업을 대상으로」, 창원대학교 대학원 행정학과 석사학위논문, 2007년 8월.

정승교, 「조직 내 도덕적 해이 문제와 Peer pressure의 역할」, 한국과학기술원 경영공학전공 석사학위논문, 2004년.

유홍식, 「디지털 미디어 시대의 방송 저널리즘 윤리 재정립에 관한 연구: 보도의 선정성·폭력성과 디지털 영상 조작을 중심으로」, 『방송통신연구』, 56권(2003년 7월), 61~87쪽.

또래 압력

25

왜 한국의 직장인들은
'목구멍이 포도청'이라고 하는가?

작업장 민주주의

2015년 6월 노동자연구소가 민주노총 의뢰로 전국 8개 공단의 노동 조건에 대한 실태 조사를 한 결과에 따르면, 공단 노동자의 40.6퍼센트가 '인권침해를 경험했다'고 응답했으며, 14.2퍼센트는 '거의 매일 인권침해를 경험하고 있다'고 털어놓았다. 유형별로는 '폭언폭행'이 22.1퍼센트, '감시단속을 당하고 있다'가 30.6퍼센트, '왕따 등 인간관계 파괴를 경험하고 있다'가 12.8퍼센트였다. 인권침해의 주체는 반장·조장 등 바로 위 상급자(22.6퍼센트)보다 관리자(37퍼센트)나 임원(26.5퍼센트) 등이 훨씬 많았다. 노동자연구소 박준도 기획실장은 "폭언과 폭행이 공단에 입주한 제조사들의 일상적인 노무관리 기법으로 자리 잡고 있다는 느낌을 받았다"며 이렇게 말했다.

"파견·계약직은 입사해 처음 얼마 동안은 적응하기 힘든데 이때 이들을 강제로 높은 노동 강도에 맞추게 하는 방법이 강력한 폭언이다. 속된 말로 혼을 빼놓는 것이다. 근속연수가 오래된 사람을 쫓아내는 방법으로 왕따 등 모욕이 동원된다."[62]

2015년 11월 사무금융노동자 직장 내 괴롭힘 조사 연구팀과 전국사무금융서비스노동조합은 국회에서 '전략적 성과 관리? 전략적 괴롭힘!'이란 주제로 실태 조사 결과 보고 대회를 열었다. 이번 조사에서 금융 노동자들은 2명 가운데 1명(49퍼센트)꼴로 직장 내 괴롭힘을 경험했다고 답했다. 응답자들의 대부분(42퍼센트)은 직장 내 괴롭힘이 '가해자의 인성' 때문에 벌어지는 것이라고 응답했지만, 경영 정책(24퍼센트)이나 조직 문화(22퍼센트) 때문이라는 지적도 적지 않았다. 또한 "공개적인 회의 자리에서 저성과자들에게 밥을 축내는 '식충'이라는 말"(ㄷ금융)을 하는 등 '언어폭력'(29퍼센트)도 빈번하게 이루어졌다. 노동자들은 이런 문화를 '내리갈굼'이라고 표현했다. 심층 면접에 응한 한 응답자는 "임원들 가운데 '네가 싫어서 갈구는 줄 아냐. (나는) 위에서 죽어'라고 말하는 사람이 있다. 실적·성과를 강요하면 할수록 '내리갈굼'이 될 수밖에 없다"고 말했다.[63]

2016년 7월 『조선일보』 경제부 차장 김홍수는 「직장 민주화가 더급하다」는 칼럼에서 재벌 오너 일가의 비리와 관련, "오너 2세가 면세점 입점을 미끼로 뒷돈을 챙기고, 자녀용 자회사를 만들어 '통행세'를 받으며 기업 이익을 빼돌렸다. 우리나라 재벌은 기업을 사유물로 여긴다. 기업 가치 사슬의 정점에 둥지를 틀고, '불로소득' 챙기는 걸 당연하게 생각한다.……후진적 조직 문화가 초래하는 부작용은 대우조선 분식회계와 경영진 일탈, 국책은행들의 부실 조선·해운사 묻지 마 지원, 상사의 모욕에 자살을 택한 젊은 검사 등 셀 수 없이 많다"며 다음과 같이 말했다.

"대한민국 직장인들이 상사의 부당한 요구·지시에 이의를 제기하고, 조직의 불합리한 결정에 시비를 가리자고 덤볐다면 상황이 이 지경까지 왔을까. 30년 전 넥타이 부대로 '독재 타도'에 앞장섰던 것처럼, 대한민국 직장인들이 '목구멍이 포도청'이 아니라 '목에 칼이 들어와도' 정신을 되새겨야 할 것 같다.……얼마 전에 만난 한 대기업 임원은 갑질과 일탈을 일삼는 재벌 2·3세를 두고 '체제 전복 세력'이라고 규정했다. 맞는 말이다. 시장과 자유민주주의를 지키기 위해선 경제 민주화보다 직장 민주화가 더 급한 과제라는 생각이 든다."[64]

2017년 1월 "일상 속 '작은 광장'은 왜 불가능한가"라는 주제를 다룬 『경향신문』특집 기사에 따르면, 이희성 씨(36·가명)는 국내 굴지 게임업체에서 6년째 일하고 있다. 그의 회사에서는 지난 한 해에만 4명이 자살이나 돌연사로 숨졌다. 이씨는 그 소식을 주로 외부 지인이 보낸 문자 메시지로 알았다. "야, 너희 회사 사람 죽었다며?" 동료가 죽었는데도 '애도'는 허락되지 않았다. 그는 "회사에서는 (직원 죽음에 대한) 기사가 나오는 거 다 막고 쉬쉬하는 분위기"라고 말했다. 회사에서는 '이제까지 과로사는 단 한 건도 없었다'는 말만 반복하고 있다. 그러나 이씨가 보기에 "(회사의) 노동 조건이 잘못됐다"는 것만큼은 분명했다. "금요일까지 야근하고 토요일에 머리 겨우 붙잡고 일어나면 오후 4시예요. 그리고 일요일 낮 12시에는 또 출근하고……." '살인적인 노동 강도'가 그를 짓눌러도 토로할 '장'은 없다. 머리를 맞대봤자 뾰족한 수가 나올 것 같지도 않다. "얼마 전 직원 한 명이 퇴사하면서 노동부에 근로환경이 열악하다고 신고를 했대요. 정부에서 감시 나온 일주일 동안만 7시에 퇴근시키고 바로 원래대로 돌아갔어요. 한국에선 기업을 통제 안 하잖아요. 그냥 기업 양심에 맡기니까." 해결의 길이 보이지 않는 상태에서는 '감정이입'을 않는 게 편하다. 이씨는 이제 동료 직원 죽음을 "그냥 남의 일로 느낀다"고 했다.[65]

2017년 2월 「로스쿨·약대 입시학원…넥타이 부대 몰린다」라는 『중앙일보』기사에 따르면, 남들이 선망하는 대기업에 다니는 직장인들이 로스쿨이나 약대를 준비하는 이유는 단지 소득 때문은 아니며, 그보다는 '직장의 조직 문화에 대한 실망' 때문이다. 연봉이 괜찮고 취업 준비생이 선망하는 회사인 모 정유회사에 다니다 서울 소재 로스쿨에 붙은 이 모씨(34)는 "선배들이 허드렛일을 떠넘기는 게 싫고, 선배 눈치 보느라 퇴근하지 못하는 나도 싫었다"며 직장 내 '꼰대 문화'에 실망해 로스쿨을 준비했다고 했다. 이런 현상에 대해 곽금주 서울대학교 심리학과 교수는 "연공서열, 성별에 따른 차별이 존재하고 수직적·위계적인 직장 문화 속에서 직장인들이 압박을 느끼고 있다"고 분석했다.[66]

이런 현실과 관련, 중앙대학교 교수 김누리는 "기업가는 아무런 민주적 견제도 받지 않고 절대왕정 시대의 제왕보다도 더 강력한 권력을 전횡하고 있다. 어디 기업뿐인가. 우리 사회의 모든 조직에서 민주주의는 제대로 작동하지 않는다. 학교, 군대, 검찰, 언론, 관청,

교회, 병원 등을 보라. 구성원들의 민주적 의사가 반영되는 조직이 얼마나 되는가? 지난 60년간 어렵게 쟁취한 '정치 민주화'에도 불구하고 이 땅의 '사회 민주화'는 거의 진전이 없다"며 다음과 같이 말했다.

"냉정하게 보면 대한민국은 진정한 민주주의 국가가 아니다. 민주주의가 공동체의 지배적인 원리로 정착되지 못했다. 그나마 민주주의가 숨 쉬는 공간은 정치뿐이다. 사회, 경제, 문화 영역에서 민주주의는 아직 첫걸음도 떼지 못했다.……우리도 이제 민주주의를 감행할 때가 되었다. 정치 민주화가 일구어낸 법적, 제도적 토대 위에서 사회 민주화, 경제 민주화, 문화 민주화를 '감행'해야 한다. 민주주의란 여의도에 있는 것이 아니라, 개인이 살아가는 일상의 현장에 있다. 민주주의는 이미 성취한 제도가 아니라, 시민이 하루하루 채워가야 할 숙제이다."[67]

이상 소개한 이야기들은 이른바 '무력감의 사회화the socialization of powerlessness'가 만연한 한국 사회의 민낯을 잘 보여주고 있다. '무력감의 사회화'는 시민들이 능동적 시민으로서 갖춰야 할 덕목 대신 포기, 체념, 냉소주의를 습관적으로 갖게 되는 걸 말한다. 그렇게 되는 가장 큰 이유는 직장과 작업장에서의 경험에서 비롯되며, 이는 정치 발전에 치명적인 것으로 간주된다.[68] 그래서 산업 민주주의industrial democracy의 핵심 과제는 '작업환경의 권위 구조authority structure of work environment'를 중시하면서 일터에서 참여를 통해 민주주의 훈련을 하는 것이라는 말이 나오는 것이다.[69]

지금 많은 시민이 새로운 대통령이 뭔가를 크게 바꿔줄 것을 바라고 있지만, 그런 기대나 꿈은 미리 포기하는 게 좋다. 한성대학교 교수이자 경제개혁연대 소장인 김상조가 2016년 12월 「87년과 97년의 갈림길에서」라는 『경향신문』 칼럼에서 내린 진단이 현실적이다. 그는 "지금 광장의 요구는 1987년 이상으로 고양되어 있다. 반면 국내외 경제 환경은 1997년이 무색할 정도로 최악이다. 이 양자의 괴리 속에서 한국은 어디로 갈 것인가? 현재 우리는 1987년 승리와 1997년 위기 사이의 갈림길에 서 있다"며 다음과 같이 말했다.

"요즘 분위기에서 이런 말 했다가는 '부역자' 소리 듣기 십상이지만, 나는 매우 비관적이다. 조기 대선이 불가피해지면서 잠룡들은 더없이 조급해졌다. 그러나 변변한 정책 공약집도 만들지 못하고 인수위도 없이 출범하는 '준비 안 된 대통령'을 보게 될 게 뻔하다. 그럼 대책은? 상상력 결핍증의 천박한 경제학자가 무슨 말을 하겠는가? 국민을 통합하고 그 인내심을 제고하는 정치 리더십이 필요하다는, 하나마나한 말만 되뇔 뿐이다. 크게 기대하지 않는다. 그래서 비관적이다."[70]

대통령에게 기대를 걸지 말라는 말은 대통령이 무슨 짓을 해도 괜찮다는 뜻이 아니다. 시민사회 스스로 반드시 해야 할 일이 있다는 뜻이다. 그게 바로 한국형 '작업장 민주주의workplace democracy'의 실천이다. 일상적 삶에서 우리 국민의 무력감은 "목구멍이 포도청"이라는 말로 압축되는 직장과 작업장에서의 경험에서 비롯되기 때문이다. 국민 모두가 일터에서 참여를 통해 민주주의 훈련을 하면서 그 경험을 공공 영역으로 확산시켜 나가지 않는 한 그 어떤 변화도 기대하기 어렵다.

'작업장 민주주의'라고 하면 "그거 좌파 이데올로기' 아니냐"고 의혹의 시선을 던지는 사람이 많다. 맞다. 뿌리를 거슬러 올라가보면 그렇다. 게다가 기업은 오히려 비민주적일 때 더 효율적일 뿐 아니라, 기업의 소유권에는 원하는 방식으로 업무를 조직할 자유까지 포함된다는 주장을 하는 이도 많다.[71]

그러나 이는 노동자의 광범위한 경영 참여에 대한 반론일 뿐, '작업장 민주주의'는 좌우 이분법으로 볼 문제가 아니다. 미국에선 노동자들의 능동성을 이끌어내 기업의 생산성을 향상시키기 위한 목적으로 '작업장 민주주의'를 외치는 사람도 많다는 걸 상기할 필요가 있겠다. 노동자들에게 재량권을 주어 능동성을 발휘하게 만드는 '임파워먼트empowerment'도 '작업장 민주주의'의 일환으로 보는 것이다.[72] 단지 소통의 관점에서만 보더라도, 일방적으로 지시와 명령에 복종하는 일에 길들여진 노동자들로 구성된 기업이 좋은 성과를 낼 수 없는 게 분명한바, 조직 커뮤니케이션 학자들은 오래전부터 이 주제에 관심을 기울여왔다.[73]

'작업장 민주주의'는 원래 노동조합의 힘과 직결되어 있는 것이지만, 한국에선 좀 다른 유형의 '작업장 민주주의'를 시도하는 게 좋을 것 같다. 즉, '한국형 작업장 민주주의'가 필요하다는 것이다. 한국 사회에서 노조, 특히 민주노총은 격렬한 갈등의 핵심이며, '귀족노조'를 둘러싼 논란도 뜨겁다. 누가 옳건 그르건 그 갈등을 그대로 끌어안고 '작업장 민주주의'를 실천한다는 건 사실상 불가능하다. 이념과 당파성을 초월해 모든 이가 동의할 수 있는 '작업장 민주주의'의 비전이 필요하다는 뜻이다.

우선 임금과 연계시키지 않는 '작업장 민주주의' 활동이 필요하다. 물론 노동자들에겐 임금이 가장 중요하겠지만, 그것만 추구하다가 죽으라면 죽는 시늉까지 해야 하는 '노예'가 되는 게 현실이 아닌가. 직장에서 '내리갈굼'은 실적·성과를 강요하는 것에서 비롯되긴 하지만, 시간이 흐르면서 실적·성과와 무관한 영역이나 일에서조차 상습적으로 벌어지는 '조직 문화'가 되었다는 점에 주목해보자는 것이다. 달리 말하자면, '만인에 대한 만인의 내리갈굼'만이라도 바꾸는 '작업장 민주주의'는 얼마든지 실천 가능하다. 문제는 우리에게 그런 실천을 할 뜻이 있느냐는 것이다.

▶더 읽어보면 좋을 논문들

송관철·신은종, 「작업장 민주성이 사회적 자본 형성에 미치는 영향과 리더십의 조절 효과: 기업과 직원 협동조합의 차이를 중심으로」, 『산업관계연구』, 26권 4호(2016년 12월), 81~112쪽.

김정원, 「한국의 초기 노동자 협동조합의 설립 및 운영 특성에 대한 분석」, 『경제와사회』, 110권(2016년 6월), 82~121쪽.

심승우, 「신자유주의 시대와 공화주의 시민 경제(Civic Economy)의 모색」, 『시민과세계』, 27권(2015년 12월), 137~169쪽.

성낙선, 「한국에서의 경제 민주화 논쟁: 쟁점과 평가」, 『동향과 전망』, 92권(2014년 10월), 288~319쪽.

김영춘·정민숙, 「조직 문화, 임파워먼트와 신뢰와의 관계」, 『한국콘텐츠학회논문지』, 12권 2호(2012년 2월), 292~300쪽.

류장헌·신형덕, 「유연한 조직 문화와 임파워먼트가 인지된 조직 유효성에 미치는 영향」, 『연세경영연구』, 48권 2호(2011년 12월), 213~242쪽.

장석인, 「근로자 경영 참여 제도에 관한 실증 연구: 한국 주재 독일 기업을 중심으로」, 『한·독사회과학논총』, 19권 4호(2009년 12월), 209~236쪽.

제**6**장

정치와 갈등

26

왜 때때로 미친 것처럼 행동하는 것은 매우 현명한 일인가?

▼
▲

미치광이 이론

"나는 그것을 미치광이 이론the Madman Theory이라고 이름 붙이려 하네. 전쟁을 끝내기 위해 뭐든 할 것이라고 북베트남이 믿도록 할 것이네. 우리는 이런 이야기가 그들에게 흘러 들어가도록 해야 하네. '닉슨이 공산주의에 강박감을 느끼고 있고, 그가 화가 났을 때는 그를 자제시킬 수 없을 뿐 아니라, 그는 항상 핵 버튼에 손을 올려놓고 있다'고. 그러면 호찌민胡志明이 스스로 파리의 협상 테이블로 오지 않겠나."

베트남전쟁 때문에 골머리를 앓던 미국 대통령 리처드 닉슨Richard M. Nixon, 1913~1994이 핵심 참모였던 H. R 할더먼H. R. Haldeman, 1926~1993에게 한 말이다. 실제로 닉슨은 북베트남과의 평화 회담이 교착 상태에 있던 1969년 10월 동아시아와 유럽·중동 지역 주둔 미군에 핵전쟁 경계령을 내려 소기의 성과를 거두기도 했다. 저작권이 닉슨에게 있는 이 '미치광이 이론'은 이후 국제 정치 이론 중 하나로 승격되었는데, 이는 한마디로 협상 상대자에게 자신을 미치광이로 인식시킴으로써 이를 무기 삼아 협상을 유리하게 이끄는 전략을 말한다.[1]

닉슨이 독자적인 통찰로 만들어낸 이론이라고 주장해 닉슨을 '미치광이 이론'의 원조로 꼽기는 하지만, 사실 이 이론은 인류 역사 이래로 존재해온 것이다. 500년 전 이탈리아 정치가이자 사상가인 니콜로 마키아벨리Niccolò Machiavelli, 1469~1527는 "때때로 미친 것처럼 행동하는 것은 매우 현명한 일이다"고 했다.[2]

2005년 노벨경제학상 수상자인 토머스 셸링Thomas C. Schelling, 1921~2016이 1960년에 출간한 『갈등의 전략The Strategy of Conflict』도 사실상 '미치광이 이론'을 다루고 있으며, 비슷한 시기에 오스카 모건스턴Oskar Morgenstern, 1902~1977, 헨리 키신저Henry Kissinger, 1923~, 대니얼 엘스버그Daniel Ellsberg, 1931~ 등도 비슷한 이야기를 했다. '미치광이 이론'과 관련해 자주 논의되는 게 '벼랑 끝 전술brinkmanship', '치킨 게임chicken game', '억제 이론deterrence theory' 등이다.[3]

공산국가들을 주춤하게 만든 '미치광이 이론'은 워터게이트 사건 이후 미 의회가 남베트남 지원을 철회하면서 소멸되었지만, 1980년대에 로널드 레이건Ronald Reagan, 1911~2004을 거쳐 이제 도널드 트럼프Donald J. Trump, 1946~에게 전수되었다.

2016년 12월 8일 미국 군사·외교 역사센터FPI 의장 마크 모이어Mark Moyar는 『뉴욕타임스』에 기고한 「지구촌 뒤흔드는 트럼프의 '겁

주기' 외교」라는 칼럼에서 "미국인들은 80년에도 '적에게 공포를 심어주겠다'고 주장한 사람(레이건)을 대통령으로 뽑았다. 요즘은 민주당원들조차 소련을 굴복시킨 레이건의 공을 칭송한다. 그러나 당시엔 대통령에 막 취임한 레이건이 강경·국수주의 외교정책을 밀어붙이자 '쓸데없는 두려움을 조장해 안보 정국을 조성한다'는 비난이 쏟아졌다. 요즘 전 세계 지식인들이 트럼프에게 퍼붓는 비난과 비슷하다"며 다음과 같이 말했다.

"내년 1월 20일 취임을 앞둔 트럼프는 전 세계가 미국에 대한 두려움으로 떨도록 만드는 동시에 존경심도 품을 수 있게끔 균형을 잡아야 한다. 오바마 대통령, 그리고 그와 생각이 비슷했던 전임 대통령들은 미국의 적 대신 동맹국들에 두려움을 일으켰다. 미국이 떠나갈지도 모른다는 두려움 말이다. 트럼프 행정부는 이런 두려움을 불식시키고 동맹국 아닌 적국이 미국을 두려워하게 만들어야 한다. 그러나 때로는 동맹국들도 미국에 두려움을 느낄 필요가 있다. 미국의 뜻에 어긋나는 행동을 하면 아무리 우방이라도 세계 최강대국의 무서움을 맛볼 수 있음을 깨닫게 해야 한다. 우방들이 그런 공포를 느낄 우려가 없다면 그들은 늘 미국이 뒷감당을 해줄 것이라고 믿고 군비를 삭감하거나 국제사회에서 할 일을 하지 않을 가능성이 있다."[4]

2016년 12월 20일 『워싱턴포스트』는 트럼프가 미치광이처럼 행세해 협상을 유리하게 이끄는 '미치광이 이론Madman Theory'을 외교 전략에 활용하고 있다며, 대표적 사례로 중국의 미국 수중 드론 반환 결정을 들었다. 12월 15일 중국 해군이 필리핀 해역에서 미 해군의 수중 드론을 무단으로 가져가자 트럼프는 "우리는 그들이 훔쳐간 드론을 돌려받길 원하지 않는다고 말해야 한다"고 거칠게 반응했다. 그러자 중국은 수중 드론을 나포한 지 5일 만에 반환했다. 『워싱턴포스트』는 "트럼프는 '예측 불가하고 전통적 국제 규범을 무시한다'는 비판을 역逆으로 이용해 상대방의 양보를 받아내고 있다"며 "무슬림 입국 금지 주장, 대만 총통과의 통화, 친親러시아 성향 국무 장관 발탁 등도 고도로 계산된 행위"라고 분석했다. 그러면서도 이 신문은 "양극 체제였던 닉슨 시대와 달리 지금은 극단주의 무장 세력 이슬람국가IS 등 다양한 위험 요소가 존재하는 다극 체제"라며 "트럼프의 전략은 현재의 지정학적 상황에서 위험한 수"라고 했다.[5]

2017년 3월 하순 미 의회에서는 강경파 의원들을 중심으로 하루가 멀다 하고 김정은을 미치광이로 낙인찍었다. "북한의 미치광이maniac가 세계를 위협하는 비정상적 상황"(데이나 로러배커 하원 의원), "김정은은 미친 뚱보 아이crazy fat kid"(존 매케인 상원 의원), "구제 불능 '작은 김little Kim'의 전쟁 광기"(테드 포 하원 의원) 등 표현도 다양했다.

하지만 "김정은은 미친 게 아니라 '미치광이 이론Madman Theory'에 따른 행동을 하고 있다"는 반론도 나왔다. 전략적으로 자신이 얼마나 예측 불가능하고 무모한지를 상대방에게 각인시켜 판을 유리한 방향으로 이끌려고 한다는 것이다. 『워싱턴포스트』는 "김정은을 미치광이로 보는 것이 일반적 견해이지만, 이런 인식은 잘못됐을 뿐만 아니라 위험한 오판을 초래할 위험이 있다"고 했다.[6]

2017년 4월 12일 미국의 보수 정치 평론가인 러시 림보Rush Limbaugh, 1951~는 자신의 홈페이지 '더 러시 림보 쇼'를 통해 "북한에는 진짜 미치광이가 있다. 말 그대로 엄청나게 미쳤으며 근친교배 수준"이라며 "북한은 아무도 그들을 막지 않는다는 사실을 알고 수십 년간 구역질나는 작은 미사일을 발사할 수 있었다"고 비판을 쏟아냈다. 이어 그는 트럼프 대통령도 마찬가지로 자신을 '예측 불가능한 미치광이'로 만들어 북한을 압박할 것이라고 말했다.[7]

트럼프의 '미치광이 이론'은 성공할 수 있을까? 4월 26일 『경향신문』 워싱턴 특파원 박영환은 "트럼프의 광인 전략은 북핵 해법이 될 수 없다. 북핵 문제에 대한 예측 불가능하고 무계획적인 대응은 관련 국가들의 정책 혼란을 야기하고, 자칫 화약고 같은 한반도에서 북한의 '오판'에 의한 재앙을 불러올 수 있다"며 다음과 같이 말한다.

"한국 시민 수백만 명의 목숨이 걸린 선제타격 같은 군사적 대응 이슈를 전술적으로 활용하는 것은 동맹국에 대한 예의도 아니다. 더불어 김정은이 '미친 뚱보 아이'(존 매케인 상원 의원)라서 똑같이 대응하겠다고 생각한다면 그야말로 오판이다. 트럼프 정부가 지금 같은 대외 정책을 고수한다면 국제무대에서 신뢰를 유지하기 어려울 것이다. 벼랑 끝 전술은 북한처럼 정권의 생존 자체가 위협받는 나라들이나 최후의 수단으로 동원할 만한 전술이다. 말 한마디, 정책 하나가 전 세계 정치·경제 질서에 영향력을 미치는 초강대국에는 어울리지 않는다."[8]

트럼프는 4월 내내 북한에 선제공격이라도 가할 것처럼 초강경 모드를 보이더니 이렇다 할 변화도 없는데 5월 1일 블룸버그통신 인터뷰에선 "상황이 적절하다면 북한 김정은과 '영광스럽게honored' 만날 것"이라고 말해 논란을 빚었다. 『워싱턴포스트』는 트럼프가 김정은을 만나는 것에 대해 '영광스럽다'란 표현을 쓴 것에 대해 "학살자에게 아첨flattering했다"고 비판했다. 트럼프에 우호적인 폭스뉴스도 "오바마 전 대통령이 2007년 대선 후보 토론 때 북한과 이란 등 지도자도 만나겠다고 했다가 '너무 순진하다'는 비판을 받았던 일을 연상시킨다"며 "논란적인 발언"이라고 했다.[9] 트럼프가 여전히 미치광이 이론을 구사하는 건지, 아니면 순진한 건지, 그것도 아니면 트럼프도 미치광이인 건지 도무지 알 길이 없다.

이 '미치광이 이론'은 국제정치에만 적용할 수 있는 것은 아니다. 한 국가 내에서도 '불확실한 보복uncertain retaliation'에 대한 두려움을 권력 장악과 통제의 주요 방법으로 쓴다면, 그게 바로 '미치광이 이론'이라고 볼 수 있다. 아니 어느 조직에서건 권력을 가진 사람은 '미치광이 이론'으로 부하들을 공포에 떨게 만들어 절대적 충성을 이끌어낼 수 있다. 문제는 그 권력자가 스스로 파멸에 이르는 길로 갈지라도 그 누구도 충언을 할 수 없으며, 오히려 부하들이 파멸을 재촉하는 맹목적 충성만 함으로써 파멸의 시간을 앞당길 수 있다는 데에 있다. 그 권력자가 계산된 전략이나 전술로 '미치광이 이론'을 구사한 게 아니라 진짜 미치광이일 수도 있지만, 결과는 같다.

▶더 읽어보면 좋을 논문들

강준만, 「'미디어 혁명'이 파괴한 '위선의 제도화': 커뮤니케이션의 관점에서 본 '트럼프 현상'」, 『사회과학 담론과 정책』, 9권 2호(2016년 10월), 85~115쪽.

이재학, 「상황적 억제 이론으로 본 한국전쟁 기간 트루먼 행정부의 핵무기 불사용 결정」, 『국제정치논총』, 54권 3호(2014년 9월), 79~112쪽.

차문석, 「북한의 외교 및 협상의 행태(行態): 남북 회담과 북미 협상을 중심으로」, 『한국정치외교사논총』, 36권 1호(2014년 8월), 149~181쪽.

박휘락, 「핵 억제 이론에 입각한 한국의 대북 핵 억제 태세 평가와 핵 억제 전략 모색」, 『국제정치논총』, 53권 3호(2013년 9월), 147~180쪽.

이성우, 「한반도 신뢰 프로세스의 본질, 현상, 그리고 전망: 게임 이론을 통해본 북한 핵문제」, 『국제지역연구』, 17권 2호(2013년 7월), 95~120쪽.

데릴 G. 프레스, 「북한 핵무기에 어떻게 대응할 것인가」, 『전략연구』, 58권(2013년 6월), 63~75쪽.

정성윤, 「북한 화전 양면 전략의 특징과 전망」, 『전략연구』, 54권(2012년 3월), 65~96쪽.

한용섭, 「핵무기 없는 세계: 이상과 현실」, 『국제정치논총』, 50권 2호(2010년 6월), 251~271쪽.

조한승, 「21세기 안보 환경의 변화와 핵 억지 전략의 문제점」, 『국제관계연구』, 12권 2호(2007년 9월), 51~81쪽.

조한승, 「북한의 벼랑 끝 전술과 미국의 미사일 방어 체제의 상호관계: 전쟁 억지와 군사개입을 중심으로」, 『평화연구』, 15권 1호(2007년 4월), 167~193쪽.

손무정, 「2차 북한 핵 위기 협상과 미국과 북한의 벼랑 끝 정책」, 『국제정치연구』, 8권 1호(2005년 6월), 181~207쪽.

왜 때때로 미친 것처럼 행동하는 것은 매우 현명한 일인가?

27

왜 '근시안적 유권자에게는 근시안적 정책이 제격'이라고 하나?

정치 주기 이론

로널드 레이건의 압승으로 끝난 1984년 미국 대선은 경제가 결정적 영향을 미친 선거였다. 실제로 투표일 출구 조사에서 경제 상황이 좋다고 생각한 사람들의 92퍼센트가 레이건에게 표를 던진 것으로 나타났다.[10] 그러나 유권자들이 경제 상황이 좋다고 '생각'한 것이지, 경제 상황이 실제로 좋은 것은 아니었다. 그래서 이른바 '경제 조작설'이 제기되었다.

레이건은 공화당 대통령 후보 수락 연설에서 '오늘날 미국은 선진 공업국가들 가운데 제2차 세계대전 이후 가장 높은 경제 성장률, 가장 낮은 인플레율, 가장 높은 고용 증가율, 가장 낮은 세금 공제 후 소득 증가율을 기록한 나라'라고 선언했다. 투표 수일 전인 11월 5일

『뉴욕타임스』는 한 경제 전망 전문회사의 분석 결과를 인용해, 미국 역사상 현직 대통령으로서 경제 성장률이 3.8퍼센트 이상을 넘는 해에 치러진 선거에서 재선에 실패한 경우가 전혀 없기 때문에 6퍼센트의 경제 성장률을 기록한 1984년엔 레이건의 승리가 확실시된다고 했다. 그런데 이런 경제 실적은 대부분 조작된 것이었다.[11]

물론 선거 시의 경제 조작은 비단 레이건에게만 한정된 것은 아니었다. 미국 예일대학 정치학자이자 통계학자인 에드워드 터프트Edward R. Tufte, 1942~의 『경제의 정치적 통제Political Control of the Economy』(1978)에 따르면, 미국 경제는 일종의 특유한 경기순환을 갖고 있는데, 지난 수십 년간 중간선거 때마다 미국인의 가처분소득은 대폭 증가했으며, 대통령 선거 때마다 실업률이 감소한 경향을 꾸준히 보여왔다는 것이다.

단 카터 정권과 아이젠하워 정권 때만 예외였다고 한다. 실제로 1960년 선거에서 아이젠하워 행정부의 부통령이었던 리처드 닉슨이 케네디에게 패배한 건 텔레비전 때문만이 아니라 아이젠하워가 닉슨을 위해 경제 조작을 해주지 않았기 때문이며, 카터가 실패한 것도 그가 에너지 파동 등의 경제 난국에 처했을 때 선거가 당장 눈앞에 닥쳐 있는 데도 임시변통의 경제 조작을 하지 않았기 때문이라고 주장하는 사람이 많다.[12]

이런 '정치 주기political cycle' 이론을 가장 먼저 제시한 사람은 폴란드 태생의 마르크스주의 경제학자 마이클 칼레츠키Michael Kalecki, 1899~1970였다. 1943년에 등장한 이 이론은 닉슨 행정부 시절에 널리 알려졌는데, 그건 바로 워터게이트 사건 때문이었다. 아이젠하워가 자신을 위해 경제를 조작해주지 않는 것에 한이 맺혔던지 닉슨은 스스로 나서서 자신의 재선이 걸린 1972년 대선을 앞두고 미국 중앙은행인 연방준비제도이사회FRB 의장 아서 번스Arthur F. Burns, 1904~1987에게 화폐 공급량을 늘려달라고 집요하게 압박했다. 백악관 녹음 테이프 녹취록에 담긴 닉슨의 그런 요구가 워터게이트 사건 때문에 만천하에 공개된 것이다.

번스가 닉슨의 압박에 굴복한 것인지는 알 수 없지만, 실제로 닉슨이 재선을 준비하는 동안 미국의 화폐 공급량은 1970년 7.4퍼센트에서 1971년 13퍼센트까지 껑충 뛰어올랐다. 이로 인해 선거가 있던 해인 1971년에 미국 경제는 7.7퍼센트라고 하는 고성장을 기록했지만, 그 후유증으로 인플레이션 역시 피해갈 수 없었다.

이와 관련, 토드 부크홀츠Todd G. Buchholz는 『죽은 경제학자의 살아 있는 아이디어』(2007)에서 "일부 공공선택학파 이론가들은 제임스 뷰캐넌의 접근 방식을 확장해 정치인들이 자신들의 재선 기회를 높이기 위해 거시 경제 지표를 조작한다고 주장했다"며 다음과 같이 말한다.

"이런 '정치 주기political cycle' 이론을 지지하는 논자들에 따르면, 선거 기간 동안 정치인들은 인플레이션 정책을 통해 실업률을 떨어뜨리고자 애쓴다. 유권자들의 표를 의식해 인플레이션 정책을 펴는 것이기는 하지만, 효과는 언제나 선거가 지난 뒤에 나타난다. 인플레이션을 치유할 수 있는 것은 경기 후퇴다. 물론 경기 후퇴로 인해 실업률은 다시 올라갈 것이고, 이런 높은 실업률은 다음 선거철이나 되어서야 다시 정치인들의 관심사가 될 것이다."[13]

1984년 대선에서 경제 조작은 레이건 행정부의 예산 국장을 지낸 데이비드 스토크먼David A. Stockman, 1946~의 증언으로도 입증이 되었다. 스토크먼은 그의 저서 『정치의 승리The Triumph of Politics: Why the Reagan Revolution Failed』(1986)에서 레이건이 1984년 선거 유세에서 미국의 장밋빛 경제 전망을 떠든 데에 경악을 금치 못했다고 썼다. 그것은 산수의 법칙을 바꾸려드는 것처럼 무책임하고 터무니없는 기만행위였다는 것이다.[14]

1984년경 미국의 중산층 유권자들은 연방 적자는 늘어나도 인플레율이 낮아짐에 따라 미국 경제에 대해 낙관적인 견해를 갖고 있었다. 다른 경제 현상과는 달리 인플레이션의 효과는 즉각적인 것이어서, 미국 중산층은 인플레이션에 대해 필요 이상의 공포심을 갖고 있었다. 그런데 인플레율을 포함한 경제 실적은 실제로 카터 행정부의 4년간이 레이건 행정부의 4년보다 훨씬 더 좋은 기록을 가지고 있었다. 카터 행정부 때의 경제 성장률은 13.6퍼센트, 실업률은 6.4퍼센트, 빈민층 비율은 13퍼센트, 연방 적자는 590억 달러인데 비해, 레이건 행정부 4년간의 수치들은 각각 10.3퍼센트, 8.6퍼센트, 13.9퍼센트, 2,000억 달러였다.

그러나 한 가지 커다란 차이점은 1980년 선거 시 카터 행정부의 경제 실적 지수들은 내리막길에 있었고, 1984년 선거 시 레이건 행정부의 경제 실적 지수들은 오르막길에 있었다고 하는 것이다.[15] 그러나 1984년 인플레율의 감소는 경기 침체와 회계 방법의 변경에 크게 힘입은 것이었다.[16] 어찌 되었건 지금 당장 통계상으로 호전되고 있는 인플레율을 유권자들에게 떠들어대는 레이건에 비해, 4~8년 전 카터 행정부 시절의 인플레율을 기억해줄 것을 요청한 민주당 후보 월터 먼데일Walter F. Mondale은 확실히 수세에 놓여 있었다.

콜린 헤이Colin Hay는 이 이론을 '정치적 비즈니스 사이클political business cycle' 이론으로 부르면서, "정치적 행위자들의 경제 운영 능력이 인위적으로 그들의 재선을 위한 기회를 극대화하기 위해서 선거 사이클과 경제의 자연적인 사이클(비즈니스 사이클)에 맞추어 동조하고 있다"는 주장으로 정의한다. 그는 인플레이션을 선거 시기에 맞추어 성장과 고용의 급상승으로 상쇄시키는 '정치적 비즈니스 사이클'의 조직화는 "잠재적인 장기적 경제 성장의 흐름을 꺾어놓을 뿐만 아니라, 동시에 실업을 증가시키는 역할을 한다"고 비판한다.[17]

그런 인위적인 경제 조작이 나쁘다는 건 두말할 나위가 없지만, 유권자들이 분담해야 할 책임도 있다. 에드워드 터프트는 "근시안적 유권자에게는 근시안적 정책이 제격"이라는 명언을 남겼다.[18] 선거를 앞둔 정치적 경제 조작에 현혹되는 유권자들에 대한 경고였다. 현직 대통령이 재선을 노릴 경우 또는 재임을 마친 대통령이 자기 당 소속 후보를 위해 장기적인 경제 안정과 발전을 저해하면서 일시적으로 경제 사정을 호전시킬 수 있다는 것은 누구나 다 알고 있는 사실이지만 일시적 피부 경제 지수가 투표 성향을 결정짓는 것은 어느 나라에서건 쉽게 볼 수 있는 현상이다.

▶ 더 읽어보면 좋을 논문들

권승 · 차재권, 「지방정부 재정 운용과 정치적 경기순환에 관한 연구: 사회복지비와 경제개발비 지출을 중심으로」, 『한국사회복지행정학』, 14권 4호(2012년 11월), 53~80쪽.
김정완, 「민주화 수준과 정치적 예산 순환: 동북아 국가를 중심으로」, 『한국사회와 행정연구』,

19권 4호(2009년 2월), 213~232쪽.

김정완, 「남북한의 정치적 예산 순환에 대한 비교 연구」, 『한국정책과학학회보』, 12권 1호 (2008년 3월), 95~114쪽.

안용흔, 「선거와 재정 정책 사이의 인과관계에 대한 시계열 회귀분석: 한국과 대만에서의 선거의 정치경제」, 『아세아연구』, 50권 1호(2007년 3월), 149~182쪽.

안용흔, 「정치경제 주기 이론의 제 논쟁에 관한 일고찰」, 『한국정당학회보』, 4권 2호(2005년 8월), 173~191쪽.

안용흔, 「선거, 선거 압력, 그리고 거시경제 정책: 한국에서의 선거의 정치경제학」, 『한국정치학회보』, 37권 1호(2003년 5월), 65~89쪽.

김상헌, 「정치 주기와 공무원 부패」, 『한국행정학보』, 34권 3호(2000년 11월), 129~141쪽.

황영배, 「정치적 경기변동과 집권당의 상대적 정치 능력」, 『한국정치학회보』, 30권 3호(1996년 12월), 123~142쪽.

28

왜 '공익의 시대'와 '사익의 시대'가
교차해 나타나는가?

⁝

역사 주기 이론

미국 정치는 그 어떤 나라의 정치보다도 주기적인 성격을 강하게 띠고 있어 이를 규명해보려는 학자들의 시도가 많이 이루어지고 있다. 아서 슐레진저Arthur M. Schlesinger, Jr., 1917~2007는 1986년에 출간한 『미국사의 사이클The Cycles of American History』에서 공공 목적과 사적 이익을 추구하는 주기들의 필수적인 교대가 일어나고 있는 것으로 보았다. 일종의 역사 사이클 이론으로, 이른바 '공익·사익 교차론'이다. 이는 미국 역사의 주기적 순환 속성 이론 가운데 하나로 약 30년을 하나의 주기로 해서 공익public purpose의 시대와 사익private interest의 시대가 교차해왔다는 이론이다.[19]

미국의 이념적 성향이 주기적으로 순환하는 이유와 관련, 슐레진저는 "우리의 전체적 여건을 향상시키려고 하는 '공익의 시대'는 상대적으로 짧은 기간에 대규모 변화를 축적한다. 즉 미국에서 개혁은 대개 급격하게 이루어지는 경향을 보인다.……이러한 혁신의 물줄기는 곧 정치를 질식시킨다. 왜냐하면 정치는 이 변화를 소화시킬 시간적 여유를 요구하기 때문이다.……더구나 지속적인 공익 지향 성향은 정서적인 면에서 곧 고갈된다. (왜냐하면) 한 국가가 고도로 긴장된 정치적 쇄신의 추동력을 감당할 수 있는 능력은 제한되어 있기 때문이다"며 다음과 같이 주장했다.

"이윽고 사람들은 다시 조용한 사적 생활에 침잠할 수 있기를 갈망한다. 지속되는 전투적 구호와 요구에 지치고 끊임없는 국가적 규모의 사안들에 식상해서, 또 그 혁신 노력의 결과에 환멸을 느껴서 이들은……휴식과 기력 회복을 위한 휴지기를 추구한다. 이렇게 해서 공익을 추구하는 열정, 이상주의, 개혁 운동은 침체기에 접어들고 공공의 문제는 겉으로 드러나지 않는 시장 경제의 법칙이 다시 좌우하게 된다.……이것이 사익privatization의 시대요, 물질주의의 시대이다. 이때는 계급문제나 경제적 갈등이 중심이 된 정치가 전면에서 후퇴하고 문화적 차원의 정치(인종 문제, 종교, 신분, 도덕성의 문제가 주된 이슈가 되는)가 전면에 등장한다.……이러한 사익의 시대는 다시 모순을 잉태하는데……국민 일부는 사적 이익 획득의 경쟁에서 뒤쳐지게 되고 지식인들은 소외된다. 내버려두었던 문제점들이 심각해지고……사람들은 이기적 동기 추구와 이기적 비전에 식상한다.……이제 사람들은 다시 자신의 사적 생활의 바깥에서 삶의 의미를 찾으려 하고……시장경제의 법칙에 의해서 해결할 수 없는 문제들이 커지고 급박해져서……마침내 새로운 정치적 시대가 열린다."[20]

그런 '공익·사익 교차론'은 자본주의와 민주주의 사이에서 발생하는 갈등의 산물이기도 하다. 슐레진저는 자본주의와 민주주의는 절대왕정과 봉건 귀족제를 무너뜨리는 데엔 손을 잡았지만, 현대 정치에선 두 사이에 갈등이 발생할 수밖에 없다는 점에 주목했다.[21]

실제로 1984년 정치학자 존 잘러John Zaller와 허버트 매클로스키 Herbert McClosky의 연구 결과는 분명하게 민주적 가치를 가장 강력히 지지하는 사람들이 자본주의의 원칙에 대해 가장 낮은 지지를 보였으며, 역으로 자본주의 원칙에 대한 지지가 강할수록 민주적 가치에 대한 지지가 낮게 나타났음을 보여주었다. 이와 관련, 케빈 필립스 Kevin P. Phillips는 다음과 같이 말한다.

"역사적으로 번갈아 나타나는 주기로 인해 미국은 부와 민주주의를 동시에 누릴 수 있었으며, 하나의 주기에서 다른 주기로 옮겨갈 수 있는 동력이 미국 정치가 지닌 진정한 힘이다.……민주주의와 자본주의는 쉽게 중첩되고 동맹을 맺기도 하지만, 반드시 분리되어 유지되어야 한다. 이 둘을 혼동해서는 안 된다."[22]

마이클 제노비즈Michael A. Genovese는 미국 대통령은 강력한 권력을 갖고 있는 것처럼 보이지만 실은 무력하다며, 그 이유 중 하나로 슐레진저의 사이클 이론을 들었다. 이는 대통령도 어찌할 수 없는, 그의 통제 밖에 있기 때문이라는 것이다. 그는 재선에 실패한 제럴드 포드와 지미 카터가 아무리 리더십 능력이 탁월했더라도 그들이 처해 있던 사이클을 피해갈 순 없었다고 주장한다.[23]

그런가 하면 엘리자베스 드루Elizabeth Drew는 미국 정치엔 '희망과 좌절의 사이클', '낙관주의와 비관주의 사이클', '분노와 만족의 사이클'이 있다고 주장한다.[24] 어떤 사이클이건, 역사에 그 어떤 사이클이 있다면, 그건 어떻게 감지할 수 있는가? 슐레진저는 '국가적 무드national mood'라는 표현을 썼다. 대통령들은 자신의 성향을 억눌러가면서까지 그런 무드에 응답하려고 애쓴다며, 역사적 사례들을 제시한다.[25]

이 '무드(분위기)'라는 개념은 여론 연구에서 특정 여론의 맥락이나 추세를 말하고자 할 때에 자주 사용하는 개념이다. 월터 리프먼Walter Lippmann은 『여론』에서 '국가적 마인드a national mind', '시대정신a spirit of the age' 등이 개별적인 의견random opinion에 질서를 부여한다고 했다. 후세의 학자들은 이를 '공중 무드public mood'나 '정책 무드policy mood'를 주장하는 근거로 활용하고 있다.[26]

구글은 그런 무드를 사업에 활용하기 위해 구글 자이트가이스트Google Zeitgeist를 만들었다. 자이트가이스트는 독일어지만 그 기원은 라틴어 genius seculi에 있다. Genius는 '수호신'을, seculi는 '세기世紀'를 뜻한다. 이 단어는 한 시대의 지적·문화적 분위기를 설명하는 '시대정신'이란 의미로 쓰이는데, 검색을 많이 하는 단어의 순위가 시대정신을 말해주는 단서일 수 있다는 가정에서 '구글 자이트가이스트'라는 말이 만들어졌다.

'구글 자이트가이스트'는 2007년 5월부터 핫 트렌즈Hot Trends라는 용어로 대체되어 월별·연도별 리스트가 만들어진다. 구글은 초청받는 사람만 입장 가능한 컨퍼런스를 세계 곳곳에서 정기적으로 개최해 여론 지도자들에게 당대의 정신을 숙고하고 논의할 기회를 제공한다. 존 바텔John Battelle은 자이트가이스트를 '의향들의 데이터베

이스'이자 '당대의 훌륭한 인류학 도구'라고 주장했다.[27]

한국 정치엔 어떤 사이클이 있는가? 2009년 정치학자 박상훈은 한국 정치를 극히 호흡이 짧은 '열망과 실망의 사이클'로 규정했다. 영웅적 정치인에 대한 열망과 집권 이후 그에 대한 실망이 빠르게 교차하는 사회라는 것이다. 그 이유에 대해 그는 "우리 사회가 민주화되어 형식적으로는 참여가 가능하지만 정작 실질적인 참여 루트는 없다"며 다음과 같이 말한다.

"국가 형성 과정에서부터 시민이 참여하는 공간을 만들어온 정치 선진국과 달리, 우리는 시민이 참여의 열정을 갖기 시작할 때 강력한 국가 관료 체제·재벌 경제 체제·보수 독점의 언론 시장이 이미 완성된 상태였다. 민주화 국면에서 몇 번 틀을 바꿀 기회가 있었지만, 운동권 엘리트들은 시민의 참여 폭을 넓히는 대안적 정당 체제를 만들어내는 대신 개별적으로 투항해버렸다. 삶 속에서 참여할 길을 찾지 못한 시민은 자신의 정치적 열망을 주체적으로 발언하는 대신 특정 정치인에게 의탁해버린다."[28]

2015년 2월 『한겨레』 선임기자 성한용은 「'20년 주기설'…올해 정권 교체 서막 오를까」라는 기사에서 "임기에 따른 권력의 순환 주기가 있다. 임기 5년의 대통령은 당선 직후부터 대략 1년 동안 가장 막강하다. 2년 차에 접어들면 실망하는 사람들이 조금씩 나타나고, 3년 차에는 지지율이 하락하기 시작한다. 4년 차에는 레임덕이 시작되고, 5년 차에는 식물정권이 된다"며 다음과 같이 말했다.

"임기 4년의 국회의원은 3년 차 정도가 되면 모든 활동의 초점을 자신의 재선에 맞춘다. 재선을 위해서는 정권의 향배도 눈에 보이지 않는다. 공천을 받지 못한 사람들이 집단 탈당을 결행하는 시기도 총선을 앞두고서다. 5와 4의 최소공배수는 20이다. 따라서 '대선-총선 사이클'은 20년마다 동일한 모델이 출현한다. 다음 총선은 2016년 4월, 대통령 선거는 2017년 12월에 있다. 20년 전인 1996년 총선과 1997년 대통령 선거 때와 간격이 같다."[29]

대통령 권력만 놓고 보자면, 노태우, 김영삼, 김대중, 노무현, 이명박, 박근혜, 문재인으로 이어져온 지난 30년간을 살펴볼 때에 보수-진보의 교체 주기가 10년이라는 설도 가능하겠지만, 박근혜 탄핵이라는 돌발 변수가 있었기에 썩 매끄럽진 않다. 미국 정치의 사이클 이론을 한국 상황에 그대로 적용하긴 어렵지만, 뭔가 시사점을 던져주는 건 있다.

한국은 오랜 독재 체제 끝에 대통령 직선제 30년의 역사를 갖고 있기에 그런 주기가 나타날 수도 없었지만, 한국 특유의 '쏠림'이나 '소용돌이' 현상 때문에 그런 주기가 더욱 확연하게 나타날 개연성은 있다. 한국에선 '성장 대 분배', '경제주의 대 사회정의' 등과 같은 대립 항을 놓고 그 사이를 왔다 갔다 하는 주기를 생각해볼 수 있겠다. 상식적으로 생각하더라도 어느 한쪽의 외침에 싫증을 내거나 환멸을 느낀 사람들이 전혀 다른 정치 양식을 선호하게 되리라는 건 얼마든지 이해할 수 있는 일 아닌가.

▶더 읽어보면 좋을 논문들

박성원 · 진설아 · 황윤하 · 조규진 · 송민, 「한국인 미래 인식, 사회 분위기, 미래 적응력 조사(3차년도)」, 『과학기술정책연구원 조사연구』, 2015년 12월, 1~215쪽.
박성원 · 황윤하 · 조규진 · 서지영 · 송민, 「한국인 미래 인식, 사회 분위기, 미래 적응력 조사

(2차년도)」, 『과학기술정책연구원 조사연구』, 2014년 12월, 1~200쪽.

양승찬 · 서희정, 「대통령 선거 후보 지지도 조사 결과에 대한 여론 분위기 지각과 감정 반
　　응이 유권자 정치 참여에 미치는 효과 연구」, 『언론과학연구』, 13권 2호(2013년 6월),
　　227~260쪽.

정한울, 「한국 사회 이념 무드의 변동과 정치적 함의: 이념 무드의 변동 사이클과 정책 선호
　　트랜드의 변화가 동인, 중도 수렴 현상과 친미 진보 · 복지 보수의 상충적 유권자 등
　　장」, 『EAI 오피니언 리뷰』, 14권(2011년 4월), 1~13쪽.

송종길 · 박상호, 「제17대 대통령 선거 기간에 선거 보도 이용 동기가 유권자의 정치 행태에
　　미치는 영향에 관한 연구: 정치 정보 효능감, 공중의 분위기 및 투표 행위 중심으로」,
　　『방송문화연구』, 21권 2호(2009년 12월), 201~234쪽.

29

왜 전체 일자리의 73퍼센트가 수도권에 몰려 있는가?

내부 식민지

취업포털사이트 잡코리아가 2015년 자사 사이트에 등록된 기업들의 신규 채용 공고 650만 9,703건을 근무 지역별로 분석한 결과, 전체 채용 공고의 73.3퍼센트가 수도권 지역에 몰려 있는 것으로 나타났다. 각 지역별 비중은 서울 40.9퍼센트, 경기 24.7퍼센트, 인천 7.7퍼센트, 부산 5.4퍼센트, 대구 3.2퍼센트, 대전 3.1퍼센트, 충남 2.9퍼센트, 충북 2.3퍼센트, 경남 2.2퍼센트, 광주 1.8퍼센트, 울산 1.3퍼센트, 경북 1.2퍼센트, 전북 1.2퍼센트, 전남 0.8퍼센트, 강원 0.5퍼센트, 제주 0.4퍼센트, 해외 0.4퍼센트 등이었다.[30]

이 통계는 이른바 '내부 식민지internal colony'의 실상을 잘 보여주고 있다. '내부 식민지'는 1970년대 남미에서 종속이론의 연장선상에서 나온 이론이다. 식민지는 국가들 사이에서만 존재하는 게 아니라 한 국가 내에서도 극심한 지역 간 불평등의 형식으로 존재한다는 게 주요 내용이다. '내부 식민지' 개념의 기원은 레닌Vladimir Illich Lenin, 1870~1924과 그람시Antonio Gramsci, 1891~1937까지 거슬러 올라가며 이후 지역 갈등이 있는 모든 나라에서 왕성하게 제기되었다. 즉, 한 국가 내에서 중심부의 주변부에 대한 착취는 중남미뿐만 아니라 영국, 일본, 이탈리아, 미국 등 세계 도처에서 나타나고 있는 현상이라는 것이다.[31]

미국의 흑인 인권운동가 마틴 루서 킹Martin Luther King, Jr., 1929~1968은 암살당하기 직전인 1968년 3월, 시카고에서 열린 자유 페스티벌의 청중을 향해 흑인 게토(슬럼가)는 '내부 식민지 시스템'이라고 성토했다.

"슬럼의 목적은 힘이 없고 영원히 권력을 갖지 못할 이들을 구분하기 위한 것입니다.……거주민들을 정치적으로 지배하고, 경제적으로 약탈하고, 매 순간 차별하고 모욕하는 슬럼은 내부 식민지와 거의 다를 바 없습니다."[32]

1968년 4월 마틴 루서 킹의 암살 직후 UCLA에서 열린 '폭력과 사회변화'라는 주제의 세미나에서 밥 블라우너Bob Blauner, 1929~는 「내부 식민주의와 게토 폭동Internal Colonialism and Ghetto Revolt」이라는 논문을 통해 미국의 흑인 문제를 내부 식민지의 관점에서 다루었다.[33]

그간 내부 식민지론은 국가 간 수준에서 나타나는 중심-주변 관계를 무리하게 한 국가 내의 지역 간 수준에 적용시켰다며 많은 비판을 받았다. 기존 좌우 성향의 이론적 틀을 넘어서 각 지역의 고유한 역사적·문화적 특성에 따른 지역적 차별성과 독특성을 강조하는 시각이 대두되기도 했다.[34] 그러나 내부 식민지론은 종속이론의 아류가 아니라 독자적인 이론 체계로 이해되어야 한다는 반론도 만만치 않다.[35]

그간 한국, 아니 한국의 지방에선 '서울 공화국' 체제를 겨냥해 이 용어를 적잖이 써왔지만, '식민지'라는 말이 과격하다며 반발하는 이들이 적지 않다. 그런 반발을 의식한 탓인지, 많은 필자가 사실상 내부 식민지 문제를 거론하면서도 '내부 식민지'라는 표현은 쓰지 않으려고 하는 경향이 있다. 아니면 하승우처럼 '좀 격하게 말하면'이라는 단서를 붙이기도 한다.[36] 내부 식민지 상태의 판단 기준을 계량화하기 어렵다는 점을 감안하자면, 이런 경향은 앞으로도 지속될 가능성이 높아 보인다.

그러나 이는 사실상 유추類推의 문제이기도 하다. 미국의 흑인 문제와 관련해 내부 식민지 이론을 주창했다가 1970년대 중기 이후 식민지 유추를 사용하지 않는 블라우너는 전통적인 식민지에서는 점령자를 추방하는 것이 식민지 모순의 해결책인데, 내부 식민지에는 그런 해결책이 없다면서, 이제 추상적인 '이론적 옳음theoretical correctness'보다는 분석틀이 미치는 사회적·정치적 영향에 더 관심을 갖고 있다고 했다.[37]

비슷한 취지에서 미국의 중앙 애팔래치아 지역의 경제적 궁핍을 다룬 데이비드 월스David Walls, 1941~는 '식민지colony' 대신에 '주변부periphery'라는 용어를 쓸 것을 제안한다.[38] 한국적 적용과 관련, 최장집은 '하나의 단일한 요인을 통하여 전체 문제를 풀려고 하는 도식화나 환원주의로 빠질 가능성'을 염려한다.[39] 다 그 나름의 타당성을 갖고 있는 지적이기에 우리는 '유추의 오류fallacy of analogy'를 경계해야겠지만, 동시에 오히려 유추가 불완전하고 부정확한 것이기 때문에 "기존의 지적 도구로 도달할 수 없는 새로운 이해의 세계로 도약하도록 우리를 도와준다"는 점에 주목해보는 게 좋지 않을까?[40]

한국에서 내부 식민지론의 목표는 점령자 추방이나 분리 독립이 아니다. 헌법 정신과 원칙에 충실하자는 국민의 합법적 요구가 필요하다는 여론의 환기와 지방의 종속적 지위가 지방민에 의해 관철되고 있다는 점에 대한 성찰이다. "지방이 식민지와 다를 게 뭐가 있느냐"는 감성적 외침에 대한 공감과 그 근거에 대한 검토를 위해 익숙한 것에 대한 '낯설게 하기defamiliarization'가 필요하며,[41] 이를 위해 내부 식민지론은 진지하고 심각한 논의의 대상이 될 수 있다는 것이다.

블라우너의 입장 변화 이유와는 반대로, 추상적인 '이론적 옳음'보다는 분석틀이 미치는 사회적 · 정치적 영향이 더 중요할 수 있기에 그 이유만으로도 내부 식민지론은 유효할 수 있다는 이야기다. 그간의 논의를 종합하는 동시에 재해석해보면 내부 식민지의 7대 요소 또는 조건은 다음과 같다. 논의의 편의상, 내부 식민지 상태에 처해 있는 지역을 A, 그런 상태를 유발하고 지속시키려는 패권 지역을 B로 부르기로 하자.

첫째, 경제적 종속이다. A와 B의 경제적 격차가 큰 것은 물론이고 구조적으로 A가 B에 종속되어 있는 상태를 말한다. 한국은 수도권에 전체 경제력의 3분의 2, 국세 수입의 4분의 3, 100대 기업 본사의 95퍼센트, 예금의 70퍼센트 등이 집중되어 있으며, 지방은 하청 공장의 기능을 수행하고 있다.[42] 지방의 빈곤율은 수도권의 빈곤율보다 2배 정도 더 높게 나타나며 지방-수도권의 삶의 격차는 날이 갈수록 커지고 있지만,[43] 그보다 더 중요한 것은 수도권의 빈곤층마저 대부분 지방에서 뿌리 뽑힌 채 생계유지를 위해 수도권에 진입한 사람들이라는 점이다. 이익단체 조직은커녕 그 어떤 결사도 할 수 없는 이들은 그 어떤 목소리조차 낼 수 없는 상태에 처해 있다.

둘째, 불평등 상태의 지속성이다. A와 B의 지역 간 불평등이 감소하기보다는 유지되거나 악화되는 상태다.[44] 한국의 수도권 집중은 반세기 넘게 계속 심화되어왔음에도, 5년 임기를 가진 정권은 단기적 성과를 얻기 위해 기존 경로를 수정하려 하기보다는 '경로의존經路依存, path dependency'의 원리에 충실한 노선과 정책을 택하고 있다.[45] 불평등 상태의 악화는 지난 반세기에 걸쳐 그리고 지금도 지속적으로 이루어지고 있는 지방 인구 감소 추세, 지방 보건 의료의 악화,[46] 지방대의 위상 하향화 등에서도 단적으로 드러난다.

셋째, 정치적 종속이다. 모든 주요 정치적 행위와 결정이 B에서 이루어지며, A는 B의 주도권을 인정하며 따라가는 상태를 말한다. 한국에서 '지방=중앙 정치의 식민지'라는 도식은 보수 신문의 사설 제목으로 등장할 정도로 상식이 되었다.[47] "광역단체장에서 동네 기초의원까지 모두 여의도가 결정하는 무한 독점구조" 하에서,[48] 지방선거는 '직전直前 대선의 연장전 또는 차기 대선의 전초전'으로만 간주되며, 지방의원은 국회의원의 '몸종'으로 전락했다는 것 또한 상식으로 통용되고 있다.[49]

넷째, 국가 엘리트의 독점이다. B는 국가 엘리트를 독점함으로써 권력 행사는 물론 국가의 운영 방식과 관련된 소통에서 절대적 발언권 우위를 점하고 있는 상태다. 한국에서 각 분야의 최고 엘리트는 지방 출신이라 하더라도 거의 대부분 인서울 대학 출신으로서 서울 기득권에 동화되거나 포섭되어야만 그 지위를 유지·발전시킬 수 있다.

다섯째, 소통 채널의 독점이다. 모든 전국 매체를 B에 집중시킴으로써 국가적 의제설정議題設定, agenda-setting은 물론 각 의제별 논의에 있어서도 B 중심적인 의식과 사고를 유포시키는 상태를 말한다. 한국의 서울 매체 집중도는 세계에서 그 유례를 찾아보기 어려울 정도로 극심하다.

여섯째, 문화적 종속이다. 대부분의 주요 문화적 인프라·자본·행사들이 B에 집중된 가운데, A의 주민들은 문화적 갈증을 느끼며 B를 선망·동경하는 상태를 말한다. 한국에서 지자체들은 앞다투어 자기 지역이 '예향'임을 부르짖지만 그건 전통문화 위주며 대부분의 대중이 갈증을 느끼는 현대적 문화 향수의 기회는 서울에 집중되어 있다. 이는 기업과 개인의 문화예술 기부금의 수도권 집중도가 84.7퍼센트(30대 대기업은 97.1퍼센트)나 되며,[50] 어느 정도 지명도가 있는 문화예술인들이 거의 대부분 서울에서 살고 있는, 아니 살아야만 하는 데에서 잘 드러난다.[51]

일곱째, 문화적 모멸이다. B의 주민은 A의 주민을 타자화·열등화하는 의식과 행태를 보이며, A의 주민 역시 그런 문화적 모멸을 수용하거나 저항을 포기하는 상태다. 한국에서 지방모멸은 매우 심하며, 지방 주민들은 그런 모멸에 정면 대응하기보다는 자녀를 서울에

진출시켜 성공케 하는, 즉 '개천에서 용 나는' 모델을 택하고 있다.[52]
김만흠의 표현을 빌리자면, "지방인은 잠재적인 중앙인인 셈이다".[53]
이게 바로 내부 식민지가 지속되는 결정적 이유라 할 수 있겠다.[54]

▶더 읽어보면 좋을 논문들

김재영·이승선, 「지역방송의 내부 식민지는 어떻게 작동하는가?: 사장 선임 등 지배구조 분석과 개선 방안」, 『한국언론정보학보』, 78권(2016년 8월), 35~78쪽.

강준만, 「지방의 '내부 식민지화'를 고착시키는 일상적 기제: '대학-매체-예산'의 트라이앵글」, 『사회과학연구』, 54권 2호(2015년 12월), 113~147쪽.

장호순, 「"종속"과 "배제": 한국 지역방송의 내부 식민지 구조에 대한 탐색적 연구」, 『언론과학연구』, 15권 2호(2015년 6월), 375~411쪽.

김동현, 「로컬리티의 발견과 내부 식민지로서의 '제주'」, 국민대학교 대학원 국어국문학과 박사학위논문, 2014년 2월.

문종대, 「내부 식민지로서의 지역방송 재생산에 관한 연구」, 『언론과학연구』, 5권 2호(2005년 8월), 175~208쪽.

황태연, 「내부 식민지와 저항적 지역주의」, 『한·독사회과학논총』, 7권(1997년 6월), 11~36쪽.

30

왜 지방 엘리트는 '내부 식민지' 타파에 소극적인가?

▼
▲

탈영토화

지방에서 인서울 대학으로 인재 유출에 가장 큰 영향을 미치는 변수는 부모의 학력과 소득수준이다. 물론 소득수준이 높을수록 인서울 대학에 많이 진학한다.[55] 지방 엘리트는 대부분 자녀를 인서울 대학에 보내며, 부유층은 서울에 아파트 한 채 정도는 갖고 있다. 2014년 6·4 지방선거 당선자 중 비수도권 광역 시·도지사 9명 중 8명이 서울, 나머지 1명은 경기 과천에 아파트나 오피스텔 등을 자가나 전세로 보유하고 있었으며, 자신의 지역구 자택은 전세로 얻은 대신 서울 강남 3구에 집을 갖고 있는 의원이 31명이나 되는 것으로 나타났다. 지방에서 기관장을 지낸 사람들은 퇴임 후 거의 서울에서 산다. 예컨대, 2006년 6월 현재 생존 중인 역대 전북 도지사 12명 중

전북에서 살고 있는 사람은 단 1명인 것으로 나타났다.[56]

이는 무엇을 말하는가? 지방이 '내부 식민지inter colony'로 전락한 이면엔 중앙·지방의 경계를 뛰어넘는 '계급 간 상층 연합'의 원인이자 결과로 나타나는 '지방 엘리트의 탈영토화deterritorialization' 현상이 있다는 걸 말해준다. 지방 엘리트는 마음만 먹으면 언제든지 서울 시민이 될 수 있는, 즉 '탈영토화'를 할 수 있는 경제적 능력을 갖고 있는바, 이들에게 지방이 내부 식민지 체제의 타파는 정치적·의례적 수사修辭의 성격이 강하며 심혈을 기울여 쟁취해야 할 목표는 아니며 그럴 만한 동기부여도 되지 않는다고 볼 수 있다.[57]

'탈영토화'는 프랑스 철학자 질 들뢰즈Gilles Deleuze, 1925~1995와 펠릭스 가타리Felix Guattari, 1930~1992가 『앙띠 오이디푸스Anti-Oedipus』(1972)에서 자본주의의 복합적인 연계성이 장소와 문화의 결속을 약화시킨다는 의미에서 쓴 말이지만,[58] 그 개념적 기원은 카를 마르크스Karl Marx, 1818~1883까지 거슬러 올라간다. 이와 관련, 슬라보이 지제크Slavoj Žižek, 1949~는 다음과 같이 말한다.

"마르크스는 자본주의의 혁명적인 '탈영토화' 효과에 매혹되었다. 자본주의는 그 무자비한 동력으로 인간 상호작용의 모든 안정된 전통적 형식을 무너뜨렸다. 모든 견고한 것은 녹아 허공으로 사라진다. 그리하여 마침내 유대인의 시체마저 아우슈비츠 가스 소각장의 연기로 사라지는 지경에 이른다.……마르크스는 자본주의의 '탈영토화'가 철저하지 못하다고 비판했다. 또 여기에서 새로운 '재영토화'가 일어난다고 비판했다. 자본주의의 궁극적인 장애는 자본주의 자체라는 것이다. 다시 말해서 자본주의는 자신도 더는 억제하지 못하는 동력을 풀어놓는다는 것이다."[59]

프랑코 베라르디 '비포'Franco Berardi 'Bifo'는 『프레카리아트를 위한 랩소디: 기호자본주의의 불안전성과 정보노동의 정신병리』(2009)에서 "자본주의의 역사는 연속적으로 이뤄진 탈영토화 과정의 역사라고 할 수 있다"며 이렇게 말한다.

"그러나 자본주의를 구성하는 문화적·정신적 토대 자체가 동일성의 토대이기 때문에 각각의 탈영토화 뒤에는 재영토화의 움직임이 따르기 마련이다. 흔히 이런 재영토화는 폭력, 인종주의, 전쟁 같은 폭력적인 재동일화의 의식을 통해 나타난다."[60]

오늘날 탈영토화는 세계화 과정과 관련해 '문화와 지리적이고 사회적인 영토 사이의 자연스러운 관계의 상실'을 가리키는 의미로 많이 쓰인다. 비슷한 용어로 '탈지역화delocalization', '장소 이탈displacement'이라는 말도 쓰인다.[61] 앤서니 기든스Anthony Giddens, 1938~는 『모더니티의 결과The Consequence of Modernity』(1990)에서 우리는 지역 맥락에서의 일상 경험에서 친숙함을 느끼지만, 그 친숙함은 더는 '지역화된 장소의 특별함'에서 비롯되는 것은 아니라고 주장한다.

"지역의 쇼핑몰은, 편안함과 안정감이라는 의식이 빌딩의 설계와 공공장소에 대한 주의 깊은 기획에 의해 계발되었다는 점에서, 하나의 환경이다. 그러나 쇼핑하는 모든 사람은 가게의 대부분이 체인 스토어들이어서 어느 도시에서 발견될 수 있다는 사실과 비슷한 디자인의 수많은 쇼핑몰이 어느 곳에서나 존재한다는 사실을 알고 있다."[62]

바로 이런 탈영토화가 내부 식민지를 고착·영구화시키는 기제로 작용한다. 앞서 지적한 바와 같이, 지방 엘리트는 지방에 살고 있기는 하지만 언제든 마음만 먹으면 지방을 떠나 중앙으로 갈 수 있는 물적 조건을 확보하고 있는 등 장소 구속성이 약하다. 이는 지방 엘리트가 내부 식민지 체제에 대해 적극적 저항을 하지 않는 '암묵적 승인'을 하고 있다는 것을 의미한다.

디지털 시대엔 탈영토화가 당연한 게 아니냐고 생각할 수도 있겠지만, 적어도 민주주의에선 결코 그렇지 않다. 미국 철학자 존 듀이John Dewey, 1859~1952가 민주주의의 핵심을 '공동체 삶community life'으로 본 것은 정곡을 찌른 것이다.[63] 지역공동체의 토대 없이는 기본적인 운동조차 어렵다. 프랑스 계몽 사상가 장 자크 루소Jean Jacques Rousseau, 1712~1778는 "온 세상을 사랑한다고 큰소리치지만 사실은 아무도 사랑하지 않을 특권을 즐기는 세계주의자"를 지적한 바 있다. 진보주의자의 사해형제주의를 경계하는 미국 역사가 크리스토퍼 래시 Christopher Lasch, 1932~1994는 루소의 이 말을 인용하면서 사람의 정은 무한히 잡아 넓히기에는 너무 구체성에 뿌리를 두고 있음을 인정해야 한다고 주장한다.

미국의 흑인 민권운동가 마틴 루서 킹Martin Luther King Jr., 1929~1968의 흑백차별 철폐 운동이 일정한 성과를 얻은 것은 남부에 탄탄한 흑인 공동체의 토대가 있었기 때문이다. 반면 북부에서는 그런 공동체의 토대가 없었기 때문에 실패로 돌아갔다. 래시는 더 강인하고 낙관적인 흑인을 낳은 것은 흑인과 백인이 섞여 살던 북부가 아니라 흑인끼리 모여 살던 남부였다면서, 흑인과 백인이 섞여 사는 보편주의에 집착했던 미국 진보주의자의 고정관념을 지적한다. 요컨대, 보통 사

람은 인류 보편을 사랑하는 것이 아니라 특정 남녀를 사랑한다는 것이다.[64]

이문재가 잘 지적했듯이, "민주주의는 장소의 문제다. 본질적으로 장소에 대한 감수성의 문제다. 장소 없는 민주주의는 사람이 살지 않는 집과 같다".[65] 장소의 중요성에 대한 인식은 늘 방송의 지역성을 보호하려고 애쓰는 미국 연방통신위원회Federal Communications Commission의 다음과 같은 선언에서도 잘 드러난다.

"지역성에 대한 우리의 우려는……외부효과에 대한 우려일 수도 있다. 즉, 지역 뉴스와 공공 문제 프로그램의 진정한 가치는 그것을 시청하는 사람의 수나 그들이 거기에 부여하는 가치에 반영되는 것이 아니라 그것이 우리 사회 전반에 대해 갖는 가치와 특히 우리의 민주주의 제도의 기능에 반영될 수도 있다는 것이다."[66]

외부효과external effect, externalities는 어떤 경제활동과 관련해 다른 사람에게 의도하지 않은 혜택이나 손해를 가져다주면서도 이에 대한 대가를 받지도 않고 비용을 지불하지도 않는 상태를 말한다.[67] 조지프 스티글리츠Joseph E. Stiglitz, 1943~의 해설에 따르면, "오래전에 어떤 시인은 '누구도 섬이 아니다'고 말했다. 어떤 사회에서나 한 사람의 행동은 다른 사람에게 피해를 입히거나 혜택을 베푼다. 경제학자들은 이것을 외부효과라고 부른다".[68]

그런 점에서 구체적인 장소를 희생하면서 사이버 공동체나 모바일 공동체를 껴안으려는 진보 진영 일각의 '탈영토화 전략'은 위험할 뿐만 아니라 어리석다. 물론 그런 전략은 일시적으론 장소를 오염시키는 지역주의의 문제를 우회할 수 있는 장점은 있을망정, 늘 바람에 휩쓸리는 사상누각砂上樓閣을 짓는 거나 다름없다.

지역주의 문제는 정공법으로 돌파해야지 탈영토화 전략 같은 우회적인 방법으론 결코 넘어설 수 없는 문제다. 지역주의는 기존 중앙 패권주의의 사생아임을 직시해야 한다. 지방 유권자들 사이에 신앙처럼 여겨지고 있는 "우리 지역 출신이 중앙 권력을 잡아야 우리가 잘 살거나 적어도 피해보지 않을 수 있다"는 실체적 근거를 깰 생각은 않고, 일시적인 눈속임을 한다고 해서 무엇이 달라질 수 있겠는가 말이다.

대형마트가 지역의 영세 상권을 초토화한 것에서 잘 드러났듯이,[69] 세계에서 가장 앞서가는 한국 사회의 디지털화는 사회 전 분야에 걸쳐 탈영토화를 가속화했고, 그 결과 우리는 개인과 가족 단위의 생활 편의성은 세계 최고 수준을 누리게 되었지만, 그 대가로 공공성 있는 지역이라는 영토를 잃고 만 셈이다.

▶더 읽어보면 좋을 논문들

박은주, 「카프카의 탈영토화하는 글쓰기: 들뢰즈와 가타리의 카프카론」, 『카프카연구』, 13권 (2005년 12월), 125~150쪽.

이기웅, 「이주민들의 탈영토화된 음악 실천과 코즈모폴리턴 문화 공간의 생산: 서양계 이주민 밴드를 중심으로」, 『대중음악』, 15권(2015년 5월), 74~92쪽.

김민정, 「다문화 가족의 탈영토화와 초국가적 네트워크 특성」, 『한국생활과학회지』, 22권 3호 (2013년 6월), 421~436쪽.

최종렬, 「탈영토화, 에스닉 집적지 그리고 초국적 이방인: 대구 북부 정류장을 중심으로」, 『한국학논집』, 50권(2013년 3월), 231~274쪽.

서대정, 「영화적 개념의 탈영토화와 뉴미디어적 재영토화: 피터 그리너웨이(Peter Greenaway)의 영화 작업을 중심으로」, 『영화연구』, 53권(2012년 9월), 115~138쪽.

최종렬·최인영, 「탈영토화된 공공장소에서 '에스니시티 전시하기': 안산에 대한 관광객의 문화기술지적 단상들」, 『한국사회학』, 46권 4호(2012년 8월), 1~44쪽.

최종렬, 「탈영토화와 다문화주의: 연구 쟁점을 중심으로」, 『사회와이론』, 20권(2012년 5월),

97~159쪽.

신명직, 「가리봉을 둘러싼 탈영토화와 재영토화: 87 이후의 가리봉을 그린 소설과 영화를 중심으로」, 『로컬리티 인문학』, 6권(2011년 10월), 47~90쪽.

최종렬, 「탈영토화된 공간에서의 베트남 이주 여성의 행위 전략: 은혜와 홍로안의 사랑과 결혼 이야기」, 『한국사회학』, 43권 4호(2009년 8월), 107~146쪽.

최종렬, 「탈영토화된 공간에서의 다문화주의: 문제적 상황과 의미화 실천」, 『사회이론』, 24권 (2009년 6월), 47~79쪽.

이철우, 「주권의 탈영토화와 재영토화: 이중국적의 논리」, 『한국사회학』, 42권 1호(2008년 2월), 27~61쪽.

제7장

미디어와 설득

31

왜 네거티브 공방은
선거의 본질이 되었는가?

▼
▲

부정성 편향

"선거 기간이 짧은 이번 '쇼트트랙 대선'의 가장 큰 특징이 네거티브다. 더불어민주당 · 자유한국당 · 국민의당 · 바른정당 등 원내교섭단체의 대선 후보가 모두 확정된 지난 5일 이후 21일 오후 1시 현재까지 4당은 597건의 공식 브리핑과 논평을 발표했다. 하루 평균 35건. 각 당이 매일 10건 가까이 경쟁 후보를 겨냥해 공격하는 '입의 전쟁'이 벌어지고 있다. 이 중 396건(66.3%)이 상대에 대한 비방과 의혹 제기 등이었다. 이 가운데는 캠프와 당내 인사들의 일탈 관련 내용이 148건(37.4%), 가족에 관한 의혹 제기가 72건(18.2%)을 차지했다. 말실수 등을 놓고 물고 늘어지는 '말꼬리 잡기'식 논평도 81건(20.5%)이었다. '아니면 말고'식의 반칙성 의혹 제기까지 서슴지 않는다. 반면 정책을 놓고 벌이는 논쟁은 45건(7.5%)에 불과했다. 그나마도 '(사드를 놓고) 오락가락하는 (국민의당) 당론은 소가 웃을 일'(한국당)이라는 비난에 가까운 내용이었다."[1]

2017년 4월 22일 『중앙일보』에 실린 「캠프 '입의 전쟁' 정책 한 번 말할 때 네거티브 아홉 번」이라는 기사 내용이다. TV 대선 토론 역시 네거티브로 충만했다. 이 신문은 「또 네거티브로 얼룩진 TV 대선 토론, 달라져야 한다」는 사설에서 "23일 밤 '사전 원고 없는 스탠딩 형식'으로 두 번째 치러진 대선 후보 TV 토론회는 2시간 내내 네거티브 공방으로 얼룩졌다"며 "장시간 토론을 시청한 유권자들 뇌리엔 후보들 간의 낯 뜨거운 말싸움 외엔 남은 것이 없었다고 해도 과언이 아니다"고 개탄했다.[2]

이 밖에도 네거티브 캠페인을 비판하는 기사는 무수히 많다. 그런 비판이 너무 많다보니 아예 '네거티브'란 말의 뜻마저 이상하게 변질되고 말았다. 네거티브의 질을 따지기보다는 네거티브 자체가 크게 잘못된 것처럼 여겨지고 있으니 말이다. 정도의 차이는 있을망정 미국의 사정도 다르지 않다. 드루 웨스턴Drew Westen은 『감성의 정치학: 마음을 읽으면 정치가 보인다』(2007)에서 네거티브 선거운동에 대한 3가지 오해를 지적한다.

첫째, 선거운동이 혼탁해져간다. 둘째, 투표율을 떨어뜨린다. 셋째, 네거티브 선거운동은 비윤리적이고, 비효율적이며, 상대방이 네거티브로 나오면 무시해야 한다. 이에 대해 웨스턴은 "이 세 가지 모두 우리가 아는 인간의 정서나 사고와 배치된다. 현대 미국의 선거 역사보다 더 훌륭한 증거는 없다"며 자세한 증거들을 제시한다.[3]

미국에서 네거티브 선거 캠페인이 기승을 부리는 이유는 간단하다. 사람들은 네거티브의 속성이 두드러진 드라마와 가십거리를 좋아하며, 다른 사안보다 네거티브 선거 캠페인을 쉽게 기억하기 때문이다.[4] 네거티브 선거 캠페인은 공격의 대상이 된 후보가 공직 수행의 압박에도 얼마나 성실히 직무를 수행할 것인지에 대한 중요한 정보가 된다는 이유로 정당화되기도 한다.[5]

안종기와 박선령은 2016년에 발표한 「네거티브 정치 캠페인의 성공과 실패: 연구 흐름의 정리 및 케이스 비교 분석」이라는 논문에서 "네거티브 정치 광고가 Political System 전반에 끼치는 영향, 다시 말해 정치에 대한 유권자들의 효능감이나 만족도, 투표참여 행동 등에 미치는 영향에 대한 연구 결과들은 어떠할까?"라면서 다음과 같이 말한다.

"일반적인 예상과는 달리 투표 참여와 같은 정치 참여 행동을 낮추는 것이 아니라 오히려 높이는 결과, 혹은 적어도 정치 참여 의향에 부정적인 마이너스 영향을 끼치지는 않는다는 연구가 많은 편이다. 즉, 네거티브 정치 광고가 정치 태도에 악영향을 미친다는 입증된 실증적 결과는 없으며 오히려 정치 정보 획득 차원에서 더 정확하고 유용한 정보를 획득, 기억함으로써 정확한 평가와 결정을 내리는 데 도움을 줄 수 있다는 주장이 가능한 것이다. 이러한 네거티브 정치 광고의 긍정적 기여는 유권자들이 형성하는 정치 태도나 참여 행동에도 결코 부정적이지 않다는 실증 연구들로 이어진다."[6]

2017년 4월 국내에서 출간된 배철호·김봉신의 『네거티브 아나토미』라는 책도 부제목 그대로 "피할 수도 피해서도 안 되는 선거 캠

왜 네거티브 공방은 선거의 본질이 되었는가?

페인"의 현실 또는 본질을 잘 제시하고 있어 인상적이다. 저자들은 "단언컨대 네거티브 없는 선거 캠페인은 없다"며 "네거티브는 선거 캠페인에서 단순한 양념을 넘어 기본 재료라 할 수 있다"고 말한다.[7]

저자들은 네거티브는 오히려 공직에 걸맞은 도덕성을 갖춘 사람을 검증하려면 꼭 필요한 일이라고 주장한다. 다만, 이때 '네거티브'란 근거 없는 흑색선전이 아니라 "7할의 사실과 3할의 진실(해석)에 기반을 둔" 법의 테두리 안에 있는 네거티브를 말한다고 거듭 강조한다.[8] 저자들은 '공익'의 관점에서 접근할 것을 제안한다. "네거티브에는 그림자만이 아니라 빛도 있어요. 객관성을 담보하고 법적 테두리 안에서 진행한다면 후보를 검증하는 긍정적 수단이 될 수 있습니다. 탈법적이고 지나칠 경우에 문제가 되는 것이지 네거티브 자체가 문제는 아닙니다."[9]

심리학적 관점에서 보자면 네거티브는 우리 인간의 본성과 분리될 수 없는 것이다. 이른바 '부정성 효과negativity effect' 또는 '부정 편향성negativity bias' 때문이다. 부정 편향성은 사람을 평가할 때 긍정적 정보보다 부정적 정보에 큰 비중을 둬서 정보를 처리하는 현상으로, 수많은 긍정적인 정보가 있음에도 단 하나의 부정적인 정보에 마음이 바뀌는 심리를 말한다.[10] '긍정성 효과positivity effect'라는 말도 있는데, 이는 내가 좋아하는 사람의 부정적인 행동에는 상황적인 요인이 작용했다고 생각하고, 긍정적인 행동에는 원래 갖고 있던 성격적인 요인이 작용했다고 생각하는 현상을 말한다.[11]

'악사천리惡事千里'라는 말이 있다. 나쁜 소식은 빨리 전파된다는 것인데, 영어에도 비슷한 속담이 많다Bad news travels fast=Bad news travels quickly=Ill news runs apace. 이는 부정적인 것이 사람들의 관심을 끄는 유인 효과가 크다는 것을 말해준다. 그래서 긍정인 뉴스보다는 부정적인 뉴스가 잘 팔리고, 긍정적인 소문보다는 부정적인 소문이 잘 퍼져나간다. 달리 말하자면, "나쁜 것은 좋은 것보다 더 강하다"는 것이다.[12]

위니프레드 갤러거Winifred Gallagher는 "우리는 공포, 분노, 슬픔 같은 부정적인 감정에 몰두하는 경향이 있다"며 이렇게 말한다. "이는 단지 부정적인 감정이 유쾌한 감정보다 훨씬 강력하기 때문이다(인생이 갈등, 죄악, 비탄, 분노, 공포로 가득한 투쟁이라고 생각한 프로이트로서는 놀랍지도 않은 사실이다). 고통이 본질적으로 우리의 주목을 낚아챈다는 데 대한 신체적인 증거는 무수히 많다."[13]

진화론적 관점에서 보면, 부정적 신호에 더 빠르게 즉, 자동적으로 반응할수록 살아남을 확률이 높으므로 우리 인간이 부정 편향성을 갖게 되었다고 볼 수 있다. 이 주제를 오랫동안 연구해온 미국 펜실베이니아대학의 폴 로진Paul Rozin과 에드워드 로이즈먼Edward Royzman은 적응성 면에서 부정 편향이 지닌 가치에는 4가지 요소가 있다고 말한다.

첫째, 부정적인 사건은 강력하다. 내가 살해될 수도 있다! 둘째, 부정적인 사건은 복잡하다. 달아날까? 싸울까? 가만히 있을까? 숨을까? 셋째, 부정적인 사건은 불시에 일어날 수 있다. 뱀이다! 사자다! 그리고 신속하게 해결해야 한다. 이는 더 빠른 자동 처리 과정이 선택되었을 것이라고 추측하는 좋은 근거가 된다. 넷째, 부정적인 사건은 전염될 수 있다.[14]

부정 편향성은 우리 사회에 네거티브 캠페인은 물론 네거티브 뉴스와 예측이 흘러넘치는 이유를 잘 설명해준다. 댄 가드너Dan Gardner 는 "왜 사람들은 암울한 예측에 그처럼 많은 관심을 기울일까? 왜 우울한 전망이 낙관적인 전망보다 압도적으로 많고, 신문에서 더 많은 자리를 차지하며, 책으로도 더 많이 팔리는 걸까?"라고 물으면서 다음과 같이 답한다.

"나쁜 소식에 우선권을 부여하는 뇌를 가진 사람은 그렇지 않은 사람에 비해 사자에게 잡아먹힐 확률이 적다. 상대적으로 더 오래 살 수 있다. 이렇게 해서 부정 편향은 보편적인 인간 특성으로 자리 잡았다."[15]

정치는 물론 저널리즘도 이런 부정성 편향의 굴레에서 자유롭지 못하다. 많은 연구 결과에 따르면, 오늘날 미국인들은 마음의 평정이나마 얻기 위해 자신의 관점을 강화하는, 즉 반대편을 부정적으로 묘사하는 뉴스만 선별해 보고 있으며, 정치인들도 자신의 색깔과 같은 방송 매체에만 출연하는 양극화polarization 현상을 보이고 있다. 중도를 자처하는 미국인들이 다수일지라도, 이들의 목소리가 규합되거나 반영되지 않은 채 미국 정치가 극단적 당파싸움으로 흐르면서 모든 미국인의 의식과 삶에 지대한 부정적 영향을 미치고 있다.[16]

미국인의 97퍼센트가 정치적 양극화를 수긍하고 있다는 조사 결과도 있다.[17] 정치와 정치 저널리즘 영역에서 '우리 대 그들Us Against Them'이라고 하는 구도가 모든 의식과 행동양식을 지배하는 상황에선 이성적 사고는 기대하기 어렵다.[18] 적에 대한 반대, 그것이 바로 정치의 핵심이 된다. 이와 관련, 미국의 사회생물학자 레베카 코스타Rebecca Costa는 다음과 같이 말한다.

"네거티브 광고가 효과적인 이유는, 후보자가 우리의 지지를 얻을 필요가 없기 때문이다. 그들이 해야 할 일은 우리가 단 하나뿐인 대안, 즉 그들의 경쟁자로부터 등을 돌리도록 하는 것뿐이다. 어쩌면 자유로운 선택을 하고 있다는 기분이 들지도 모르지만, 실제로 우리가 하는 일은 한 후보자를 반대함으로써 자동적으로 유일한 대안에 지지를 보내는 것에 불과하다. 이것이 바로 미국이 두 세기가 넘도록 양당제에 정체되어 있는 이유이자, 우리가 앞으로도 수 세대에 걸쳐 이 방식을 유지할 가능성이 높은 이유다."[19]

정치인과 언론 매체의 입장에서 부정적 편향성을 캠페인과 뉴스의 본질로 삼는 게 이익이 남는 장사가 된다. 그런 현실은 한국도 다를 바 없기에, 현재 한국 정치가 이전투구泥田鬪狗의 수렁에 빠져 있는 게 아니겠는가.[20] 그런데 정작 흥미로운 건 우리는 늘 인간 본성에 충실한 삶을 살면서도 공적 영역에선 한사코 "네거티브는 나쁘다"는 식으로 그 본성에 반하는 주장만 해대고 있다는 사실이다. 그래서 스코틀랜드의 철학자 데이비드 흄David Hume, 1711~1776은 다음과 같이 말했을 게다. "사회의 일반적인 의무들은 위선을 필요로 하고, 위선 없는 세계를 경험하는 것은 불가능하다."[21]

▶ 더 읽어보면 좋을 논문들

안종기·박선령, 「네거티브 정치 캠페인의 성공과 실패: 연구 흐름의 정리 및 케이스 비교 분석」, 『인문사회 21』, 7권 1호(2016년 2월), 393~412쪽.

강원택, 「2007년 대통령 선거와 네거티브 캠페인의 효과」, 『한국정치학회보』, 43권 2호(2009년 6월), 131~146쪽.

이강형, 「네거티브 선거 캠페인의 효과: 2007년 대통령 선거 투표 참여를 중심으로」, 『언론과 학연구』, 9권 2호(2009년 6월), 355~394쪽.

전우영, 「부정성 편파와 긍정성 편파가 집단에 대한 인상 형성에 미치는 영향: 정보량의 역할을 중심으로」, 『한국심리학회지: 사회 및 성격』, 22권 4호(2008년 11월), 1~14쪽.

신일기 · 이병관 · 조병량, 「네거티브 정치 광고의 유형과 광고 회의주의가 스폰서 후보 평가 및 투표 의도에 미치는 영향」, 『한국광고홍보학보』, 10권 3호(2008년 7월), 224~247쪽.

심성욱, 「선거와 네거티브 캠페인」, 『커뮤니케이션 이론』, 3권 1호(2007년 6월), 120~155쪽.

민영, 「정치 광고의 이슈 현저성과 후보자 선호도에 대한 효과: 이슈 소유권(issue ownership) 과 네거티브 소구(negative appeals)를 중심으로」, 『한국언론학보』, 50권 5호(2006년 10월), 108~131쪽.

전호성, 「비교광고 상황에서 광고 태도와 브랜드 태도의 관계에 관한 연구: Negativity Bias 현 상을 중심으로」, 『마케팅연구』, 20권 4호(2005년 12월), 115~145쪽.

탁진영, 「부정적 정치 광고가 정치체제에 미치는 부정적인 영향에 관한 연구」, 『광고학연구』, 15권 4호(2004년), 73~98쪽.

심성욱, 「네거티브 정치 광고의 비교 유형이 미국 대학생들에게 미치는 효과에 관한 연구: 긍 정적 광고와 이슈(정책), 이미지, 혼합(이슈와 이미지) 네거티브 정치 광고 비교」, 『한국언 론학보』, 47권 4호(2003년 8월), 220~245쪽.

이희욱 · 박종무 · 이경탁, 「부정적 정치 광고가 후보자에 대한 유권자의 평가, 태도 및 투표의 도에 미치는 영향」, 『경영연구』, 15권 3호(2000년), 137~165쪽.

32

왜 선거일 6일 전부터
여론조사 공표와 인용 보도를 금지하나?

정보의 폭포 현상

1989년 11월 9일 역사적인 베를린장벽의 붕괴는 불과 2개월 전인 1989년 9월 4일 동독 라이프치히Leipzig의 니콜라이교회에서 재개된 월요 평화 기도회에서 시작되었다. 니콜라이교회 월요 기도회의 시작은 1982년으로까지 거슬러 올라가지만, 1989년 들어 월요 기도회를 둘러싼 교회와 국가기관의 대립이 커졌다. 5월부터는 교회로 향하는 길목에서 경찰 검문이 시작되었고, 월요 기도회 시간에 맞춰서는 아예 길이 차단되었다. 그러나 니콜라이교회는 여름 동안의 휴지기가 끝난 뒤 기도회를 강행했고 그 첫 집회에 교회 내 2,000개 좌석을 가득 채우고도 남는 인원이 참가했다. 분위기가 전과는 확연히 달라진 것이다. 예전에 들렸던 '동독을 떠나고 싶다'는 구호 대신 '동

독에 남겠다'는 새 구호가 등장했다.[22]

이후 라이프치히에선 월요일마다 시위가 일어났으며 그때마다 시위 참가자는 늘어났다. 9월 25일에 5,000명이던 시위대는 10월 2일에는 2만 명으로 늘었다. 10월 16일 시위대는 11만 명으로 늘어났으며, 시위는 전국적으로 확대되기 시작했다. 당시 라이프치히 인구는 50만 명이었는데, 10월 23일 라이프치히에서만 시위대는 32만 명까지 불어났다. 이날 전국적으론 67만 5,000여 동독인들이 시위에 참여했으며, 10월 30일에는 100만 명을 넘어섰다. 11월 4일 베를린에서 가장 큰 규모의 시위가 벌어졌는데, 이 시위엔 100만 명 가까이 참석해 '혁명적 쇄신'을 요구했다. 동독의 텔레비전 방송은 이 시위를 처음부터 끝까지 다 방영했다. 11월 9일 동독 공산당 정치국이 여행 자유화 조치를 승인했지만, 서베를린을 자유롭게 왕래할 수 있도록 허용하는 더 대범한 결정이 있을 것이라는 소문이 퍼지면서 국경 수비대는 장벽에서 물러드는 군중에게 굴복하고 말았다.[23]

불과 몇 주 만에 5,000명이던 시위대가 어떻게 100만 명을 넘어설 수 있었을까? 이를 설명할 수 있는 개념이 바로 'information cascade'다. 'informational cascade'라고도 하며, 우리말로는 '정보의 폭포 현상' 또는 '정보 연쇄 파급효과'라고 한다. 이는 정보가 폭포처럼 쏟아져 나오면서 원하는 정보를 찾기가 점점 어려워짐에 따라 개인들이 다른 사람들의 결정을 참고해 자신의 의사를 결정하는 현상을 말한다. 예를 들어 인터넷에서 물건을 구매할 때 다른 고객들이 어떤 제품을 주로 구매했는지를 참고해서 '따라하기'식의 구매를 하거나, 주식투자나 외환거래 등 금융거래 시 리스크를 줄이기 위해

다른 사람의 동향에 관심을 갖는 등의 행동이 이에 해당한다.[24]

정보의 폭포 현상은 '인식의 공유shared awareness'로 인해 일어나는데, 여기엔 3단계가 있다. 1단계는 모두가 무엇인가를 아는 단계, 2단계는 모두가 알고 있음을 모두가 아는 단계, 3단계는 모두가 알고 있음을 모두가 알고 있다는 사실을 모두가 아는 단계다. 클레이 서키Clay Shirky는 『끌리고 쏠리고 들끓다: 새로운 사회와 대중의 탄생Here Comes Everybody: How Change Happens When People Come Together』(2008)에서 베를린장벽의 붕괴를 이 3단계 과정으로 설명한다.

"많은 동독인들은 정부가 부패했고, 그런 정부 아래에서의 삶이 고단하다는 사실을 알게 되었다. 이는 '모두가 아는' 단계다. 시간이 흐르면서 그들 중 상당수는 자기들 친구, 이웃, 동료들 대부분도 그 사실을 알고 있음을 알게 되었다. '모두가 알고 있음을 모두가 아는' 단계다. 그러나 이 단계에서 집단행동이 촉발되지는 않는다. 감정은 널리 확산되어 있지만, 모두가 무엇을 알고 있는지 발설하는 사람이 없기 때문이다. 그러나 마침내 라이프치히 시민들이 동독이 부패한 나라라는 사실을 알고 행동에 나서고 있는 다른 사람들 모습을 보게 되었다. 바로 '모두가 알고 있음을 모두가 알고 있다는 사실을 모두가 아는' 단계가 된 것이다."[25]

정보의 폭포 현상이 사회적 차원에서 일어나면 베를린장벽의 붕괴처럼 혁명으로까지 비화될 수 있다. 던컨 와츠Duncan J. Watts는 『Small World: 여섯 다리만 건너면 누구와도 연결된다』(2003)에서 정보의 폭포 현상이 일어나면 집단 내의 개인들은 개인행동을 중단하고 응집된 전체처럼 행동하기 시작한다며 다음과 같이 말한다.

"정보 캐스케이드는 때로는 급하게 일어나고(베를린장벽을 붕괴시킨 라이프치히 시위대의 규모는 몇 주 만에 폭발적인 증가를 경험했다), 때로는 서서히 일어난다(인종 간 무차별, 여성의 참정권, 동성애자에 대한 관용 같은 새로운 사회 규범은 보편성을 확보하기까지 몇 세대가 걸릴 수도 있다). 하지만 모든 정보 캐스케이드는 일단 시작되면 자기 영속성을 갖는다. 다시 말해서 앞선 사람들을 끌어들인 그 힘에 의해 새로운 추종자를 끌어들이는 식이다. 그러므로 처음의 충격은 그것이 아무리 작더라도 대단히 큰 시스템의 구석구석까지 전파될 수 있다."[26]

정보 폭포 현상은 주식시장에서 잘 나타난다. 존 캐서디John Cassidy는 『시장의 배반How Markets Fail: The Logic of Economic Calamities』(2009)에서 "자신의 정보를 전적으로 신뢰하지 못할 때, 합리적인 결정을 내리는 사람은 다른 사람의 행동을 고려하게 되고 아울러 그들이 더 나은 정보를 갖고 있을 가능성이 높다고 판단한다. 따라서 모든 사람들은 결국 같은 식으로 행동할 것이다"며 다음과 같이 말한다.

"현실에서 폭포의 형성 여부는 주로 공적, 사적 정보를 얼마나 정확하게 인식하느냐에 좌우된다. 자동차 시장 등 대부분 산업에서 사적 정보는 매우 유익하다. 차를 사기 전에 구매자는 차를 직접 시운전해본다. 다른 사람이 특정 차량을 타고 다니는 모습을 보고 자극을 받기도 하지만 그 이상은 아니다. 이런 유형의 시장에서는 폭포가 만들어질 가능성이 적다. 그러나 투기 시장은 사정이 다르다. 주식이나 상품의 가치를 평가할 때 일반 투자자는 너무 많은 정보 폭포의 세례를 받는다. 기술주나 에너지 주식이 오르는 것을 보면, 다른 투자가들이 자신보다 더 많은 사실을 알고 있을 것이라 추측하는 것이 당연하다."[27]

정보의 폭포 현상은 선거에서도 자주 나타난다. 대통령 예비 선거를 치르는 미국처럼 선거를 순차적으로 치르는 국가나 일부 지역의 투표가 다른 지역보다 먼저 끝나는 지역에서는, 특정 후보가 이미 경쟁 후보를 따돌렸다는 정보가 나돌면 다른 후보에게 투표하려던 유권자까지도 우세한 후보를 지지할 수 있다. 미국에서 민주 · 공화 양당의 경선은 아이오와에서 시작해 뉴햄프셔로 이어지고 50개 주로 퍼져나가는데, 아이오와에서 첫 승리를 거머쥔 후보는 언론의 집중 조명을 받으며 초반 주도권을 쥔다. 아이오와의 대통령 선거인단은 6명으로 전체 538명의 1퍼센트밖에 안 되는데도 첫 경선이라는 이유만으로 지나친 주목을 받아 과대평가된다는 비판도 있다.[28]

선거운동 기간에 발표하는 여론조사도 비슷한 영향을 줄 수 있기 때문에 프랑스 · 스페인 · 이탈리아 등 일부 국가들은 선거 며칠 전부터 일체의 여론조사 결과를 발표하지 못하도록 막는다. 프랑스는 2일 동안, 스페인은 5일 동안, 이탈리아는 15일 동안 금지된다. 그러나 미 · 영 · 독 · 일 같은 대부분의 나라에서는 이것을 금지하는 것이 유권자의 정보 접근권을 제한한다고 보기 때문에 선거 당일도 자유롭게 여론조사 결과가 나온다.

한국의 공직선거법은 선거일 6일 전부터 여론조사 공표와 인용 보도를 금지한다. 1958년 선거관련법은 선거 여론조사를 아예 전면 금지시켰고, 이후 군사정권 내내 이어지다가 1992년에야 법적으로 허용이 되어 '28일간 공표 금지'로 바뀌었다. 1994년에는 '22일간 금지'로 축소되었고, 지나친 제한이라는 데 사회적 합의가 이루어져 2005년 지금 같은 '6일 금지'로 완화한 것이다. 중앙선관위원회는 2016년 프랑스처럼 2일로 축소하자는 법 개정 의견을 냈지만 국회가 제대로 심의하지 않았다. SNS 때문에 여론조사 공표 금지의 실효성이 사라진 데다 가짜 여론조사가 기승을 부릴 수 있기 때문에 '여론조사 공표 금지'를 폐지하자는 목소리가 높다.[29]

정보의 폭포 현상은 사람들이 불완전한 정보를 보완하기 위해 다른 사람들이 하는 행동을 살펴보기 때문에 일어나는 현상이다. 이것의 근본적인 문제점은 특정 시점 이후에는 사람들이 자기 자신만의 지식에 관심을 기울이지 않으면서 그런 태도를 스스로 합리화한다는 것이다. 그리고 타인의 행동을 보면서 모방하기 시작한다. 개개인이 자기가 갖고 있는 지식을 활용하지 않게 되면 연쇄 파급효과가 부정적으로 작용하기 시작한다.[30]

특히 루머는 정보의 폭포 현상을 통해 전파되는 경우가 많으며, 거짓 루머도 폭포 현상을 일으키는 경우가 많다. 캐스 선스타인Cass R. Sunstein은 『루머On Rumours: How Falsehoods Spread, Why We Believe Them, What Can Be Done』(2009)에서 그렇게 되면 2가지의 큰 사회적 문제가 야기된다고 말한다.

"첫째로 가장 중요한 문제는 사람들이 거짓 사실, 어쩌면 아주 치명적인 허위 사실을 진실인 것처럼 믿게 된다는 것이다. 그런 폭포 현상은 인간관계를 망치고 비즈니스를 망치고, 대상이 되는 사람의 일생을 망가뜨릴 수 있다. 두 번째 문제는 일단 폭포 현상에 휩쓸리고 나면 사람들이 자기 맘속에 갖고 있는 의문을 잘 드러내지 않는다는 것이다. (그래서) 그런 루머를 먼저 퍼뜨린 자들이 이끄는 대로 뒤를 따라가게 된다."[31]

이어 선스타인은 "폭포 효과로 확산된 루머들이 확고한 믿음으로 자리 잡게 되면 그 파급효과는 엄청난 위력을 발휘하게 된다"고 말한다. "유사한 믿음을 공유한 사람들끼리는 특정 루머를 받아들이고, 다른 루머는 배척하는 경향이 강하다는 점을 상기해보자. 어떤 그룹은 루머를 퍼뜨리는 정보 폭포 효과에 취약한 반면 다른 그룹은 그렇지 않다고 가정해보자. 그럴 경우에 서로 다른 '세상'에 사는 사람들은 강렬한 기초적 믿음을 키워나가고, 이후에 듣게 되는 모든 정보에 대해서는 그 기초적인 믿음을 토대로 접근한다. 그렇기 때문에 이들이 갖고 있는 생각을 바로잡기란 대단히 어렵다."[32]

존 캐서디는 "정보 폭포 이론은 개인의 입장에서 목적이 뚜렷하고 신중하게 선택한 행위가 어떻게 집단적인 비합리적 결과로 이어질 수 있는지를 보여주는 또 하나의 좋은 예이다"고 했지만,[33] 이는 감정의 문제이기도 하다. 던컨 와츠는 "우리가 남들과 같은 행동을 하고 싶어 하는 이유는, 그러는 편이 더 낫다고 생각해서가 아니라-그렇게 생각할 수도 있지만-함께한다는 사실 자체가 중요하기 때문이다"며 다음과 같이 말한다.

"누구나 집단에 속하고 집단의 구성원들과 동질감을 느끼고 싶어한다. 그러기 위한 한 가지 방법은 문화적으로 공통된 참조 대상과 취향을 공유하는 것이다. 같은 노래와 영화, 스포츠, 책을 좋아하면 이야깃거리가 생길 뿐 아니라, 나보다 더 큰 무언가의 일부가 된 느낌을 받는다."[34]

세상 모든 일이 그렇듯이, 정보의 폭포 현상엔 명암明暗이 있다. 베를린장벽의 붕괴처럼 폭력의 위협을 넘어서는 대대적인 시위의 동력이 될 수도 있지만, 그 어떤 긍정적 가치도 찾을 수 없는 집단적 광기狂氣를 불러일으킬 수도 있다. 둘 사이의 경계가 늘 명확한 건 아니라는 데에 우리 인간 세계의 복잡함과 어려움이 있는 건지도 모르겠다.

▶더 읽어보면 좋을 논문들

이혜규・김미경, 「루머의 혐오감에 따른 루머 확산 및 행동 변화: "정보로서의 정서 각성" 모델 기반 연구」, 『한국광고홍보학보』, 18권 2호(2016년 4월), 213~236쪽.

박휘락, 「사드(THAAD) 배치를 둘러싼 논란에서의 루머와 확증편향」, 『전략연구』, 23권 1호(2016년 3월), 5~36쪽.

차유리, 「"내 그럴 줄 알았지!": 인터넷 루머 장르, 매체・대상 선호도에 따른 수용자 믿음 및 전파 의도」, 『한국방송학보』, 29권 6호(2015년 11월), 330~373쪽.

차유리・나은영, 「좋은 루머, 나쁜 루머, 양가적 루머?: 인터넷 루머 전파 기대 척도의 타당화」, 『언론정보연구』, 52권 2호(2015년 8월), 103~166쪽.

차유리, 「'신(新)'카더라 통신'의 동기적 요인 효과: 경향적 인터넷 루머 전파 의도에 대한 문제 해결 상황 이론과 계획 행동 이론의 통합 모형」, 『한국언론학보』, 59권 2호(2015년 4월), 157~195쪽.

차유리・나은영, 「국내 인터넷 루머 커뮤니케이션 유력자 현황에 대한 탐색: 동기적 접근을 중심으로」, 『한국언론학보』, 58권 4호(2014년 8월), 312~349쪽.

홍주현・윤해진, 「트위터를 통한 루머의 확산 과정 연구: 한미 FTA 관련 루머의 자극성에 따른 의견 확산 추이와 이용자의 상호작용성을 중심으로」, 『한국언론정보학보』, 66권(2014년 5월), 59~86쪽.

이태희, 「선거 여론조사 결과 공표 금지에 대한 비판적 분석」, 『중앙법학』, 16권 1호(2014년 3월), 7~52쪽.

장혜지・조수영, 「악성 루머에 대한 사회적 동조, 대응 방법, 루머 이력이 기업 평가 및 루머 신뢰에 미치는 영향」, 『한국언론학보』, 57권 4호(2013년 8월), 96~123쪽.

이원준・이헌석, 「소비자의 부정적 브랜드 루머의 수용과 확산」, 『ASIA MARKETING JOURNAL』, 14권 2호(2012년 7월), 65~96쪽.

안지수・이원지, 「사회적 동조와 개인의 정보 처리 성향이 루머 메시지의 신뢰에 미치는 영향」, 『언론과학연구』, 11권 4호(2011년 12월), 296~320쪽.

조수영・정민희, 「기업의 부정적 루머에 대한 사실 인식에 미치는 댓글의 영향력」, 『한국언론학보』, 55권 5호(2011년 10월), 312~339쪽.

김성배·이은정, 「정보의 연쇄 파급 현상이 주민의 집단적 선호 변화에 미친 영향: 방폐장 부지 선정 사례의 경우」, 『사회과학논총』(숭실대학교 사회과학연구소), 12권(2010년 2월), 59~90쪽.

정철, 「여론조사 결과 공표 금지 규정의 헌법 합치성: 헌법재판소 결정을 중심으로」, 『법학논총』, 20권 1호(2007년 8월), 85~120쪽.

조성겸, 「여론조사의 사회적 영향과 공표 금지」, 『한국언론정보학회 학술대회』, 2004년 5월, 77~98쪽.

33

왜 외국 기업들은 한국 시장을 테스트 마켓으로 이용하나?

개혁의 확산 이론

제2차 세계대전 이후 세계 질서를 평정한 미국은 제3세계에 매스미디어를 수출해 미국의 사상과 생활 방식을 전파하고 미국이 바람직하다고 생각하는 방식의 경제 발전을 추구하도록 했다. 매스미디어와 그 콘텐츠 수출을 통해 제3세계의 발전을 도모하겠다는 이른바 '발전 커뮤니케이션 학자'들 중의 대표적 인물인 MIT대학 교수 이디엘 드 솔라 풀Ithiel de Sola Pool, 1917~1984은 위대한 문화는 항상 세계성 cosmopolitan을 띤다는 것을 강조하며 제3세계가 미국 매스미디어의 하드웨어는 물론 소프트웨어까지 수입해 생활화하는 것은 당연하거니와 바람직하다고 주장했다.[35]

발전 커뮤니케이션 학자들의 주장에 근거한 미국의 주도적 노력으로 제3세계에서 매스미디어는 '산업화'와 '근대화'의 도구로 예찬 받았다. 발전 커뮤니케이션 학자들은 매스미디어가 제3세계 국민의 의식을 개혁시킬 수 있다는 점에 큰 관심을 기울였다. 이들이 발전을 이해하고 발전의 정도를 측정하는 방법 중의 하나인 '확산론diffusion approach'은 발전의 동인動因인 외부 영향력을 확산시키는 데에 매스미디어가 기여할 수 있다고 하는 접근 방법이다.[36]

에버렛 로저스Everett M. Rogers, 1931~2004는 1962년 『개혁의 확산Diffusion of Innovations』에서 '개혁 확산 이론Diffusion of Innovation Theory'을 제시했는데, 이는 혁신이나 개혁이 사회 전체에 확산되는 공식을 처음 기술한 책이었다. 그가 이 주제에 관심을 갖게 된 건 그의 농촌 거주 경험 덕분이었다.

"나는 아이오와주 캐럴Carroll 근처 내가 살던 마을에 거주하던 농부들을 관찰하면서, 농업 개혁의 확산에 관심을 갖게 되었다. 그 농부들은 자신들에게 이익이 될 수 있는 새로운 아이디어를 채택하는 데 다른 농부들보다 3~4년 정도 늦었는데, 그들의 이런 모습은 나에게는 이상하고도 당혹스러운 것이었다. 왜 농부들은 일찍 개혁을 채택하지 않았을까? 경제적 이유 이외의 어떤 요인들이 작용하고 있음이 분명했다."[37]

이후 확산 연구는 새로운 개혁이 사회 체계 내에서 어떻게 알려지고 퍼져나가는지 그 사회적 과정을 탐구하는 '개혁 확산' 연구로 발전했다. 로저스는 『개혁의 확산』에서 개혁이란 '개인 혹은 개혁을 채택하는 주체에 의해 새로운 것으로 지각되는 사고, 실천, 혹은 대상'이라고 정의했다.[38]

로저스는 개혁의 채택 속도에 따라 다음과 같이 집단을 5개로 구분했다. (1) 혁신자Innovators: 모험을 좋아하고, 새로운 아이디어를 시도하려 하며, 동료들보다 폭넓은 인간관계를 가진다. (2) 조기 채택자Early Adopters: 존경받는 지역 인사들로서 사회적 지위가 높은 여론 지도자다. (3) 조기 다수자Early Majority: 신중하고 동료들과 상호작용이 많지만 지도자 위치에는 있지 않은 사람들이다. (4) 후기 다수자Late Majority: 의심이 많고 경제적 요구나 압력 때문에 어쩔 수없이 개혁을 채택하는 사람들이다. (5) 지체자Laggard: 보수적이고 거의 고립화된 사람이며, 준거 시점이 대개 과거에 있는 사람이다. 로저스에 의하면, 전체 구성원 2.5퍼센트가 먼저 새로운 개혁을 채택하는 혁신자 그룹에 속하고, 다음 13.5퍼센트가 초기 채택자, 34퍼센트가 초기 다수 수용자, 34퍼센트가 후기 다수 수용자, 나머지 16퍼센트가 지체자 그룹에 속한다.[39]

로저스는 이후의 연구에서 이 이론을 뉴미디어의 확산과 수용에도 적용할 수 있음을 입증했다. 로저스의 이론은 과거엔 다분히 서구 위주의 문화 제국주의적 성향을 띤 것이었지만,[40] 오늘날엔 그런 국가 간의 문제를 떠나 뉴미디어 혁신 기술의 전파와 수용에 관한 이론으로 각광을 받고 있다. 미국에서만도 지난 40년간 매년 120편가량의 논문이 발표되었을 정도다.[41]

1990년대에 제프리 무어Geoffrey Moore는 『캐즘 마케팅Crossing the Chasm』에서 로저스의 개념과 원칙을 확대해 첨단 제품 마케팅에 적용했는데, 이 책은 최첨단 부문에 종사하는 마케터들에게 필독서가 되었다. 무어는 신제품의 성공에 가장 중요한 단계를 얼리어답터들에서 얼리머저러티의 이동으로 파악했는데, 제품 수용 주기에서 이 부분을 '캐즘', 즉 간극이라고 정의했다. 이 간극을 메우기 위해 무어가 제시한 핵심 전략은 실용주의자들에게 '온전한 제품'을 제공해줌으로써 그들이 활동하는 틈새시장을 공략하자는 것이었다. 한 가지 틈새시장의 니즈를 충족시키는 데 성공한 것이 입증되면, 계속해서 또 다른 틈새시장들의 공략에 나서며 도미노 효과를 창출할 수 있게 된다는 것이다(얼리어답터들에게는 '온전한 제품'이 필요하지 않는다. 그들은 단지 그들 나름의 해결책을 찾을 수 있게 해주는 핵심 기능만을 가진 제품을 원할 뿐이다).[42]

개혁의 확산 이론은 다양한 분야에 적용할 수 있다. 예컨대, 새로운 의약품이 나왔거나 익숙하지 않은 건강 행동을 일반인에게 도입할 때는 어떻게 해야 할까? 백혜진은 『소셜 마케팅』(2013)에서 소수 개혁자가 누구인지 먼저 찾고, 그 개혁자에게 먼저 소구한 뒤, 그들로 하여금 초기 수용자와 다른 사회 구성원에게 그 제품이나 행동을 전파하도록 해야 한다고 말한다.

"이는 개혁 채택 정도와 무관하며, 다수 수용자를 무차별 공략하는 것보다 효율적이다. 또한, 개혁자나 초기 수용자에게 어떠한 행동이나 의약품의 획기적인 특성과 새로움을 소구한다면, 나머지 수용자에게는 개혁이 이미 대중화되었음을 소구하거나 개혁 채택이 사회적 규범이 되고 있음을 강조하는 등 개혁 채택 단계에 따라 수용자에게 각각 다른 메시지를 사용해야 할 것이다."[43]

개혁의 확산 이론은 문화사회학적 연구 주제기도 하다. 조엘 베스트Joel Best는 『댓츠 어 패드That's a fad!: 개인과 조직이 일시적 유행에 현혹되지 않는 5가지 방법』(2006)에서 '확산에 대한 환상illusion of diffusion'이라는 개념을 제시한다. 이는 어떤 혁신이 지속될 거라고 예상했다가 그 인기가 급락하면 놀라움을 금치 못하는 현상인데, 대부분의 유행fad에는 이러한 환상에 사로잡힌 열성 지지자들이 있다는 것이다.[44] 그는 "혁신의 조기 수용자들은 매력적인 속물 효과로부터 이익을 얻는 반면, 시류에 편승하려는 후기 수용자들의 광경은 '군중 효과'를 연상시킨다"며 다음과 같이 말한다.

"이것은 비교적 보편적인 형태의 '상징 인플레이션symbolic inflation' 프로세스, 즉 어떤 사회적 상징이 광범위하게 확산될수록, 예를 들면 모종의 교육개혁을 채택한 학교들이 많아질수록 그 상징의 가치가 떨어지는 현상의 일례라고 할 수 있다. 이 경우, 후기 수용자들은 결국 혁신을 채택했다고 해도 혁신적인 사람으로 간주되지 않는다. 최신 고안물을 채택하는 극소수 집단에 포함됨으로써 얻게 되는 이점들은 그것을 채택하는 사람들의 수가 증가하고 시류에 편승하는 사람들이 많아질수록 점차 감소한다. 이런 점을 감안할 때, 혁신이 널리 유포될수록 혁신을 채택하는 데 따르는 보상은 점차 감소하게 마련이다."[45]

'속물 효과'가 강한 탓인지는 몰라도 새것을 좋아하는 한국인의 '새것 숭배 신드롬'은 이른바 '코얼리어답터'라는 말을 낳게 했다. 2003년 8월 제일기획은 '한국의 얼리어답터'라는 의미로 '코얼리어답터'라는 용어를 처음으로 사용했는데, 코얼리어답터는 세상의 변화에 민감하고 호기심이 많으며, 관심 분야에서 남보다 앞서서 많은 정보를 얻는 것에서 기쁨을 느끼는 성향을 갖고 있다는 것이다.[46]

한국은 정보통신IT 제품 보급 속도가 세계 최고를 자랑하는 등 얼리어답터 층이 유난히 두꺼워 디지털 제품을 한국에서 먼저 시험하는 초국적 기업이 많다.[47] 한국 시장을 테스트 마켓test market으로 이용하는 외국 기업들은 한국은 소비자들의 호기심이 많고, 인터넷이 발달해 정보의 유통 속도도 빨라 제품에 대한 반응을 빠르고 정확하게 파악할 수 있다는 것을 주요 이유로 들었다. 처음엔 명품 업체와 정보기술 업체에서 시작해 이젠 다른 여러 분야로 확산되어가고 있다.[48]

2015년 10월 23일 아이폰6s 시리즈가 국내에서 공식 출시되자, 이날 이동통신 3사의 아이폰 출시 행사장에는 밤을 새운 소비자들이 장사진을 이루었는데, 심지어 '1호 개통자'가 되기 위해 2박 3일 노숙까지 한 사람들도 있었다.[49] 이 같은 열정은 화제의 신제품이 출시될 때마다 나타나는 현상인데, 어느 나라에서건 마찬가지라지만 한국인의 강한 얼리어답터 기질이 세계 최고 수준이라는 건 분명한 사실이다.

▶더 읽어보면 좋을 논문들

윤승욱, 「소셜 TV 채택에 대한 통합 모델 연구: 지속 사용 의도에 대한 혁신 확산 이론, 기술 수용 모델, 혁신 저항 모델의 통합적 접근」, 『언론과학연구』, 16권 2호(2016년 6월), 145~183쪽.

고윤정·강주선·김종기·고일상, 「지식 공유 활동 및 커뮤니티 활성화에 미치는 영향 요인과 자발적 지식 제공 의지의 조절 효과에 관한 연구: 전문·비전문 지식 커뮤니티를 중심으로」, 『경영학연구』, 43권 6호(2014년 12월), 2175~2199쪽.

정우성, 「혁신 도입의 지속성에 영향을 미치는 요인에 관한 연구: 미국 지방정부의 시지배인의 제도적 압력과 탐색 기술에 대한 인식을 중심으로」, 『한국지방자치학회보』, 25권 4호(2013년 12월), 79~106쪽.

남수태·김도관·진찬용, 「혁신 확산 이론에 따른 스마트폰 지속 사용 의도에 관한 연구: 아이폰 사용자와 안드로이드 사용자의 충성도 비교를 고려하여」, 『한국정보통신학회논문지』, 17권 5호(2013년 5월), 1219~1226쪽.

이호규·이선희·장병희, 「3D TV 수용 저항에 영향을 미치는 요인: 혁신 확산 이론과 혁신 저항 모형의 결합」, 『방송통신연구』, 80권(2012년 10월), 78~111쪽.

박종구, 「소셜 네트워크 서비스 채택 요인에 대한 척도 개발과 타당화: 대학생 집단을 중심으로」, 『커뮤니케이션 이론』, 7권 2호(2011년 12월), 22~74쪽.

황유선·이연경, 「전통 미디어와 소셜 미디어의 관계에 대한 탐구: 공진화(co-evolution)와 혁신 확산(diffusion of innovation) 이론의 관점에서」, 『방송문화연구』, 23권 2호(2011년 12월), 171~206쪽.

김광재·박종구, 「저자 동시 인용 분석 방법을 이용한 혁신 확산 연구의 지적 구조: 커뮤니케이션학 영역을 중심으로」, 『한국방송학보』, 25권 6호(2011년 11월), 52~87쪽.

박종구, 「뉴미디어 채택에 관한 통합 모델 IAM-NM(Integrative Adoption Model of New Media)」, 『한국언론학보』, 55권 5호(2011년 10월), 448~479쪽.

김혜진·김도연, 「스마트폰 채택 단계별 스마트폰 인식과 이용」, 『한국언론학보』, 55권 4호(2011년 8월), 382~405쪽.

장용호·박종구, 「스마트폰 확산의 장애 요인에 관한 탐색적 연구: 채택 보류 집단의 혁신 저항 결정 요인을 중심으로」, 『방송문화연구』, 22권 2호(2010년 12월), 37~62쪽.

김광재, 「혁신의 확산 연구에 대한 메타분석: 언론학 분야를 중심으로」, 『한국언론학보』, 54권 2호(2010년 4월), 31~56쪽.

정의철·이선영, 「에이즈 예방 커뮤니케이션 분석 연구: 개혁 확산 이론과 문화적 감수성 접근을 중심으로」, 『한국언론학보』, 52권 6호(2008년 12월), 323~340쪽.

반현·민인철, 「동영상 UCC 제작자, 단순 이용자 그리고 비이용자의 특성에 관한 탐색적 연구: 개혁 확산 이론을 중심으로」, 『한국언론학보』, 51권 4호(2007년 8월), 407~436쪽.

최용준·정명화, 「디지털TV 채택에 영향을 미치는 요인에 관한 연구: 개혁 확산 과정의 단계별 특성을 중심으로」, 『방송문화연구』, 17권 2호(2005년 12월), 209~237쪽.

34

왜 미디어 영향력은 어떤 경우엔 강하고 어떤 경우엔 약한가?

⋮

미디어 의존 이론

미디어의 효과 연구에선 제한효과 모형과 강력효과 모형을 조화시키려는 시도도 이루어졌는데, 이 분야의 대표적인 이론으로는 멜빈 드플러Melvin L. DeFleur와 샌드라 볼로키치Sandra J. Ball-Rokeach가 1976년에 제시한 '미디어 의존 이론Media Systems Dependency Theory, Media Dependency Theory'을 들 수 있다.

미디어 의존 이론은 1968년 워싱턴대학에서 사회학 박사학위를 받은 볼로키치 자신의 경험에서 비롯되었다. 매스미디어의 영향력이 거의 없거나 약하다는 교육을 받아온 그녀는 1960년대 말 미국 사회에서 일어난 여러 가지 사건(예를 들면 베트남전쟁, 케네디 대통령 암살, 아폴로 11호 달 착륙 등)이 매스미디어를 통해 전달되며 보여 준

영향력을 관찰하면서 매스미디어에 대해 다른 생각을 갖게 되었다.

왜 어떤 조건에서는 매스미디어가 중요한 영향력을 가지고, 어떤 상황에서는 그렇지 않은가? 이 의문은 미디어의 영향력을 판단할 때엔 개인적인 요인뿐 아니라 제도적이고 조직적 단계의 설명 과정이 필요하다는 깨달음으로 이어졌다. 이 깨달음은 '사회 체계 이론social system theory'을 수용하는 것으로 나타났는데, '사회 체계 이론'에서는 사회 내의 각 구성 요소들이 어떤 목적을 달성하기 위해 상호 의존적 관계를 형성하고 있으며, 전체는 부분의 단순한 합과는 다른 특징을 나타내게 된다. '미디어 의존 이론'은 기능주의 이론의 하나로서, 개인이 예측 불가능한 사회 환경적 변화들에 대해 정보를 얻기 위해 미디어에 의존하게 만들며, 이는 불확실성을 감소시키기 위한 행동으로 가정하고 있다.[50]

드플러와 볼로키치는 "개인들은 교육적 · 종교적 · 정치적 시스템과 그 밖의 다른 시스템에 연결돼 있을 뿐만 아니라 가족과 친구와 같은 인간관계 네트워크에 연결돼 있다. 이러한 시스템과 네트워크는 그들이 그 어떤 목표를 달성하는 데에 도움을 준다"며 다음과 같이 말한다.

"미디어 의존 이론은 개인들이 단체적 결속 없이 고립돼 있기 때문에 미디어의 영향력이 강하다고 하는 '대중사회'의 미디어관을 받아들이지 않는다. 오히려 미디어 의존 이론은 미디어의 영향력을 개인들이 그들의 개인적인 목표를 달성하는 데에 필요한 어떤 정보 자원들에 대한 통제에 있는 것으로 간주한다. 더욱이, 사회가 복잡해질수록 미디어 정보 자원에의 접근을 필요로 하는 개인적인 목표들의 범위는 더욱 넓어질 것이다."[51]

　이처럼 개인의 역량을 높게 평가하는 이 이론의 중심적 명제는 '미디어, 수용자, 사회'의 3자의 관계 속에서 현대의 도시 산업사회에서 더 높아져가는 사람들의 매스미디어 의존이 매스미디어 효과를 규정하는 주요 변수라는 점이다. 볼로키치와 드플러는 "사람들이 이해하고 행동하고 나아가서는 도피하는 데 필요한 적절한 준거의 틀을 제공해줄 사회적 실체를 가지지 못할 때, 그리고 수용자들이 이러한 방법을 통하여 수용된 미디어 정보에 의존할 때만이 그러한 메시지들이 다양한 수정 효과alteration effects를 가질 수도 있다"고 말한다. 즉, 미디어 메시지가 개인들이 미디어 정보에 의존하는 만큼만 사람들에게 영향을 미친다는 것이다.[52] 그들은 이 이론의 기본적 명제를 다음과 같이 제시한다.

　"미디어의 메시지가 광범한 인지적, 감정적, 행동적 효과를 낳게 하는 잠재력은 미디어 시스템이 매우 독특하고, 중심적인 정보 송출 서비스를 제공할 때, 증대할 것이다. 그 잠재력은 더욱이 대립이나 변동에 의한 사회의 구조적 불안정성이 높아질 때 증대한다."[53]

　여기서 인지적cognitive 차원에서의 효과는 모호성의 야기와 해소, 태도 형성, 의제 설정, 신념 체계의 확장, 가치의 명료화 등이며, 정서적affective 차원에서의 효과는 불안감과 공포감의 유발, 사기morale와 소외감의 신장 또는 감퇴 등이며, 행동적bahavioral 차원에서의 효과는 행위의 활성화 또는 감퇴, 이슈 형성과 해결, 행동을 위한 전략 제시(예컨대 정치 시위), 이타주의적 행동 유발(예컨대 자선단체 기부) 등을 말한다.[54]

미디어 의존 이론은 실증적 근거들이 약하고 내세운 가정과는 달리 미디어 효과를 수용자 개인들에 관한 것에 국한시키고 사회와 미디어 시스템에 미치고 있는 효과는 언급하지 않는다는 비판을 받았다.[55] 또 이 이론은 "미디어 조직이 사회 체계로부터 독립되어 있다는 것을 과장하고 있어 미디어 체계가 어떤 요구를 해결해줄 수 있는 중립적이고 비정치적인 정보원인 것처럼 간주되고 있는 점이 문제"라는 지적도 받고 있다.[56]

미디어 의존 이론은 이용과 충족 이론과 무엇이 다른가? 드플러와 볼로키치는 '이용과 충족' 이론은, 수용자들이 그들의 정보적 욕구를 충족시키기 위해 미디어를 어떻게 이용하느냐 하는 문제에만 관심을 두어 수용자에 그 초점을 맞추고 있을 뿐, 수용자-미디어-사회 간의 상호 관계는 다루지 않고 있는 반면, 미디어 의존 이론은 수용자-미디어-사회 간의 상호 관계에 초점을 두고 있다고 주장한다. 하지만 그게 그거 아니냐고 반문하는 학자가 많다. 차배근은 다음과 같이 말한다.

"실제적으로는 이 의존 이론도 미디어에 대한 수용자들의 의존에만 초점을 맞추어, 그 의존도가 수용자들의 인지·정보·행동에 어떠한 영향을 미치는가를 다룸으로써, 결과적으로는 이용과 충족 이론과 비슷하다고 보겠다. 또한 이 의존 이론은 왜 수용자들이 미디어에 의존하게 되는가 하는 문제에 대한 충분한 설명이 없이, 그저 현대사회의 속성만을 들어서 그것을 설명하고 있는바, 이것도 이 이론이 지니고 있는 커다란 약점의 하나라고 하겠다."[57]

미디어 의존 이론과 이용과 충족 이론의 차이에 대한 의문이 자꾸 제기되자 볼로키치는 이용과 충족 이론은 개인적 단계에서의 욕구를 다루고 있지만 '미디어 의존 이론'은 거시적·중시적·미시적 단계를 모두 포함한다며, 두 이론의 차이점을 다음과 같이 3가지로 정리했다.

첫째, '미디어 의존 이론'은 테스트하기에 적합한 더 일관된 이론적 개념 체계를 제공한다. 둘째, '이용과 충족 이론'에서는 능동적 수용자라는 개념을 제시하고 있지만, 능동적 수용자의 미디어에 대한 반응을 본래적 의존이라는 개념으로 설명해버림으로써 능동적 수용자의 설명력을 상당히 약화시키고 있다. 셋째, '이용과 충족 이론'은 오로지 개인적 미디어 관계에 대한 설명이 가능한 데 비해 '미디어 의존 이론'은 다양한 차원에서의 의존 관계에 적용할 수 있다.[58]

미디어 의존 이론이 중시하는 '미디어, 수용자, 사회'의 3자 관계에서 언론 매체의 효과는 수용자가 언론 매체를 신뢰해 의존의 정도가 높을 때 크다는 것은 뻔한 상식인 것 같으면서도 오늘날 신뢰도가 바닥에 떨어진 한국 언론에 시사하는 바가 크다 하겠다. 그런 관점에서 보자면, 한국 뉴스 시장의 주요 문제 중 하나인 '어뷰징(같은 기사를 조금씩 바꿔 계속 올리거나, 실시간 검색어를 관련 없는 기사에 집어넣는 등의 행위)'은 언론이 제 살을 깎아먹는 소탐대실小貪大失의 극치라 할 수 있겠다.

▶더 읽어보면 좋을 논문들

권혁우, 「미디어 의존 이론에서 본 스마트폰 뉴스 이용자의 이용 행태: 속보 알림을 중심으로」, 동국대학교 신문방송학과 석사학위논문, 2015년 8월.
김용찬·신인영, 「'스마트폰 의존'이 전통적 미디어 이용과 전통적 커뮤니케이션 방식에 미치

는 영향: 미디어 체계 의존 이론을 중심으로」,『한국방송학보』, 27권 2호(2013년 3월), 115~156쪽.

박민지,「재한 외국인의 소셜 미디어 이용이 문화 변용에 미치는 영향: 문화 간 커뮤니케이션 능력(ICC)을 매개 변인으로」, 연세대학교 커뮤니케이션 대학원 석사학위논문, 2012년 2월.

우공선·강재원,「이동형 SNS(Social Network Service)의 이용 충족, 의존, 그리고 문제적 이용: 트위터(Twitter)를 중심으로」,『사이버커뮤니케이션학보』, 28권 4호(2011년 12월), 89~127쪽.

강태영·황유선·강경미,「북한 이탈 청소년들의 남한 텔레비전 시청 행위와 사회 적응」,『한국언론학보』, 55권 6호(2011년), 82~102쪽.

차동필,「매스 커뮤니케이션과 대인 커뮤니케이션이 청년 실업에 관한 대학생의 위험 지각에 미치는 영향」,『언론과학연구』, 11권 3호(2011년), 325~346쪽.

정은화,「텔레비전 뉴스 시청자의 위험 인식에 영향을 미치는 요인에 관한 연구: TV 뉴스의 사건 사고 보도를 중심으로」, 국민대학교 대학원 언론정보학과 석사학위논문, 2008년 8월.

안동근,「권력, 언론, 시민과 여론: 한국 사회의 부패 구조에 관한 이해」,『한국부패학회보』, 10권 4호(2005년), 35~56쪽.

김세은,「신문 독자의 능동성: 개념의 구성 요인과 영향 분석을 중심으로」,『한국언론학보』, 48권 1호(2004년 2월), 284~309쪽.

김진영,「미디어 의존 이론 연구: 미국 유학생들의 인터넷 이용, 민족 정체성, 미디어 의존, 그리고 인지적, 행동적 변화와의 관계를 중심으로」,『언론과학연구』, 3권 2호(2003년 8월), 119~154쪽.

35

왜 사람의 관심 정도에 따라
차별화된 설득 전략이 필요한가?

▼

인지 정교화 가능성 모델

「가짜뉴스 동력은 '내 편 네 편 프레임'… 미국·유럽도 비상」, 「촛불과 태극기의 대결?…"종북 vs 호국" 이상한 프레임 조짐」, 「남경필 "대선, 보수-진보 프레임 전략은 필패"」, 「올해 대선 프레임은 친일파 vs. 빨갱이?」, 「대선, 프레임 전쟁에서 이기는 4가지 키워드」, 「친이-친박, 친박-비박 프레임 수명 다했다」, 「떠오른 세대교체론…대선 프레임 바뀐다」.

포털사이트에서 '프레임'으로 검색을 해보면 이와 같은 제목의 기사들이 끝도 없이 이어진다. 프레임frame이란 무엇인가? 언론 보도와 논평의 틀을 말한다. 사진을 찍을 때 자신이 선택하는 프레임을 떠올리면 되겠다. 똑같은 풍경이지만 사진을 찍는 사람이 어떤 프레임으로 접근하느냐에 따라 사진이 갖는 의미는 각기 달라질 수 있는 것처럼, 똑같은 내용이라도 어떤 관점에서 어떻게 말하느냐에 따라 전혀 다른 반응을 유발할 수 있다는 것이다. 이를 가리켜 '프레임 이론'이라고 한다.[59]

언론이 어떤 사건을 특정 프레임으로 보도하고 논평하면 수용자들은 무조건 그 프레임을 받아들이는가? 그렇진 않다. 수용자는 언론에 의해 주어진 프레임에 저항하기도 한다. 중요한 것은 그 사건에 대한 관여도involvement다. 관여도는 특정 상황에서 특정 대상에 대한 개인적인 중요성이나 관심도를 말한다.

장하용 · 제방훈의 「수용자의 인지 정교화 가능성 수준이 프레이밍 효과에 미치는 영향에 관한 연구」라는 논문에 따르면, 수용자의 이슈에 대한 관여도가 높을수록 뉴스 프레임에 대한 동조화 정도가 높은 반면, 수용자가 비평적으로 사고하는 성향이 강할수록 뉴스 프레임에 대한 동조화는 적거나 역방향으로 나타난다. 비평적 사고를 즐기는 성향이 높은 수용자들은 이슈에 대한 자신의 태도를 고수하거나, 메시지에 대해 비판적으로 사고해 동조화되지 않는 경향이 높은 반면, 비평적 사고 성향이 낮을수록 주변 경로를 통해 메시지를 처리하는 비율이 높게 나타났다는 것이다.[60]

인지 정교화 가능성elaboration likelihood은 어떤 개인이 특정 사안과 관련된 정보에 대해 얼마나 주의 깊게 생각하느냐에 대한 정도를 가리키는 개념이다. 그냥 '정교화 가능성'이라고도 하지만, 인지와 관련된 개념이므로 듣는 이의 이해를 돕기 위해 '인지 정교화 가능성'이라는 말을 쓰는 경향이 있다. 리처드 페티Richard E. Petty와 존 카치

인지 정교화 가능성 모델

오포John T. Cacioppo가 1986년에 제시한 정교화 가능성 모델elaboration likelihood model에서 비롯된 개념이다.

페티와 카치오포는 메시지가 중심 경로central route와 주변 경로 peripheral route라는 2가지 경로를 통해 처리된다고 가정했는데, 이때 제시된 메시지가 어떤 경로로 처리되는지의 문제는 메시지의 질이나 관여도와 같은 요소에 의해 결정된다. 제시된 설득 메시지가 수용자에게 중요한 문제인 경우, 즉 메시지에 대한 관여도가 높을 때나 제시된 메시지의 질이 높은 경우에는 중심 경로를 이용한 메시지 처리가 발생하게 되는 반면, 제시된 메시지가 수용자에게 중요하지 않은 문제일 경우, 즉 메시지에 대한 관여도가 낮은 상황에서는 주변 경로를 통해 메시지가 처리된다.[61]

주변 경로를 이용하는 사람들은 광범위한 인지적 노력을 하는 대신, 재빠른 결정에 도달할 수 있도록 해주는 다양한 단서나 신호에 의존하는데, 이는 대부분 설득자의 지위와 관련된 것이다. 로버트 치알디니Robert Cialdini는 '재빨리 결정해버리는 기계화된 반응'을 촉발시키는 6개의 단서로 ① 호혜성(나한테 빚졌다), ② 일관성(우리는 항상 이렇게 해왔어), ③ 사회적 증명(다른 사람도 다 하고 있어), ④ 호감(날 사랑한다면, 내 생각도 좋아해줘), ⑤ 권위(단지 내가 그렇게 말하니까), ⑥ 희귀성(모든 것이 사라지기 전에 빨리) 등을 제시했다.[62]

그간 학자들은 사람이 메시지 내용에 대해 적극적으로 생각하지 않는 상황에서 설득에 대해서는 설명을 제대로 하지 않았는데, 정교화 가능성 모델은 바로 그런 결함을 고치기 위해 등장한 것이다.[63] 이 모델의 핵심이라고 할 수 있는 '관여도'는 수많은 태도 형성과 변화

이론의 핵심 개념이 되었는데, 특히 수용자의 높은 관여도를 바라는 광고인들에게 가장 큰 주목을 받고 있다.[64] 국내 광고 연구에서도 가장 많이 이용된 이론이 바로 이 정교화 가능성 모델이라는 건 당연한 일이라 하겠다.[65]

일반적으로 대상이나 자극에 대해 관심이 높은 소비자를 고관여 소비자, 관심이 낮은 소비자를 저관여 소비자라고 한다. 고관여 소비자는 정보 처리에 상당한 노력을 기울이는 반면 저관여 소비자는 정보 처리에 많은 노력을 기울이지 않는다. 이와 관련, 양병화는 다음과 같이 말한다.

"따라서 고관여 소비자들은 주로 중심 경로에 의해 태도를 형성하며, 중심 단서(제품 정보)가 주변 단서(판매원의 인상, 광고 모델의 매력도)보다 소비자의 신념, 태도 및 행동에 더 많은 영향을 미친다. 반면 저관여 소비자들은 주로 주변 경로에 의해 태도를 형성하므로 주변 단서가 중심 단서보다 신념과 행동 변화에 더 중요하다. 그러므로 저관여 조건에서는 메시지 주장의 질보다 광고 모델의 선호도나 매력 같은 요인이 소비자에게 더 큰 영향을 미친다."[66]

이어 양병화는 "정교화 가능성 모형은 고관여 대 저관여 소비자들과 효과적으로 의사소통하는 데 크게 다른 커뮤니케이션 전략이 필요함을 시사한다"며 다음과 같이 말한다.

"고관여 제품의 광고는 메시지의 '내용'에 초점을 두는데, 자동차나 집과 같은 정보형 제품은 소비자가 이성적으로 '생각'해 결정할 것이라는 점을 고려해야 하고, 보석이나 화장품과 같은 정서형 제품은 소비자가 감정적으로 '느낌'에 의존하여 결정할 가능성이 클 것이라는 점을 고려해야 한다. 반면에 저관여 제품의 광고는 매력적이고 신뢰감을 주는 모델을 사용하거나 좋은 기분을 유도하는 음악이나 이미지를 활용해 메시지의 내용 자체보다는 주변적 단서들을 잘 활용하는 것이 좋다."[67]

인지 정교화 가능성 모델을 적용해 한국과 미국의 기업 트위터 메시지 2,000개를 분석한 권택주·조창환의 연구에 따르면, 고관여 제품군에 속한 기업의 트위터는 제품이나 기업과 직접적으로 관련된 중심 단서 위주의 커뮤니케이션을 하는 반면, 저관여 제품군에 속한 기업의 트위터는 별도의 제품 정보를 제외한 주변 단서 중심의 커뮤니케이션을 하는 차이점을 보였다. 또 고관여 제품군 기업들의 트위터 메시지는 보상·구매·품질·성분·보증·이벤트 스폰서십 등 중심 단서 정보를 자주 보여주었고, 저관여 제품군 기업들의 메시지는 일상적·보편적 정보를 자주 보여준 것으로 나타났다.[68]

사실 정치인들도 정치적 메시지라고 하는 자신의 정치적 상품을 마케팅하고자 할 때에 광고인들과 비슷한 고민을 한다. 아니 광고인들보다 어렵고 복잡한 상황에 놓여 있다고 볼 수 있다. 광고인은 제품과 소비자의 세분화와 그에 따른 전략의 차별화를 비교적 쉽게 할 수 있지만, 정치인에겐 그런 세분화와 차별화가 비교적 더 어렵기 때문이다. 정치인을 향해 "여기 가선 이 말 하고 저기 가선 저 말한다"는 비판이 자주 나오는 건 바로 그런 어려움 때문이다.

정치에선 광고의 관여도에 해당하는 것이 바로 참여인데, 유권자들 역시 소비자들처럼 참여의 관심과 열정이 각기 다르다. 일반적으로 다르기도 하고 이슈에 따라 다르기도 하므로, 정치인으로선 그

셈법이 이만저만 복잡한 게 아니다. 유권자들 사이에 존재하는 참여 관심과 열정의 차이를 가리켜 '참여 격차participation gap'라고 하는데, 이게 민주주의 과정을 크게 왜곡시킬 정도로 심각한 문제다. 예컨 대, 선거 과정에서 나타나는 '초기 효과'를 보자.

좌우를 막론하고 정치에서 소통을 어렵게 만드는 건 늘 순수주의 자들purists이다.[69] 이들은 가능성을 추구하는 정치를 이상을 추구하 는 종교처럼 대하기 때문에 타협을 거부하는 강경파로 활약하기 마 련이다.[70] 어느 집단에서건 이런 강경파는 소수임에도 지배력을 행 사한다. 강경파와 강경파 지지자들의 강점은 뜨거운 정열이기 때문 이다. 일반 유권자들이 선거일에 투표만 하는 것도 정치 참여지만, 그건 가장 낮은 단계의 참여다.

생업을 잠시 중단해가면서까지 자신이 지지하는 정치인이나 정치 세력에 자금을 지원하고 모든 관련 정치 집회나 시위에 열심히 뛰어 드는 참여를 생각해보자. 이런 높은 단계의 참여를 하는 이들은 '1당 100'이다. 한 사람이 겨우 투표나 하는 유권자 100명 아니 그 이상의 몫을 해낸다는 것이다. 따라서 머릿수로 따질 일이 아니다. 정당, 지 지자 모임 등 어느 조직에서건 강경파가 머릿수 이상의 영향력을 행 사할 수 있는 결정적 이유다.

정치인의 선발 과정에서 이런 '초기 효과'는 매우 중요한 의미를 갖는다. 열성적인 지지자를 많이 거느린 후보들만이 경쟁의 무대에 오를 수 있다는 걸 의미하기 때문이다. 선거 과정이 진행되면서 초 기의 열성적 지지자들은 소수가 되지만, 그들이 초기에 구축한 '파워 베이스'는 이후에도 지속적인 영향력을 갖기 마련이다. 그런 베이스

인지 정교화 가능성 모델

에서 거절당하면 아예 출사표를 던질 기회조차 갖지 못하기 때문에 정치인들은 '당파성 전사'로 나서야 한다는 걸 온몸으로 느끼고 있는 셈이다.[71] 그래서 미국에선 예비 선거 시스템이 정치적 양극화를 악화시킨다는 우려가 제기되고 있다.[72]

정치인의 선발 이후에도 정치 담론의 주요 의제와 내용이 강경파들에 의해 초기에 결정되면 정치는 선악善惡 이분법의 도덕으로 변질된다. 또 이들은 기존 모든 제도에 대한 강한 불신을 드러내면서 대중과의 직접적인 관계를 강조하는 가운데 정치를 비난하면서도 정치를 하는 모순 해소를 위해 '위기'를 과장하면서 정치 담론을 도덕 담론으로 전환시킨다.[73]

이런 '참여 격차 심화'와 관련, 존 팰프리John Palfrey와 우르스 가서 Urs Gasser는 『그들이 위험하다: 왜 하버드는 디지털 세대를 걱정하는가?』(2008)에서 "이 불평등은 반드시 극복되어야 한다. 참여 격차를 오랜 시간 방치한다면 그로 인한 비용은 우리가 감당하기 힘든 수준까지 올라갈 것이다"고 경고한다.[74]

유권자의 광범위하고 적극적인 참여는 모두가 다 인정하는 민주주의의 이상이지만, 전반적으로 정치 혐오가 팽배한 사회에서 과도하게 '정치화된' 소수가 '초기 효과'를 발휘할 때에 나타나는 문제를 어떻게 볼 것인가 하는 게 현실적인 쟁점이다. 인지 정교화 가능성 모델을 이야기하다가 너무 멀리 나간 느낌이 있긴 하지만, 관여도나 참여도가 각기 다른 사람들을 대상으로 메시지를 전하는 것은 매우 어려운 일이라는 점에선 통하는 이야기다.

▶ 더 읽어보면 좋을 논문들

김경모·이승수·김상정, 「정파적 수용자의 적대적 매체 지각과 뉴스 미디어 리터러시: 자기 범주화와 정교화 가능성의 이론적 접점」, 『커뮤니케이션 이론』, 12권 3호(2016년 9월), 4~48쪽.

이재신, 「이성과 감정: 인간의 판단 과정에 대한 뇌과학과 생물학적 접근」, 『커뮤니케이션 이론』, 10권 3호(2014년 9월), 161~194쪽.

최유미·유현정·이혜선·김은정·장하리, 「모바일 기기의 사용 행태 변화에 대한 탐색 연구: 20대 전반 여대생을 중심으로」, 『한국콘텐츠학회논문지』, 13권 10호(2013년 10월), 92~102쪽.

황성욱, 「한국 100대 기업의 SNS 활용: 페이스북 프로필 및 담벼락 메시지의 내용 분석」, 『방송문화연구』, 25권 1호(2013년 6월), 235~273쪽.

윤해진·박병호, 「소셜 TV: 트윗 게시자의 유명도와 트윗 반복 유형이 프로그램 시청 의사에 미치는 영향」, 『한국언론학보』, 57권 1호(2013년 2월), 364~391쪽.

정재선·이동훈, 「정교화 가능성 관점의 프레임 효과 연구: 암 관련 보도 기사를 중심으로」, 『한국언론학보』, 56권 6호(2012년 12월), 278~309쪽.

권택주·조창환, 「제품군과 문화에 따른 기업 트위터의 커뮤니케이션 유형과 정보 내용의 차이: 한국과 미국의 기업 트위터를 중심으로」, 『광고연구』, 92권(2012년 봄), 438~467쪽.

박덕춘, 「텔레비전 뉴스의 영상 의제설정 효과: 환경 뉴스를 중심으로」, 『한국콘텐츠학회논문지』, 11권 1호(2011년 1월), 72~82쪽.

장하용·제방훈, 「수용자의 인지 정교화 가능성 수준이 프레이밍 효과에 미치는 영향에 관한 연구」, 『한국언론정보학보』, 46권(2009년 5월), 75~107쪽.

김광수, 「광고 효과 이론에 관한 통합적 틀」, 『커뮤니케이션 이론』, 1권 1호(2005년 6월), 263~295쪽.

양윤, 「태도와 소비자·광고: 정교화 가능성 모형, 단순 노출 효과, 태도 접근 가능성 모형을 중심으로」, 『사회과학연구논총』(이화여자대학교 이화사회과학원), 5권(2000년 12월), 191~216쪽.

제8장

학습과 인지

36

왜 "서당 개 3년이면 풍월을 읊는다"고 하는가?

사회 학습이론

2002년 미국 심리학계에선 "심리학 역사상 가장 많이 인용된 학자는 누구인가?"라는 조사가 이루어졌는데, '톱 4'는 B. F. 스키너B. F. Skinner, 1904~1990, 지그문트 프로이트Sigmund Freud, 1856~1939, 장 피아제Jean Piaget, 1896~1980, 앨버트 밴듀라Albert Bandura, 1925~였다. 현존하는 심리학자 중 가장 많이 인용된 주인공은 당연히 밴듀라에게 돌아갔다. 밴듀라는 2010년에 이루어진 여러 조사에서도 살아 있는 심리학자들 중 '가장 위대한', '가장 영향력 있는' 심리학자로 꼽혔다.[1] 그럼에도 보통 사람들에겐 밴듀라라는 이름은 영 낯설다. 한동안 유행했고 지금도 유행하는 '자기효능감self-efficacy'이라는 개념의 창시자라고 하면 고개를 좀 끄덕일 수도 있겠다.[2]

밴듀라는 1925년 12월 4일 캐나다의 먼데어Mundare라는 작은 마을(인구 400명)에서 우크라이나계 폴란드 이민자 집안에서 태어났다. 그의 아버지는 캐나다 횡단 철도의 선로를 까는 노동자였고, 어머니는 잡화점에서 일했다. 1949년 브리티시컬럼비아대학을 졸업한 후 미국 아이오와대학으로 유학을 가 그곳에서 심리학으로 석사(1951년), 박사(1952) 학위를 받았다. 그러고 나선 1953년에 스탠퍼드대학 심리학과 교수가 되어 지금까지 이 대학에 머무르고 있다.

1956년에 미국 시민권자가 된 밴듀라는 1974년 미국심리학회 회장 선거에 출마해 당선되었는데, 그가 나중에 한 말이 재미있다. "회장을 하겠다는 생각은 전혀 없었고 단지 '15분간의 명성15 minutes of fame'을 원했을 뿐이다."[3]

1961년 밴듀라는 오늘날까지도 유명한 '보보인형Bobo-doll 실험'을 했다. 이 실험은 3~6세의 어린이들을 세 그룹으로 나누어 첫 번째 그룹엔 성인이 보보인형을 폭력적으로 공격하는 것을 보게 하고, 두 번째 그룹엔 성인이 보보인형에게 전혀 공격성을 보이지 않는 것을 보게 하고, 세 번째 그룹엔 이 두 가지 모습 중 어떤 것에도 노출시키지 않게 했다. 어떤 결과가 나타났을까?

공격적 성향의 모델을 보았던 아이들은 다룬 두 그룹의 아이들에 비해서 보보인형에게 공격적인 행동을 더 많이 했다. 이 실험을 통해서 밴듀라는 아이들이 다른 누군가의 행동을 봄으로써 사회적 행동을, 이 경우엔 공격성을 배운다는 점을 보여줌으로써 모든 행동은 보상과 강화의 결과라는 행동주의behaviorism의 주장을 반박하면서 보완하는 성공을 거둘 수 있었다. 실험을 위해 어린아이들에게 폭력적

인 보습을 보여주어도 괜찮으냐는 윤리 문제가 제기되긴 했지만 말이다.[4]

밴듀라의 이 실험은 2년 전인 1959년 언어학자 놈 촘스키Noam Chomsky, 1928~가 쓴 장문의 도발적인 서평에 힘입은 것이었다. 촘스키는, 인간 행동을 자극-반응stimulus-response의 관계로 설명한 미국의 행동주의 심리학자 B. F. 스키너B. F. Skinner, 1904~1990의 『언어적 행동Verbal Behavior』(1957)에 대한 서평을 통해 자극-반응으론 인간의 언어 습득 과정을 설명할 수 없다며 스키너의 행동주의 심리학과 경험주의에 선전포고를 하고 나섰다. 촘스키는 스키너가 인간의 '언어적 창의성'을 무시한다고 주장하면서 스키너와 같은 행동주의자들이 즐겨 사용하는 과학적 용어와 통계는 자신들의 무능력을 갖추기 위한 위장술에 불과하다고 공격했다.[5]

촘스키의 비판은 심리학에도 큰 영향을 미쳤는데, 보보인형 실험을 비롯한 일련의 연구 끝에 탄생한 밴듀라의 사회 학습이론social learning theory도 바로 그런 영향의 산물이다. 밴듀라는 사람의 행동은 보상이나 강화를 통해서 학습된다는 행동주의를 넘어서 다른 사람의 행동이나 어떤 주어진 상황을 관찰하고 모방함으로써 이루어진다고 주장했다. 사람들은 주변 사람들의 행동을 근거로 처신하는 방법을 배운다는 것이다.

지금이야 "그거 뭐 다 아는 이야기 아니야?"라고 시큰둥하게 생각하겠지만, 이 이론의 기본 개요가 처음 제시된 1963년(이론의 완성은 1977년에 출간한 『사회 학습이론Social Learning Theory』)까지만 해도 신선한 주장이었다. 물론 그 기본 이치야 인류의 먼 조상들도 다 깨닫고 있었던 것이지만, 사회과학이라는 게 원래 '증명의 게임'이라는 걸 감 안하는 게 좋겠다.

사실 밴듀라가 역설한 '관찰 학습observational learning'은 고대 그리스 철학자 플라톤Platon, B.C.427~B.C.347과 아리스토텔레스Aristotles, B.C.384~B. C.322의 시대로 거슬러 올라간다. 이들의 교육 방법에 따르면, 교육이 란 학생들에게 제시할 최선의 모델model을 선정하고 학생들로 하여 금 그 모델의 바람직한 특성을 관찰하고 본받도록 하는 것이었다. 인류학 문헌에도 관찰 학습의 힘을 말해주는 많은 사례가 있다. 예 컨대, 과테말라의 한 문화권에서는 소녀들이 시행착오 학습의 지루 한 과정을 거치지 않고 단지 관찰만을 통해 직물 짜는 법을 배운다. 밴듀라가 말하는 이른바 '무시행 학습no-trial learning'을 하는 것이다. 당연히 이러한 학습은 인지적認知的: cognitive인 것이다.[6]

"서당 개 3년이면 풍월을 읊는다"는 속담도 그런 관점에서 이해할 수 있겠지만, 관찰 학습은 단순한 모방만은 아니다. 물론 모방도 포 함하지만 모방을 넘어선 수준의 것도 해낼 수 있다는 것이다. 예컨 대, 차를 운전하다가 앞에 가던 차가 길에 패인 구덩이에 빠지는 것 을 보고 차를 옆으로 꺾는다면, 관찰에서 학습은 했지만 관찰한 것 을 모방한 것은 아니다.[7]

스티브 잡스Steve Jobs, 1955~2011는 애플 제품의 사용법과 관련해 관찰 학습마저 불필요한 제품을 만들겠다는 꿈을 품고 "단순화하라, 단순 화하라, 단순화하라Simplify, Simplify, Simplify"는 슬로건을 외쳤다. "You already know how to use it(당신은 이미 이것을 어떻게 사용하는지 알 고 있다)." 애플의 아이패드 TV 광고에 나오는 문구다.[8] 평소 입버릇처럼 "20분만 투자하면 쓸 수 있는 컴퓨터를 만들겠다"[9]고 말했던 잡스는 마이클 노어Michael Noer가 포브스닷컴에 올린 아이패드 관련 일화를 읽고 감동을 받았다. 자신의 단순성 철학이 옳다는 걸 입증하는 일화로 여겼기 때문이다.

노어가 콜롬비아의 시골에서 아이패드로 소설을 읽고 있는데 가난한 여섯 살짜리 소년이 다가왔다. 그 소년에게 아이패드를 넘겨주었더니, 소년은 곧 스스로 핀볼 게임을 시작하는 게 아닌가. 노어는 이렇게 썼다. "스티브 잡스는 여섯 살짜리 문맹 소년도 아무런 설명 없이 사용할 수 있는 강력한 컴퓨터를 설계했다. 그것이 마법이 아니고 무엇이겠는가."[10]

더욱 놀라운 사례가 있다. 2010년 4월, 토드 라핀이라는 블로거가 두 살 반 먹은 딸이 손가락으로 물건을 만져보듯 아이패드 화면을 자연스럽게 이러저리 넘기고 영화 애플리케이션 아이콘을 눌러 창을 확대하는 등 재미있게 노는 모습을 비디오로 찍어 유튜브에 올렸는데, 24시간 만에 조회 수는 18만 건을 넘어섰고 한 달 후에는 100만 건이 넘었다. 이에 대해 카민 갤로Carmine Gallo는 "아이패드는 단순하고 우아하고 편리한 인터페이스로 일반 소비자는 물론 두 살 반짜리 꼬마의 마음까지도 사로잡았던 것이다"고 말한다.[11]

그러나 이 두 에피소드는 검증이 필요한 것 같다. 두 아이에게 과연 관찰 학습의 기회가 없었을까? 여섯 살짜리 소년은 노어가 아이패드를 사용하는 모습을 조금이라도 지켜보지 않았을까? 두 살 반 먹은 딸도 아빠가 평소 아이패드를 사용하는 걸 구경하지 않았을까? 즉, 우리가 즐겨 쓰는 말대로, 어깨너머로 조금이나마 배우지 않았겠느냐는 것이다.

관찰 학습의 힘을 강조하는 밴듀라의 사회 학습이론은 다음과 같은 3가지 진술로 정리할 수 있다. 첫째, 사람은 관찰을 통해 행동을 배울 수 있다. 이는 살아 있는 모델live model(행동을 실제로 하는 사람)이나 지시를 하는 언어적 모델verbal instruction(구체적인 행동에 대한 설명 또는 묘사), 아니면 상징적 모델symbolic(미디어를 통해서 보는 행동)을 통해서 이루어진다. 둘째, 심적 상태도 학습에 중요하다. 환경적 강화가 행동을 학습하는 데 중요한 측면이긴 하지만 그것이 유일한 것은 아니다. 내적 생각들이 행동의 학습에 중요한 역할을 할 수 있다. 셋째, 학습이 반드시 어떤 행동의 변화를 의미하지는 않는다. 행동주의자들은 행동을 배우면 개인의 행동에 영원한 변화가 나타난다고 믿었지만, 관찰 학습을 통하면 그런 행동을 하지 않더라도 새로운 정보를 얻을 수 있다.[12]

밴듀라는 사회적 학습의 성공에 필요한 4가지 요건을 제시했다. ① 주의attention: 학습을 하기 위해선 주의를 기울여야 한다. 주의를 늦추게 하는 모든 것은 관찰 학습에 부정적으로 작용한다. ② 보유 retention: 정보를 저장하고, 그런 다음에 훗날 끄집어내서 사용할 수 있어야 한다. ③ 재현reproduction: 주의를 쏟고 정보를 보유한 다음에, 관찰된 행동이 실천되어야 한다. 실천은 곧 행동의 개선으로 이어진다. ④ 동기부여motivation: 관찰된 행동을 성공적으로 배우는 데 필요한 마지막 부분은 그 행동을 모방하도록 동기부여를 받아야 한다는 점이다. 강화와 처벌이 개입하는 것이 바로 이 지점이다. 관찰된 행동이 강화된다면 사람은 그 반응을 되풀이하려 할 것이며, 처벌을

받는다면 그 행동을 하지 않는 쪽을 택할 것이다.[13]

행동주의는 행동의 원동력을 주로 환경에서 찾았지만, 사회 학습이론은 개인과 환경과 행동은 서로 영향을 준다는 '상호 결정론 reciprocal determinism'을 내세운다. 개인의 행동은 환경의 영향을 받지만, 환경 또한 개인의 행동의 영향을 받는다는 것이다. 예컨대, 한 아이가 폭력적인 비디오 게임에 빠져 있다면, 이는 주변의 다른 아이들에게 영향을 미칠 것이고, 또 이 영향이 그 아이로 하여금 더욱 게임에 빠져들게 만들고, 더 나아가 폭력에 무감각해지면서 아이의 실제 행동에도 영향을 미치게 된다는 이야기다.[14]

별 내용 아닌 것처럼 보이지만, 이와 같은 내용의 사회 학습이론은 심리학의 방향을 기존 행동주의에서 인지 심리학cognitive psychology으로 돌리는 데에 큰 역할을 했다. 오늘날 사회 학습이론은 가정교육의 중요성을 강조할 때마다 빠지지 않고 등장하는 이론적 근거로 활용되고 있다. "가정 안에서의 폭력은 폭력을 낳는다"거나 "문제 학생의 배경에는 반드시 문제 부모가 있다"는 주장의 논거로 사회 학습이론이 동원되고 있는 것이다.[15] 또한 사회 학습이론은 미디어의 과도한 폭력, 자살, 성, 음주, 흡연 묘사가 청소년들에게 모방 효과를 낳고, 따라서 규제되어야 한다는 주장의 주요 이론적 근거기도 하다.[16]

밴듀라는 다른 사람들을 통해 배우는 인간의 능력 속에는 특별한 힘이 들어 있는바, 특별한 행동에 대해 보상을 받은 누군가를 자세히 관찰한 사람은 자신이 갖고 있던 믿음을 수정하고 거기에 맞추어 행동을 바꿀 가능성이 높다고 했다. 밴듀라에 따르면, 자신과 비슷하거나 자신보다 조금 더 경험이 풍부한 본보기 인물의 행동을 유심

히 관찰할 때, 이런 결과가 나타날 가능성이 높다.[17]

밴듀라는 자신이 변화에 영향을 미칠 수 있다고 믿는 사람들이 착수한 일에서 성공할 가능성이 높은 걸 가리켜 '자기효능감self-efficacy'이라고 불렀다. 자기효능감을 가진 사람들은 눈높이를 더 높이 설정하고 더 노력하며 더 오래 참고 실패를 경험해도 더 쉽게 일어선다는 것이다. 이렇듯, 밴듀라의 인간관은 인간의 합리성과 창조성에 열려 있다. 인간은 사회문화적 조건의 산물만은 아니며 그 자신의 환경을 스스로 만들어내는 주체일 수 있다는 것이다.[18]

이미 140여 년 전 영국 시인 윌리엄 헨리William Ernest Henley, 1849~1903가 「인빅터스Invictus」(1875)라는 시詩에서 외친 한마디를 증명하기 위해 밴듀라는 그렇게 먼 길을 돌아온 걸까? I am the master of my fate: I am the captain of my soul(나는 내 운명의 주인, 내 영혼의 함장이다).

▶더 읽어보면 좋을 논문들

임정재, 「음주 친구가 청소년의 음주 시작에 미치는 영향: 사회 학습이론과 친구 연결망 효과를 중심으로」, 『보건과 사회과학』, 41권(2016년 4월), 99~130쪽.

오지희 · 김민정, 「미디어의 자살 보도가 청소년의 자살 생각에 미치는 영향: 사회 학습이론을 중심으로」, 『한국엔터테인먼트산업학회논문지』, 8권 4호(2014년 12월), 167~178쪽.

이고은 · 정세훈, 「청소년의 사이버 폭력 행위에 영향을 미치는 요인에 관한 연구: 계획된 행동 이론과 사회 학습이론을 적용하여」, 『사이버커뮤니케이션학보』, 31권 2호(2014년 6월), 129~162쪽.

황성현 · 이강훈, 「청소년 비행의 원인에 관한 사회 학습, 사회 유대, 일반 긴장 이론적 접근」, 『한국청소년연구』, 24권 3호(2013년 8월), 127~145쪽.

황성현, 「청소년 흡연 · 음주 행위의 원인에 대한 비행 이론적 접근: 일반 긴장 이론과 사회 학습이론을 중심으로」, 『보건과 사회과학』, 32권(2012년 12월), 19~38쪽.

이재경 · 정슬기, 「사회 학습이론에 근거한 청소년 음주 영향 요인의 경로 분석」, 『정신보건과 사회사업』, 34권(2010년 6월), 124~153쪽.

오미영, 「언어폭력 확산과 미디어: 공격성에 대한 사회 학습이론과 점화 효과를 중심으로」, 『현상과인식』, 32권 3호(2008년 9월), 54~72쪽.

황성현, 「한국과 미국 청소년들의 음주 행위에 관한 비교 연구: 사회 학습이론을 중심으로」, 『보건과 사회과학』, 23권(2008년 6월), 5~29쪽.

최순남, 「성격의 사회 학습이론에 관한 연구: 밴듀라의 모델 학습을 중심으로」, 『한신논문집』, 9권(1992년 11월), 323~346쪽.

윤진 · 곽금주, 「대중매체의 폭력성이 청소년에게 미치는 영향: 사회 인지 이론에 의한 실험적 접근」, 『형사정책연구』, 6권(1991년 6월), 53~94쪽.

왜 "서당 개 3년이면 풍월을 읊는다"고 하는가?

37

왜 인간은 거대한 잠재력을 지닌 존재인가?

사회 인지 이론

"걱정과 근심이라는 새들이 당신 머리 위를 날아다니는 것을 막을 수는 없지만, 당신 머리 위에 둥지를 트는 것은 막을 수 있다." 의식의 자기 통제법과 관련, 앨버트 밴듀라Albert Bandura가 소개한 중국 속담이다.[19]

인간 행위는 환경적 영향이나 내적 성향에 의해 형성되고 통제된다. 맞는 말인가? 워낙 상식에 부합하는 말인지라 이의를 제기할 사람이 많을 것 같진 않다. 그런데 밴듀라는 여기에 하나를 더 추가해 3중의 상호작용적 인과관계triadic reciprocal causation의 관점을 제시했다. 개인적personal 결정 요인, 행위적behavioral 결정 요인, 환경적environmental 결정 요인이 바로 그것이다.

이게 바로 밴듀라의 사회 학습이론social learning theory과 이를 발전시킨 사회 인지 이론social cognitive theory의 핵심이다. 밴듀라는 1986년 『생각과 행동의 사회적 토대: 사회 인지 이론social Foundations of Thought and Action: A Social Cognitive Theory』의 출간을 통해, 사회 학습이론에서 한 걸음 더 나아가 큰 그림을 그리는 '사회 인지 이론social cognitive theory'을 제시했다.[20]

세 결정 요인은 그 강도 면에서 모두 동일한 정도의 영향을 미치는 것은 아니어서 각 요인의 상대적인 영향력은 서로 다른 상황에서 서로 다른 활동에 따라 다양할 수 있으며, 동일한 시점에서도 세 요인이 전체론적holistic 실체로서 동시적 영향을 미치는 것은 아니다. 즉, 상호작용에서 어떤 때는 환경적 요인이 가장 강력한 영향력을 미칠 수 있으며 다른 경우에는 개인적 요인의 영향이 가장 현저할 수 있다. 이러한 3중 상호작용의 맥락에서 사회 인지 이론은 자기효능감self-efficacy의 역할을 강조한다.[21]

밴듀라는 이른바 '행위 주체적 관점agentic perspective'에서 인간의 본성은 생물학적 한계 내에서 다양한 형태의 직접적이고 관찰적인 경험을 통해 형성될 수 있는 거대한 잠재력을 지닌 존재라고 주장한다. 그는 인간에게만 독특하게 나타나는 고유한 재능으로 (1) 상징화 능력symbolizing capability, (2) 자기규제 능력self-regulation capability, (3) 자기성찰 능력self-reflective capability, (4) 대리적 능력vicarious capability 등 4가지를 제시한다.

(1) 상징화 능력: 사람은 상징을 통해 자신의 경험에 의미, 형태, 지속성을 부여한다. 즉, 순간의 경험을 처리하여 판단과 행위를 위

한 지침으로 기능하는 인지적 모델로 변화시키는 것은 상징을 통해서라는 것이다. 이런 상징화 능력은 인간에게 자신의 환경을 이해하고 삶의 모든 측면과 실질적으로 관련되는 환경적 사건을 창조하고 규제하는 강력한 도구를 제공한다.

(2) 자기규제 능력: 자기규제에 대한 대부분의 이론은 사람이 자신의 지각된 행위와 채택된 기준 사이의 불일치를 줄이려고 노력한다는 것을 골자로 하는 부정적 피드백 체계에 기반하지만, 자기규제는 그런 '불일치의 감소'뿐만 아니라 '불일치의 생산'에 의존한다. 강한 효능감을 지닌 사람은 자신이 추구한 목표를 성취했을 때 스스로 더 높은 목표를 설정하는데, 이는 극복해야 할 새로운 동기부여적 불일치를 만들어내는 것이다.

(3) 자기성찰 능력: 사람은 결과에 근거하여 자신의 사고의 적절성을 판단하고 그 판단에 따라 사고를 바꾸는데, 이런 사고 검증 thought verification엔 4가지 양식이 있다. 개인의 사고와 사고에 따라 행한 행위의 결과가 꼭 맞는지에 의존하는 '행동적enactive 검증', 다른 사람이 주변 환경과 상호작용하는 것과 이러한 상호작용이 낳은 결과를 관찰함으로써 자신의 지닌 사고를 점검하는 '대리적vicarious 검증', 자신의 견해의 타당성을 다른 사람이 믿고 있는 것에 견주어 검증하는 '사회적social 검증', 이미 알려진 지식에서 새로운 것을 연역해냄으로써 자신의 사고를 점검하는 '논리적logical 검증'이 바로 그것이다.

(4) 대리적 능력: 직접적 경험에 근거한 모든 행위적 · 인지적 · 감정적 학습은 다른 사람의 행위와 결과를 관찰함으로써 대리적으로 성취될 수 있는데, 특히 인간적 가치 · 사고 양식 · 행위 패턴 등에

대한 방대한 양의 정보는 매스미디어가 만들어내는 상징적 환경 속에서 광범위한 '모델링modelling(모델을 따라 하는 모방)'을 통해 획득된다. 이러한 상징적 모델링symbolic modelling은 매스 커뮤니케이션의 효과를 이해하는 데에 매우 중요하다.[22]

모델링은 단지 행위를 모방하는 과정만은 아니다. 즉흥적으로 다양한 상황에 맞춰야 하는 높은 수준의 학습은 '추상적 모델링abstract modelling'을 통해 성취된다. 추상적 모델링을 통해 사람은 사건을 분류하고 판단하기 위한 기준, 커뮤니케이션의 언어적 규칙, 지식의 획득과 사용 방법에 대한 사고 기술, 자신의 동기와 행동을 규제하는 개인적 기준을 얻는다.[23]

상징적 모델링과 관련, 밴듀라는 "대부분의 심리학 이론은 커뮤니케이션 기술이 엄청나게 발전하기 훨씬 이전에 대두되었기 때문에 상징적 환경이 현대 인간의 삶에서 행하는 강력한 역할에 대해 충분하게 관심을 기울이지 못했다"며 다음과 같이 말한다.

"새로운 사고, 가치, 행위 스타일, 사회적 실천 등이 이제 상징적 모델링을 통해 전 세계적으로 확산되고, 전 지구적으로 배포된 의식을 조장한다. 상징적 환경이 사람의 일상적 삶의 주요 부분을 차지하기 때문에 현실의 사회적 구성과 공중 의식이 상당 부분 전자적 문화변용electronic acculturation을 통해 형성된다. 사회적 수준에서 전자 기술의 영향력의 양식이 사회 체계가 작동하는 방식을 변형시키고 사회정치학적 변화의 주요 매개체로 기능한다."[24]

문화변용acculturation은 한 집단이나 두 집단 양자에 의해서 다른 집단의 문화의 전부나 일부가 채택됨으로써 상이한 문화 집단 간의 접촉이 새로운 문화 유형의 획득으로 이끄는 과정을 말하는데,[25] 전자 기술에 의한 문화변용은 오늘날 전 지구적 차원에서 동시다발적으로 나타나고 있다. 이를 잘 보여주는 사례가 이른바 'MTV 세대'라는 말로 일컬어지는, 일부 영역에서 일어난 전 세계 젊은이들의 미국식 동질화다. 이와 관련, 미국 뉴욕주립대학 교수 리처드 쿠이젤Richard F. Kuisel은 『프랑스인 유혹하기: 미국화의 딜레마』라는 책에서 다음과 같이 말한다.

"중요한 것은 유럽의 식습관이 맥도날드의 패스트푸드에 의해 변하고 있다는 점이다. 수많았던 파리의 카페와 오래 앉아 먹던 가족 점심이 사라진 것이 커다란 사회적 변화를 잘 설명해준다. 어떻게 광고되든지 간에 운동화를 신는 것은 유럽식 옷 입기 그리고 심지어는 행동에 있어서 새로운 비공식성을 보여준다. 유럽의 소비에 맞춰져 있기는 하지만 MTV 시청은 유럽 젊은이들이 미국 젊은이들과 같은 사회적·문화적 메시지를 받는다는 것을 의미한다. 그리고 아이들의 상상력은 미국 텔레비전과 할리우드 영화를 봄으로써 변화하고 있다."[26]

그런 변화는 유럽에만 국한되지 않았다. 미국 대중문화를 배경으로 해서 자라난 환경은 비슷한데, 유럽 젊은이들과 중국 젊은이들 사이에 얼마나 큰 차이가 있겠는가. 2005년 3월 박현숙은 "지난 89년 후야오방이 사망했을 당시 그를 추모하는 물결이 곧바로 천안문 사건의 도화선이 되었듯이, 자오쯔양 사망을 계기로 혹시나 이와 비슷한 사태가 재연되지 않을까 하는 외신들의 '기대(?)'들이 있었다. 그러나 이러한 외신들의 '기대'와는 달리 중국 내에서는 실제로 소요 움직임이나 학원가의 동요 같은 건 전혀 일어나지 않았다"고 지적하면서 다음과 같이 말했다.

"중국 대학생들이 자오쯔양의 사망 소식에 대해 별다른 느낌이나 반응을 보이지 않는 것은 주요하게는 89년과 비교해서 변화한 중국의 정치경제적 환경과 '세대차'에 있다고 본다. 지금의 대학생 세대들은 자오쯔양이 총서기를 할 89년 당시 불과 서너 살밖에 안 된 어린아이들이었고 또한 이들은 80년대 이후에 출생한 이른바 '독생자녀(79년 한 자녀 낳기 정책 이후 태어난 세대를 지칭)' 세대들이다. 이들 세대들은 흔히 'MTV 세대'라고도 불리고 있다. 이전 세대들이 이념과 정치 구호 속에 살았다면 이들은 어릴 때부터 홍콩이나 한국, 일본 가수들의 노래를 흥얼거리며 일찌감치 이데올로기 시대와는 '고별'을 한 세대들이다. 이들의 최대 관심사는 대학 졸업 후 베이징이나 상하이 같은 대도시에서 성공한 '중산층'이 되는 것이다. 때문에 자오쯔양 사망 후 이들 세대들이 '제3의 천안문 사건'과 같은 정치적 소요 사건을 일으키리라고 생각하는 것은 빗나가도 한참은 빗나간 억측이다."[27]

유럽과 중국뿐만 아니었다. 2009년 6월 25일 MTV의 대스타 마이클 잭슨Michael Jackson, 1958~2009의 사망은 미국 대중문화의 힘을 유감없이 입증해주었다. 전 세계인이 그의 죽음을 애도했기 때문이다. 그는 전 세계에서 음반이 팔리고 공연이 매진되는 등 진정한 의미에서 최초의 '글로벌 스타'였다. "어젯밤 멕시코시티에 마이클 잭슨으로 분장한 사람들이 모였다. 오늘 밤 런던에선 군중이 모여 '문 워크'를 춘다"고 전한『포린폴리시』는 잭슨을 일컬어 "상냥한 손님이자 친절한 대사ambassador였다"고 했다. "80년대 그의 음악은 개방 시대를 처음 맞은 중국인들에게 서양 문화를 상징하는 주제곡이었다."(45세 중국인 사업가)²⁸

'MTV 세대'라는 말이 시사하듯, 전자기술에 의한 전 지구적 차원의 문화변용에 주목한 밴듀라가 자신의 사회 인지 이론과 사회적 확산social diffusion 이론의 통합을 시도한 건 당연한 일이라 하겠다. 그는 사회 인지 이론이 전 세계가 당면한 가장 급박한 문제의 일부를 완화시키는 데 양심적으로 응용될 수 있다는 희망을 피력한다.

밴듀라는 "좋은 드라마는 시청자로 하여금 더 나은 삶을 꿈꾸게 하고 이를 성취하기 위해 노력하도록 만드는 전략과 자극을 제공한다.……시청자는 모델을 통해 영감을 받고 자신의 삶을 향상시키려는 능력을 부여받는다"며 다음과 같이 말한다.

"이러한 심리사회적psychosocial 접근 방법은 강제가 아닌 계몽과 능력의 부여를 통해 개인적, 사회적 변화를 촉진시킨다. 아프리카, 아시아, 라틴아메리카 등지에서 이러한 접근 방법의 응용은 삶을 지탱하는 생태계에 악영향을 미치는 과도한 인구 성장을 안정시키는 데 도움을 주고, 사회 내에서 주변화되고, 사회적 성공, 자유, 존엄성이 부인되었던 여성의 지위를 향상시키며, AIDS의 확산을 억제하며, 전국 문자 해독률을 촉진시키며, 삶의 질을 향상시키는 다른 변화를 촉진시킨다."²⁹

좋은 말씀이긴 하지만, 전 지구적 문화변용의 문제는 그렇게 '좋은 드라마'를 통해서만 이루어지는 건 아니라는 데에 있을 게다. 'MTV 세대' 현상의 명암明暗처럼 말이다. 미국 커뮤니케이션 학자 에버렛 로저스Everett M. Rogers, 1931~2004가 1962년 『개혁의 확산Diffusion of Innovations』에서 '개혁 확산 이론Diffusion of Innovation Theory'을 제시한 이후,[30] 서구적 지식과 정보의 세계적 확산을 둘러싼 뜨거운 논란이 있었다.

그 논란을 전혀 모르거나 모르는 척하는 밴듀라의 순진함은 그가 심리학자의 역할에만 충실한 탓으로 이해하기로 하고, 그가 휴머니즘이 넘치는 매우 좋은 학자라는 점에 주목하는 게 좋을 것 같다. 그가 최근 몇 년 동안 씨름하고 있는 주제는 사람들이 자존감을 지키려는 욕구에 치우쳐 도덕성을 잃어버리는 과정이다. 그는 다음과 같이 말한다.

"사람들은 자존감을 구축하는 일에 상당한 의욕을 갖고 있습니다. 즉, 스스로를 나쁜 사람이라고 생각할 수도 없고 그 한계를 넘어서지도 못합니다. 자기가 좋은 사람이라는 인식을 지켜야만 하는 거죠. 그래서 사람들은 자신이 저지를 위험한 행동을 가치 있는 것으로 만듭니다. 사회적으로 정당화시키거나, 자기 자신과는 거리가 멀다고 여기거나, 또는 자신들의 조치로 인한 장기적인 결과를 무시하면서 말입니다."[31]

사회 인지 이론은 오늘날 다양한 분야에서 활용되고 있는데, 최근엔 밴듀라가 각별한 관심을 기울인 헬스 커뮤니케이션 분야에서의 연구가 활발하다. 밴듀라는 건강 정보 제공에 주로 비중을 두는 프로그램은 비교적 비효과적이라고 했는데, 여기서도 건강 촉진 행동의 중요한 결정 요인은 자기효능감이다. 그는 다음과 같이 말한다.

"개인적 효능감이 높은 사람일수록 중독 습관을 통제하고 중독에 참여하라는 사회적 압력에 보다 성공적으로 대처하고 중독에 빠지고 타락하는 데 대한 유혹을 잘 이겨낸다.……자기효능감이 강한 사람은 일시적 좌절을 극복하고 통제를 회복하는 경향이 있다."[32]

권영학 · 김용찬 · 백영민은 「TV 건강 프로그램 시청 경험은 어떻게 건강 증진 행동으로 이어지는가?: 건강 자기효능감의 매개 효과를 중심으로」(2014)라는 논문에서 "현재 방영 중인 건강 프로그램은 해당 주제(특정 질환 및 건강 소재)에 대한 의료 측면의 이해, 사례자의 경험담, 의학적 치료법, 예방 통제 관리법 등에 대한 구체적인 정보 전달의 비중이 크며, 건강 효능감 증진을 위한 내용이나 포맷 장치가 미흡하다"며 다음과 같이 말한다.

"밴듀라에 따르면 다른 사람의 건강 사례 학습을 통해 '대리 경험'을 하는 것은 건강 효능감 형성에 기여할 수 있다. 대중에게 영향력과 파급력이 높은 사례자를 선별하고, 일상생활 속에서 보다 쉽게 실천할 수 있는 건강 관리법을 권고하는 것은 시청자의 건강 효능감 지각에 효과적일 것이다. 이를 위해 건강 프로그램 제작자들은 건강에 대한 올바른 인식을 가지고 있어야 하며, 보건 의료 전문가와의 충분한 사전 협의 및 자문을 강화하여 건강 효능감 증진을 위한 메시지 소구 방식 등 프로그램의 질적인 발전에 관심을 기울여야 할 것이다."[33]

홍은희 · 이철한은 「금연 TV 광고의 내용 분석 연구: 한국과 미국의 차이에 기반한 건강 커뮤니케이션 이론의 적용」(2012)이라는 논문에서 "사회 인지 이론은 건강 증진 행동을 실행하는 데 있어서 개인에게 다양한 영역의 영향력을 설명할 수 있다. 금연 광고에서 제시한 금연 행위를 채택하는 데 영향력을 미치는 기제 중 하나로 흡연자를 대표할 수 있는 인물이나 모델을 포함시킬 수 있다"며 다음과 같이 말한다.

"시청자가 금연 메시지를 인지하고 제시된 행동을 수행할 때는 단순히 메시지만을 처리하는 것이 아니라 더 큰 틀에서 그 메시지를 전달하는 사람이나 전달되는 맥락이 자신의 상황을 반영하고 역할모델로서 활용할 수 있을 때 금연을 실행하게 된다.……사회 인지 이론이 금연 캠페인에서 이론적으로 기여하는 점은 개인이 제시된 금연 행위를 채택하는 데 있어서 영향을 주는 여러 외부 요인을 설명했다는 점이다. 이 이론은 나와 같은 특징을 갖거나 내가 동일시할 수 있는 흡연자가 금연 행위를 채택함으로써 제시된 이익을 얻고 제안된 금연 메시지가 실제로 채택할 수 있는 타당한 제안을 했을 경우에 즉 모델링modeling이 일어난 경우에 금연 행위를 채택할 가능성이 커지게 된다."[34]

진로 교육에 관심이 있는 학자들은 1990년대 중반 밴듀라의 사회 인지 이론을 응용해 '사회 인지 진로 이론the social cognitive career theory'을 제시했는데, 이는 오늘날 진로 문제에 관한 대표적인 이론이 되었다. 사회 인지 진로 이론에 기반한 국내 연구는 2000년대 초반부터 증가해 현재까지 다수의 연구물이 축적되어 있다.

전통적인 진로 이론들은 개인 특성과 환경이라는 변인變因을 특질trait에 기초하거나, 유형type으로 보려고 하는 반면에, 사회 인지 진로 이론에서는 상대적으로 역동적이고 상황 특수적으로 볼 것을 강조한다. 또 특질과 유형에 바탕을 둔 이론들은 개인 특성과 환경은 서로 상호작용하지만 행동은 개인 특성과 환경의 결과라고 보는 데 반해, 사회 인지 진로 이론은 밴듀라의 3중 상호작용 모델을 수용해, 개인 특성(내적인 인지, 정서적 상태, 심리적 특징), 외적 환경 요인, 외현화된 행동이 서로 상호작용한다고 본다. 따라서 개인의 진로 발달과 결정은 개인 특성과 환경의 단순한 결과물이라기보다는 개인의 의지와 인지적 판단까지 포함된 상호작용의 결과로 간주된다. 사회 인지 진로 이론에서도 가장 중요한 것은 자기효능감이다.[35]

이렇듯 자기효능감은 '약방의 감초' 수준을 넘어서 거의 '만병통치약' 비슷한 대접을 받고 있다. 캐럴라인 애덤스 밀러Caroline Adams Miller는 자기효능감 이론과 방법론은 경영, 스포츠, 카운슬링, 코치, 자기계발 등 다양한 분야에 일대 혁신을 일으켰다며 다음과 같이 말한다.

"자기효능감이 높은 사람은 아무리 어려운 일이 닥쳐도 그것을 피해야 하는, 불가능하고 무시무시한 위협으로 받아들이는 것이 아니라 정복해야 할 흥미로운 도전으로 여긴다. 이들은 빠른 회복력과 건전한 시각을 지녔기에 실패를 겪어도 금세 다시 일어나며 자신을 문제 있는 사람으로 격하시키지 않는다. 뛰어난 기술과 역할 모델, 지식을 동원해 한층 더 노력하며 제대로 해낼 때까지 몇 번이고 다시 시도하는 것을 주저하지 않는다."[36]

마거릿 헤퍼넌Margaret Heffernan은 "밴듀라의 수많은 연구들은 의식조차 하지 못하는 사이에 대중의 의식 속에 빠르게 스며들었을 뿐만 아니라 수많은 상과 명예 그리고 갈채를 받았다"며 "'롤 모델'이라는 용어도 밴듀라가 없었다면 존재하지 않았을 것이다"고 했다.[37] 물론 '롤 모델role model'은 사회학자 로버트 머튼Robert K. Merton, 1910~2003이 만든 말로 밴듀라와 무관하게 많이 쓰여왔지만, 밴듀라가 진부해진 그 개념을 되살려 활기를 불어넣어준 건 분명한 사실이다. 자신의 롤 모델을 따라잡는 노력을 통해 인간이 거대한 잠재력을 지닌 존재임을 보여주는 건 더할 나위 없이 아름다운 일이지만, 문제는 롤 모델 선택 경향이 너무 세속적인 성공의 문법 위주로 흐르고 있다는 점일 게다.

▶더 읽어보면 좋을 논문들

구현영·박옥경·정선영, 「간호대 학생의 진로 행동에 영향을 미치는 요인에 대한 경로 분석: 사회 인지 진로 이론을 중심으로」, 『Child Health Nursing Research』, 23권 1호(2017년 1월), 10~18쪽.

석민경·조한익, 「청소년의 불안/우울 수준과 진로 미결정과의 관계: 사회적 지지 및 갈등과 자기효능감의 매개 효과」, 『진로교육연구』, 29권 1호(2016년 3월), 1~23쪽.

주영주·김동심, 「영재 학생의 그릿(꾸준한 노력, 지속적 관심), 교사 지원, 부모 지원의 자기 조절 학습 능력, 영재 교육 만족도에 대한 예측력 검증」, 『특수교육』, 15권 1호(2016년 2월), 29~49쪽.

고윤정·강주선·김종기·고일상, 「지식 공유 활동 및 커뮤니티 활성화에 미치는 영향 요인과 자발적 지식 제공 의지의 조절 효과에 관한 연구: 전문·비전문 지식 커뮤니티를 중심으로」, 『경영학연구』, 43권 6호(2014년 12월), 2175~2199쪽.

윤태일·김경희·신소영, 「중학생의 미디어 및 대인 커뮤니케이션이 진로 결정 자기효능감과 진로 탐색 활동에 미치는 영향」, 『진로교육연구』, 27권 4호(2014년 12월), 167~185쪽.

손해경·이혜정·김미영, 「고등학생의 정신 건강 및 문제 행동에 영향을 미치는 요인: 사회 인지 진로 이론에 근거하여」, 『Child Health Nursing Research』, 20권 4호(2014년 10월), 314~321쪽.

권영학·김용찬·백영민, 「TV 건강 프로그램 시청 경험은 어떻게 건강 증진 행동으로 이어지는가?: 건강 자기효능감의 매개 효과를 중심으로」, 『한국언론학보』, 58권 4호(2014년 8월), 350~370쪽.

강현욱, 「성별의 조절 효과를 고려한 노인의 신체 활동이 사회적 지지, 주관적 건강 및 삶의 질의 관계: 사회 인지 이론을 중심으로」, 『한국체육과학회지』, 23권 1호(2014년 2월), 315~330쪽.

최혜영·양숙자, 「사무직 근로자를 위한 사회 인지 이론 기반 걷기 프로그램의 효과」, 『성인간호학회지』, 25권 6호(2013년 12월), 712~724쪽.

김영혜·안현의, 「사회 인지 진로 이론적 관점에 근거한 국내 진로 발달 연구의 동향 분석: 대학생 연구를 중심으로」, 『진로교육연구』, 25권 4호(2012년 12월), 1~18쪽.

홍은희·이철한, 「금연 TV 광고의 내용 분석 연구: 한국과 미국의 차이에 기반한 건강 커뮤니케이션 이론의 적용」, 『한국콘텐츠학회논문지』, 12권 11호(2012년 11월), 76~87쪽.

이정은·양윤정·서선희·권오란, 「사회 인지 이론을 적용한 대도시 20대 여성의 건강 기능식품 섭취 요인」, 『한국영양학회지』, 45권 2호(2012년 4월), 170~180쪽.

이동형, 「학교 자문에서의 저항에 대한 사회 인지 이론적 고찰」, 『한국심리학회지: 학교』, 8권 2호(2011년 8월), 111~132쪽.

이지연·양난미, 「남녀 대학생의 진로 선택 모형 검증: 자기효능감, 결과 기대, 흥미와 목표의 관계에서」, 『사회과학연구논총』(이화여자대학교 이화사회과학원), 17권(2007년 6월), 75~100쪽.

38

왜 자기 자신을 치밀하게 관찰하는
능력이 필요한가?

메타인지

미국 역사학자 아서 슐레진저Arthur Schlesinger, Jr., 1917~2007는 1990년 말 『뉴욕타임스』에 기고한 글에서 "현재에 대한 무지와 미래에 대한 무지는 용서받을 수 있다. 하지만 우리가 얼마나 무지한가에 대한 무지는 용서받을 수 없다"고 말했다.[38]

우리가 얼마나 무지한지를 아는 것, 그걸 가리켜 메타인지 metacognition라고 한다. meta는 영어에서 about의 의미로 쓰인다. 가령 "meta model"이라고 말하면 모델 자체가 아니라 "다른 모델들에 관한 하나의 모델a model ABOUT other models"을 뜻한다. 영화업계를 다룬 영화가 나온다면 "meta-movie"가 된다. 언어의 meta-message는 '다른 메시지에 관한 메시지'고 meta-communication은 '의사 교환

에 관한 이야기'라는 뜻이다.[39]

단어에 따라 meta를 붙여 쓰기도 하고 '하이픈(-)'을 넣어 떼어쓰기도 하는데, meta를 붙여 쓰는 경우인 메타인지란 자기 자신의 인지 처리 과정을 이해하고 인식하는 것으로, 쉽게 말해서 '생각에 관한 생각'을 말한다. 인간의 뇌와 다른 동물의 뇌를 구분하는 가장 큰 차이가 바로 메타인지다. 리처드 레스택Richard M. Restack은 『인간적인, 너무나 인간적인 뇌』(2012)에서 다음과 같이 말한다.

"예시로 특정 사람들을 대할 때 자신의 편견을 인식하는 것, 동료와 껄끄러운 대화를 나누면서 점점 화가 나는 것을 계속 인식하고 있는 것, 동료가 나보다 더 자질이 있다는 것을 마지못해 인정하기 때문에 탐나는 과제를 그에게 기꺼이 넘겨주는 것 등을 들 수 있다. 보다 높은 수준의 메타인지에서는, 인간과 다른 동물 사이의 차이가 훨씬 더 극명해진다. 오직 인간의 두뇌만이 '사느냐 죽느냐, 그것이 문제로다'를 가늠할 수 있다."[40]

데이비드 디살보David DiSalvo는 『나는 결심하지만 뇌는 비웃는다』(2012)에서 "정상적인 사고 과정을 넘어서서 우리가 왜 그런 생각을 하게 되는지 생각하는 능력은, 뇌가 진화를 거치면서 얻게 된 경이로운 능력이다. 인간의 뇌 중에서도 가장 최근에 발달한 전전두엽피질 덕분에, 우리는 자신을 돌아보고 추상적 사고를 할 수 있는 능력을 갖추게 되었다"며 다음과 같이 말한다.

"우리는 마치 다른 사람을 생각하듯이 우리 자신을 객관화할 수 있다. 영장류 행동 연구에 따르면, 인간과 가장 가까운 침팬지조차도 이런 능력을 가지고 있지 않다(침팬지가 거울 속에 비친 자기 모습을 보고 다른 침팬지가 아닌 자기 자신이라고 알아보는 등, 자신을 투영하는 몇 가지 능력을 갖추고 있긴 하지만, 인간에 비할 바는 못 된다). 하지만 이 능력은 양날의 검이다. 이 능력 덕분에 우리의 생각에 대해 생각해볼 수 있지만, 한편으로는 이 능력이 우리를 존재론적으로 혼란스럽게 만들기도 하기 때문이다."[41]

인지심리학자들이 좋아하는 말 중에 이런 내용이 있다. "세상에는 두 가지 종류의 지식이 있다. 첫 번째는 내가 알고 있다는 느낌은 있는데 설명할 수는 없는 지식이고 두 번째는 내가 알고 있다는 느낌뿐만 아니라 남들에게 설명할 수도 있는 지식이다. 두 번째 지식만 진짜 지식이며 내가 쓸 수 있는 지식이다."

이 말을 소개한 김경일은 "중요한 말이 아닐 수 없다"며 이렇게 말한다. "창의적인 아이디어가 정말 쓸 수 있는 것이 되려면 이른바 설명하기 방식을 통해 할 수 있는 것과 할 수 없는 것, 현실적인 것과 비현실적인 것, 필요한 것과 필요 없는 것이 확연히 구분되어야 한다. 그리고 이러한 구분을 할 수 있기 위해서는 메타인지의 역할이 중요하다."[42]

세계적인 교육 강국 핀란드는 이러한 메타인지를 높이는 교육으로 유명하다. 핀란드에서는 전교 1등하는 학생이 전교 2등하는 학생도 가르치고, 전교 꼴등하는 학생도 가르치는 '상생 교육'을 한다. 김경일은 이 교육 방식을 '아이를 천재로 만드는 교육 방식'이라고 했다.[43]

제프 콜빈Geoff Colvin은 『재능은 어떻게 단련되는가?』(2008)에서 "최고의 성과자들이 업무를 보는 동안 사용하는 가장 핵심적인 자기 조절 기술은 자기관찰self-observation이다. 예를 들어, 평범한 마라톤 선수들은 경기 중에 달리기가 아닌 다른 일을 생각하는 경향이 있다. 너무 고통스러워서 생각을 다른 데로 돌리려고 하기 때문이다. 반대로 최상위 선수들은 무시무시할 정도로 자기 자신에게 집중한다. 특히 호흡과 발걸음을 세면서 일정 비율을 유지한다"며 이렇게 말한다.

"정신노동에도 같은 원리가 적용된다. 최고의 성과자들은 최고의 마라톤 선수처럼 자기 자신을 치밀하게 관찰한다.······메타인지라고 부르는 이 능력은 자신이 무엇을 하는지 파악하고 자기 생각에 대해서 말한다. 메타인지가 중요한 이유는 그것이 끝까지 유지될 때 상황을 변화시키기도 하기 때문이다. 즉 메타인지는 변화무쌍한 환경에 적응하는 데 상당히 중요한 역할을 한다."[44]

임영익은 『메타생각Meta-Thinking』(2014)에서 "메타인지가 학술적인 의미로 나타나기 오래전부터 선현들은 그 중요성을 설파하였다. 소크라테스의 '너 자신을 알라'라는 그 유명한 한마디는 메타인지의 핵심을 잘 담고 있다. 또한 공자는 '아는 것을 안다고 하고 모르는 것을 모른다고 하는 것, 이것이 바로 아는 것이다'라고 하여 메타인지의 본질을 꿰뚫어보았다"며 다음과 같이 말한다.

"이런 메타인지적인 원리를 바탕으로 하는 것이 메타생각 기법이다. 광의의 메타생각은 메타인지와 유사한 개념이다. 메타생각은 그런 광의의 메타생각에 '생각의 기술'이라는 도구를 포함하는 '실전 메타생각 기법'을 의미한다.······구체적인 문제 상황에서 생각의 기술을 실제로 활용하기 위해서는 반드시 메타생각이 필요하다. 이런 과정을 통해 만들어지는 구체적 '전술'이 '스스로 발견 학습heuristics'을 가능하게 한다."[45]

2002년 이라크의 대량파괴무기 보유 가능성에 대해 미국 국방장관 도널드 럼스펠드Donald Rumsfeld, 1932~는 정보를 3가지로 구분하며 공습을 주장했다. "우리에게는 우리가 알고 있는 일들이 있고(알려진 사실들), 우리가 알지 못하는 것들(알려진 알려지지 않은 것들)이 있으며, 또 우리가 알지 못한다는 것을 알지 못하는 것들(알려지지 않은 알려지지 않은 것들)이 있다"는 것이다. "우주는 얼마나 클까?"는 '알려진 알려지지 않은 것'이지만, 집단적인 페이스북 열광 같은 것은 '알려지지 않은 알려지지 않은 것'으로 이게 바로 니컬러스 탈레브Nassim Nicholas Taleb, 1960~가 말하는 '블랙 스완Black Swan'이다.[46]

탈레브는 '블랙 스완'의 개념을 "과거의 경험으로 확인할 수 없는 기대 영역 바깥쪽의 관측값으로, 극단적으로 예외적이고 알려지지 않아 발생 가능성에 대한 예측이 거의 불가능하지만 일단 발생하면 엄청난 충격과 파장을 가져오고, 발생 후에야 적절한 설명을 시도하여 설명과 예견이 가능해지는 사건"이라고 정의한다. 예를 들면 인터넷, 퍼스널 컴퓨터, 제1차 세계대전, 소련의 붕괴, 경제 공황이나 9·11 테러, 구글Google이나 페이스북Facebook의 성공 같은 사건을 블랙 스완으로 볼 수 있다. 버락 오바마Barack Obama의 대통령 당선을 블랙 스완으로 보는 사람들도 있다.[47]

럼스펠드의 발언은 대량파괴무기에 관해서 '알고 있는 지식', '알려진 무지'와 함께 우리가 모른다는 것도 모르고 있는 '알지 못하는 무지'가 있다는 논리였다. 공습을 정당화하기 위해 펼친 궤변인지라 당시엔 조롱을 받았지만, 그 말 자체를 놓고 보자면 그건 '블랙 스완'을 의미한 것인 동시에 인지능력을 객관화할 수 있는 메타인지의 사례로 볼 수 있는 것이었다. 이와 관련, 구본권은 "컴퓨터가 따라잡지 못할 사람의 능력으로 성찰적 인지능력이 주목받고 있다. 사람은 자신이 무엇을 모르는지를 알 수 있는 존재다. 컴퓨터는 정확한 기억과 빠른 연산으로 답을 내놓지만, 자신에 대한 성찰적 기능이 없다"며 다음과 같이 말한다.

"하버드대의 교육심리학자 하워드 가드너는 사람 지능을 언어능력과 수리능력 위주로 평가해온 지능검사를 비판하며 다중지능을 주창했다. 그가 중요한 인간 지적 능력의 하나로 본 것은 자신의 사고와 마음에 대해서 생각할 줄 아는 자기성찰 능력이다. 소크라테스의 '너 자신의 무지를 알라'는 가르침도 무지의 자각에 대한 강조다. 내가 무얼 모르는지 자각할 때, 비로소 알려는 욕망과 질문이 생겨난다. 인공지능 시대에 교육의 목표로 소프트웨어나 시스템(과학, 기술, 공학, 수학)에 대한 지식 습득보다 무지의 자각과 성찰적 사고가 중요한 이유다."[48]

자기 자신을 치밀하게 관찰하는 능력이 필요하거니와 중요한 게 분명하지만, 모든 사람이 다 그런 능력을 갖기를 원하는 건 아니다. 객관화한 자신의 모습이 영 마땅치 않은 사람들에겐 자기 자신을 모르고 사는 게 오히려 속 편할 수도 있다. '후안무치厚顔無恥'가 삶의 경쟁력으로 통하는 세상에선 더욱 그렇지 않을까?

▶ 더 읽어보면 좋을 논문들

김동일 · 라수현 · 이혜은, 「메타인지 전략의 효과에 관한 메타분석」, 『아시아교육연구』, 17권 3호(2016년), 21~48쪽.
최문정 · 정동열, 「메타인지가 대학생의 정보 탐색 행위에 미치는 영향에 관한 연구」, 『한국문

헌정보학회지』, 47권 2호(2013년), 75~101쪽.

정영란 · 김시온, 「중, 고등학생의 메타인지, 자기효능감, 구성주의적 과학 학습 환경에 대한 인식 분석」, 『교과교육학연구』, 16권 1호(2012년), 125~144쪽.

김정환, 「메타인지 · 자기효능감 및 실제적 지능과 성취도 간 인과관계의 경험적 분석」, 『학습 자중심교과교육연구』, 7권 2호(2007년), 73~94쪽.

진화봉 · 이순아 · 김회수, 「메타인지적 지식과 작동 기억이 메타인지적 규제 요구 과제의 성취에 미치는 영향」, 『교육정보미디어연구』, 9권 3호(2003년), 119~148쪽.

39

왜 우리 인간은 '열린 마음'으로
세상을 바라볼 수 없는가?

▼
▲

스키마 이론

널리 알려져 자주 거론되는 수수께끼가 있다. 이런 이야기다. 아버지와 아들이 큰 교통사고를 당했다. 아버지는 현장에서 즉사했고, 아들은 병원으로 이송되었다. 그런데 의사가 소년의 수술을 집도하기 직전 소리쳤다. "수술할 수 없습니다! 이 아이는 내 아들입니다." 도대체 어떻게 된 걸까?

심리학자 미카엘라 워프먼Mikhaela Wapman과 데버러 벨Deborah Belle이 심리학과 학생 197명, 7~17세 어린이 103명에게 이 수수께끼를 냈을 때 '아버지가 친부가 아니었다', '게이 부부였다', '의사가 정신이 이상했다' 등등 대답은 각양각색이었다. 정답은 "의사가 소년의 어머니였다"였지만, 실험 참가자 중 정답을 맞춘 이는 단 15퍼센트에

불과했다. 자신이 페미니스트라고 주장하는 이들 가운데 정답자 비율도 22퍼센트에 지나지 않았다.[49]

의사는 당연히 남자일 것이라고 생각하는 이런 '인지적 개념틀'을 가리켜 '스키마schema'라고 한다. '도식圖式'이라는 번역어도 쓰이지만, 이젠 '스키마'가 널리 쓰이는 외래어로 정착된 것 같다. 스키마는 경험을 통해 뇌가 조직화한 지식의 틀에 근거해 새로운 경험을 이해하고 받아들이는 과정이다. 예컨대, 처음 본 공을 뇌가 전부터 알고 있던 야구공이나 축구공의 정보와 비교해 이해하는 식이다. 크리스마스가 다가오면 따뜻한 가족 영화, 빨간 양말 속에 든 선물, 종소리, 거리를 지나가는 연인, 촛불 등이 떠오르는 것도 바로 스키마 때문이다. 고려대학교 심리학과 남기춘 교수는 "사람의 뇌는 특정 경험과 함께한 이벤트를 하나로 묶어 기억한다"며 "어려서부터 겪은 크리스마스 경험이 비슷한 시기가 되면 스키마로 작용하는 것"이라고 설명한다.[50]

스키마는 그리스어에서 온 단어로 원래 '형태shape'나 '계획plan'을 뜻했다. 스위스 심리학자 장 피아제Jean Piaget, 1896~1980가 1926년 최초로 사용한 이후 여러 분야에서 널리 사용하는 개념으로 자리 잡았다. 오늘날의 스키마 이론schema theory을 체계화시킨 이는 영국 심리학자 프레더릭 찰스 바틀렛Frederic Charles Bartlett, 1886~1969이다.

바틀렛은 1932년에 출간한 『회상: 실험심리와 사회심리의 연구 Remembering: A Study in Experimental and Social Psychology』에서 기존의 행동주의를 대체하게 된 인지 혁명의 단초를 열었다. 그는 낯선 자료를 주면 피험자들이 자신의 과거 경험에 따라 선택적으로 회상한다며, 이것

스키마 이론

을 "의미를 추구하는 노력"이라고 했다. 그는 의미적으로 체제화하려는 이러한 기억의 성질을 반영하려는 의도에서 스키마라는 개념을 사용하면서 이런 결론을 내렸다.

"기억해낸다는 것은 고정되어 있고 생명이 없는 수많은 단편적인 흔적들을 다시 자극해내는 것이 아니라, 풍부한 상상력으로 가능해지는 구성, 즉 재구성이며, 활성화된 전체 덩어리로서의 과거 경험을 지향하는 우리의 태도 관계로부터 구축된다."[51]

정치학자 로버트 액셀로드Robert Axelrod는 스키마를 "(사람들의 머릿속에서) 세상이 조직화되는 방식으로서 (특정 상황에) 선행하는 전제"로, 언론학자 로버트 엔트먼Robert M. Entman은 스키마를 "개인의 정보 처리 과정을 이끄는 축적된 사고의 집합체"로 정의했다.[52]

스키마는 우리가 일상적 삶에서 하는 활동을 예상하게 하는 지식 꾸러미로서 익숙한 세부 사항을 통해 새로운 상황을 이해하도록 도와주기 때문에 우리는 어떤 장소에서 일반적으로 벌어지는 일들에 대한 스키마를 갖고 있는 셈이다. 영화 줄거리를 이해하거나 새로운 상황을 헤쳐나가거나 아니면 처음 만나는 사람에 대한 인상을 만들어내는 능력은 스키마의 도움을 많이 받는다.[53]

스키마의 조직 효과는 광고의 슬로건 사용에서 찾을 수 있다. 짧은 시간 내에 메시지를 전달하기 위해선 슬로건이 꼭 필요하다. 슬로건은 시청자로 하여금 화면에 구체적으로 묘사되어 있지 않은 어떤 의미를 부여하도록 하고, 또한 그 장면에 관한 정보를 채우도록 추론하게끔 만들기 때문이다. 즉, 시청자는 광고에 의해 제시되지 않은 수많은 일을 추론하는 데에 스키마를 사용하는 것이다.[54]

아서 프리먼Arthur Freeman과 로즈 드월프Rose DeWolf는 『그동안 당신만 몰랐던 스마트한 실수들』(1992)에서 "스키마란 개개인이 수신한 정보를 조직하는 기본 방식이다. 사람들은 가정이나 학교 또는 종교, 친구에게 배운 것들을 살아가기 위한 규칙들의 전부 또는 일부와 조합하여 자신의 특정한 스키마를 만든다"며 다음과 같이 말한다.

"우리의 스키마는 세상을 바라보는 안경과도 같다. 당신의 안경이 보라색 렌즈로 되어 있다면 세상은 보랏빛으로 투영될 것이다. 마찬가지로 '의존과 무기력'의 렌즈로 세상을 바라보는 사람은, 다른 사람의 의견에 반박하고 불평하는 것은 위험하며 모든 사람에게 사랑받는 것이 중요하다고 믿을 것이다.……우리는 자신의 특정한 스키마가 세상이 돌아가는 이치라고 믿으며 성장했기 때문에, 거기에 의문을 갖지 않는 경향이 있다. 그러나 당신이 어떤 것을 믿고 있고 주변의 모든 사람이 그것을 지지한다고 해서 그것이 반드시 진실인 법은 없다."[55]

미국에서 히스패닉계 미국인에 대해 아주 부정적인 스키마를 갖고 있는 사람은 멕시코계 사람들이 몰려 살고 있는 동부 로스앤젤레스를 배경으로 한 텔레비전 드라마에 대해 매우 다른 반응을 나타낼 가능성이 높다.[56] 이는 스키마가 인간관계에선 고정관념과 편견의 온상으로 작용할 수 있다는 걸 말해준다.

사실 고정관념은 스키마의 대체 용어로 쓰이기도 하는데, 이에 대해 일부 정치심리학자들은 다음과 같이 말한다. "스키마 이론 자체는 유행이 지났을지 몰라도, 한때 그 명칭으로 함께 묶여 있던 이론들은 여전히 생존해 있으며 단지 '인지적 표현'이나 '인지적 범주' 또는 '고정관념' 등의 재미없는 용어로 바뀌었을 뿐이다."[57]

스키마와 유사한 개념으로 '스크립트script'가 있다. 스크립트는 '사건 스키마'라고 하는 스키마의 한 유형으로 보아도 무방하겠다. 스키마가 어떤 대상의 특성과 관련된 내용들로 이루어진다면, 스크립트는 어떤 사건의 '진행 과정'과 관련된 내용들로 이루어진다. 이에 대해 나은영은 다음과 같이 말한다.

"예를 들어, 레스토랑 스크립트는 '레스토랑에 가면 메뉴판이 나오고 주문을 한 다음 조금 기다리면 음식이 나온다. 음식을 먹은 후 값을 지불하고 나온다'와 같은 일련의 과정에 관한 틀이 과거 경험에 의해 머릿속에 있는 것이다. 따라서, 이미 경험해본 일이 있는 상황에서는 스크립트에 맞추어 예상을 할 수 있고, 그에 따라 더 효율적으로 빨리 정보 처리가 일어나 도움이 될 수 있다. 새로운 상황에서는 열린 마음으로 바라보아야 하는데도 이전의 스키마나 스크립트에 근거해서 미리 짐작하고 거기에 맞지 않는 정보를 무시하거나 왜곡하여 받아들일 가능성을 인간은 가지고 있다."[58]

특정 인종이나 지역민에 대한 고정관념이나 편견이 사라지지 않고 끈질기게 버티는 이유도 바로 여기에 있다. 심리학자 안신호는 「한국의 지역감정은 해결될 수 없는가」라는 글에서 한번 형성된 스키마는 끈질긴 생명력을 가지고 유지되는 경향이 있을 뿐만 아니라 스키마 스스로 그 가설을 지지하는 증거를 만들어내기도 한다고 말한다. 그게 바로 자기이행적 예언self-fulfilling prophesy 현상이다.[59]

'피그말리온 효과Pygmalion effect' 또는 '로젠탈 효과Rosenthal effect'로도 불리는 이 현상은 미래에 관한 개인의 기대가 그 미래에 영향을 주는 경향성을 의미하는 것인데, "우리는 기대한 대로 보게 된다"는 말이 바로 그런 경향성을 말해주는 것이다. 예컨대, 어떤 사람을 믿을 수 없는 사람이라고 생각하면 우리는 그 사람을 상대할 때 우리 자신을 충분히 드러내지 않을 것이다. 이런 태도는 그 사람에게 영향을 미칠 수 있다. 그 사람은 자신을 믿지 않는 것 같은 그 사람의 태도를 보고 그 사람 역시 자신을 드러내는 것을 꺼릴 것이다. 그러면 또 우리는 그걸 보고 "역시, 이 사람은 음흉하고 믿을 수 없는 사람이구나" 하는 확신을 갖게 된다는 것이다.[60]

컴퓨터는 스키마 형성을 위한 뇌의 능력을 감소시킨다. 네덜란드 심리학자 크리스토프 판 님베겐Christof van Nimwegen은 일련의 실험을 통해 "우리가 문제 해결과 또 다른 지적인 업무를 컴퓨터에 위임하면서 훗날 새로운 상황에 적용할 수 있는 안정적인 지식 구조, 즉 스키마를 형성하기 위한 뇌의 능력을 감퇴시키고 있음을 의미한다"고 결론내렸다.[61]

그로 인한 문제가 심각하겠지만, 그 덕분에 고정관념과 편견도 사라지거나 약화될 수 있다면 두렵게만 생각할 일은 아니겠다. 우리는 입으로는 늘 '열린 마음'을 가져야 한다고 말하지만, 스키마를 작동시키는 우리의 뇌는 그걸 허용하지 않는다. 뇌의 그런 능력이 감퇴된다는 것은 '열린 마음'의 가능성도 그만큼 커진다는 걸 의미하는 것이 아니고 무엇이랴.

▶더 읽어보면 좋을 논문들

임혜원, 「힘 영상 도식의 신체화 연구: TV 토론 프로그램 참여자의 손짓을 중심으로」, 『담화와인지』, 24권 1호(2017년 2월), 93~112쪽.

최영건 · 신현정, 「유머 텍스트 처리에서 스키마의 활성화 과정」, 『한국콘텐츠학회논문지』, 15권 9호(2015년 9월), 425~435쪽.

심지연, 「전쟁 도식 은유의 역사적 연구: 근현대 시대에 발행된 운동경기 기사문을 대상으로」, 『한국학연구』, 52권(2015년 3월), 101~136쪽.

이상신, 「정치의 사인화(私人化)와 대선 후보자의 인지적 평가: 박근혜, 안철수, 문재인의 스키마(Schema) 분석」, 『한국정치학회보』, 46권 4호(2012년 9월), 149~170쪽.

홍수현, 「한국 언론의 선거 보도 스키마 변화에 관한 연구」, 한국외국어대학교 대학원 신문방송학과 석사학위논문, 2012년 8월.

조성경 · 최현철, 「대한민국 기자의 위험 스키마 유형에 대한 연구: Q방법론 접근」, 『한국언론학보』, 56권 2호(2012년 4월), 274~300쪽.

차민영 · 주미란, 「스키마 활성화 활동이 토익 성적에 미치는 영향 연구」, 『현대영어영문학』, 56권 1호(2012년), 283~304쪽.

서태열, 「스키마 이론에 따른 중학생의 지리 학습에 대한 설명: 지역 관련 내용을 사례로」, 『사회과교육』, 50권 4호(2011년 12월), 229~241쪽.

양승국, 「텔레비전 드라마의 재현 형식과 영상 도식(Image Schema)」, 『동아문화』, 49권(2011년 12월), 63~88쪽.

정은경 · 정혜승 · 손영우, 「진보와 보수의 도덕적 가치 판단의 차이: 용산 재개발 사건을 중심으로」, 『한국심리학회지: 사회 및 성격』, 25권 4호(2011년 11월), 93~105쪽.

민정식, 「뉴스 미디어별 노출 정도가 정치 지식과 인지 복합성, 개인의 정보 처리에 미치는 영향」, 『언론과학연구』, 11권 3호(2011년 9월), 63~90쪽.

김성애 · 이종혁, 「뉴스 프레임과 수용자 스키마 일치가 프레이밍 효과에 미치는 영향: 남북한 대학생 비교 분석」, 『한국언론학보』, 55권 2호(2011년 4월), 103~127쪽.

김창호, 「스키마를 활용한 효율적인 영어 듣기 지도」, 『현대영어영문학』, 55권 2호(2011년), 55~80쪽.

민정식, 「기자의 객관성 및 해설성 지향이 종결 욕구와 스키마 주도적인 정보 처리에 미치는 영향」, 『한국언론학보』, 54권 2호(2010년 4월), 5~30쪽.

이성범, 「광고 전략의 이분법적 도식으로서 Simpson's Schema에 대하여」, 『서강인문논총』, 27권(2010년 4월), 121~153쪽.

김성애, 「수용자 스키마가 뉴스 프레임 해석에 미치는 영향: 남북한 대학생 비교 분석」, 경희대학교 대학원 신문방송학과 논문, 2010년 2월.

이지현, 「스키마 활성화를 통한 듣기 능력 신장 방안: 영화를 이용하여」, 『영상영어교육』, 11권 2호(2010년), 163~182쪽.

금희조, 「성 스키마와 인터넷 이용의 상호작용: 한국과 미국 대학생의 여성 정치인 평가에 관한 비교 연구」, 『한국언론학보』, 52권 6호(2008년 12월), 300~322쪽.

박기범, 「Spiro의 인지적 융통성 이론이 사회과 수업과 교재 구성에 주는 시사점」, 『사회과교육』, 47권 1호(2008년 3월), 157~170쪽.

박태순, 「컴퓨터게임의 스토리텔링 모델: 그레마스의 설화 도식을 이용한 스타크래프트 분석을 중심으로」, 『한국콘텐츠학회논문지』, 7권 4호(2007년 4월), 103~113쪽.

김인영·윤재웅, 「소설 구조와 스키마 이론: Harry Potter를 중심으로」, 『영상영어교육』, 7권 2호(2006년 9월), 167~185쪽.

유승관·이제영, 「유비쿼터스 환경에 대한 언론 보도와 수용자의 인식 유형에 관한 연구」, 『한국언론정보학보』, 32권(2006년 2월), 169~207쪽.

한정호, 「스키마(schema) 이론을 통한 조직체의 이미지 분석과 운용: "좋은 스키마"의 형성과 개발을 중심으로」, 『홍보학 연구』, 9권 2호(2005년), 132~159쪽.

전인수·배일현, 「4P 스키마를 넘어서: 새로운 스키마」, 『마케팅연구』, 18권 4호(2003년 12월), 47~66쪽.

최성욱, 「조직 문화를 통해서 본 통합 관료조직: 스키마 중심의 인지 해석적 접근」, 『한국행정학보』, 35권 3호(2001년 9월), 127~145쪽.

김규철, 「스키마를 活性化시키는 패러디 廣告」, 『경영연구』, 10권 1호(2001년 2월), 307~326쪽.

최현철·심민선, 「텔레비전 폭력물 시청과 청소년의 도식(schema) 변화」, 『언론과 사회』, 19권(1998년 4월), 120~150쪽.

문철수, 「대중매체를 통한 정치적 상징 인지에 관한 연구: 도식 이론(圖式理論, Schema Theory)을 中心으로」, 『한국언론학보』, 35권(1995년 12월), 171~178쪽.

강대인·김철수·최현철, 「수용자의 인지 구조와 대중매체의 효과: 도식(Schema) 이론을 중심으로 한 대안적 접근」, 『성곡논총』, 22권(1991년 6월), 103~157쪽.

40

왜 어린 시절에 보호자와 멀어지는 건 매우 위험한가?

애착 이론

"1980~90년대 한국의 모유 수유율은 세계 어느 나라에서도 찾아볼 수 없는 급락의 수치를 보였고, 그때에 태어난 세대의 문제를 들여다볼 때에는 당연히 이 부분을 지적해야 한다. 이런 지적에 '반여성주의적 시각'이라며 공격하는 것은 바르지 않다. 인간은 포유동물이고, 그 처음의 강렬한 애착은 젖먹이를 통해 얻어진다.……아비가 대리어미 노릇을 할 수는 있어도 '아비에게는 젖이 없다'는 생물적 조건으로 인한 한계는 분명 존재한다. 덧붙이자면, 그래서, 나는 탁아를 중심으로 하는 한국의 보육 정책에 반대한다. 국가는 적어도 7세까지 아기와 어미가 충분한 애착 관계를 형성할 수 있도록 하는 정책을 시행하여야 한다."

2016년 5월 1일 맛 칼럼니스트 황교익의 페이스북에 오른 주장이다. 많은 사람이 이 주장에 분노했다. 『허핑턴포스트코리아』 뉴스 에디터 박세회는 "아기와의 충분한 애착 관계를 형성하기 위해 어미가 7년의 세월을 보내야 한다는 주장은 지나치게 황당하니 차치하고, 일단 그 '애착'을 형성하는 게 어미의 몫인지만 두고 보자. 그는 자신의 '모유 수유 7년설'이 존 볼비의 '애착 이론'에 바탕을 둔다고 설명한 바 있다"며 황교익의 주장에 반론을 폈다.[62]

박세회가 제시한 반론의 주요 근거는 미국 위스콘신대학 심리학 교수였던 해리 할로Harry Harlow, 1905~1981의 원숭이 실험 결과다. 할로는 이 실험을 통해 애착에서 무엇보다 중요한 것은 '접촉 위안contact comfort'이라고 보았다. 애정과 사랑으로 따뜻하게 안아주는 것이 너무나 중요하다는 것이다. 할로는 일련의 실험을 위해 박사를 40명이나 배출한 영장류 실험실Primate Laboratory을 운영했는데, 그의 실험은 새끼 원숭이를 어미와 격리시키는 등 연구 윤리 논란을 불러일으켰다. 이 논란은 미국의 동물보호운동을 키우는 동력이 되었다.[63]

도대체 존 볼비가 누구이길래 황교익으로 하여금 '모유 수유 7년설'을 제기하게끔 만든 걸까? 볼비는 비단 이 논란뿐만 아니라 모든 육아 논쟁에서 빠지지 않고 등장하는 인물이다. 볼비와 '애착 이론'에 대해 알아보기로 하자.

영국의 정신분석가이자 정신과 의사인 존 볼비John Bowlby, 1907~1990는 1907년 2월 26일 영국 런던의 중상류층 가정에서 태어났다. 아버지 앤터니 앨프리드 볼비Anthony Alfred Bowlby는 준準남작이었으며 국왕주치의 팀의 일원으로 일했다. 당시 영국 중상류층에선 아이를 너무

잘 보살피고 애착을 보이면 아이를 망쳐 놓을 수 있다는 육아법이 상식으로 통용되고 있었는데, 볼비의 부모는 이 상식을 지나칠 정도로 엄격하게 지켰던 것 같다.

볼비는 주로 유모의 손에서 자랐고, 어머니와는 하루에 한 시간가량만 함께 있을 수 있었다. 볼비가 4세 때 유모가 그의 곁을 떠나자 그는 깊은 슬픔을 경험했으며, 나중에 그때의 아픔을 어머니를 여의는 슬픔과 비교했다. 볼비가 7세가 되자 부모는 그를 기숙학교에 입학시켰다. 그는 훗날 이 일이 자신에게 큰 상처를 남겼다고 회고했다. 그 상처는 그의 평생 연구 주제가 된다.

정신과 의사이자 정신분석가가 된 볼비는 1950년 세계보건기구에서 대형 탁아시설이나 고아원에서 자라난 아이들이 어떤 심리적 영향을 받는지에 대한 연구를 위탁받아 발표한 「어머니의 보살핌과 정신 건강Maternal Care and Mental Health」이란 보고서에서 아이가 '모성 박탈maternal deprivation'을 당하면, 즉 제대로 어머니의 보살핌을 받지 못하면 성인이 된 후에도 지적·사회적·정서적 지체를 경험하게 된다고 주장했다.

이후 볼비는 동물행동학ethology에 깊은 관심을 기울였다. 그는 동물학자 콘라트 로런츠Konrad Lorenz, 1903~1989의 '각인imprinting' 개념을 인간에게도 적용하는 등 이 분야의 연구를 통해 당시 유행하던 '타산적 사랑 이론Cupboard Love theory'을 반박할 수 있게 되었다. 어린아이가 용돈을 타려고 어머니에게 "엄마가 좋아"라고 말한다면, 이걸 타산적 사랑이라고 할 수 있겠다.[64]

볼비는 일련의 연구를 통해 초기의 애착 형성이 인간 본성의 가장 중요한 기본이 되고, 애착 형성이 잘 되지 않으면 아동기뿐 아니라 성인기의 여러 가지 정신질환의 원인이 될 수 있다는 '애착 이론attachment theory'을 제시했다. 1950년대는 '아이를 따로 재워라', '응석을 받아주지 마라' 등과 같은 벤저민 스폭Benjamin Spock, 1903~1998의 육아법이 유행하던 때라, 적절하게 영양을 공급하고 위생을 제공한다고 해서 아이가 제대로 크는 것이 아니라는 볼비의 주장은 논란이 되었다.[65]

볼비는 자신의 연구 결과를 '애착과 상실Attachment and Loss' 시리즈 3부작으로 출간했는데, 3부작은 『애착Attachment』(1969), 『분리: 불안과 분노Separation: Anxiety and Anger』(1972), 『상실: 슬픔과 우울증Loss: Sadness and Depression』(1980)이다. 볼비는 이 3부작에서 사람은 날 때부터 연결 욕구를 갖고 있다며, 애착을 "인간 사이에서 지속되는 심리적 연결성"이라고 정의했다.[66] 볼비는 자신의 어린 시절을 이야기하듯, 이렇게 말한다. "자기 무리에서 소외된다는 것, 특히 어린 시절에 보호자와 멀어진다는 것은 매우 큰 위험을 초래한다. 따라서 모든 동물이 고립을 피하고 서로 밀접한 관계를 유지하려는 본능을 갖는 것은 당연하다."[67]

애착 이론은 볼비를 멘토로 삼아 학문적 교류와 협력을 하던 미국 존스홉킨스대학 심리학자 메리 에인스워스Mary Ainsworth, 1913~1999가 1969년 애착을 평가하는 '낯선 상황 실험 계획서Strange Situation Protocol'를 고안함으로써 객관적 평가가 가능한 단계로 발전했다. 에인스워스는 어린 시절 사실상 엄마 노릇을 했던 아빠와 친밀하게 지냈고, 딸과 좋은 관계를 유지하지 못했던 엄마는 부녀 사이를 질투하고 간섭했다고 한다.

에인스워스의 실험은 낯선 상황에서 낯선 사람과 남겨질 때와 후에 어머니가 돌아올 때 11~17개월 된 유아의 반응을 평가하는 것이었다. 에인스워스는 이 실험 결과에 근거해 애착의 유형을 어머니가 떠나고 다시 돌아올 때 정상적인 슬픔과 행복함을 보이는 안정secure 애착, 어머니에게 매달리면서도 어머니가 다시 돌아왔을 때 분노하는 양가적ambivalent 애착, 어머니가 돌아왔을 때 무시하는 회피avoidant 애착으로 나누었다. 양가적 애착과 회피 애착은 불안정insecure 애착의 한 유형으로, 불안정 애착 유형은 자기 영속적인 특성을 지닌다.

나중에 네 번째 패턴인 혼돈disorganized(또는 비조직화) 애착이 제시되었다. 애착에 대한 많은 연구에 의하면, 영유아기에 안정 애착을 보인 이들은 그렇지 않은 이들보다 학업 성취도가 더 높고, 친구 관계와 이성 관계에서 안정된 모습을 보이는데, 미국에서는 아이들의 60퍼센트가 안정 애착형인 것으로 나타났다.[68]

애착은 유아와 부모 혹은 보살펴주는 사람 간에 발달하는 기본적인 정서적 유대감인바, 보통 "애착은 어떻게 형성되는가?", "애착의 종류에는 어떤 것이 있는가?", "애착의 장기적인 효과는 무엇인가?"와 같은 3가지 연구가 이루어지고 있다.[69] 볼비는 나중에 자신의 견해를 수정해서 꼭 어머니가 아니더라도 아버지, 형제자매, 할아버지, 할머니, 주변 친척들 등과 같은 대행 부모alloparent의 역할이 중요하다고 주장함으로써 이른바 '협력적 육아cooperative breeding'를 지지한 셈이 되었다.[70]

애착 이론은 남녀관계에도 원용될 수 있다. 나은영은 "'양가감정적 애착'은 어머니가 일관성 없는 교육 방식을 취할 때 발생하기 쉽다. 아이는 같은 행동을 했는데 어머니의 기분에 따라 어떤 때는 좋아하고 어떤 때는 무심하거나 화를 낸다면 아이는 어머니에 대한 애착이 있기는 하지만 긍정과 부정 두 가지 감정이 섞여 있는 양가감정적 애착을 갖게 된다"며 다음과 같이 말한다.

"마찬가지로, 남녀 간의 사랑에서도 서로 신뢰하며 상대가 잠시 다른 이성과 이야기하고 있어도 쉽게 의심하지 않는 상태가 '안정 애착'에 가까운 사랑이다. 반대로 상대가 다른 이성과 잠깐만 이야기하고 있어도 '사랑이 식은 것이 아닌가, 내 마음을 떠난 것이 아닌가' 불안해하는 상태는 '불안정 애착'에 해당하는 사랑이다. 유사하게, 사랑을 하면서도 일관성을 유지하지 못하는 상태는 '양가감정적 애착'에 가깝다. 결국 안정 애착이나 안정된 사랑에 가장 중요한 요소는 일관성에 바탕을 둔 '신뢰'라고 할 수 있다."[71]

데버러 데이비스Deborah Davis와 마이클 버넌Michael L. Vernon의 조사에 따르면, 인간관계에 대한 불안감이 큰 사람들일수록 성형수술을 받을 가능성이 높다고 한다. 높은 수준의 '애착 불안attachment anxiety'을 가진 이들이 기존의 관계를 유지하거나 새로운 파트너를 찾기 위한 노력으로 몸을 가꾸려 한다는 것이다.[72]

'사회적 애착'도 가능하다. 이인식에 따르면, "생존이 위협받는 상황에서 혼자 살려고 발버둥 치는 것은 인지상정일 터이다. 그러나 많은 사람이 가족과 친구부터 돌보려 한다는 연구 결과가 나왔다. 이런 군중의 행동은 사회적 애착social attachment이라 한다. 사회적 애착은 자신의 희생을 전제로 남을 돕는 것이므로 고귀한 행동임에는 틀림없다."[73]

영미권에선 시청자가 텔레비전 스타와 갖는 '의사사회적 상호작용-parasocial interaction'에서 어떤 유형의 애착을 보이는가 하는 연구도 활발하게 이루어지고 있다.[74] 영미권에서 애착 이론은 '가족 커뮤니케이션' 연구에서 가장 많이 사용된 이론이지만, 아직 한국에선 애착 이론을 접목한 가족 커뮤니케이션 연구 논문은 거의 나오지 않았다.[75] 다만, 휴대전화 애착, SNS 애착, 브랜드 애착 등과 같은 연구를 통해 애착 이론의 활용이 이루어지고 있다.[76] 한국에서 애착 이론이 가장 필요한 분야는 지도자에 대한 맹목적 추종이 거의 유사종교 비슷하게 이루어지는 정치가 아닌가 싶다.

▶더 읽어보면 좋을 논문들

홍은선·민경화, 「중년 여성의 성인 애착과 심리적 디스트레스의 관계: 탈중심화, 수용의 매개 효과」, 『한국심리학회지: 여성』, 21권 4호(2016년 12월), 587~611쪽.

나현미·정남운, 「상담자의 성인 애착, 상담자 발달 수준 및 공감과 상담 초기 내담자가 지각한 작업 동맹 및 상담성과의 관계」, 『한국심리학회지: 상담 및 심리치료』, 28권 2호(2016년 5월), 339~369쪽.

차혜명·김은영, 「정신화(mentalization) 개념을 통한 애착 이론과 정신 분석의 재조명: 정신화의 경험적 기반과 측정의 임상적 함의」, 『한국심리학회지: 일반』, 35권 1호(2016년 3월), 167~190쪽.

장은진·김정군, 「사용자 SNS 애착의 SNS 전환 행동 영향 요인 연구」, 『e-비즈니스연구』, 16권 6호(2015년 12월), 255~273쪽.

전혜경, 「어머니의 심리적 통제가 대학생의 성인 애착에 미치는 영향: 인정 욕구의 매개 효과」, 『한국청소년연구』, 26권 3호(2015년 8월), 165~193쪽.

이은지·서영석, 「불안전 성인 애착(애착 불안, 애착 회피)과 대인관계 문제 및 심리적 디스트레스의 관계: 자기 자비와 낙관적 성향의 매개 효과 검증」, 『한국심리학회지: 상담 및 심리치료』, 26권 2호(2014년 5월), 413~441쪽.

한기백, 「아동기 모와의 정서적 유대와 성인 애착의 관계: 자기 존중감과 타인 신뢰의 매개 효과」, 『한국심리학회지: 발달』, 27권 1호(2014년 3월), 159~178쪽.

최민혁·이은선, 「페이스북에서 브랜드 애착과 매체 몰입도에 따른 이용자의 태도 변화 연구: 하이더의 균형 이론을 중심으로」, 『광고연구』, 97권(2013년 6월), 122~156쪽.

김화정, 「『가장 푸른 눈』에 나타난 희생자의 프시케: 애착 이론을 중심으로」, 『영어영문학』,

18권 1호(2013년 4월), 23~45쪽.

김한주·옥정원·허갑수, 「스포츠 팬 관람 동기의 다차원적 구조가 팀 애착 및 스폰서십 효과에 미치는 영향에 관한 연구: 자기결정성 이론을 중심으로」, 『한국광고홍보학보』, 13권 1호(2011년 1월), 36~64쪽.

문형춘, 「성인 애착 특성과 상담 관계」, 『한국심리학회지: 상담 및 심리치료』, 19권 3호(2007년 8월), 609~634쪽.

박고운·이기학, 「성인 애착 유형에 따른 자아 수용 및 친구에 대한 긍정적, 부정적 감정」, 『한국심리학회지: 상담 및 심리치료』, 19권 1호(2007년 2월), 71~85쪽.

윤승욱·박원준, 「휴대전화 애착 정도가 사용자의 정서적 반응에 미치는 영향: 휴대전화 사용 중단으로 인한 불안, 스트레스, 사회적 관계 회피 수준을 중심으로」, 『한국방송학보』, 21권 1호(2007년 1월), 243~275쪽.

이향숙·임지향·권명옥, 「공격적 유아를 위한 애착 증진 집단 치료 놀이 프로그램 개발과 적용」, 『정서·행동장애연구』, 22권 1호(2006년 3월), 285~315쪽.

나은영, 「청소년의 이동전화 애착 이용, 효과 지각 및 커뮤니케이션 효능감: 2002·2004년 서울·수도권 지역 중·고등학생을 중심으로」, 『한국언론학보』, 49권 6호(2005년 12월), 198~232쪽.

김숙령, 「아동의 사회·정서적 발달에 대한 애착의 임상적 의미」, 『한국영유아보육학』, 37권 (2004년 6월), 171~194쪽.

황은·최혜경, 「성인 전기 남성의 직무 애착과 직무의 질에 미치는 부부 애착의 영향」, 『한국심리학회지: 산업 및 조직』, 15권 1호(2002년 4월), 123~146쪽.

지승희·이혜성, 「회피형 내담자가 지각하는 상담 과정 및 변화 요인 연구: 애착 이론적 조망에서」, 『한국심리학회지: 상담 및 심리치료』, 13권 3호(2001년 12월), 55~73쪽.

이삼연, 「애착 이론과 임상 사회사업」, 『정신보건과 사회사업』, 9권(2000년 6월), 97~125쪽.

주

머리말

1   대니얼 카너먼(Daniel Kahneman), 이진원 옮김, 『생각에 관한 생각: 우리의 행동을 지배하는 생각의 반란』(김영사, 2011/2012), 21쪽.

2   「Heuristic」, 『Wikipedia』; 「Heuristics in judgment and decision making」, 『Wikipedia』; 이남석, 『편향: 나도 모르게 빠지는 생각의 함정』(옥당, 2013), 10〜11쪽; 하워드 댄포드(Haward S. Danford), 김윤경 옮김, 『불합리한 지구인: 인간 심리를 지배하는 행동경제학의 비밀』(비즈니스북스, 2010/2011), 21쪽; 오형규, 『오락가락, 선택은 어려워: 카너먼이 들려주는 행동경제학 이야기』(자음과모음, 2013), 52쪽; 도모노 노리오(Norio Tomono), 이명희 옮김, 『행동경제학: 경제를 움직이는 인간 심리의 모든 것』(지형, 2006/2007), 69쪽.

3   로버트 코펠(Robert Koppel), 권성희 옮김, 『투자와 비이성적 마인드: 감정은 어떻게 객관적 데이터를 왜곡하는가?』(비즈니스북스, 2011/2013), 280〜281쪽.

4   대니얼 카너먼(Daniel Kahneman), 이진원 옮김, 『생각에 관한 생각: 우리의 행동을 지배하는 생각의 반란』(김영사, 2011/2012), 155〜156쪽; 강준만, 「왜 우리는 감정으로 의견을 결정하는가?: 감정 휴리스틱」, 『감정 독재: 세상을 꿰뚫는 50가지 이론』(인물과사상사, 2013), 107〜111쪽 참고.

5   존 노프싱어(John R. Nofsinger), 이주형·신현경 옮김, 『사람의 마음을 읽으면 주식투자가 즐겁다』(스마트비즈니스, 2007/2009), 212쪽.

6   칩 히스(Chip Heath)·댄 히스(Dan Heath), 안진환 옮김, 『스위치: 손쉽게 극적인 변화를 이끌어내는 행동설계의 힘』(웅진지식하우스, 2010), 75〜77쪽.

7   조지 베일런트(George E. Vaillant), 김한영 옮김, 『행복의 완성』(흐름출판, 2008/2011), 204쪽.

8   조나 레러(Jonah Lehrer), 강미경 옮김, 『탁월한 결정의 비밀: 뇌신경과학의 최전방에서 밝혀낸 결정의 메커니즘』(위즈덤하우스, 2009), 47〜49쪽.

9   조나 레러(Jonah Lehrer), 강미경 옮김, 『탁월한 결정의 비밀: 뇌신경과학의 최전방에서 밝혀낸 결정의 메커니즘』(위즈덤하우스, 2009), 60〜61쪽.

10 매들린 반 헤케(Madeleine L. Van Hecke), 임옥희 옮김, 『블라인드 스팟: 내가 못 보는 내 사고의 10가지 맹점』(다산초당, 2007), 236〜237쪽.

11 시드니 핀켈스타인(Sydney Finkelstein)·조 화이트헤드(Jo Whitehead)·앤드루 캠벨(Andrew Campbell), 최완규 옮김, 『확신하는 그 순간에 다시 생각하라』(옥당, 2009), 92쪽.

12 "30년 이상 연구를 해오면서 나는 인간 심리에 관한 매우 중요한 진실을 발견했다. 바로 '확신은 잔인한 사고방식'이라는 점이다. 확신은 가능성을 외면하도록 우리 정신을 고정시키고, 우리가 사는 실제 세상과 단절시킨다." 엘렌 랭어(Ellen J. Langer), 변용란 옮김, 『마음의 시계: 시간을 거꾸로 돌리는 매혹적인 생리실험』(사이언스북스, 2009/2011), 44~45쪽.

제1장 착각과 환상 1

1   김재수, 「따뜻한 자본주의: 기업의 사회적 책임의 경제학」, 『허핑턴포스트코리아』, 2016년 1월 19일.
2   「Self-licensing」, 『Wikipedia』.
3   제니퍼 자케(Jennifer Jacquet), 박아람 옮김, 『수치심의 힘: 약자들이 강자들에게 휘두를 수 있는 강력한 무기』(책읽는수요일, 2015/2017), 79쪽.
4   로버트 치알디니(Robert B. Cialdini) 외, 『설득의 심리학 완결편: 작은 시도로 큰 변화를 이끌어내는 '스몰 빅'의 놀라운 힘』(21세기북스, 2014/2015), 91쪽.
5   제니퍼 자케(Jennifer Jacquet), 박아람 옮김, 『수치심의 힘: 약자들이 강자들에게 휘두를 수 있는 강력한 무기』(책읽는수요일, 2015/2017), 79~80쪽.
6   「Virtue signalling」, 『Wikipedia』.
7   에릭 슈미트(Eric Schmidt)·제러드 코언(Jared Cohen), 이진원 옮김, 『새로운 디지털 시대』(알키, 2013), 383쪽; 모이제스 나임(Moises Naim), 김병순 옮김, 『권력의 종말: 다른 세상의 시작』(책읽는수요일, 2013/2015), 445쪽; 「Slacktivism」, 『Wikipedia』; 송경화·안수찬, 「9시 뉴스가 보여주지 않는 세상에 접속하다」, 『한겨레』, 2012년 1월 8일.
8   김종명, 「[사무실 新풍속도] (15) 직장 상사의 '갑질'은 전염병이다」, 『KBS 뉴스』, 2016년 5월 1일; 김창규, 「모럴 라이선스」, 『중앙일보』, 2016년 5월 31일.
9   추병완, 「사이버 공간의 도덕적 이탈」, 조화순 엮음, 『사이버공간의 문화코드』(한울아카데미, 2015), 59~60쪽.
10 추병완, 「사이버 공간의 도덕적 이탈」, 조화순 엮음, 『사이버공간의 문화코드』(한울아카데미, 2015), 60~61쪽.
11 허태균, 「대의를 위해 18원을?」, 『중앙일보』, 2017년 1월 18일.
12 윌리엄 맥어스킬(William MacAskill), 전미영 옮김, 『냉정한 이타주의자: 세상을 바꾸는 건 열정이 아닌 냉정이다』(부키, 2015/2017), 201쪽.
13 매슈 허트슨(Matthew Hutson), 정은아 옮김, 『왜 우리는 미신에 빠져드는가』(소울메이트, 2012/2013), 93~95쪽.
14 매슈 허트슨(Matthew Hutson), 정은아 옮김, 『왜 우리는 미신에 빠져드는가』(소울메이트, 2012/2013), 276~277쪽.
15 매슈 허트슨(Matthew Hutson), 정은아 옮김, 『왜 우리는 미신에 빠져드는가』(소울메이트, 2012/2013), 366~367쪽.
16 한규석, 『사회심리학의 이해』(학지사, 1995), 143~144쪽; 데이비드 맥레이니(David McRaney), 박인균 옮김, 『착각의 심리학』(추수밭, 2011/2012), 122~126쪽; 「Just-world hypothesis」, 『Wikipedia』; 강준만, 「왜 파워포인트 프레젠테이션은 우리의 적이 되었는가?: 통제의 환상」, 『감정 독재: 세상을 꿰뚫는 50가지 이론』(인물과사상사, 2013), 31~37쪽 참고.
17 리처드 스미스(Richard H. Smith), 이영아 옮김, 『쌤통의 심리학: 타인의 고통을 즐기는 은밀한 본

성에 관하여』(현암사, 2013/2015), 145쪽.

18 엘리엇 애런슨(Elliot Aronson), 박재호 옮김, 『인간, 사회적 동물: 사회심리학에 관한 모든 것』(탐구당, 2012/2014), 479쪽.

19 닐 로즈(Neal Roese), 허태균 옮김, 『이프(If)의 심리학: 실패를 성공으로 바꾸는 후회의 재발견』(21세기북스, 2005/2008), 135~136쪽.

20 박진영, 『심리학 일주일』(시공사, 2014), 231쪽.

21 제프리 페퍼(Jeffrey Pfeffer), 이경남 옮김, 『권력의 기술: 조직에서 권력을 거머쥐기 위한 13가지 전략』(청림출판, 2010/2011), 20~21쪽.

22 Markus Appel, 「Fictional Narratives Cultivate Just-World Beliefs」, 『Journal of Communication』, 58(2008), pp.62~83; 조너선 갓셸(Jonathan Gottschall), 노승영 옮김, 『스토리텔링 애니멀: 인간은 왜 그토록 이야기에 빠져드는가』(민음사, 2012/2014), 168쪽.

23 「시적 정의[詩的 正義, Poetic justice, Poetische Gerechtigkeit]」, 『네이버 지식백과』.

24 폴커 키츠(Volker Kitz)·마누엘 투쉬(Manuel Tusch), 김희상 옮김, 『스마트한 심리학 사용법』(갤리온, 2013/2014), 201~205쪽.

25 임영익, 『메타생각』(리콘미디어, 2014), 252쪽; 이남석, 『편향: 나도 모르게 빠지는 생각의 함정』(옥당, 2013), 338쪽.

26 김경일, 『지혜의 심리학: 나의 잠재력을 찾는 생각의 비밀코드』(진성북스, 2013), 27쪽.

27 우에키 리에, 홍성민 옮김, 『간파하는 힘: 세상에 속고 사람에 속는 당신을 위한 심리학의 기술』(티즈맵, 2008/2013), 102~103쪽.

28 최창호, 『연구실 밖으로 나온 심리학』(미세기, 1995), 126~127쪽.

29 우에키 리에, 홍성민 옮김, 『간파하는 힘: 세상에 속고 사람에 속는 당신을 위한 심리학의 기술』(티즈맵, 2008/2013), 101~102쪽.

30 애덤 하트데이비스(Adam Hart-Davis), 이현정 옮김, 『파블로프의 개: 심리학의 역사를 관통하는 50가지 실험』(시그마북스, 2016), 33쪽.

31 왕샹둥, 강은영 옮김, 『심리학의 즐거움』(베이직북스, 2007/2013), 106쪽.

32 정성훈, 『사람을 움직이는 100가지 심리법칙』(케이앤제이, 2011), 333쪽; 이동귀, 『너 이런 심리법칙 알아?: 네이버에서 가장 많이 검색한 심리학 키워드 100』(21세기북스, 2016), 227~229쪽; 강준만, 「왜 죽음이 온몸과 온 세포에 스며드는 경험을 하게 되는가?: 외상 후 스트레스 장애」, 『생각과 착각: 세상을 꿰뚫는 50가지 이론 5』(인물과사상사, 2016), 149~153쪽 참고.

33 정성훈, 『사람을 움직이는 100가지 심리법칙』(케이앤제이, 2011), 333쪽; 이동귀, 『너 이런 심리법칙 알아?: 네이버에서 가장 많이 검색한 심리학 키워드 100』(21세기북스, 2016), 227~229쪽; 「자이가르닉 효과」, 『네이버 지식백과』.

34 강원국, 「자이가르닉 효과를 활용한 글쓰기」, 2016년 6월 10일(http://blog.naver.com/kugk0820/220730323686).

35 로이 바우마스터(Roy F. Baumeister)·존 티어니(John Tierney), 이덕임 옮김, 『의지력의 재발견: 자기절제와 인내심을 키우는 가장 확실한 방법』(에코리브르, 2011/2012), 111쪽.

36 롤프 도벨리(Rolf Dobelli), 두행숙 옮김, 『스마트한 선택들: 후회없는 결정을 하기 위해 꼭 알아야 할 52가지 심리 법칙』(걷는나무, 2012/2013), 111~112쪽.

37 조승연, 「[Weekly BIZ] [인문학으로 배우는 비즈니스 영어] plan」, 『조선일보』, 2013년 11월 23일.

38 F. L. 알렌(Frederick Lewis Allen), 박진빈 옮김, 『원더풀 아메리카』(앨피, 2006), 285~286쪽.

39 홍성태, 『위험사회를 진단한다: 사고사회를 넘어 안전사회로』(아로파, 2014), 16~17쪽; 「Risk」,

『Wikipedia』; 강준만, 「왜 "위험 없는 삶은 살 가치가 없다"고 하는가? risk」, 『재미있는 영어 인문학 이야기 2』(인물과사상사, 2015), 62~64쪽 참고.

40   로런스 코틀리코프(Laurence J. Kotlikoff) · 스콧 번스(Scott Burns), 김정혜 · 장환 옮김, 『다가올 세대의 거대한 폭풍』(한언, 2004), 25쪽.

41   김난도 외, 『트렌드코리아 2013』(미래의창, 2012), 142쪽.

42   대니얼 J. 레비틴(Daniel J. Levitin), 김성훈 옮김, 『정리하는 뇌』(와이즈베리, 2014/2015), 417쪽.

43   울리히 벡, 홍성태 옮김, 『위험사회: 새로운 근대(성)를 향하여』(새물결, 1997); 울리히 벡, 문순홍 옮김, 『정치의 재발견: 위험사회 그 이후—재귀적 근대사회』(거름, 1998); 울리히 벡, 홍윤기 옮김, 『아름답고 새로운 노동세계』(생각의나무, 1999); 울리히 벡, 조만영 옮김, 『지구화의 길』(거름, 2000); 울리히 벡, 정일준 옮김, 『적이 사라진 민주주의』(새물결, 2000).

44   게르트 기거렌처(Gerd Gigerenzer), 강수희 옮김, 『지금 생각이 답이다: 이 불확실한 세계에서 어떻게 현명한 판단을 내릴까』(추수밭, 2014), 17쪽.

45   게르트 기거렌처(Gerd Gigerenzer), 강수희 옮김, 『지금 생각이 답이다: 이 불확실한 세계에서 어떻게 현명한 판단을 내릴까』(추수밭, 2014), 17~18쪽.

46   파트리크 베르나우(Patrick Bernau), 「작은 리스크에 대한 지나친 걱정」, 비난트 폰 페터스도르프(Winand von Petersdorff) 외, 박병화 옮김, 『사고의 오류』(율리시즈, 2013/2015), 106쪽.

47   폴커 키츠(Volker Kitz) · 마누엘 투쉬(Manuel Tusch), 김희상 옮김, 『스마트한 심리학 사용법』(갤리온, 2013/2014), 179쪽.

48   롤프 도벨리(Rolf Dobelli), 두행숙 옮김, 『스마트한 생각들: 사람의 마음을 움직이는 52가지 심리법칙』(걷는나무, 2011/2012), 215쪽.

49   이상배, 「비밀번호 유출 안 됐는데 왜 카드를 재발급할까?」, 『머니투데이』, 2014년 1월 26일.

50   캐서린 애셴버그(Katherine Ashenburg), 박수철 옮김, 『목욕, 역사의 속살을 품다』(예지, 2007/2010), 237~241쪽.

51   Erin Barrett · Jack Mingo, 『Random Kinds of Factness 1001』(San Francisco, CA: Conari Press, 2005), p.70.

52   쓰지 신이치, 권희정 옮김, 『슬로우 이즈 뷰티풀』(빛무리, 2003), 255~256쪽에서 재인용.

53   사호코 가치 외, 유시민 편역, 『유시민과 함께 읽는 일본 문화 이야기』(푸른나무, 1999/2002), 91~92쪽.

54   쓰지 신이치, 권희정 옮김, 『슬로우 이즈 뷰티풀』(빛무리, 2003), 256~257쪽.

55   박지영, 『유쾌한 심리학』(파피에, 2003), 223쪽.

56   케네스 데이비스(Kenneth C. Davis), 이순호 옮김, 『미국에 대해 알아야 할 모든 것, 미국사』(책과함께, 2003/2004).

57   폴커 키츠(Volker Kitz) · 마누엘 투쉬(Manuel Tusch), 김희상 옮김, 『스마트한 심리학 사용법』(갤리온, 2013/2014), 139~140쪽; 앨버트 허시먼(Albert O. Hirschman), 이근영 옮김, 『보수는 어떻게 지배하는가』(웅진지식하우스, 1991/2010), 72쪽.

58   폴커 키츠(Volker Kitz) · 마누엘 투쉬(Manuel Tusch), 김희상 옮김, 『스마트한 심리학 사용법』(갤리온, 2013/2014), 138~139쪽.

59   폴커 키츠(Volker Kitz) · 마누엘 투쉬(Manuel Tusch), 김희상 옮김, 『스마트한 심리학 사용법』(갤리온, 2013/2014), 140쪽.

60   폴커 키츠(Volker Kitz) · 마누엘 투쉬(Manuel Tusch), 김희상 옮김, 『스마트한 심리학 사용법』(갤리온, 2013/2014), 138쪽.

61   그레그 입(Greg Ip), 이영래 옮김, 『안전 시스템은 어떻게 똑똑한 바보를 만들었나』(21세기북스,
       2015/2017), 41, 347~348쪽; 강준만, 「왜 '국민은 배곯아 죽고 공무원은 배 터져 죽는 사회'란 말
       이 나오나?: 주인-대리인 문제」, 『우리는 왜 이렇게 사는 걸까?: 세상을 꿰뚫는 50가지 이론 2』
       (인물과사상사, 2014), 34~41쪽 참고.

62   맬컴 글래드웰(Malcolm Gladwell), 김태훈 옮김, 『그 개는 무엇을 보았나: 참을 수 없이 궁금한 마
       음의 미스터리』(김영사, 2009/2010), 305~307쪽; 찰스 페로(Charles Perrow), 김태훈 옮김, 『무
       엇이 재앙을 만드는가?(개정판)』(알에이치코리아, 1999/2013), 265쪽; 이용재, 「위험 항상성(Risk
       Homeostasis)」, 『월간교통』, 229권(2017년 3월), 64~65쪽.

63   강준만, 「왜 사고는 반드시 일어나게 되어 있는가?: 정상 사고」, 『독선 사회: 세상을 꿰뚫는 50가
       지 이론 4』(인물과사상사, 2015), 331~335쪽 참고.

64   폴 오이어(Paul Oyer), 홍지수 옮김, 『짝찾기 경제학』(청림출판, 2014), 202~203쪽.

65   폴커 키츠(Volker Kitz) · 마누엘 투쉬(Manuel Tusch), 김희상 옮김, 『스마트한 심리학 사용법』(갤
       리온, 2013/2014), 139쪽.

66   그레그 입(Greg Ip), 이영래 옮김, 『안전 시스템은 어떻게 똑똑한 바보를 만들었나』(21세기북스,
       2015/2017), 136쪽.

67   그레그 입(Greg Ip), 이영래 옮김, 『안전 시스템은 어떻게 똑똑한 바보를 만들었나』(21세기북스,
       2015/2017), 123~129쪽; 서화동, 「자동차는 훨씬 안전해졌는데…도로는 왜 더 위험해졌나」, 『한
       국경제』, 2017년 4월 6일.

68   강준만, 「왜 풍년이 들면 농민들의 가슴은 타들어 가는가?: 구성의 오류」, 『생각의 문법: 세상을
       꿰뚫는 50가지 이론 3』(인물과사상사, 2015), 271~276쪽 참고.

69   그레그 입(Greg Ip), 이영래 옮김, 『안전 시스템은 어떻게 똑똑한 바보를 만들었나』(21세기북스,
       2015/2017), 283~289쪽.

70   서화동, 「자동차는 훨씬 안전해졌는데…도로는 왜 더 위험해졌나」, 『한국경제』, 2017년 4월 6일.

71   남윤호, 「'펠츠만 효과'」, 『중앙일보』, 2004년 12월 20일, 35면.

72   좌문철, 「자동차는 무엇을 믿고 달리는가」, 『제민일보』, 2013년 12월 1일.

73   마틴 포드(Martin Ford), 이창희 옮김, 『로봇의 부상: 인공지능의 진화와 미래의 실직 위협』(세종
       서적, 2015/2016), 409~410쪽; 윤예나, 「"기본소득 보장, 더 많은 기업가 키워내는 안전망 될
       것"」, 『이코노미조선』, 2016년 6월 18일.

74   스티븐 랜즈버그(Steven E. Landsburg), 황해선 옮김, 『런치타임 경제학: 경제학은 어떻게 우리
       의 일상을 지배하는가?』(바다출판사, 1993/2005), 15~17쪽.

제2장 착각과 환상 2

1   이남석, 『편향: 나도 모르게 빠지는 생각의 함정』(옥당, 2013), 190쪽; 「Introspection illusion」,
       『Wikipedia』.

2   로버트 코펠(Robert Koppel), 권성희 옮김, 『투자와 비이성적 마인드: 감정은 어떻게 객관적 데이
       터를 왜곡하는가?』(비즈니스북스, 2011/2013), 253쪽.

3   범상규 · 송균석, 『호모 이코노미쿠스: 비합리적 소비 행동에 숨은 6가지 심리』(네시간, 2010),
       166쪽; 롤프 도벨리(Rolf Dobelli), 두행숙 옮김, 『스마트한 선택들: 후회없는 결정을 하기 위해 꼭
       알아야 할 52가지 심리 법칙』(걷는나무, 2012/2013), 98~100쪽; 강준만, 「왜 취업에 성공하면 '내

실력 때문' 실패하면 '세상 탓'을 하는가?: 이기적 편향」, 『감정 독재: 세상을 꿰뚫는 50가지 이론』 (인물과사상사, 2013), 56~60쪽 참고.

4 탈리 샤롯(Tali Sharot), 김민선 옮김, 『설계된 망각: 살기 위해, 뇌는 낙관주의를 선택한다』(리더스 북, 2011/2013), 44쪽.

5 이남석, 『편향: 나도 모르게 빠지는 생각의 함정』(옥당, 2013), 191~194쪽.

6 마이클 셔머(Michael Shermer), 박종성 옮김, 『경제학이 풀지 못한 시장의 비밀』(한국경제신문, 2008/2013), 149~150쪽.

7 엘리엇 애런슨(Elliot Aronson) · 캐럴 태브리스(Carol Tavris), 박웅희 옮김, 『거짓말의 진화: 자기 정당화의 심리학』(추수밭, 2007), 69~70쪽.

8 제롬 케이건(Jerome Kagan), 노승영 옮김, 『정서란 무엇인가?』(아카넷, 2007/2009), 220~221쪽.

9 박찬수, 「그놈의 특권」, 『한겨레』, 2015년 9월 2일.

10 김하연, 「"지잡대 냄새 왜 이리 독해" 지방대생 보고 막말한 대학생」, 『온라인 중앙일보』, 2016년 10월 25일; 오로라, 「[카드뉴스] "지잡대 냄새난다" 막말했던 분에게」, 『조선닷컴』, 2016년 10월 25일.

11 오찬호, 『우리는 차별에 찬성합니다: 괴물이 된 이십대의 자화상』(개마고원, 2013), 163쪽.

12 강준만, 「왜 연세대엔 '카스트제도'가 생겨났을까?: 신호 이론」, 『생각의 문법: 세상을 꿰뚫는 50 가지 이론 3』(인물과사상사, 2015), 300~306쪽; 강준만, 「왜 명문대는 물론 명문고 학생들까지 '과잠'을 맞춰 입는가?: 사회 정체성 이론」, 『생각과 착각: 세상을 꿰뚫는 50가지 이론 5』(인물과 사상사, 2016), 75~82쪽 참고.

13 앨런 밀러(Alan S. Miller) · 가나자와 사토시(Satoshi Kanazawa), 박완신 옮김, 『처음 읽는 진화심 리학』(웅진지식하우스, 2007/2008), 16~17쪽.

14 로버트 라이트(Robert Wright), 박영준 옮김, 『도덕적 동물: 진화심리학으로 들여다본 인간의 본 성』(사이언스북스, 1994/2003), 483쪽.

15 한상기, 「자연주의적 오류와 자연화된 인식론」, 『범한철학』, 79권(2015년 12월), 495~498쪽.

16 앨런 밀러(Alan S. Miller) · 가나자와 사토시(Satoshi Kanazawa), 박완신 옮김, 『처음 읽는 진화심 리학』(웅진지식하우스, 2007/2008), 16~17쪽.

17 프란츠 부케티츠(Franz Wuketits), 염정용 옮김, 『왜 우리는 악에 끌리는가: 선악의 본질에 대한 진화론적 고찰』(21세기북스, 1999/2009), 164~165쪽.

18 롭 브룩스(Rob Brooks), 최재천 · 한창석 옮김, 『매일매일의 진화생물학』(바다출판사, 2015), 35~36쪽.

19 최훈, 『불편하면 따져봐: 논리로 배우는 인권 이야기』(창비, 2014), 155~156쪽.

20 조세형, 「돼지가 '명품 백'을 선물 받는다고 기뻐할까?」, 『오마이뉴스』, 2016년 9월 4일.

21 허태균, 『가끔은 제정신: 우리는 늘 착각 속에 산다』(쌤앤파커스, 2012), 123쪽.

22 Loren Coleman, 『The Copycat Effect: How the Media and Popular Culture Trigger the Mayhem in Tomorrow's Headlines』(New York: Paraview Pocket Books, 2004), pp.189~191; 이철호, 「'오빠 따라 나도…' 셋 자살」, 『중앙일보』, 1998년 5월 9일, 27면; 「hide(musician)」, 『Wikipedia』; 「Yukiko Okada」, 『Wikipedia』.

23 강준만, 「왜 자살 사건이 크게 보도되면 자동차 사고가 급증하나?: 베르테르 효과」, 『생각의 문법: 세상을 꿰뚫는 50가지 이론 3』(인물과사상사, 2015), 39~45쪽 참고.

24 Gayle S. Stever · Kevin Lawson, 「Twitter as a Way for Celebrities to Communicate with Fans: Implications for the Study of Parasocial Interaction」, 『North American Journal og Psychology』,

15:2(2013), p.341; 권성연, 「온라인 학습에서 사회적 실재감과 학습자 특성, 토론 효과 및 학습 효과 인식, 만족도와의 관계 연구」, 『교육과학연구』, 42권 3호(2011년 12월), 60쪽.

25   D. Horton · R. R. Whol, 「Mass Communication and Para-Social Interaction: Observations on Intimacy at a Distance」, 『Psychiatry』, 19(1956), pp.215~229; Cooper Lawrence, 『The Cult of Celebrity: What Our Fascination with the Stars Reveals About Us』(Guilford, Conn.: skirt!, 2009), p.22; 「Parasocial interaction」, 『Wikipedia』; 장윤재, 「정서적 허기인가 정보와 오락의 추구인가?: 먹방 · 쿡방 시청 동기와 시청 경험, 만족도의 관계」, 『한국방송학보』, 30권 4호(2016년 7월), 161쪽.

26   Jonathan Cohen, 「Parasocial Breakups: Measuring Individual Differences in Responses to the Dissolution of Parasocial Relationships」, 『Mass Communication and Society』, 6:2(2003), pp.191~202; Julie Lather · Emily Moyer-Guse, 「How Do We React When Our Favorite Characters Are Taken Away?: An Examination of a Temporary Parasocial Breakup」, 『Mass Communication and Society』, 14(March 2011), pp.196~215.

27   샤언 무어스(Shaun Moores), 임종수 · 김영한 옮김, 『미디어와 일상: TV, 라디오, 위성TV의 시작과 근대사회의 일상 연구』(커뮤니케이션북스, 2000/2008), 28쪽.

28   장윤재, 「정서적 허기인가 정보와 오락의 추구인가?: 먹방 · 쿡방 시청 동기와 시청 경험, 만족도의 관계」, 『한국방송학보』, 30권 4호(2016년 7월), 161~162쪽.

29   최성인 · 김정기, 「EBS 인터넷 수능 방송의 시청 동기 및 커뮤니케이션 요인이 학습 효과에 미치는 영향」, 『한국방송학보』, 30권 2호(2016년 3월), 54~85쪽.

30   김소희, 「여심(女心) 저격수, 성시경을 고발합니다」, 『스포츠한국』, 2015년 6월 5일.

31   이탁순, 「수면유도제 레돌민 CF 모델 성시경 "잘 자요"」, 『데일리팜』, 2015년 4월 16일.

32   김미화, 「'푸른밤' 종현, 성시경 '잘 자요' 잇는 끝인사는? "쉬러 와요"」, 『스타뉴스』, 2015년 1월 7일; 문다영, 「'비정상회담' 종현 "성시경 '잘 자요' 때문, 1년간 고전"」, 『티브이데일리』, 2016년 3월 8일.

33   이은주, 「컴퓨터 매개 커뮤니케이션으로서의 트위터: 향후 연구의 방향과 과제」, 『언론정보연구』, 48권 1호(2011년 2월), 47쪽; 노명우, 「유명인의 '인기 트위터'와 셀레브리티 문화: 한국의 인기 트위터리안 100명의 트위터에 대한 탐색적 연구」, 『사이버커뮤니케이션학보』, 29권 4호(2012년 12월), 124쪽 재인용.

34   노명우, 「유명인의 '인기 트위터'와 셀레브리티 문화: 한국의 인기 트위터리안 100명의 트위터에 대한 탐색적 연구」, 『사이버커뮤니케이션학보』, 29권 4호(2012년 12월), 124~125쪽.

35   Jonathan Cohen, 「Parasocial Breakups: Measuring Individual Differences in Responses to the Dissolution of Parasocial Relationships」, 『Mass Communication and Society』, 6:2(2003), pp.191~202; Jonathan Cohen, 「Parasocial break-up from favorite television characters: The role of attachment styles and relationship intensity」, 『Journal of Social and Personal Relationships』, 21:2(2004), pp.187~202; Keren Eyal · Jonathan Cohen, 「When Good 'Friends' Say Goodbye: A Parasocial Breakup Study」, 『Journal of Broadcasting · Electronic Media』, 50:3(September 2006), pp.502~523; Julie Lather · Emily Moyer-Guse, 「How Do We React When Our Favorite Characters Are Taken Away?: An Examination of a Temporary Parasocial Breakup」, 『Mass Communication and Society』, 14(March 2011), pp.196~215.

36   제인 맥고니걸(Jane McGonigal), 김고명 옮김, 『누구나 게임을 한다: 그동안 우리가 몰랐던 게임에 대한 심층적 고찰』(알에이치코리아, 2011/2012), 135쪽.

37   권성연, 「온라인 학습에서 사회적 실재감과 학습자 특성, 토론 효과 및 학습 효과 인식, 만족도와의 관계 연구」, 『교육과학연구』, 42권 3호(2011년 12월), 60쪽.

38   이두황, 「컴퓨터 매개 커뮤니케이션(CMC)」, 이준웅 · 박종민 · 백혜진 엮음, 『커뮤니케이션 과학의 지평』(나남, 2015), 546쪽; 최윤정 · 권상희, 「소셜 시청에서 경험하는 사회적 현존감 형성 요인과 사회적 현존감이 시청 만족도에 미치는 영향」, 『한국방송학보』, 29권 5호(2015년 9월), 250쪽.

39   이두황, 「컴퓨터 매개 커뮤니케이션(CMC)」, 이준웅 · 박종민 · 백혜진 엮음, 『커뮤니케이션 과학의 지평』(나남, 2015), 546~547쪽.

40   황하성 · 박성복, 「텔레비전 시청 만족도 형성에 관한 재고찰: 시청 동기, 의사인간관계, 실재감의 상호작용을 중심으로」, 『한국방송학보』, 21권 5호(2007년 9월), 351~352쪽; 권성연, 「온라인 학습에서 사회적 실재감과 학습자 특성, 토론 효과 및 학습 효과 인식, 만족도와의 관계 연구」, 『교육과학연구』, 42권 3호(2011년 12월), 60쪽.

41   최윤정 · 권상희, 「소셜 시청에서 경험하는 사회적 현존감 형성 요인과 사회적 현존감이 시청 만족도에 미치는 영향」, 『한국방송학보』, 29권 5호(2015년 9월), 242~276쪽.

42   이동연 · 이수영, 「실시간 스포츠 스트리밍 비디오 시청자의 미디어 경험에 관한 연구: 의사사회적 상호작용과 사회적 실재감을 중심으로」, 『한국언론학보』, 58권 1호(2014년 2월), 148~177쪽.

43   박선희, 「인터페이스 감각 양식이 사회적 현존감 및 온라인 상호작용에 미치는 영향」, 『한국언론학보』, 54권 4호(2010년 8월), 405쪽.

44   민정식, 「청소년들의 인터넷 중독이 공동체 의식 및 사회 참여에 미치는 영향: 사회적 실재감과 상호작용을 중심으로」, 『한국엔터테인먼트산업학회논문지』, 11권 1호(2017년 2월), 153~164쪽.

45   박성조, 「'공스타그램' 했더니 공부 시간 두 배 늘었어요」, 『중앙일보』, 2017년 2월 21일; 박성조, 「온라인 공부 모임 '캠스터디'…열공 생중계하는 '공방' 채널도」, 『중앙일보』, 2017년 2월 21일.

46   https://www.youtube.com/watch?v=9QmYAzvCKxk.

47   이봉수, 「[이봉수의 미디어 속 이야기] 박근혜 대통령 '처세술' 누구한테 배웠나」, 『경향신문』, 2014년 9월 19일.

48   성한용, 「새누리판 '찍히면 죽는다'…'비박 학살'의 진짜 이유」, 『인터넷한겨레』, 2016년 3월 17일.

49   mlbpark.donga.com/mlbpark/b.php?m=view&b=bullpen2&id=7004307.

50   박기용, 「중국산 태극기 흔들며 "애국보수 탄핵무효"」, 『한겨레』, 2017년 3월 18일.

51   손형안, 「60대 이상 절반가량 '탄핵 반대'…"삶과 朴 정권 동일시"」, 『SBS 뉴스』, 2017년 3월 18일.

52   이정교 · 우린, 「뉴스 앵커의 카리스마가 수용자의 뉴스 신뢰도, 뉴스 시청 의도, 프로그램 충성도에 미치는 영향: 앵커의 동일시와 공신력을 중심으로」, 『한국방송학보』, 26권 4호(2012년 7월), 173~214쪽.

53   Stuart Hall, 「The Determination of News Photographs」, in 『The Manufacture of News: Social Problems, Deviance and the Mass Media』, Stanley Cohen and Jock Young, eds.(London: Constable, 1973), p.183.

54   Jeremy Tunstall, 『Journalists at Work』(London: Constable,1978), p.19.

55   Edward J. Epstein, 『News From Nowhere: Television and the News』(New York: Vintage Books,1974), p.242.

56   Richard Hoggart, 「Indifferentism: 'Personalization' and 'Fragmentation'」, Irving and Harriet Deer eds., 『Language of the Mass Media: Readings in Analysis』(Boston, Mass.: D.C. Heath, 1965), pp.30~31.

57   Robert Stam, 「Television News and Its Spectator」, in 『Regarding Television: Critical

Approaches – An Anthology』, Ann Kplan ed.(Frederick, Md.: University Publication of America, 1983), p.27.

58 Donald Horton and R. Richard Wohl, 「Mass Communication and Para-Social Interaction: Observations on Intimacy at a Distance」, in 『Drama in Life: The Uses of Communication in Society』, James E. Combs and Michael W. Mansfield, eds.(New York: Hastings House, 1976), p.212.

59 정용국·신주정, 「텔레비전 만화영화의 친사회적 효과: 보상과 동일시가 친사회적 사고와 행동 의도에 미치는 영향」, 『한국언론학보』, 54권 6호(2010년 12월), 261~286쪽.

60 금희조, 「3D 입체 영상의 효과: 영화 '아바타'의 실재감, 동일시 그리고 즐거움」, 『한국언론학보』, 54권 4호(2010년 8월), 27~48쪽.

제3장 자아와 자기통제

1 에리히 프롬, 이상두 옮김, 『자유에서의 도피』(범우사, 1988), 201쪽.

2 월터 C. 랭어, 최종배 옮김, 『히틀러의 정신분석』(솔, 1999), 71~73쪽. 보조 연설원의 기능과 관련 해 이런 일도 있었다. 1934년 5월 1일 오전 행사에서 "괴벨스는 도입 연설을 질질 끌며 계속하다 가 마침내 해가 구름을 뚫고 나오자 그 빛나는 광채와 더불어 히틀러가 대중 앞에 등장하도록 만 들었다. 이렇게 잘 계산된 상징은 지도자의 상에 초자연적 원칙의 신통력을 부여하였다." 요아힘 C. 페스트, 안인희 옮김, 『히틀러 평전 II』(푸른숲, 1998), 802~803쪽.

3 로이 바우마이스터(Roy F. Baumeister)·존 티어니(John Tierney), 『의지력의 재발견: 자기 절 제와 인내심을 키우는 가장 확실한 방법』(에코리브르, 2011/2012), 69쪽; 대니얼 카너먼(Daniel Kahneman) 외, 강주헌 옮김, 『생각의 해부』(와이즈베리, 2013/2015), 431쪽; 스티브 아얀(Steve Ayan), 손희주 옮김, 『심리학에 속지 마라: 내 안의 불안을 먹고 자라는 심리학의 진실』(부키, 2012/2014), 51쪽; 아트 마크먼(Art Markman), 박상진 옮김, 『스마트 싱킹: 앞서가는 사람들의 두 뇌습관』(진성북스, 2012), 77쪽.

4 찰스 두히그(Charles Duhigg), 강주헌 옮김, 『습관의 힘: 반복되는 행동이 만드는 극적인 변화』(갤 리온, 2012), 199쪽.

5 김철웅, 「대선, 빠른 직관보다 느린 이성을」, 『경향신문』, 2012년 10월 10일; 오형규, 『오락가락, 선택은 어려워: 카너먼이 들려주는 행동경제학 이야기』(자음과모음, 2013), 44쪽; 올리버 버크먼 (Oliver Burkeman), 김민주·송희령 옮김, 『행복중독자: 사람들은 왜 돈, 성공, 관계에 목숨을 거 는가』(생각연구소, 2011/2012), 229쪽.

6 댄 애리얼리(Dan Ariely), 이경식 옮김, 『거짓말하는 착한 사람들: 우리는 왜 부정행위에 끌리는 가』(청림출판, 2012), 133~134쪽.

7 스티븐 기즈(Stephen Guise), 구세희 옮김, 『습관의 재발견: 기적같은 변화를 불러오는 작은 습관 의 힘』(비즈니스북스, 2013/2014), 96쪽.

8 이영완, 「[사이언스 카페] 솔직한 대답 듣고 싶으면 오후보다 오전에 물어보세요」, 『조선일보』, 2013년 11월 1일. 이 실험이 그렇듯, 대부분의 실험이 20대를 대상으로 하고 있는데, 20대는 '자 아 고갈'의 효과에 더 민감하다는 지적도 있다. 실제로 40대 이상에선 '자아 고갈'이 별로 나타나 지 않았다는 실험 결과도 있다. 「Ego depletion」, 『Wikipedia』.

9 샘 해리스(Sam Harris), 배현 옮김, 『자유의지는 없다』(시공사, 2012/2013), 49쪽.

10 울리히 슈나벨(Ulrich Schnabel), 김희상 옮김, 『행복의 중심 휴식』(걷는나무, 2010/2011), 74쪽.

11 Joseph A. DeVito, 『Human Communication: The Basic Course』, 11th ed.(New York: Pearson, 2009), p.460; 이민규, 『끌리는 사람은 1%가 다르다』(더난출판, 2009), 92쪽.

12 조종혁, 『커뮤니케이션학: 이론과 관점』(세영사, 1992), 336쪽.

13 강준만, 「왜 내숭을 떠는 사람의 '내숭 까발리기'는 위험한가?: 사회적 가면」, 『생각의 문법: 세상을 꿰뚫는 50가지 이론 3』(인물과사상사, 2015), 182~188쪽 참고.

14 John Stewart ed., 『Bridges Not Walls: A Book about Interpersonal Communication』(New York: McGraw-Hill, 1995), p.164.

15 「Mark Snyder(psychologist)」, 『Wikipedia』; 「Self-monitoring」, 『Wikipedia』.

16 수전 케인(Susan Cain), 김우열 옮김, 『콰이어트: 시끄러운 세상에서 조용히 세상을 움직이는 힘』(알에이치코리아, 2012), 326~327쪽.

17 나은영, 『인간커뮤니케이션과 미디어』(한나래, 2002), 70쪽.

18 브라이언 리틀(Brian R. Little), 이창신 옮김, 『성격이란 무엇인가』(김영사, 2014/2015), 114~123쪽.

19 린다 그래튼(Lynda Gratton), 조성숙 옮김, 『일의 미래: 10년 후, 나는 어디서 누구와 어떤 일을 하고 있을까』(생각연구소, 2011/2012), 292~293쪽.

20 백승근·신강현·이종현·허창구, 「감정노동, 피할 수 없을 때 누가 즐길 수 있는가: 자기감시의 조절 효과를 중심으로」, 『한국심리학회지: 산업 및 조직』, 27권 4호(2014년 11월), 721~727쪽.

21 Joseph A. DeVito, 『The Interpersonal Communication Book』, 3rd ed.(New York: Harper·Row, 1983), pp.33~35.

22 Judy C. Pearson et al., 『Human Communication』, 3rd ed.(New York: McGraw-Hill, 2008), p.54.

23 김태열, 「"성공하려면 가면을 벗으세요. '가면 증후군'"」, 『헤럴드경제』, 2014년 11월 11일; 강준만, 「왜 여배우 엠마 왓슨은 자신을 사기꾼처럼 여기는가?: 가면 증후군」, 『독선 사회: 세상을 꿰뚫는 50가지 이론 4』(인물과사상사, 2015), 87~91쪽 참고.

24 임귀열, 「임귀열 영어」, 『한국일보』, 2009년 11월 18일.

25 아지트 바르키(Ajit Varki)·대니 브라워(Danny Brower), 노태복 옮김, 『부정 본능』(부키, 2014/2015), 29~30쪽; 한승동, 「왜 침팬지나 돌고래가 아닌 인류만 똑똑해졌을까」, 『한겨레』, 2015년 7월 3일.

26 앤드루 킬패트릭(Andrew Kilpatrick), 안진환·김기준 옮김, 『워렌 버핏 평전 1』(월북, 2006/2008), 211쪽.

27 「Plausible deniability」, 『Wikipedia』; 여현호, 「'그럴듯한 부인'」, 『한겨레』, 2015년 7월 28일.

28 한희원, 「공작 실패와 '그럴듯한 부인'」, 『중앙일보』, 2011년 2월 25일.

29 여현호, 「'그럴듯한 부인'」, 『한겨레』, 2015년 7월 28일.

30 「사설」 국민 분노에 불 지른 대통령 신년 간담회」, 『중앙일보』, 2017년 1월 2일.

31 강정인, 「萬事法通에 추락하는 도덕의식」, 『조선일보』, 2016년 11월 30일.

32 조너선 하이트(Jonathan Haidt), 왕수민 옮김, 『바른 마음: 나의 옳음과 그들의 옳음은 왜 다른가』(웅진지식하우스, 2012/2014), 166쪽.

33 조너선 하이트(Jonathan Haidt), 왕수민 옮김, 『바른 마음: 나의 옳음과 그들의 옳음은 왜 다른가』(웅진지식하우스, 2012/2014), 167쪽.

34 조너선 하이트(Jonathan Haidt), 왕수민 옮김, 『바른 마음: 나의 옳음과 그들의 옳음은 왜 다른가』(웅진지식하우스, 2012/2014), 167쪽.

35 김영수, 「가정폭력 예방을 위한 조건」, 『인천일보』, 2013년 7월 11일.

36 윌리엄 라이딩스 2세(William J. Ridings, Jr.) · 스튜어트 매기버(Stuart B. McIver), 김형곤 옮김, 『위대한 대통령 끔찍한 대통령』(한언, 1997/2000).

37 밥 돌(Bob Dole), 김병찬 옮김, 『대통령의 위트: 조지 워싱턴에서 부시까지』(아테네, 2001/2007).

38 데이비드 프리드먼(David Friedman), 김태우 옮김, 『막대에서 풍선까지: 남성 성기의 역사』(까치, 2001/2003).

39 「Coolidge effect」, 『Wikipedia』; 박지영, 『유쾌한 심리학』(파파에, 2003), 133쪽.

40 「Promiscuity」, 『Wikipedia』; Miguel Fontes · Peter Roach, 「Condom Nations」, 『Foreign Policy』, Sept./Oct. 2007; 조지프 핼리넌(Joseph T. Hallinan), 김광수 옮김, 『우리는 왜 실수를 하는가』(문학동네, 2009/2012), 102쪽.

41 정성훈, 『사람을 움직이는 100가지 심리법칙』(케이앤제이, 2011), 377쪽.

42 슈테판 클라인(Stefan Klein), 김영옥 옮김, 『행복의 공식: 인생을 변화시키는 긍정의 심리학』(웅진지식하우스, 2002/2006), 133~136쪽.

43 「Swinging(sexual practice)」, 『Wikipedia』; 윤가현, 「정확한 용어는 '스윙잉'…전문 · 관리직 종사자 많아」, 『주간동아』, 2005년 4월 5일, 37면.

44 황근, 「스와핑 보도, 고발보다 선정성 치우쳐: MBC의 '아주 특별한 아침'」, 『신문과방송』, 제395호(2003년 11월), 132쪽.

45 권기정, 「'스와핑' 회원 5,000명 충격」, 『경향신문』, 2005년 3월 23일, 9면; [사설] '스와핑' 범람은 방치할 수 없는 수치」, 『세계일보』, 2005년 3월 24일; 조승호, 「스와핑이 어때서?」, 『내일신문』, 2005년 3월 23일, 21면.

46 김현섭, 「집단으로 마약에 '스와핑' 성관계…광란의 파티 벌인 모델 지망생 등 무더기 검거」, 『쿠키뉴스』, 2015년 5월 7일.

47 슈테판 클라인(Stefan Klein), 김영옥 옮김, 『행복의 공식: 인생을 변화시키는 긍정의 심리학』(웅진지식하우스, 2002/2006), 137~138쪽.

48 토드 부크홀츠(Todd G. Buchholz), 장석훈 옮김, 『러쉬!: 우리는 왜 도전과 경쟁을 즐기는가』(청림출판, 2011/2012), 231쪽.

49 위니프레드 갤러거(Winifred Gallagher), 이한이 옮김, 『NEW: 돌도끼에서 스마트폰까지 새로움을 향한 인류 본능의 탐구』(2011/2012), 40~41쪽.

50 위니프레드 갤러거(Winifred Gallagher), 이한이 옮김, 『NEW: 돌도끼에서 스마트폰까지 새로움을 향한 인류 본능의 탐구』(2011/2012), 41쪽.

51 「Self-determination theory」, 『Wikipedia』.

52 C. Page Moreau · Darren W. Dahl, 「인지적 제약과 소비자 창의성」, Arthur B. Markman · Kristin L. Wood 공편, 김경일 외 공역, 『혁신의 도구』(학지사, 2009/2013), 211쪽; 니르 이얄(Nir Eyal) · 라이언 후버(Ryan Hoover), 조지현 옮김, 『훅: 습관을 만드는 신상품 개발 모델』(리더스북, 2013/2014), 100쪽.

53 대니얼 핑크(Daniel H. Pink), 김주환 옮김, 『드라이브』(청림출판, 2009/2011), 104쪽.

54 김주환 · 이윤미 · 김민규 · 김은주, 「온라인 게임 중독의 유형과 원인에 관한 연구: 자기결정성 이론을 중심으로」, 『한국언론학보』, 50권 5호(2006년 10월), 79~107쪽; 최민아 · 신우열 · 박민아 · 김주환, 「커뮤니케이션 능력은 우리를 강하고 행복하게 만든다: 회복탄력성과 자기결정성을 통해 본 커뮤니케이션 능력의 역할」, 『한국언론학보』, 53권 5호(2009년 10월), 199~220쪽.

55 예컨대, 김혜영 · 이동귀, 「직장인의 자기계발 동기와 심리적 안녕감의 관계」, 『한국심리학회지: 산업 및 조직』, 22권 2호(2009), 261~293쪽 참고.

56 에드워드 데시(Edward L. Deci)·리처드 플래스트(Richard Flaste), 이상원 옮김, 『마음의 작동법: 무엇이 당신을 움직이는가』(에코의서재, 1995/2011), 250쪽.

57 강준만, 「왜 파워포인트 프레젠테이션은 우리의 적이 되었는가?: 통제의 환상」, 『감정 독재: 세상을 꿰뚫는 50가지 이론』(인물과사상사, 2013), 31~37쪽 참고.

58 김민태, 『나는 고작 한번 해봤을 뿐이다』(위즈덤하우스, 2016), 103~104쪽.

59 데이비드 즈와이그(David Zweig), 박슬라 옮김, 『인비저블: 자기 홍보의 시대, 과시적 성공 문화를 거스르는 조용한 영웅들』(민음인, 2014/2015), 298쪽.

60 라즐로 복(Laszlo Bock), 이경식 옮김, 『구글의 아침은 자유가 시작된다: 구글 인사책임자가 직접 공개하는 인재등용의 비밀』(알에이치코리아, 2015), 266~267쪽.

61 대니얼 핑크(Daniel H. Pink), 김주환 옮김, 『드라이브』(청림출판, 2009/2011), 103쪽.

62 강준만, 「왜 재미있게 하던 일도 돈을 주면 하기 싫어질까?: 과잉정당화 효과」, 『생각의 문법: 세상을 꿰뚫는 50가지 이론 3』(인물과사상사, 2015), 169~173쪽 참고.

63 문요한, 『스스로 살아가는 힘: 내가 선택하고 결정하는 인생법』(더난출판, 2014), 111~112쪽.

64 문요한, 『스스로 살아가는 힘: 내가 선택하고 결정하는 인생법』(더난출판, 2014), 112~113쪽.

65 선안남, 『기대의 심리학』(소울메이트, 2010), 93~96쪽.

66 하어영·류이근, 「최순실 "언니 옆에서 의리 지키니까 이만큼 받잖아"」, 『한겨레』, 2016년 10월 26일.

67 「[사설] 대통령의 몰락 방조한 안종범 같은 간신들」, 『한겨레』, 2016년 10월 27일.

제4장 인간관계와 소통

1 에드워드 홀(Edward T. Hall), 최효선 옮김, 『침묵의 언어』(한길사, 1959/2000), 77쪽.

2 에드워드 홀(Edward T. Hall), 최효선 옮김, 『숨겨진 차원』(한길사, 1966/2002), 195~216쪽; Joseph A. DeVito, 『Human Communication: The Basic Course』, 11th ed.(New York: Pearson, 2009), p.132.

3 엠 그리핀(Em Griffin), 김동윤·오소현 옮김, 『첫눈에 반한 커뮤니케이션 이론』(커뮤니케이션북스, 2012), 121쪽; 테렌스 브레이크(Terence Brake) 외, 정우찬 감역, 『국제협상 문화를 알아야 성공한다』(21세기북스, 1997), 189쪽; 나은영, 『사회심리학적 관점에서 본 인간 커뮤니케이션과 미디어』(한나래, 2002), 156쪽.

4 조 팰카(Joe Palca)·플로라 리히트만(Flora Lichtman), 구계원 옮김, 『우리는 왜 짜증나는가: 우리의 신경을 긁는 것들에 대한 과학적 분석』(문학동네, 2011/2014), 268쪽.

5 테렌스 브레이크(Terence Brake) 외, 정우찬 감역, 『국제협상 문화를 알아야 성공한다』(21세기북스, 1997), 214쪽; Jeanette S. Martin·Lillian H. Chaney, 『Global Business Etiquette: A Guide to International Communication and Customs』(Westport, CT: Praeger, 2006), p.135.

6 Edward T. Hall, 「Learning the Arabs' Silent Language」, Gary R. Weaver ed., 『Culture, Communication and Conflict: Readings in Intercultural Relations』, 2nd ed.(Boston, MA: Pearson, 2000), p.17

7 에드워드 홀(Edward T. Hall), 최효선 옮김, 『생명의 춤: 시간의 또다른 차원』(한길사, 1983/2000), 113~114쪽.

8 에드워드 홀(Edward T. Hall), 최효선 옮김, 『숨겨진 차원: 공간의 인류학』(한길사, 1966/2002),

252~255쪽.

9 사니아 하마디, 손영호 옮김, 『아랍인의 의식구조: 아랍, 아랍인 바로 알기』(큰산, 2000), 30~31쪽.

10 미즈노 슌페이, 『다테마에를 넘어 일본인 속으로: 미즈노 교수가 제안하는 대(對)일본인 전략』(좋은책만들기, 2000), 167~168쪽.

11 피터 콜릿(Peter Collett), 이윤식 옮김, 『습관을 알면 문화가 보인다』(청림출판, 1997), 33~34쪽

12 최순화, 「'과잉판촉' 때로는 역효과 적절한 '거리두기' 효과적」, 『매경이코노미』, 2017년 3월 22일.

13 크리스 라반(Chris Ravan), 유진상 옮김, 『배려의 심리학』(스타북스, 2006), 80~82쪽.

14 이유진, 「연애는 '낭만적 사랑' 아닌 '전시 상품'」, 『한겨레』, 2015년 9월 25일; 베스 베일리(Beth L. Bailey), 백준걸 옮김, 『데이트의 탄생: 자본주의적 연애제도』(앨피, 1989/2015), 55~60쪽.

15 John Ayto, 『Movers and Shakers: A Chronology of Words That Shaped Our Age』(New York: Oxford University Press, 2006), pp.242~243; 찰스 랜드리(Charles Landry), 최지영 옮김, 『크리에이티브 시티 메이킹: 찰스 랜드리의 우리를 위한 도시 이야기』(역사넷, 2006/2009), 178쪽; 「Speed dating」, 『Wikipedia』.

16 「하버스게이트, 소울메이팅과 스피드 데이트-미팅 파티 MOU 체결」, 『스포츠월드』, 2015년 2월 27일.

17 엠 그리핀(Em Griffin), 김동윤·오소현 옮김, 『첫눈에 반한 커뮤니케이션 이론』(커뮤니케이션북스, 2012), 207~208쪽.

18 김동윤, 『인간관계 이론』(커뮤니케이션북스, 2013), 68~69쪽; 엠 그리핀(Em Griffin), 김동윤·오소현 옮김, 『첫눈에 반한 커뮤니케이션 이론』(커뮤니케이션북스, 2012), 208쪽; 「Uncertainty reduction theory」, 『Wikipedia』.

19 엠 그리핀(Em Griffin), 김동윤·오소현 옮김, 『첫눈에 반한 커뮤니케이션 이론』(커뮤니케이션북스, 2012), 210~213쪽; 「Uncertainty reduction theory」, 『Wikipedia』.

20 엠 그리핀(Em Griffin), 김동윤·오소현 옮김, 『첫눈에 반한 커뮤니케이션 이론』(커뮤니케이션북스, 2012), 221~222쪽.

21 엠 그리핀(Em Griffin), 김동윤·오소현 옮김, 『첫눈에 반한 커뮤니케이션 이론』(커뮤니케이션북스, 2012), 217~218쪽; 강재원, 「소셜 네트워크 데이팅(SND)의 정보 추구 전략들에 관한 연구: 커뮤니케이터 관련 변인들과의 관계를 중심으로」, 『한국언론학보』, 56권 5호(2012년 10월), 69쪽.

22 강재원, 「소셜 네트워크 데이팅(SND)의 정보 추구 전략들에 관한 연구: 커뮤니케이터 관련 변인들과의 관계를 중심으로」, 『한국언론학보』, 56권 5호(2012년 10월), 82쪽.

23 심재웅·김대중, 「대인 커뮤니케이션」, 이준웅·박종민·백혜진 엮음, 『커뮤니케이션 과학의 지평』(나남, 2015), 66쪽.

24 박순빈, 「메르스 사태의 경제적 후폭풍」, 『한겨레』, 2015년 6월 22일.

25 마이클 페렐먼(Michael Perelman), 오종석 옮김, 『기업권력의 시대』(난장이, 2005/2009), 240쪽.

26 스티븐 리틀존(Stephen W. Littlejohn), 김흥규 옮김, 『커뮤니케이션 이론』(나남, 1992/1993), 287~290쪽; 「Expectancy violations theory」, 『Wikipedia』.

27 김동윤, 『인간관계 이론』(커뮤니케이션북스, 2013), 95~108쪽.

28 엠 그리핀(Em Griffin), 김동윤·오소현 옮김, 『첫눈에 반한 커뮤니케이션 이론』(커뮤니케이션북스, 2012), 126쪽.

29 김동윤, 『인간관계 이론』(커뮤니케이션북스, 2013), 95~108쪽.

30 최윤희·김숙현, 『문화간 커뮤니케이션의 이해』(범우사, 1997), 40~41쪽; 김동윤, 『인간관계 이론』(커뮤니케이션북스, 2013), 95~108쪽.

31 선안남, 『기대의 심리학』(소울메이트, 2010), 31~39쪽.

32 고든 패처(Gordon L. Patzer), 한창호 옮김, 『룩스: 외모 상상 이상의 힘』(한스미디어, 2008/2009), 136쪽.

33 장정빈, 『고객의 마음을 훔쳐라: 행동경제학을 활용한 매혹의 마케팅·서비스』(올림, 2013), 36~37쪽.

34 김근배, 「[Weekly BIZ] '좋은 제품'보다 '좋아 보이는 제품'이 우선」, 『조선일보』, 2015년 2월 14일.

35 김소연, 「공무원들, 최순실 국정농단에 술렁 "누가 대통령입니까"」, 『한겨레』, 2016년 10월 27일.

36 권은중, 「유체이탈 언어 속에 꼭두각시 박근혜가 숨어 있다」, 『한겨레』, 2016년 11월 12일.

37 김창규, 「청년세대의 대통령 지지율이 0%인 이유」, 『중앙일보』, 2016년 11월 14일.

38 정대화, 「국민의 탄핵 명령, 국회는 완수해야」, 『경향신문』, 2016년 12월 8일.

39 「[사설] 국민 가슴에 불지른 박 대통령의 '적반하장 인터뷰'」, 『한겨레』, 2017년 1월 27일.

40 「[HD스토리] 엑소(EXO) 시우민, 여보세요 나의 요정…'어떻게 내 마음을 훔쳤나요'」, 『톱스타뉴스』, 2017년 1월 25일.

41 장아름, 「'우결' 최태준♥윤보미, 두근 첫날밤…식탁도 뚫은 신혼 의욕」, 『뉴스1』, 2016년 11월 5일.

42 캐럴 길리건(Carol Gilligan), 허란주 옮김, 『다른 목소리로』(동녘, 1993/1997), 142쪽.

43 모상현, 「사회적 침투 이론[social penetration theory]」, 한국심리학회 편, 『심리학 용어사전』(네이버 지식백과, 2014); 김동윤, 『인간관계 이론』(커뮤니케이션북스, 2013), 28~32쪽; 「Social penetration theory」, 『Wikipedia』; 「Interpersonal communication」, 『Wikipedia』.

44 모상현, 「사회적 침투 이론[social penetration theory]」, 한국심리학회 편, 『심리학 용어사전』(네이버 지식백과, 2014).

45 김동윤, 『인간관계 이론』(커뮤니케이션북스, 2013), 32쪽.

46 김동윤, 『인간관계 이론』(커뮤니케이션북스, 2013), 33~34쪽.

47 엠 그리핀(Em Griffin), 김동윤·오소현 옮김, 『첫눈에 반한 커뮤니케이션 이론』(커뮤니케이션북스, 2012), 132, 203~205쪽.

48 김민선(지음), 범기수·박기순·우지수 옮김, 『인간 커뮤니케이션, 비서구적 관점』(커뮤니케이션북스, 2002/2008), 147~157쪽.

49 하지현, 『예능력: 예능에서 발견한 오늘을 즐기는 마음의 힘』(민음사, 2013), 166쪽.

50 이민규, 『끌리는 사람은 1%가 다르다』(더난출판, 2009), 140쪽.

51 표창원, 『숨겨진 심리학: 최고의 프로파일러가 알려주는 설득과 협상의 비밀』(토네이도, 2011), 179~184쪽.

52 아돌프 크니게(Adolph F. V. Knigge), 김진욱 옮김, 『인간 교제술, 효과적인 237가지 법칙』(지성문화사, 1995), 201쪽.

53 배명복, 「청와대 조작·은폐 의혹…사실이면 한국판 워터게이트: [배명복의 직격 인터뷰] 이상돈 중앙대 명예교수」, 『중앙일보』, 2014년 12월 19일.

54 이훈범, 「비정상의 정상화는 청와대부터」, 『중앙일보』, 2015년 1월 5일.

55 「[사설] 위기상황에도 대면 보고 안 받는 '불통 대통령'」, 『경향신문』, 2015년 8월 15일.

56 서갑열, 「매체 풍요도 이론에 입각한 디지털 기술 기반 교육의 방향성 연구」, 『애니메이션연구』, 11권 5호(2015년 12월), 127~128쪽.

57 서갑열, 「매체 풍요도 이론에 입각한 디지털 기술 기반 교육의 방향성 연구」, 『애니메이션연구』, 11권 5호(2015년 12월), 132~133쪽; 이두황, 「컴퓨터 매개 커뮤니케이션(CMC)」, 이준웅·박종민·백혜진 엮음, 『커뮤니케이션 과학의 지평』(나남, 2015), 549~550쪽; 「Media richness

theory」, 『Wikipedia』.

58   이두황, 「컴퓨터 매개 커뮤니케이션(CMC)」, 이준웅 · 박종민 · 백혜진 엮음, 『커뮤니케이션 과학
      의 지평』(나남, 2015), 550쪽.

59   서길수, 「매체 풍요도 이론의 가정에 대한 재검토: 매체 풍요도는 매체에 내재된 속성인가」, 『연
      세경영연구』, 34권 4호(1997년 12월), 221~223쪽.

60   황하성 · 이옥기, 「수용자 특성에 따른 모바일의 매체 풍요도 인식 및 이용의 차이: 음성, 문자, 영
      상 통화의 비교를 중심으로」, 『한국언론학보』, 53권 2호(2009년 4월), 300~324쪽; 김은미, 「휴대
      전화 문자 메시지의 이용에 관한 연구: 청소년의 인간관계 유지 행동을 중심으로」, 『한국언론학
      보』, 50권 2호(2006년 4월), 90~115쪽; 김민정 · 한동섭, 「친밀성에 따른 대인 매체 이용 행태 및
      심리적 경험과의 관계 연구: 매개된 대인 커뮤니케이션(Mediated Interpersonal Communication)
      을 중심으로」, 『한국언론학보』, 50권 3호(2006년 6월), 94~121쪽; 이두황, 「컴퓨터 매개 커뮤니케
      이션(CMC)」, 이준웅 · 박종민 · 백혜진 엮음, 『커뮤니케이션 과학의 지평』(나남, 2015), 552~553
      쪽 재인용.

61   최혜정 · 서보미, 「"박 대통령, 대면 보고 '기피증'…콘텐츠가 없는 탓"」, 『한겨레』, 2015년 8월 24일.

62   김상범, 「"박근혜는 이미 '좀비 대통령'…속 보이는 개헌 책략 버려라"」, 『경향신문』, 2016년 12월
      1일.

제5장 조직 · 집단에서의 소통

1   니컬러스 디폰조(Nicholas DiFonzo), 곽윤정 옮김, 『루머사회: 솔깃해서 위태로운 소문의 심리학』
      (흐름출판, 2008/2012), 6쪽. 번역본엔 '자판기 효과'로 되어 있는 것을 '정수기 효과'로 고쳐 인용
      했다.

2   유정식, 『경영, 과학에게 길을 묻다: 과학의 시선으로 풀어보는 경영 이야기』(위즈덤하우스,
      2007), 261쪽.

3   김교태, 「워터쿨러 효과(water cooler effect)」, 『조선일보』, 2015년 7월 16일.

4   전수용, 「IBM, 24년 만에 재택근무 폐지」, 『조선일보』, 2017년 5월 20일.

5   김교태, 「워터쿨러 효과(water cooler effect)」, 『조선일보』, 2015년 7월 16일.

6   이종만, 「업무 중 비공식적 커뮤니케이션의 워터쿨러 효과: 스마트폰 사용자의 카카오톡을 중심
      으로」, 『한국콘텐츠학회논문지』, 13권 3호(2013년 3월), 362~369쪽. 구글의 20% 타임제는 구글
      의 모든 직원은 업무 시간의 20퍼센트를 자신의 창의적인 프로젝트에 쏟도록 하는 제도다. 우
      리에게 '포스트잇'이나 '스카치테이프'의 제조업체로 잘 알려진 '3M'은 연구 · 개발 부서 직원 전
      체가 자신들의 업무와 관계없는 프로젝트에 업무 시간의 15퍼센트를 할애할 자유를 갖는다는
      '15% 룰'을 실시하고 있다. 1949년부터 1966년까지 3M의 회장을 지낸 윌리엄 맥나이트(William
      L. McKnight, 1887~1978)가 만들고 실천했다고 해서 '맥나이트 원칙(McKnight principle)'이라고
      도 한다. 포스트잇의 공동 개발자 제프리 니콜슨(Geoffrey Nicholson)은 "어떤 사람은 그만큼의
      시간도 쓰지 않고, 또 어떤 사람은 그보다 더 많은 시간을 쓴다. 그것은 꿈을 꾸는 것도 허용하는
      규칙이다"고 말한다. 톰 피터스(Thomas J. Peters) · 로버트 워터먼(Robert H. Waterman, Jr.), 이
      동현 옮김, 『초우량기업의 조건: 기업경영을 지배하는 불변의 원칙 8가지』(더난출판, 1982/2005),
      384쪽; 리처드 왓슨(Richard Watson), 이진원 옮김, 『퓨처 마인드: 디지털 문화와 함께 진화하는
      생각의 미래』(청림출판, 2010/2011), 221쪽; 김기찬 · 송창석 · 임일, 『플랫폼의 눈으로 세상을 보

라: 세상을 바꾸는 새로운 패러다임, 플랫폼』(성안북스, 2015), 131쪽; 최현묵, 「[Weekly BIZ] 포스
트잇부터 비행기까지 통하는 기술」, 『조선일보』, 2015년 3월 21일.

7 벤 웨이버(Ben Waber), 배충효 옮김, 『구글은 빅데이터를 어떻게 활용했는가』(북카라반, 2013/2015), 128~129쪽.

8 Brian Stelter, 「Water-Cooler Effect: Internet Can Be TV's Friend」, 『The New York Times』, February 23, 2010; 김은미 · 이동후 · 임영호 · 정일권, 『SNS 혁명의 신화와 실제: '토크, 플레이, 러브'의 진화』(나남, 2011), 210~211쪽.

9 유진평 외, 「모바일 B2B에서 대박 나는 사업 기회 나온다」, 『매일경제』, 2010년 9월 30일.

10 이민형, 「MBC, "트위터에서 많은 소리를 듣자"」, 『디지털데일리』, 2010년 10월 10일.

11 정지훈, 「소셜 네트워크 서비스와 문화소비와 마케팅의 관계」, 『베타뉴스』, 2010년 10월 11일.

12 윤한주, 「2015년 출판의 미래는?」, 『브레인미디어』, 2015년 1월 20일.

13 정성희, 「대면 보고 꺼린 대통령의 원죄」, 『동아일보』, 2016년 12월 3일.

14 최경호, 「[월간중앙 12월호] "백 번 양보한다 해도 당대표까지만 했어야 할 인물"」, 『온라인 중앙일보』, 2016년 11월 26일.

15 예컨대, 스티브 잡스(Steve Jobs, 1955~2011)가 애플에서 쫓겨나 1986년 1,000만 달러로 인수한 뒤 지은 픽사의 본사 건물은 특이한 구조로 유명하다. 이 회사의 남녀 화장실 4개, 회의실 8개, 카페 · 식당은 모두 중앙 로비에 몰려 있고, 사무실은 중앙 로비를 기준으로 좌우로 나뉘어 있다. 좌측은 컴퓨터 기술개발자, 우측은 애니메이션과 스토리를 담당하는 부서들이 있다. 직원들은 누구나 화장실이나 식당을 가거나 회의를 하려면 기다란 동선(動線)을 거쳐 중앙 로비 쪽으로 몰려야 한다. 얼른 보기엔 시간을 허비하게 만드는 비효율적인 구조인 것 같지만, 잡스의 의도는 모든 직원이 최대한 서로 만나야 한다는 것이었다. 이인열, 「명문 기업들의 疏通 방법」, 『조선일보』, 2015년 4월 11일.

16 질리언 테트(Gillian Tett), 신예경 옮김, 『사일로 이펙트: 무엇이 우리를 눈멀게 하는가』(어크로스, 2015/2016), 30쪽; 리처드 오글(Richard Ogle), 손정숙 옮김, 『스마트 월드』(리더스북, 2007/2008), 15쪽.

17 질리언 테트(Gillian Tett), 신예경 옮김, 『사일로 이펙트: 무엇이 우리를 눈멀게 하는가』(어크로스, 2015/2016), 30쪽; 강준만, 「왜 갈등 상황에서 몰입은 위험한가?: 터널 비전」, 『생각의 문법: 세상을 꿰뚫는 50가지 이론 3』(인물과사상사, 2015), 129~133쪽 참고.

18 질리언 테트(Gillian Tett), 신예경 옮김, 『사일로 이펙트: 무엇이 우리를 눈멀게 하는가』(어크로스, 2015/2016), 32~33쪽.

19 마크 고울스톤(Mark Goulston), 황혜숙 옮김, 『뱀의 뇌에게 말을 걸지 마라: 이제껏 밝혀지지 않았던 설득의 논리』(타임비즈, 2009/2010), 274쪽.

20 잭 웰치(Jack Welch) · 수지 웰치(Suzy Welch), 강주헌 옮김, 『잭 웰치의 마지막 강의』(알프레드, 2015), 162~164쪽.

21 질리언 테트(Gillian Tett), 신예경 옮김, 『사일로 이펙트: 무엇이 우리를 눈멀게 하는가』(어크로스, 2015/2016), 117쪽.

22 질리언 테트(Gillian Tett), 신예경 옮김, 『사일로 이펙트: 무엇이 우리를 눈멀게 하는가』(어크로스, 2015/2016), 248~264쪽.

23 애덤 라신스키(Adam Lashinsky), 임정욱 옮김, 『인사이드 애플: 비밀제국 애플 내부를 파헤치다』(청림출판, 2012), 62, 74~77쪽.

24 질리언 테트(Gillian Tett), 신예경 옮김, 『사일로 이펙트: 무엇이 우리를 눈멀게 하는가』(어크로스,

2015/2016), 95~96쪽.

25   이어 우병현은 이렇게 말한다. "구글의 순다 피차이 수석부사장은 MWC 행사에서 갤럭시S6가 스포트라이트를 받는 동안 조용하게 '아라(ARA)' 프로젝트를 챙겼다. 아라는 스마트폰을 구성하는 부품 장터를 만들어 사용자가 이를 구입해 직접 조립해서 자신만의 스마트폰을 제조할 수 있는 생태계를 만드는 것이다. 아라가 본격적으로 작동하면 스마트폰 제조 생태계가 확 바뀔 것이다. 벌써부터 지구촌 곳곳에서 소규모 업체들이 아라 규격에 맞는 다양한 아이디어 부품을 준비하고 있다. 심지어 개인도 3D프린터로 아라 규격에 맞춰 부품을 만들어 자신의 스마트폰에 끼워 사용할 수 있다. 삼성전자는 아라를 장난감 수준에 그칠 것이라고 얕볼지도 모른다. 그러나 디지털 시대의 모든 혁신은 느슨하게 시작됐지만 어느 순간에 기존 질서를 파괴했다. 수억 명을 수시로 연결하여 칸막이와 층계 시대에는 상상하지도 못한 일을 척척 구현하는 네트워크의 속성 때문이다." 우병현, 「삼성전자의 칸막이와 層階 문화」, 『조선일보』, 2015년 3월 21일.

26   「[사설] 한국 해운 산업 몰락 '최순실'보다 더 큰 罪」, 『조선일보』, 2017년 2월 4일.

27   하선영, 「AI 경고한 미국, AI 낙관한 한국」, 『중앙일보』, 2016년 12월 29일.

28   강준만, 『한국생활문화사전』(인물과사상사, 2006), 684쪽.

29   리처드 왓슨(Richard Watson), 이진원 옮김, 『퓨처 마인드: 디지털 문화와 함께 진화하는 생각의 미래』(청림출판, 2010/2011), 177~178쪽.

30   권순일, 「칸막이 없는 사무실, 직장인 병들게 한다」, 『코메디닷컴』, 2015년 4월 8일.

31   강준만, 「왜 공중도덕을 지키자는 계몽 캠페인은 실패하는가?: 넛지」, 『감정 독재: 세상을 꿰뚫는 50가지 이론』(인물과사상사, 2013), 262~267쪽 참고.

32   강준만, 「왜 우리는 끊임없이 칸막이를 만들면서 살아가는가?: 최소집단 패러다임」, 『생각과 착각: 세상을 꿰뚫는 50가지 이론 5』(인물과사상사, 2016), 56~61쪽 참고.

33   리처드 루멜트(Richard P. Rumelt), 김태훈 옮김, 『전략의 적은 전략이다』(생각연구소, 2011), 147쪽.

34   로버트 서튼(Robert I. Sutton), 오성호 옮김, 『역발상의 법칙』(황금가지, 2003), 214쪽; 「Brainstorming」, 『Wikipedia』.

35   나은영, 『행복 소통의 심리』(커뮤니케이션북스, 2013), 55쪽; 강준만, 「왜 최고의 엘리트 집단이 최악의 어리석은 결정을 할까?: 집단사고 이론」, 『감정 독재: 세상을 꿰뚫는 50가지 이론』(인물과 사상사, 2013), 274~278쪽 참고.

36   톰 켈리(Tom Kelly)·조너선 리트먼(Jonathan Littman), 이종인 옮김, 『유쾌한 이노베이션』(세종서적, 2001/2002), 74~75쪽.

37   톰 켈리(Tom Kelly)·조너선 리트먼(Jonathan Littman), 이종인 옮김, 『유쾌한 이노베이션』(세종서적, 2001/2002), 76~82쪽.

38   톰 켈리(Tom Kelly)·조너선 리트먼(Jonathan Littman), 이종인 옮김, 『유쾌한 이노베이션』(세종서적, 2001/2002), 85~88쪽.

39   에이드리언 슬라이워츠키(Adrian J. Slywortzky)·칼 웨버(Karl Weber), 유정식 옮김, 『디맨드: 세상의 수요를 미리 알아챈 사람들』(다산북스, 2011/2012), 445쪽.

40   오윤희, 「[Weekly BIZ] '소리 없는 아우성' 같은 모순 어법을 적극 활용하라」, 『조선일보』, 2014년 7월 26일; 뤼크 드 브라방데르(Luc de Brabandere)·앨런 아이니(Alan Iny), 이진원 옮김, 『아이디어 메이커: 현재 틀에서 벗어나 새로운 틀에서 생각하기』(청림출판, 2013/2014), 211~212쪽.

41   이혜운, 「[Weekly BIZ] 미켈란젤로·에디슨·스티브 잡스…그들은 천재가 아니었다, 그들을 만든 팀이 뒤에 있었다」, 『조선일보』, 2015년 12월 5일.

42   로버트 서튼(Robert I. Sutton), 오성호 옮김, 『역발상의 법칙』(황금가지, 2002/2003), 355쪽; 이명

우, 「브레인스토밍보다 마음 여는 '하트스토밍'이 먼저다」, 『조선일보』, 2013년 1월 3일.

43 여기서 blame은 "(남에게 잘못의) 책임을 돌리다, ~의 탓으로 하다"는 뜻이다. I blame the accident on him(사고의 책임은 그에게 있다). You blame it on society(너는 그것이 사회의 책임이라고 한다). David Olive, 『A Devil's Dictionary of Business Jargon』(Toronto, Canada: Key Porter Books, 2001), p.31; John Walston, 『The Buzzword Dictionary』(Oak Park, IL: Marion Street Press, 2006), p.29; 『시사영어사/랜덤하우스 영한대사전』(시사영어사, 1991), 245쪽.

44 수전 케인(Susan Cain), 김우열 옮김, 『콰이어트: 시끄러운 세상에서 조용히 세상을 움직이는 힘』(알에이치코리아, 2012), 146쪽.

45 수전 케인(Susan Cain), 김우열 옮김, 『콰이어트: 시끄러운 세상에서 조용히 세상을 움직이는 힘』(알에이치코리아, 2012), 147쪽; 강준만, 「왜 프로젝트 팀의 인원이 10명을 넘으면 안 되는가?: 사회적 태만」, 『감정 독재: 세상을 꿰뚫는 50가지 이론』(인물과사상사, 2013), 177~181쪽 참고.

46 수전 케인(Susan Cain), 김우열 옮김, 『콰이어트: 시끄러운 세상에서 조용히 세상을 움직이는 힘』(알에이치코리아, 2012), 147~151쪽; 강준만, 「왜 우리 인간은 '부화뇌동하는 동물'인가?: 동조」, 『생각의 문법: 세상을 꿰뚫는 50가지 이론 3』(인물과사상사, 2015), 49~53쪽 참고.

47 프란스 요한슨(Frans Johansson), 김종식 옮김, 『메디치 효과』(세종서적, 2004/2005), 159~160쪽.

48 앨리사 쿼트(Alissa Quart), 유병규·박태일 옮김, 『나이키는 왜 짝퉁을 낳았을까』(한국경제신문, 2003/2004), 14쪽.

49 박원영, 『투덜투덜 뉴욕, 뚜벅뚜벅 뉴욕: 꼰대 감독의 뉴욕 잠입 생존기』(미래를소유한사람들, 2015), 261~262쪽.

50 제임스 트위첼(James B. Twitchel), 토탈브랜드코리아 옮김, 『대학 교회 박물관의 브랜드 마케팅 스토리』(김앤김북스, 2004/2007), 235~236쪽.

51 로버트 라이시(Robert B. Reich), 오성호 옮김, 『부유한 노예』(김영사, 2000/2001), 188쪽; 강준만, 「왜 날이 갈수록 인맥이 더 중요해지는가?: 여섯 단계의 분리」, 『우리는 왜 이렇게 사는 걸까?: 세상을 꿰뚫는 50가지 이론 2』(인물과사상사, 2014), 206~212쪽 참고.

52 김주환, 『그릿』(쌤앤파커스, 2013), 179~182쪽.

53 맷 리들리(Matt Ridley), 김한영 옮김, 『본성과 양육』(김영사, 2003/2004), 356~357쪽.

54 데이브 그로스먼(Dave Grossman), 이동훈 옮김, 『살인의 심리학』(플래닛, 2009/2011), 232~233쪽.

55 로빈 던바(Robin Dunbar), 김정희 옮김, 『발칙한 진화론: 인간 행동에 숨겨진 도발적 진화코드』(21세기북스, 2010/2011), 32~37쪽; 폴 에얼릭(Paul R. Ehrlich)·로버트 온스타인(Robert Ornstein), 고기탁 옮김, 『공감의 진화: '우리' 대 '타인'을 넘어선 공감의 진화인류학』(에이도스, 2010/2012), 54~55쪽; 강준만, 「왜 발이 넓은 마당발의 인간관계는 피상적인가?: 던바의 수」, 『감정 독재: 세상을 꿰뚫는 50가지 이론』(인물과사상사, 2013), 269~273쪽 참고.

56 톰 스탠디지(Tom Standage), 노승영 옮김, 『소셜 미디어 2000년: 파피루스에서 페이스북까지』(열린책들, 2013/2015), 25쪽.

57 티나 로젠버그(Tina Rosenberg,), 이종호 옮김, 『또래 압력은 어떻게 세상을 치유하는가: 소속감에 대한 열망이 만들어낸 사회 치유의 역사』(알에이치코리아, 2011/2012), 75쪽.

58 티나 로젠버그(Tina Rosenberg,), 이종호 옮김, 『또래 압력은 어떻게 세상을 치유하는가: 소속감에 대한 열망이 만들어낸 사회 치유의 역사』(알에이치코리아, 2011/2012), 19쪽.

59 이어 로젠버그는 이렇게 말한다. "이런 또래 압력 덕에 이 제도는 원만히 유지됐다. 작은 마을에서는 이웃과의 관계가 엄청나게 중요하고 여성들은 서로의 생활을 속속들이 알고 있기 때문이다. 그라민 은행은 또래 압력을 활용한 덕분에 별도의 상환 감시 비용을 쓰지 않았다. 여성으로

이루어진 그룹 자체가 대출금을 상환하지 않는 멤버를 그룹에서 배제시켰고, 매주 만나 서로의 대출금 상환 상황을 확인했기 때문이다. 이 시스템은 전례 없는 대출 상환율을 낳았다. 그라민 은행 관계자들은 처음부터 연대책임 규정이 성공의 핵심이 될 거라고 예상했지만, 그것보다 중요한 성공 요소가 드러났다. 제때 대출금을 상환하게 만드는 것은 연대책임의 위협이 아니라 자신의 평판을 지키려는 욕구였다. 그런 사실을 깨달은 그라민 은행은 2001년에 연대책임제를 전면 폐지했다. 또래 친구들로부터 존중받고 싶어 하는 대출자의 욕망이면 충분했다." 티나 로젠버그(Tina Rosenberg,), 이종호 옮김, 『또래 압력은 어떻게 세상을 치유하는가: 소속감에 대한 열망이 만들어낸 사회 치유의 역사』(알에이치코리아, 2011/2012), 205쪽.

60   티나 로젠버그(Tina Rosenberg,), 이종호 옮김, 『또래 압력은 어떻게 세상을 치유하는가: 소속감에 대한 열망이 만들어낸 사회 치유의 역사』(알에이치코리아, 2011/2012), 228, 235쪽.

61   김성윤, 「공익사업하는 팬질」, 『한겨레21』, 2010년 7월 9일; 강준만 · 강지원, 『빠순이는 무엇을 갈망하는가?: 소통 공동체 형성을 위한 투쟁으로서의 팬덤』(인물과사상사, 2016) 참고.

62   강진구, 「[전국 8개 산업단지 첫 노동실태조사] "기업들, 폭언 · 폭행을 노무관리기법으로 생각"」, 『경향신문』, 2015년 6월 17일.

63   박태우, 「협박 면담으로 '찍퇴'…실적 따져 '내리갈굼'」, 『한겨레』, 2015년 11월 26일.

64   김홍수, 「직장 민주화가 더 급하다」, 『조선일보』, 2016년 7월 13일.

65   송윤경 · 고희진, 「[민주주의는 목소리다] ① "하고 싶은 말 오늘도 수없이 삼킨다…변하는 게 없으니까"」, 『경향신문』, 2017년 1월 2일.

66   박형수, 「로스쿨 · 약대 입시학원…넥타이 부대 몰린다」, 『중앙일보』, 2017년 2월 9일.

67   김누리, 「"사장을 자유롭게 비판할 수 있습니까?"」, 『한겨레』, 2015년 11월 23일.

68   William Greider, 『The Soul of Capitalism: Opening Paths to a Moral Economy』(New York: Simon · Schuster, 2003), p.52.

69   Carole Pateman, 『Participation and Democratic Theory』(New York: Cambridge University Press, 1970), pp.45~84; 강준만, 「왜 여성이 남성보다 우울증에 많이 빠지는가?: 학습된 무력감」, 『우리는 왜 이렇게 사는 걸까?: 세상을 꿰뚫는 50가지 이론 2』(인물과사상사, 2014), 171~176쪽 참고.

70   김상조, 「87년과 97년의 갈림길에서」, 『경향신문』, 2016년 12월 27일.

71   존 버드(John W. Budd), 강세희 옮김, 『나에게 일이란 무엇인가?: 일을 이해하는 열 가지 열쇳말』(이후, 2011/2016), 71쪽.

72   Renuka Rayasam, 「Why Workplace Democracy Can Be Good Business」, 『U.S. News · World Report』, April 24, 2008; 토머스 말론(Thomas W. Malone), 함규진 옮김, 『노동의 미래』(넥서스비즈, 2004/2005), 81~102쪽; 강준만, 「왜 '노드스트롬'과 '자포스' 직원에겐 매뉴얼이 없을까?: 임파워먼트」, 『생각의 문법: 세상을 꿰뚫는 50가지 이론』(인물과사상사, 2015), 213~217쪽 참고.

73   G. Cheney, 「Democracy in the workplace: Theory and practice from the perspective of communication」, 『Journal of Applied Communication Research』, 23(1995), pp.167~200; S. Deetz, 『Transforming Communication, Transforming Business』(Albany: State University of New York Press, 1995); D. Collins, 「The ethical superiority and inevitability of participatory management as an organizational system」, 『Organizational Science』, 8(1997), pp.489~507; Paul Bernstein, 『Workplace Democratization: Its Internal Dynamics』(Chelsea, MA: Educational Services Publishing, 2012); 캐서린 밀러(Katherine Miller), 안주아 · 신명희 · 이희복 옮김, 『조직 커뮤니케이션: 접근과 과정』(커뮤니케이션북스, 2003/2006), 196~198쪽.

1   박진아, 「미치광이를 잡겠다는 미치광이 이론(the Madman Theory)」, 『시선뉴스』, 2016년 5월 31
    일; Garry Wills, 『Bomb Power: The Modern Presidency and the National Security State』(New
    York: Penguin Books, 2010), p.153.

2   「Madman theory」, 『Wikipedia』.

3   Jeffrey Kimball, 「Did Thomas C. Schelling Invent the Madman Theory?」, 『History News
    Network』, Ootober 24, 2005; Thomas C. Schelling, 『The Strategy of Conflict』(Cambridge, MA:
    Harvard University, 1960/1980).

4   마크 모이어, 「[The New York Times] 지구촌 뒤흔드는 트럼프의 '겁주기' 외교」, 『중앙일보』,
    2016년 12월 14일; Jeremi Suri, 『The Nukes of October: Richard Nixon's Secret Plan to Bring
    Peace to Vietnam』, 『Wired』, 16:3(March 2008).

5   성유진, 「"트럼프 미치광이 행세는 고도의 전략"」, 『조선일보』, 2016년 12월 22일.

6   임민혁, 「"김정은은 狂人" vs "사악할 뿐, 안 미쳤다"」, 『조선일보』, 2017년 4월 1일.

7   김진, 「美 보수 정치 평론가 "트럼프, 北 상대로 미치광이 전략"」, 『뉴스1』, 2017년 4월 13일.

8   박영환, 「벼랑 끝 전술과 광인 전략」, 『경향신문』, 2017년 4월 26일.

9   김은정, 「美 언론 "김정은 만나는 게 영광? 학살자에게 아첨"」, 『조선일보』, 2017년 5월 3일.

10 Herman Schwartz, 「In Dubious Victory」, 『Nation』, November 24, 1984, pp.540~541.

11 Paul J. Quirk, 「The Economy: Economists, Electoral Politics, and Reagan Economics」,
    Michael Nelson, ed., 『The Elections of 1984』(Washington D. C.: CQ Press, 1985), pp.157~187.

12 Edward R. Tufte, 『Political Control of the Economy』(Princeton, NJ: Princeton University
    Press, 1978); Gary Wills, 『Reagan's America: Innocents at Home』(New York: Doubleday,
    1987); William Schneider, 「An Insiders' View of the Election」, 『Atlantic Monthly』, July 1988,
    pp.29~57.

13 토드 부크홀츠(Todd G. Buchholz), 류현 옮김, 『죽은 경제학자의 살아 있는 아이디어』(김영사,
    2007/2009), 515~517쪽.

14 David A. Stockman, 『The Triumph of Politics: Why the Reagan Revolution Failed』(New York:
    Harper · Row, 1986).

15 Henry A. Plotkin, 「Issues in the Campaign」, Gerald M. Pomper et al., 『The Election of 1984:
    Reports and Interpretations』(Chatham, NJ: Chantham House, 1985), pp.35~59.

16 Gary Wills, 『Reagan's America: Innocents at Home』(New York: Doubleday, 1987).

17 콜린 헤이(Colin Hay), 하상섭 옮김, 『바보야! 문제는 정치야!!』(한국외국어대학교출판부,
    2007/2009), 190~192쪽.

18 Edward R. Tufte, 『Political Control of the Economy』(Princeton, NJ: Princeton University Press,
    1978).

19 케빈 필립스(Kevin P. Phillips), 오삼교 · 정하용 옮김, 『부와 민주주의: 미국의 금권정치와 거대
    부호들의 정치사』(중심, 2002/2004), 615쪽; 권용립, 『미국의 정치 문명』(삼인, 2003), 245쪽.

20 권용립, 『미국의 정치 문명』(삼인, 2003), 244~245쪽에서 재인용.

21 Erwin C. Hargrove, 『The President as Leader: Appealing to the Better Angels of Our Nature』
    (Lawrence: University Press of Kansas, 1998), pp.59~61.

22 케빈 필립스(Kevin P. Phillips), 오삼교 · 정하용 옮김, 『부와 민주주의: 미국의 금권정치와 거대

부호들의 정치사』(중심, 2002/2004), 615~616쪽.

23 Michael A. Genovese, 『The Presidential Dilemma: Leadership in the American System』, 2nd ed.(New York: Longman, 2003), pp.47~80.

24 Elizabeth Drew, 『The Corruption of American Politics: What Went Wrong and Why』(New York: The Overlook Press, 1999), p.263.

25 Arthur M. Schlesinger, Jr., 『The Cycles of American History』(New York: Mariner Book, 1986/1999), pp.32~34.

26 James A. Stimson, 『Public Opinion in America: Moods, Cycles, and Swings』, 2nd ed.(Boulder, CO: Westview, 1999), pp.19~20.

27 재닛 로우(Janet Lowe), 배현 옮김, 『구글 파워: 전 세계 선망과 두려움의 기업』(애플트리태일즈, 2009/2010), 93~96쪽.

28 천관율, 「노사모의 '찬란한 유산' 팬클럽 정치」, 『시사IN』, 제97호(2009년 7월 21일).

29 성한용, 「'20년 주기설'…올해 정권 교체 서막 오를까」, 『한겨레』, 2015년 2월 18일.

30 이세나, 「전국 일자리 4개 중 3개 서울−경기−인천 등 수도권에 집중」, 『통신일보』, 2016년 3월 24일; 이성희, 「일자리 73% 수도권 편중…제주 · 전남 · 강원은 1%도 안 돼」, 『경향신문』, 2016년 3월 25일.

31 마누엘 카스텔(Manuel Castells, 1942~)은 중남미의 도시화를 '종속적 도시화'라는 개념으로 설명했다. 남미의 도시 형태는 남미에서 생산된 잉여가치를 착취하는 과정에서 잉여가치의 송출구 역할을 함으로써 유래되었다는 것이다. 이러한 논의의 연장선상에서 1960~1970년대 남미에서 '내부 식민지(internal colony)' 또는 '내적 식민지' 이론이 대두되었다. '제4의 식민지(the 4th colony)', '식민지 속의 식민지(colonies within colonies)', '식민지 없는 식민주의'라고도 한다. Michael Hechter, 『Internal Colonialism: The Celtic Fringe in British National Development, 1536−1966』(Berkeley: University of California Press, 1975), pp.8~10; Norrie MacQueen, 『Colonialism』(Harlow, UK: Pearson, 2007), p.xv; 위르겐 오스터함멜(Jürgen Osterhammel), 박은영 · 이유재 옮김, 『식민주의』(역사비평사, 2003/2006), 35쪽; 강명구, 「도시 및 지방 정치의 정치경제학」, 한국공간환경연구회 엮음, 『한국 공간 환경의 재인식』(한울, 1992), 141~167쪽; 우석훈, 『촌놈들의 제국주의: 한 · 중 · 일을 위한 평화경제학』(개마고원, 2008), 146쪽.

32 크리스 헤지스(Chris Hedges), 노정태 옮김, 『진보의 몰락: 누가 진보를 죽였는가』(프런티어, 2010/2013), 318쪽.

33 이 세미나에 토론자로 참석한 브루노 베텔하임(Bruno Bettelheim, 1903~1990)은 블라우너의 주장에 분노를 터뜨리면서 블라우너가 폭력을 정당화하고 파시즘으로 가는 길을 여는 주장을 하고 있다고 맹비난했지만, 블라우너의 주장은 적잖은 호응을 얻었다. Bob Blauner, 『Still the Big News: Racial Oppression in America』(Philadelphia: Temple University Press, 2001), p.64.

34 강현수, 「지역발전 이론의 전개 과정과 최근 동향: 재구조화 접근과 유연성 테제를 중심으로」, 한국공간환경학회 엮음, 『새로운 공간환경론의 모색』(한울아카데미, 1995), 126~127쪽.

35 예컨대, 황태연은 이 분야의 고전이 된 마이클 헤치터(Michael Hechter)의 『내부 식민주의론(Internal Colonialism)』(1975)이 종속이론의 한계를 그대로 반영하고 있다는 비판을 다음과 같이 반박한다. "헤치터의 내부 식민지론의 핵심은 생산양식의 혼재 및 절대적 궁핍화 메커니즘에 있는 것이 아니라 산업화 과정에서 특정 지역의 상대적 소외로 생겨나는 '문화적 수직 분업' 체계 안에서 하층에 집중되는 소외 지역 주민들의 직업, 이에 따른 소득의 상대적 저수준 및 권력과 영예의 불평등(문화적, 사회적, 정치적 지역 차별), 이로 인한 지역적 정체감과 저항의 생성이다.

따라서 헤치터의 내부 식민지론은 대내적으로 뒤집혀 적용된 기존의 종속이론 또는 식민주의론 이 아니라 이 이론들과 증후군적 유사성을 갖지만 그럼에도 불구하고 독자적인 이론 체계로 이 해되어야 한다." 황태연, 『지역패권의 나라』(무당미디어, 1997), 126~127쪽.

36   하승우, 「지역 정치에 부족한 것은 연대」, 『역사비평』, 2013년 2월, 137쪽.

37   민경희, 『미국 이민의 역사: 이론과 실제』(개신, 2008), 198쪽.

38   David Walls, 「Central Appalachia: Internal Colony or Internal Periphery?」, H. Matthews, L. Johnson · D. Askinds, eds. 『Colonialism in Modern America: The Appalachian Case』(Boone, NC: Applachian Consortium Press).

39   최장집, 「지역 정치와 분권화의 문제」, 한국지역사회학회, 『지역사회연구』, 제9권 1호(2001년 6 월), 6쪽.

40   로버트 루트번스타인(Robert Root-Bernstein) · 미셸 루트번스타인(Michèle Root-Bernstein), 박 종성 옮김, 『생각의 탄생』(에코의서재, 1999/2007), 198쪽.

41   로저 실버스톤(Roger Silverstone)은 '낯설게 하기'의 필요성에 대해 이렇게 말한다. "낯설게 하 기의 과정이란, 당연히 여겨지는 것에 도전하는 것, 의미의 표면 너머를 파헤치는 것, 명백한 것 과 문자적인 것, 단일한 것을 거부하는 것이다. 낯설게 하기의 과정에서 단순한 것은 복잡해지고 명백한 것은 불투명해진다. 마치 그림자 위로 비춰지면 바라보는 각도에 상관없이 그림자가 사 라져 버리는 것처럼." 로저 실버스톤(Roger Silverstone), 김세은 옮김, 『왜 미디어를 연구하는가』 (커뮤니케이션북스, 1999/2009), 22쪽.

42   이와 관련, 우석훈은 내부 식민지 이론을 거론하면서 "한국처럼 수도권이 모든 지역 위에 군림하 며 경제적 성과의 가장 고급스럽고 풍요로운 과실들을 전부 가져가는 경우는 별로 없다. 프랑스 의 파리, 일본의 도쿄 같은 곳들이 수도의 집중 현상이 두드러지는 경우지만, 그 어떤 경우도 인 구의 절반 이상이 수도권에 집중되어 있는 한국과는 비교도 안 된다"고 말한다. 재미교포로 국 제 컨설팅기업 베인앤드컴퍼니 코리아의 대표인 이성용의 증언은 더욱 실감난다. "내가 미국에 있었을 때는 사업상 미국 전역을 여행할 기회가 잦았다. 고객이나 공급업자들과 간단한 인터뷰 를 하려 해도 각각 다른 도시들을 찾아다녀야 했기 때문이다. 일주일에 5일 정도는 길에서 보냈 다고 해도 과언이 아니다. 그러나 한국에 오고 난 뒤, 국내 여행 횟수는 거의 제로에 가까워졌다. 모든 것이 서울에 위치해 있고 모든 비즈니스들이 서울에서 행해진다. 아주 드물게 고객의 공장 이 있는 울산을 찾아가는 것을 빼면, 필요한 정보들 대부분은 서울에서 쉽게 이용할 수 있다. 실 제로 한국의 대기업 중에서 본사를 서울 외곽에 둔 곳은 하나도 없다. 50대 기업 중에서 어느 한 곳도 서울을 벗어나지 않는 것이다! 세계 어느 나라에서도 그토록 한 도시에 심각하게 집중하 는 현상은 본 적이 없다. 서울 과다 집중 현상은 이미 위험수위에 다다랐고, 수많은 사회적 문제 들을 낳고 있다." 우석훈, 『촌놈들의 제국주의: 한 · 중 · 일을 위한 평화경제학』(개마고원, 2008), 146쪽; 이성용, 『한국을 버려라!: 한국, 한국인이 살아남을 수 있는 길』(청림출판, 2004), 180쪽.

43   이상록 · 백학영, 「한국 사회 빈곤 구조의 지역 편차 분석: 수도권과 지방의 빈곤 격차를 중심으 로」, 『한국사회복지학』, 60:4(2008), 205~230쪽; 김효정, 「'지방충'이라니…서울-지방 출신 삶의 격차 갈수록 커져」, 『주간조선』, 제2305호(2014년 5월 5일).

44   지역 간 경제적 불평등의 감소 추세를 전제로 하는 근대화론적 전파 이론(diffusion theory)과 달 리 내부 식민지 이론은 지역 간 경제적 불평등이 지속되거나 때로는 심화될 수도 있다고 본다. 황태연, 「내부 식민지와 저항적 지역주의」, 『한 · 독사회과학논총』, 7(1997), 17~18쪽.

45   강준만, 「왜 경부고속도로가 지역주의를 악화시켰나?: 경로의존」, 『우리는 왜 이렇게 사는 걸까?: 세상을 꿰뚫는 50가지 이론 2』(인물과사상사, 2014), 291~296쪽.

46 2015년 11월 한국건강증진개발원의 '시·도별 지역보건취약지역 보고서'에 따르면 서울의 보건 수준은 지방에 비해 압도적으로 높았다. 수도권에서 진료를 받는 지방 환자는 2004년 180만 명에서 2013년 270만 명으로 50퍼센트 늘었으며, 진료비는 2004년 9,513억 원에서 2013년 2조 4,817억 원으로 161퍼센트나 증가했다. 전국 시·군·구 가운데 분만이 가능한 산부인과 병·의원이 없는 곳은 전남 10곳, 경북·경남 각 9곳, 전북·충북 각 6곳 등 55곳에 이른다. 산모(産母)가 출산과 관련해 사망하는 비율인 모성 사망비는 어떤가. 강원도의 모성 사망비는 2007년만 해도 서울의 3배를 조금 넘는 수준이었으나, 2013년엔 10만 명당 27.3명을 기록해 서울(5.9명)의 4.6배에 달했다. 강원도만 떼어놓고 보면 40년 전인 1970년대 우리나라 전체 모성 사망비와 맞먹어 "후진국만도 못한 강원 산모 사망률"이라는 말까지 나오고 있는 실정이다. 김병규, 「한국건강증진개발원 보고서…전남·전북·경북·경남 순 '열악'」, 『연합뉴스』, 2015년 11월 3일; 권순재, 「지방 환자 '상경 진료' 갈수록 는다」, 『경향신문』, 2014년 10월 15일; 「[사설] 후진국만도 못한 강원 産母 사망률, 우리가 여기까지 왔나」, 『조선일보』, 2015년 5월 18일.

47 「[사설] 자치 단체장은 중앙 정치 식민지 벗어나라」, 『중앙일보』, 2014년 6월 6일.

48 민형배, 『내일의 권력』(단비, 2015), 133쪽.

49 「[사설] 지방의원 수 늘린 정치권의 후안무치」, 『중앙일보』, 2014년 2월 3일; 전상인, 「지방선거에 地方이 없다」, 『조선일보』, 2014년 2월 26일.

50 「[사설] 기업의 문화예술 기부금, 수도권 편중 재고해야」, 『경향신문』, 2014년 10월 25일.

51 이에 대해 김정호는 "바른 대접을 받기 위해 학자도 학생도 기술자도 노래꾼도 서울로 몰려가 지방에는 인재 공동(空洞) 현상이 빚어졌다. 공연장은 있어도 공연할 사람이 없다. 지방의 재주꾼은 모조리 '서울제국'이 징용해갔다"고 했다. 포항에서 활동하는 소설가 손춘익은 문인이 등단 이후 서울에 살아야만 할 이유에 대해 이렇게 말한다. "그래야만 드디어 신문, 잡지에도 자주 이름이 실리고 또 이따금 TV에도 얼굴을 내밀고 라디오에도 등장해 전국 방방곡곡에 목소리를 전파하게 된다. 그렇게 되면 차츰 사회적 교류도 활발해져 몽매에도 그리던 명예도 얻게 되고 또 호구지책 정도는 염려하지 않아도 된다. 그뿐만 아니라 혹시 금시발복하여 베스트셀러 작가군에 끼어들거나 광고 모델로 등장을 하는 경우에는 단연 사회적 명사로 각광을 받는 경우도 가능한 것이 요즘 세상이다. 게다가 문학상도 거푸 타게 되고 또 신춘문예를 비롯한 각종 신인 추천의 심사위원으로도 활약을 하게 된다. 명색이 이름이 날 만한 문인들은 물론 무명의 야심가들마저 사생결단을 하듯 서울 시민으로 행세를 하려 드는 소이연은 이 밖에도 쌔고 쌨는지 모른다. 요컨대 서울 문인이 되지 않고서는 그가 아무리 출중한 문학적 역량을 지녔다고 할지라도 일단 문단 권외로 물러나 있을 수밖에 없는 것이 우리 문단의 현실이다." 김정호, 『서울제국과 지방식민지』(지식산업사, 1991), 105~107쪽; 손춘익, 「지방자치 시대, 지역문학을 다시 본다: 지역문학의 현실과 전망-포항」, 『실천문학』, 40(1995년 겨울), 251쪽.

52 심지어 서강대에선 총학생회 공식 커뮤니티 '서담' 내 익명 게시판에 "지잡대 가도 훈남 이상은 돼야 여자랑 살 섞는다", "차라리 지잡대 여자와 소개팅을 해라. 학벌을 따지니 혹하는 여자들 많다"는 글이 올라와 논란이 일기도 했다." 박용안, 「서강대 '성희롱성 오리엔테이션' 물의」, 『경향신문』, 2015년 3월 11일. 언론이 진보적 음악 밴드로 소개하는 중식이밴드의 '아기를 낳고 싶다니'란 노래 기사의 지방대 비하도 기가 막히다. "아기를 낳고 싶다니, 그 무슨 말이 그러니……나는 고졸이고 너는 지방대야, 계산을 좀 해봐, 너랑 나 지금 먹고살기도 힘들어……."

53 김만흠, 「한국 지방정치의 특성: 중앙 집중의 소용돌이와 지방정치의 빈곤」, 『사회과학연구』(강원대 사회과학연구원), 45집 2호(2006년 12월), 19쪽.

54 강준만, 「지방의 '내부 식민지화'를 고착시키는 일상적 기제: '대학-매체-예산'의 트라이앵글」, 『사회과학연구』(강원대 사회과학연구원), 54집 2호(2015년 12월), 113~147쪽 참고.

55 류장수, 「지역 인재의 유출 실태 및 결정 요인 분석」, 『지역사회연구』, 제23권 제1호(2015년 3월), 17쪽.

56 김창영, 「6·4 지방선거 신규 당선자 재산 공개…신임 시·도지사 전원 수도권에 부동산 소유」, 『경향신문』, 2014년 10월 1일; 백성일, 「전주의 불편한 진실」, 『전북일보』, 2015년 4월 13일; 김영석, 「"국회의원들의 여전한 강남 사랑?": 3명 중 1명, 강남 3구에 부동산 보유」, 『국민일보』, 2015년 3월 27일; 한윤지, 「지역구엔 전세 살면서…강남 3구 집 산 국회의원 31명」, 『JTBC』, 2015년 3월 27일.

57 강준만, 『지방식민지 독립선언: 서울민국 타파가 나라를 살린다』(개마고원, 2015); 강준만, 「지방의 '내부 식민지화'를 고착시키는 일상적 기제: '대학-매체-예산'의 트라이앵글」, 『사회과학연구』(강원대 사회과학연구원), 54집 2호(2015년 12월), 113~147쪽.

58 질 들뢰즈(Gilles Deleuze)·펠릭스 가타리(Felix Guattari), 최명관 옮김, 『앙띠 오이디푸스: 자본주의와 정신분열증』(민음사, 1972/1997), 291~388쪽.

59 슬라보예 지젝(Slavoj Zizek), 정영목 옮김, 『지젝이 만난 레닌』(교양인, 2002/2008), 485쪽.

60 프랑코 베라르디 '비포'(Franco Berardi 'Bifo'), 정유리 옮김, 『프레카리아트를 위한 랩소디: 기호자본주의의 불안전성과 정보노동의 정신병리』(난장, 2009/2013), 276쪽.

61 존 톰린슨(John Tomlinson), 김승현·정영희 옮김, 『세계화와 문화』(나남, 1999/2004), 154쪽.

62 존 톰린슨(John Tomlinson), 김승현·정영희 옮김, 『세계화와 문화』(나남, 1999/2004), 155쪽.

63 Benjamin R. Barber, 『A Passion for Democracy: American Essays』(Princeton, NJ: Princeton University Press, 1998), p.184.

64 크리스토퍼 래시(Christopher Lasch), 이희재 옮김, 『진보의 착각: 당신이 진보라 부르는 것들에 관한 오해와 논쟁의 역사』(휴머니스트, 1991/2014), 743~744쪽.

65 박철수, 『아파트: 공적 냉소와 사적 정열이 지배하는 사회』(마티, 2013), 256쪽.

66 필립 나폴리(Philip M. Napoli), 배현석 옮김, 『커뮤니케이션 정책의 기초: 전자 미디어 규제의 원칙과 과정』(한국문화사, 2011/2012), 304쪽.

67 최병모·이수진, 『코즈가 들려주는 외부효과 이야기』(자음과모음, 2011), 20~24쪽.

68 조지프 스티글리츠(Joseph E. Stiglitz), 이순희 옮김, 『불평등의 대가: 분열된 사회는 왜 위험한가』(열린책들, 2012/2013), 326쪽; 강준만, 「왜 2013 프로야구 FA 시장이 과열되었나?: 외부효과」, 『생각의 문법: 세상을 꿰뚫는 50가지 이론 3』(인물과사상사, 2015), 285~291쪽 참고.

69 강준만, 「왜 대형마트가 들어선 지역의 투표율은 하락하는가?: 사회적 자본」, 『독선 사회: 세상을 꿰뚫는 50가지 이론 4』(인물과사상사, 2015), 213~218쪽 참고.

제7장 미디어와 설득

1 강태화·박유미, 「캠프 '입의 전쟁' 정책 한 번 말할 때 네거티브 아홉 번」, 『중앙일보』, 2017년 4월 22일.

2 「[사설] 또 네거티브로 얼룩진 TV 대선 토론, 달라져야 한다」, 『중앙일보』, 2017년 4월 24일.

3 드루 웨스턴(Drew Westen), 뉴스위크한국판 옮김, 『감성의 정치학: 마음을 읽으면 정치가 보인다』(뉴스위크한국판, 2007), 300~326쪽.

4 커윈 C. 스윈트(Kerwin C. Swint), 김정욱·이훈 옮김, 『네거티브, 그 치명적 유혹: 미국의 역사를 바꾼 최악의 네거티브 캠페인 25위~1위』(플래닛미디어, 2005/2007), 13쪽.

5   데이비드 마크(David Mark), 양원보 · 박찬현 옮김, 『네거티브 전쟁: 진흙탕 선거의 전략과 기술』 (커뮤니케이션북스, 2006/2009), 6쪽.

6   안종기 · 박선령, 「네거티브 정치 캠페인의 성공과 실패: 연구 흐름의 정리 및 케이스 비교 분석」, 『인문사회 21』, 7권 1호(2016년 2월), 401쪽.

7   배철호 · 김봉신, 『네거티브 아나토미: 피할 수도 피해서도 안 되는 선거 캠페인』(글항아리, 2017), 25쪽.

8   김지훈, 「네거티브 선거, 피하지 말고 즐겨라」, 『한겨레』, 2017년 4월 7일.

9   정원식, 「[저자와의 대화] 이번 대선은 1987년 이후 최악 네거티브전 될 듯…피할 수 없지만 피해서도 안 돼」, 『경향신문』, 2017년 4월 8일.

10 이남석, 『편향: 나도 모르게 빠지는 생각의 함정』(옥당, 2013), 99쪽.

11 이남석, 『편향: 나도 모르게 빠지는 생각의 함정』(옥당, 2013), 315쪽.

12 조너선 헤이트(Jonathan Haidt), 권오열 옮김, 『행복의 가설』(물푸레, 2006/2010), 65쪽; 니컬러스 디폰조(Nicholas DiFonzo), 곽윤정 옮김, 『루머사회: 솔깃해서 위태로운 소문의 심리학』(흐름출판, 2008/2012), 41쪽.

13 위니프레드 갤러거(Winifred Gallagher), 이한이 옮김, 『몰입, 생각의 재발견』(오늘의책, 2009/2010), 60쪽.

14 마이클 가자니가(Michael Gazzaniga), 박인균 옮김, 『왜 인간인가?: 인류가 밝혀낸 인간에 대한 모든 착각과 진실』(추수밭, 2008/2009), 165~166쪽.

15 댄 가드너(Dan Gardner), 이경식 옮김, 『앨빈 토플러와 작별하라』(생각연구소, 2010/2011), 252쪽.

16 Andrew Gelman et al., 『Red State, Blue State, Rich State, Poor State: Why Americans Vote the Way They Do』(Princeton, NJ: Princeton University Press, 2008); Robert D. Putnam, 『Bowling Alone: The Collapse and Revival of American Community』(New York: Touchstone Book, 2000).

17 Robert D. Putnam · David E. Campbell, 『American Grace: How Religion Divides and United Us』(New York: Simon · Schuster, 2010), p.516.

18 David Berreby, 『US · THEM: The Science of Identity』(Chicago: University of Chicago Press, 2008); Frances E. Lee, 『Beyond Ideology: Politics, Principles, and Partisanship in the U.S. Senate』(Chicago: University of Chicago Press, 2009); Bruce Rozenblit, 『Us Against Them: How Tribalism Affects the Way We Think』(Kansas City, MO: Transcendent Publications, 2008).

19 레베카 코스타(Rebecca Costa), 장세현 옮김, 『지금, 경계선에서: 오래된 믿음에 대한 낯선 성찰』 (쌤앤파커스, 2010/2011), 130~131쪽.

20 강준만, 「왜 정치적 편향성은 '이익이 되는 장사'일까?: 적 만들기」, 『우리는 왜 이렇게 사는 걸까?: 세상을 꿰뚫는 50가지 이론 2』(인물과사상사, 2014), 97~104쪽 참고.

21 주디스 슈클라(Judith N. Shklar), 사공일 옮김, 『일상의 악덕』(나남, 1984/2011), 124쪽.

22 송평인, 「베를린장벽 붕괴 서막 연 20년 전 월요 시위 아시나요」, 『동아일보』, 2009년 9월 5일.

23 로버트 대니얼스(Robert V. Daniels), 「소비에트의 탈공산주의 혁명 1989년~1991년: 실패한 개혁과 체제의 붕괴」, 데이비드 파커(David Parker) 외, 박윤덕 옮김, 『혁명의 탄생: 근대 유럽을 만든 좌우익 혁명들』(교양인, 2000/2009), 442~443쪽.

24 「인포메이션 캐스케이드[Information Cascade]」, 『네이버 지식백과』; 「Information cascade」, 『Wikipedia』.

25 클레이 서키(Clay Shirky), 송연석 옮김, 『끌리고 쏠리고 들끓다: 새로운 사회와 대중의 탄생』(갤리온, 2008), 177~178쪽.

26 던컨 와츠(Duncan J. Watts), 강수정 옮김, 『Small World: 여섯 다리만 건너면 누구와도 연결된다』(세종연구원, 2003/2004), 270쪽.

27 존 캐서디(John Cassidy), 이경남 옮김, 『시장의 배반』(민음사, 2009/2011), 243쪽.

28 마이클 본드(Michael Bond), 문희경 옮김, 『타인의 영향력: 그들의 생각과 행동은 어떻게 나에게 스며드는가』(어크로스, 2014/2015), 46~47쪽; 강인선, 「[만물상] 아이오와의 선택」, 『조선일보』, 2016년 2월 2일.

29 「[사설] '여론조사 공표 금지' 다음 선거 땐 폐지해야」, 『조선일보』, 2017년 5월 4일; 오대영, 「[팩트체크] '깜깜이 선거'가 공정선거 보장한다?」, 『JTBC』, 2017년 5월 4일.

30 제임스 서로위키(James Surowiecki), 홍대운 · 이창근 옮김, 『대중의 지혜: 시장과 사회를 움직이는 힘』(랜덤하우스중앙, 2004/2005), 90~92쪽.

31 캐스 선스타인(Cass R. Sunstein), 이기동 옮김, 『루머』(프리뷰, 2009), 49~50쪽.

32 캐스 선스타인(Cass R. Sunstein), 이기동 옮김, 『루머』(프리뷰, 2009), 57쪽.

33 존 캐서디(John Cassidy), 이경남 옮김, 『시장의 배반』(민음사, 2009/2011), 244쪽.

34 마이클 본드(Michael Bond), 문희경 옮김, 『타인의 영향력: 그들의 생각과 행동은 어떻게 나에게 스며드는가』(어크로스, 2014/2015), 47쪽.

35 이런 학자들의 주장은 미국 정부의 강력한 후원을 받았다. 예컨대, 풀의 글이 게재된 『Modernization: The Dynamics of Growth』(Washington D.C.: Voice of America, 1966)는 미 공보원(USIA)에 의해 전 세계적으로 공급된 VOA가 후원한 책이었다. Gerald Sussman · John A. Lent, 「커뮤니케이션과 제3세계 개발에 관한 비판적 시각들」, 황상재 편, 『정보사회와 국제커뮤니케이션』(나남, 1998), 131쪽.

36 Peter Golding, 「Media Role in National Development: Critique of a Theoretical Orthodoxy」, 『Journal of Communication』, 24(Summer 1974), p.50.

37 에버렛 M. 로저스(Everett M. Rogers), 김영석 · 강내원 · 박현구 옮김, 『개혁의 확산』(커뮤니케이션북스, 2003/2005), viii쪽.

38 정인숙, 『커뮤니케이션 핵심 이론』(커뮤니케이션북스, 2013), xvii쪽. 에버렛 M. 로저스(Everett M. Rogers), 김영석 · 강내원 · 박현구 옮김, 『개혁의 확산』(커뮤니케이션북스, 2003/2005) 참고.

39 정인숙, 『커뮤니케이션 핵심 이론』(커뮤니케이션북스, 2013), 83~84쪽.

40 로저스는 이른바 '역(逆)미디어 제국주의론(reverse media imperialism)'을 주장하며, 미디어 제국주의론을 부정하기도 했다. 그런데 그 근거가 영 빈약했다. 로저스는 미국 내 SIN(Spanish International Network)을 예로 들며, 이 네트워크가 미국에서 4번째로 큰 상업 방송 네트워크며 프로그램의 65퍼센트를 멕시코의 텔레비전 재벌 텔레비사(Televisa)에서 수입해온다는 것을 강조했다. Everett M. Rogers · Livia Antola, 「Telenovelas: A Latin American Success Story」, 『Journal of Communication』(Autumn 1985), pp.24~35.

41 에버렛 M. 로저스(Everett M. Rogers), 김영석 · 강내원 · 박현구 옮김, 『개혁의 확산』(커뮤니케이션북스, 2003/2005), xi쪽.

42 돈 탭스콧(Don Tapscott), 이진원 옮김, 『디지털 네이티브: 역사상 가장 똑똑한 세대가 움직이는 새로운 세상』(비즈니스북스, 2008/2009), 392쪽.

43 백혜진, 『소셜 마케팅』(커뮤니케이션북스, 2013), 34~35쪽.

44 조엘 베스트(Joel Best), 안진환 옮김, 『댓츠 어 패드(That's a fad!): 개인과 조직이 일시적 유행에

현혹되지 않는 5가지 방법』(사이, 2006), 25쪽.

45 조엘 베스트(Joel Best), 안진환 옮김, 『댓츠 어 패드(That's a fad!): 개인과 조직이 일시적 유행에 현혹되지 않는 5가지 방법』(사이, 2006), 190~191쪽.

46 김재홍, 「새 상품 '얼리어답터'에 물어봐」, 『뉴스메이커』, 2003년 9월 25일, 36~37면.

47 홍석민, 「"디지털 제품 성공 한국서 물어봐": IT 제품 보급 속도 세계 최고」, 『동아일보』, 2003년 9월 17일, B3면.

48 홍주연, 「한국서 통해? 그러면 세계서 통해: 외국사들 "신제품 테스트하기 딱 좋은 시장"」, 『중앙일보』, 2004년 9월 20일, E1면.

49 강병한, 「'아이폰6s'가 뭐기에…'1호 개통자' 되려 2박 3일 노숙까지」, 『경향신문』, 2015년 10월 24일.

50 정인숙, 『커뮤니케이션 핵심 이론』(커뮤니케이션북스, 2013), 21~27쪽.

51 Melvin L. De Fleur · Sandra Ball-Rokeach, 『Theories of Mass Communication』, 5th ed.(New York: Longman, 1989), p.308

52 S. W. 리틀존, 김흥규 옮김, 『커뮤니케이션이론』(나남, 1993), 631쪽.

53 이강수, 『현대 매스커뮤니케이션 이론』(나남, 1991), 434~435쪽에서 재인용.

54 권혁남, 「매스미디어의 기능과 효과」, 권혁남 외, 『대중매체와 사회』(세계사, 1998), 36쪽.

55 차배근, 『매스커뮤니케이션 효과 이론』(나남, 1986), 553~554쪽.

56 권혁남, 「매스미디어의 기능과 효과」, 권혁남 외, 『대중매체와 사회』(세계사, 1998), 37쪽.

57 차배근, 『매스커뮤니케이션 효과 이론』(나남, 1986), 553쪽.

58 정인숙, 『커뮤니케이션 핵심 이론』(커뮤니케이션북스, 2013), 21~27쪽.

59 강준만, 「왜 진보 세력은 선거에서 패배하는가?: 프레임 이론」, 『우리는 왜 이렇게 사는 걸까?: 세상을 꿰뚫는 50가지 이론 2』(인물과사상사, 2014), 285~290쪽 참고.

60 장하용 · 제방훈, 「수용자의 인지 정교화 가능성 수준이 프레이밍 효과에 미치는 영향에 관한 연구」, 『한국언론정보학보』, 46권(2009년 5월), 75~107쪽.

61 김재휘, 『설득심리이론』(커뮤니케이션북스, 2013), 52~53쪽.

62 엠 그리핀(Em Griffin), 김동윤 · 오소현 옮김, 『첫눈에 반한 커뮤니케이션 이론』(커뮤니케이션북스, 2012), 287~293쪽.

63 리처드 페티(Richard E. Petty) 외, 「매스미디어와 태도 변화: 정교화 가능성 설득 모델의 함의」, 제닝스 브라이언트(Jennings Bryant) · 메리 베스 올리버(Mary Beth Oliver) 편저, 김춘식 외 옮김, 『미디어 효과 이론』(나남, 2009/2010), 167쪽.

64 데이비드 스튜어트(David W. Stewart) · 폴 파블로(Paul A. Pavlou), 「미디어가 마케팅 커뮤니케이션에 미치는 효과」, 제닝스 브라이언트(Jennings Bryant) · 메리 베스 올리버(Mary Beth Oliver) 편저, 김춘식 외 옮김, 『미디어 효과 이론』(나남, 2009/2010), 434~436쪽.

65 최세정, 「전략 커뮤니케이션: 광고」, 이준웅 · 박종민 · 백혜진 엮음, 『커뮤니케이션 과학의 지평』(나남, 2015), 370~372쪽.

66 양병화, 「정교화 가능성 모델[elaboration likelihood model]」, 한국심리학회 편, 『심리학 용어사전』(네이버 지식백과, 2014).

67 양병화, 「정교화 가능성 모델[elaboration likelihood model]」, 한국심리학회 편, 『심리학 용어사전』(네이버 지식백과, 2014).

68 권택주 · 조창환, 「제품군과 문화에 따른 기업 트위터의 커뮤니케이션 유형과 정보 내용의 차이: 한국과 미국의 기업 트위터를 중심으로」, 『광고연구』, 92권(2012년 봄), 438~467쪽; 황성욱, 「한

국 100대 기업의 SNS 활용: 페이스북 프로필 및 담벼락 메시지의 내용 분석」, 『방송문화연구』, 25권 1호(2013년 6월), 247쪽 재인용.

69   Morris P. Fiorina et al., 『Culture War?: The Myth of a Polarized America』, 3rd ed.(New York: Longman, 2011), pp.188~192.

70   David Horowitz, 『The Art of Political War and Other Radical Pursuits』(Dallas: Spence Publishing Co., 2000), p.47.

71   Ronald Brownstein, 『The Second Civil War: How Extreme Partisanship Has Paralyzed Washington and Polarized America』(New York: Penguin Books, 2007), pp.377~378.

72   John F. Bibby · Brian F. Schaffner, 『Politics, Parties, Elections in America』, 6th ed.(Boston, MA: Thompson Wadsworth, 2008), pp.157~158.

73   Francisco Panizza, 「Introduction: Populism and the Mirror of Democracy」, Francisco Panizza, ed., 『Populism and the Mirror of Democracy』(New York: Verso, 2005), p.22.

74   존 팰프리(John Palfrey) · 우르스 가서(Urs Gasser), 송연석 · 최완규 옮김, 『그들이 위험하다: 왜 하버드는 디지털 세대를 걱정하는가?』(갤리온, 2008/2010), 27쪽; 강준만, 「왜 1퍼센트의 사람들이 전체 조직을 뒤흔들 수 있는가?: 1퍼센트 법칙」, 『독선 사회: 세상을 꿰뚫는 50가지 이론 4』(인물과사상사, 2015), 260~265쪽 참고.

제8장 학습과 인지

1   「Albert Bandura」, 「Wikipedia」.

2   강준만, 「왜 어떤 네티즌들은 악플에 모든 것을 거는가?: 자기효능감」, 『생각과 착각: 세상을 꿰뚫는 50가지 이론 5』(인물과사상사, 2016), 135~139쪽 참고.

3   「Albert Bandura」, 「Wikipedia」. '15분간의 명성'은 미국의 팝아티스트 앤디 워홀(Andy Warhol, 1928~1987)이 1968년 스웨덴 스톡홀름에서 열린 자신의 전시회 카탈로그에 쓴 다음 말에서 유래된 것이다. "In the future, everyone will be world-famous for fifteen minutes(미래엔 모든 사람들이 15분간은 세계적으로 유명해질 수 있을 것이다)." 여기서 "famous for fifteen minutes"라는 말이 유명해져, 오늘날 다음과 같은 용법으로 쓰이게 되었다. They've had their fifteen minutes(잠시 떴을 뿐이야. 이제 곧 잊힐 걸). Max Cryer, 『Common Phrases』(New York: Skyhorse, 2010), p.96.

4   폴 클라인먼(Paul Kleinman), 정명진 옮김, 『심리학의 모든 지식』(부글북스, 2015), 138~141쪽; 「Albert Bandura」, 「Wikipedia」.

5   Noam Chomsky, 「Reviews: Verbal Behavior. By B. F. Skinner」, 『Language』, 35:1(1959), pp.26~58; John Lyons, 『Noam Chomsky』, Revised Edition(New York: Penguin Books, 1970/1977), pp.6~7, 105~106.

6   최순남, 「성격의 사회 학습이론에 관한 연구: 반두라의 모델 학습을 중심으로」, 『한신논문집』, 9권 (1992년 11월), 326~327쪽.

7   최순남, 「성격의 사회 학습이론에 관한 연구: 반두라의 모델 학습을 중심으로」, 『한신논문집』, 9권 (1992년 11월), 328쪽.

8   임정욱, 「1장 아이패드 혁명」, 김광현 외, 『아이패드 혁명』(예인, 2010), 33쪽.

9   최원기, 『실리콘 밸리의 미치광이들』(민음사, 1999), 134쪽.

10 월터 아이작슨(Walter Isaacson), 안진환 옮김, 『스티브 잡스(Steve Jobs)』(민음사, 2011), 782쪽.

11 카민 갤로(Carmine Gallo), 박세연 옮김, 『스티브 잡스 무한혁신의 비밀』(비즈니스북스, 2010), 245~247쪽.

12 폴 클라인먼(Paul Kleinman), 정명진 옮김, 『심리학의 모든 지식』(부글북스, 2015), 139~140쪽; 「Social learning theory」, 『Wikipedia』.

13 폴 클라인먼(Paul Kleinman), 정명진 옮김, 『심리학의 모든 지식』(부글북스, 2015), 140쪽.

14 「Social learning theory」, 『Wikipedia』.

15 김영수, 「가족구성원 상호 존중과 신뢰 절대 필요」, 『경기신문』, 2013년 6월 17일; 김성기, 「인성교육의 출발은 가정이다」, 『한국교육신문』, 2015년 8월 4일.

16 윤진ㆍ곽금주, 「대중매체의 폭력성이 청소년에게 미치는 영향: 사회 인지 이론에 의한 실험적 접근」, 『형사정책연구』, 6권(1991년 6월), 53~94쪽; 이재경ㆍ정슬기, 「사회 학습이론에 근거한 청소년 음주 영향 요인의 경로 분석」, 『정신보건과 사회사업』, 34권(2010년 6월), 124~153쪽; 오지희ㆍ김민정, 「미디어의 자살 보도가 청소년의 자살 생각에 미치는 영향: 사회 학습이론을 중심으로」, 『한국엔터테인먼트산업학회논문지』, 8권 4호(2014년 12월), 167~178쪽; 유현재, 「미디어가 되레 건강 해칠라: 폭력, 흡연ㆍ음주, 자살 등 일상적 접근 가능케 해」, 『더피알』, 2016년 5월 26일.

17 니르 이얄(Nir Eyal)ㆍ라이언 후버(Ryan Hoover), 조지현 옮김, 『훅: 습관을 만드는 신상품 개발 모델』(리더스북, 2013/2014), 146~147쪽.

18 톰 켈리(Tom Kelley)ㆍ데이비드 켈리(David Kelley), 박종성 옮김, 『유쾌한 크리에이티브: 어떻게 창조적 자신감을 이끌어낼 것인가』(청림출판, 2013/2014), 22쪽; 「Self-efficacy」, 『Wikipedia』.

19 Albert Bandura, 「Organisational Applications of Social Cognitive Theory」, 『Austrian Journal of Management』, 13:2(December 1988), p.280.

20 앨버트 밴듀라(Albert Bandura), 「매스 커뮤니케이션의 사회 인지 이론」, 제닝스 브라이언트(Jennings Bryant)ㆍ메리 베스 올리버(Mary Beth Oliver) 편저, 김춘식 외 옮김, 『미디어 효과 이론』(나남, 2009/2010), 124쪽.

21 이동형, 「학교 자문에서의 저항에 대한 사회 인지 이론적 고찰」, 『한국심리학회지: 학교』, 8권 2호(2011년 8월), 114~115쪽.

22 앨버트 밴듀라(Albert Bandura), 「매스 커뮤니케이션의 사회 인지 이론」, 제닝스 브라이언트(Jennings Bryant)ㆍ메리 베스 올리버(Mary Beth Oliver) 편저, 김춘식 외 옮김, 『미디어 효과 이론』(나남, 2009/2010), 125~129쪽; Albert Bandura, 「Social Cognitive Theory of Mass Communication」, 『Mediapsychology』, 3(2001), pp.266~272.

23 앨버트 밴듀라(Albert Bandura), 「매스 커뮤니케이션의 사회 인지 이론」, 제닝스 브라이언트(Jennings Bryant)ㆍ메리 베스 올리버(Mary Beth Oliver) 편저, 김춘식 외 옮김, 『미디어 효과 이론』(나남, 2009/2010), 132쪽.

24 앨버트 밴듀라(Albert Bandura), 「매스 커뮤니케이션의 사회 인지 이론」, 제닝스 브라이언트(Jennings Bryant)ㆍ메리 베스 올리버(Mary Beth Oliver) 편저, 김춘식 외 옮김, 『미디어 효과 이론』(나남, 2009/2010), 129쪽.

25 「문화변용[acculturation]」, 사회문화연구소, 『사회학사전』(2000); 『네이버 지식백과』.

26 지아우딘 사다르(Ziauddin Sardar)ㆍ메릴 윈 데이비스(Merryl Win Davies), 장석봉 옮김, 『증오바이러스, 미국의 나르시시즘』(이제이북스, 2003).

27 박현숙, 「자오쯔양과 MTV 세대」, 『고대 대학원신문』, 2005년 3월 2일, 3면.

28 김민아, 「세계를 울린 '황제' 부활…식지 않는 마이클 잭슨 추모 열기」, 『경향신문』, 2009년 7월 4

일; 임진모, 「마이클 잭슨의 '문 워크' 따라해보지 않은 청춘 있을까」, 『중앙일보』, 2009년 6월 27일; 최승현, 「마이클 잭슨 1958~2009: 팝으로…스캔들로…세계 대중문화 들썩인 '아이콘'」, 『조선일보』, 2009년 6월 27일.

29 앨버트 밴듀라(Albert Bandura), 「매스 커뮤니케이션의 사회 인지 이론」, 제닝스 브라이언트(Jennings Bryant) · 메리 베스 올리버(Mary Beth Oliver) 편저, 김춘식 외 옮김, 『미디어 효과 이론』(나남, 2009/2010), 146~147쪽.

30 에버렛 M. 로저스(Everett M. Rogers), 김영석 · 강내원 · 박현구 옮김, 『개혁의 확산』(커뮤니케이션북스, 2003/2005).

31 마거릿 헤퍼넌(Margaret Heffernan), 김학영 옮김, 『의도적 눈감기: 비겁한 뇌와 어떻게 함께 살것인가』(푸른숲, 2011/2013), 295~296쪽.

32 앨버트 밴듀라, 「변화하는 사회에서 개인 효능감과 집단 효능감 발휘하기」, 앨버트 밴듀라 편저, 윤운성 · 정정옥 · 가경신 옮김, 『변화하는 사회 속에서의 자기효능감』(학지사, 1995/2004), 62~63쪽.

33 권영학 · 김용찬 · 백영민, 「TV 건강 프로그램 시청 경험은 어떻게 건강 증진 행동으로 이어지는가?: 건강 자기효능감의 매개 효과를 중심으로」, 『한국언론학보』, 58권 4호(2014년 8월), 366쪽.

34 홍은희 · 이철한, 「금연 TV 광고의 내용 분석 연구: 한국과 미국의 차이에 기반한 건강 커뮤니케이션 이론의 적용」, 『한국콘텐츠학회논문지』, 12권 11호(2012년 11월), 79쪽.

35 김영혜 · 안현의, 「사회 인지 진로 이론적 관점에 근거한 국내 진로 발달 연구의 동향 분석: 대학생 연구를 중심으로」, 『진로교육연구』, 25권 4호(2012년 12월), 3쪽; 구현영 · 박옥경 · 정선영, 「간호대 학생의 진로 행동에 영향을 미치는 요인에 대한 경로 분석: 사회 인지 진로 이론을 중심으로」, 『Child Health Nursing Research』, 23권 1호(2017년 1월), 11쪽; 윤태일 · 김경희 · 신소영, 「중학생의 미디어 및 대인 커뮤니케이션이 진로 결정 자기효능감과 진로 탐색 활동에 미치는 영향」, 『진로교육연구』, 27권 4호(2014년 12월), 169쪽.

36 캐럴라인 애덤스 밀러(Caroline Adams Miller) 외, 우문식 · 박선령 옮김, 『어떻게 인생 목표를 이룰까?: 와튼스쿨의 베스트 인생 만들기 프로그램』(물푸레, 2011/2012), 54~55쪽.

37 마거릿 헤퍼넌(Margaret Heffernan), 김학영 옮김, 『의도적 눈감기: 비겁한 뇌와 어떻게 함께 살것인가』(푸른숲, 2011/2013), 295쪽.

38 톰 피터스(Tom Peters), 노부호 외 옮김, 『해방경영』(한국경제신문사, 1992/1994), 59쪽.

39 임귀열, 「[임귀열 영어] Word Play(재미있는 말)」, 『한국일보』, 2015년 2월 5일.

40 리처드 레스택(Richard M. Restack), 홍승효 옮김, 『인간적인, 너무나 인간적인 뇌』(휴머니스트, 2012/2015), 192쪽.

41 데이비드 디살보(David DiSalvo), 이은진 옮김, 『나는 결심하지만 뇌는 비웃는다』(모멘텀, 2012), 108쪽.

42 김경일, 『지혜의 심리학: 나의 잠재력을 찾는 생각의 비밀코드』(진성북스, 2013), 227~228쪽; 김경일, 「또 다른 지적 능력 메타인지」, 『네이버캐스트』, 2011년 8월 29일.

43 EBS '왜 우리는 대학에 가는가' 제작팀, 『왜 우리는 대학에 가는가』(해냄, 2015), 259쪽.

44 제프 콜빈(Geoff Colvin), 김정희 옮김, 『재능은 어떻게 단련되는가?』(부키, 2008/2010), 179~180쪽.

45 임영익, 『메타생각』(리콘미디어, 2014), 259~260쪽.

46 롤프 도벨리(Rolf Dobelli), 두행숙 옮김, 『스마트한 선택들: 후회없는 결정을 하기 위해 꼭 알아야 할 52가지 심리 법칙』(걷는나무, 2012/2013), 264쪽; 제이슨 츠바이크(Jason Zweig), 오성환 · 이상근 옮김, 『머니 앤드 브레인: 신경경제학은 어떻게 당신을 부자로 만드는가』(까치, 2007), 247쪽.

47 나심 니컬러스 탈레브(Nassim Nicholas Taleb), 차익종 옮김, 『블랙 스완: 0.1%의 가능성이 모든 것을 바꾼다』(동녘사이언스, 2007/2008); 강준만, 「왜 극단적인 0.1퍼센트의 가능성이 모든 것을 바꾸는가?: 블랙 스완 이론」, 『독선 사회: 세상을 꿰뚫는 50가지 이론 4』(인물과사상사, 2015), 317~322쪽 참고.

48 구본권, 「[유레카] 메타 인지」, 『한겨레』, 2016년 9월 28일.

49 이윤주, 「우린 여자다움 · 남자다움을 연기하고 있을 뿐」, 『한국일보』, 2016년 9월 2일.

50 전준범, 「성탄절 다가오면 왠지 싱숭생숭…뇌 속에 '스키마' 작동되기 때문」, 『동아일보』, 2013년 12월 20일.

51 니컬러스 웨이드(Nicholas Wade), 이상훈 · 이병택 옮김, 『그림으로 만나는 심리학 세계』(새길, 1995/1996), 171쪽.

52 이동훈 · 김원용, 『프레임은 어떻게 사회를 움직이는가: 프레임 이론과 커뮤니케이션』(삼성경제연구소, 2012), 172쪽.

53 사이언 베일락(Sian Beilock), 박선령 옮김, 『부동의 심리학』(21세기북스, 2010/2011), 341쪽.

54 리처드 해리스(Richard J. Harris), 이창근 · 김광수 옮김, 『매스미디어 심리학』(나남, 1989/1991), 51, 100쪽.

55 아서 프리먼(Arthur Freeman) · 로즈 드월프(Rose DeWolf), 송지현 옮김, 『그동안 당신만 몰랐던 스마트한 실수들』(애플북스, 1992/2011), 28~29쪽.

56 리처드 해리스(Richard J. Harris), 이창근 · 김광수 옮김, 『매스미디어 심리학』(나남, 1989/1991), 51, 100쪽.

57 데이비드 패트릭 호튼(David P. Houghton), 김경미 옮김, 『정치심리학』(사람의무늬, 2009/2013), 186쪽.

58 나은영, 『인간 커뮤니케이션과 미디어』(한나래, 2002), 80쪽; 데이비드 패트릭 호튼(David P. Houghton), 김경미 옮김, 『정치심리학』(사람의무늬, 2009/2013), 186~194쪽; 존 스튜어트(John Stewart) · 캐런 제디커(Karen Zediker) · 사스키아 비테본(Saskia Witteborn), 서현석 · 김윤옥 · 임택균 옮김, 『소통: 협력적인 의사소통의 방법-사회구성주의적 접근』(커뮤니케이션북스, 2005/2015), 201~205쪽.

59 안신호, 「한국의 지역감정은 해결될 수 없는가」, 김문조 외, 『한국인은 누구인가』(21세기북스, 2013), 226~227쪽.

60 한규석, 『사회심리학의 이해』(학지사, 1995), 412쪽; David O. Sears 외, 홍대식 옮김, 『사회심리학』 개정판(박영사, 1986), 472~473쪽; 강준만, 「왜 선물 하나가 사람을 바꿀 수 있을까?: 자기이행적 예언」, 『감정 독재: 세상을 꿰뚫는 50가지 이론』(인물과사상사, 2013), 123~129쪽 참고.

61 니컬러스 카(Nicholas Carr), 최지향 옮김, 『생각하지 않는 사람들: 인터넷이 우리의 뇌 구조를 바꾸고 있다』(청림출판, 2010/2011), 312쪽

62 박세회, 「황교익의 모유 수유 발언에 사람들이 분노하는 이유」, 『허핑턴포스트코리아』, 2016년 5월 8일.

63 강현식, 『꼭 알고 싶은 심리학의 모든 것』(소울메이트, 2010), 308쪽; 「Harry Harlow」, 『Wikipedia』.

64 cupboard love는 아이가 맛있는 음식을 원하는 걸 cupboard(찬장)와 연결시킨 표현이다. 지금은 쓰이지 않지만 옛날에 "cry cupboard(공복을 호소하다, 시장해하다)"라는 말이 쓰인 걸로 미루어 보더라도, cupboard가 곧 '먹을 것'을 뜻했다는 걸 알 수 있겠다. Martin H. Manser, 『Get to the Roots: A Dictionary of Word · Phrase Origins』(New York: Avon Books, 1990), p.65.

65 하지현, 「존 볼비의 애착 이론」, 『네이버캐스트』, 2014년 9월 2일; 폴 클라인먼(Paul Kleinman), 정명진 옮김, 『심리학의 모든 지식』(부글북스, 2015), 192~197쪽; 「John Bowlby」, 『Wikipedia』; 강준만, 「왜 매년 두 차례의 '민족대이동'이 일어나는가?: 각인 효과」, 『생각의 문법: 세상을 꿰뚫는 50가지 이론 3』(인물과사상사, 2015), 71~76쪽 참고.

66 셜리 임펠리제리(Shirley Impellizzeri), 홍윤주 옮김, 『나의 변화를 가로막는 보이지 않는 심리』(티핑포인트, 2012/2015), 21쪽.

67 존 카치오프(John T. Cacioppo)·윌리엄 패트릭(William Patrick), 이원기 옮김, 『인간은 왜 외로움을 느끼는가: 사회신경과학으로 본 인간 본성과 사회의 탄생』(민음사, 2008/2013), 16쪽.

68 하지현, 「존 볼비의 애착 이론」, 『네이버캐스트』, 2014년 9월 2일; 「애착 이론[Attachment Theory]」, 『두산백과』; 『네이버 지식백과』; 「Attachment theory」, 『Wikipedia』; 「Mary Ainsworth」, 『Wikipedia』; 폴 터프(Paul Tough), 권기대 옮김, 『아이는 어떻게 성공하는가: 뚝심, 호기심, 자제력 그리고 숨겨진 성격의 힘』(베가북스, 2012/2013), 101쪽.

69 서창원·민윤기, 『생활 속의 심리학』(시그마프레스, 2007), 307~309쪽.

70 브리짓 슐트(Brigid Schulte), 안진이 옮김, 『타임 푸어: 항상 시간에 쫓기는 현대인을 위한 일·가사·휴식 균형 잡기』(더퀘스트, 2014/2015), 311쪽.

71 나은영, 『행복 소통의 심리』(커뮤니케이션북스, 2013), 28~31쪽.

72 로리 에시그(Laurie Essig), 이재영 옮김, 『유혹하는 플라스틱: 신용카드와 성형수술의 달콤한 거짓말』(이른아침, 2010/2014), 118쪽.

73 이인식, 『멋진 과학 2』(고즈윈, 2011), 245쪽.

74 Jonathan Cohen, 「Parasocial break-up from favorite television characters: The role of attachment styles and relationship intensity」, 『Journal of Social and Personal Relationships』, 21:2(2004), pp.187~202; David G. Giles·John Maltby, 「The role of media figures in adolescent development: relations between authonomy, attachment, and interest in celebrities」, 『Personality and Individual Differences』, 36(2004), pp.813~822; Sally A. Theran, Emily M. Newberg·Tracy R. Gleason, 「Adolescent Girls' Parasocial Interactions With Media Figures」, 『The Journal of Genetic Psychology』, 171:3(2010), pp.270~277.

75 류성진, 「가족 커뮤니케이션」, 이준웅·박종민·백혜진 엮음, 『커뮤니케이션 과학의 지평』(나남, 2015), 114~116쪽.

76 장은진·김정군, 「사용자 SNS 애착의 SNS 전환 행동 영향 요인 연구」, 『e-비즈니스연구』, 16권 6호(2015년 12월), 255~273쪽; 최민혁·이은선, 「페이스북에서 브랜드 애착과 매체 몰입도에 따른 이용자의 태도 변화 연구: 하이더의 균형 이론을 중심으로」, 『광고연구』, 97권(2013년 6월), 122~156쪽; 윤승욱·박원준, 「휴대전화 애착 정도가 사용자의 정서적 반응에 미치는 영향: 휴대전화 사용 중단으로 인한 불안, 스트레스, 사회적 관계 회피 수준을 중심으로」, 『한국방송학보』, 21권 1호(2007년 1월), 243~275쪽; 나은영, 「청소년의 이동전화 애착 이용, 효과 지각 및 커뮤니케이션 효능감: 2002·2004년 서울·수도권 지역 중·고등학생을 중심으로」, 『한국언론학보』, 49권 6호(2005년 12월), 198~232쪽 등 참고.

감정 동물

ⓒ 강준만, 2017

초판 1쇄 2017년 8월 7일 펴냄
초판 2쇄 2020년 10월 20일 펴냄

지은이 ㅣ 강준만
펴낸이 ㅣ 강준우
기획 · 편집 ㅣ 박상문, 박효주, 김환표
디자인 ㅣ 최진영, 홍성권
마케팅 ㅣ 이태준
관리 ㅣ 최수향
인쇄 · 제본 ㅣ (주)삼신문화

펴낸곳 ㅣ 인물과사상사
출판등록 ㅣ 제17-204호 1998년 3월 11일

주소 ㅣ 121-839 서울시 마포구 서교동 7길 6-16 3층
전화 ㅣ 02-325-6364
팩스 ㅣ 02-474-1413

www.inmul.co.kr ㅣ insa@inmul.co.kr

ISBN 978-89-5906-452-6 03300

값 15,000원

이 도서의 국립중앙도서관 출판시도서목록CIP은 서지정보유통지원시스템 홈페이지
(http://seoji.nl.go.kr)와 국가자료공동목록시스템(http://www.nl.go.kr/kolisnet)에서
이용하실 수 있습니다. (CIP제어번호: CIP2017018230)